História das crenças e das ideias religiosas

História das crenças e das ideias religiosas

VOLUME I Da Idade da Pedra aos mistérios de Elêusis
VOLUME II De Gautama Buda ao triunfo do cristianismo
VOLUME III De Maomé à Idade das Reformas

Mircea Eliade

HISTÓRIA DAS CRENÇAS E DAS IDEIAS RELIGIOSAS

VOLUME III

De Maomé à Idade das Reformas

Tradução:
Roberto Cortes de Lacerda

7ª reimpressão

ZAHAR

Tradução autorizada da primeira edição francesa,
publicada em 1983 por Payot, de Paris, França

Esta obra foi anteriormente publicada no Brasil por Zahar Editores em 1984.
O texto da edição atual foi revisto pelo tradutor a partir da reimpressão francesa de 2002.

*Grafia atualizada segundo o Acordo Ortográfico da Língua Portuguesa de 1990,
que entrou em vigor no Brasil em 2009.*

Título original
Histoire des croyances et des idées religieuses – volume III

Capa
Dupla Design

Preparação
Angela Ramalho Vianna

Indexação
Nelly Praça

Revisão
Eduardo Monteiro
Eduardo Farias

CIP-Brasil. Catalogação na publicação
Sindicato Nacional dos Editores de Livros, RJ

E39h
v.3

Eliade, Mircea, 1907-1986
História das crenças e das ideias religiosas, volume III: de Maomé à Idade das Reformas / Mircea Eliade; tradução Roberto Cortes de Lacerda. – 1ª ed. – Rio de Janeiro: Zahar, 2011.

Tradução de: Histoire des croyances et des idées religieuses, v. III.
Inclui bibliografia e índice
ISBN 978-85-378-0731-6

1. Religião – História. 2. Religiões – História. I. Título.

11-5476 CDD: 291
CDU: 2-9

EDITORA SCHWARCZ S.A.
Praça Floriano, 19, sala 3001 — Cinelândia
20031-050 — Rio de Janeiro — RJ
Telefone: (21) 3993-7510
www.companhiadasletras.com.br
www.blogdacompanhia.com.br
facebook.com/editorazahar
instagram.com/editorazahar
twitter.com/editorazahar

Sumário

Nota do tradutor

Os vocábulos gregos obedeceram ao seguinte critério de transliteração:

GREGO	TRANSLITERAÇÃO EM PORTUGUÊS
α	a
β	b
γ	g
δ	d
ε	e
ζ	z
η	ê
θ	th
ι	i
κ	k
λ	l
μ	m
ν	n
ξ	x
ο	o
π	p
ρ	r
σ, ς	s
τ	t
υ	u
φ	ph
χ	kh
ψ	ps
ω	ô

Espíritos e iota subscrito:

ʽ (espírito forte) sobre vogal = h (ἁ = ha)
sobre o rô = h (ῥ = rh).

ʼ (espírito fraco) sobre vogal: não transliterado.

ͺ (iota subscrito) sob vogal = i (ᾳ = ai).

Os acentos do grego (agudo, grave e circunflexo) foram substituídos pelos de mesmo nome em português:

γραμματεὺς τῆς πόλεως = grammateùs tês póleôs.

Sempre que um acento agudo incide sobre as vogais longas η ou ω, optamos pela manutenção do acento circunflexo referente à quantidade:

κοινή = koinê
ψυχή = psukhê
Λητώ = Lêtô

Lista de abreviaturas

Anet	J.B. Pritchard. *Ancient Near Eastern Texts Relating to the Old Testament* (Princeton, 1950; 2ª edição, 1955)
Ar Or	*Archiv Orientálni* (Praga)
ARW	*Archiv für Religionswissenschaft* (Freiburg/Leipzig)
BJRL	*Bulletin of the John Rylands Library* (Manchester)
Befeo	*Bulletin de l'École Française de l'Extrême-Orient* (Hanói/Paris)
BSOAS	*Bulletin of the School of Oriental and African Studies* (Londres)
CA	*Current Anthropology* (Chicago)
HJAS	*Harvard Journal of Asiatic Studies*
HR	*History of Religions* (Chicago)
IIJ	*Indo-Iranian Journal* (Haia)
JA	*Journal Asiatique* (Paris)
Jaos	*Journal of the American Oriental Society* (Baltimore)
JAS	*Journal of the Asiatic Society, Bombay Branch*
Jies	*Journal of Indo-European Studies* (Montana)
JNES	*Journal of Near Eastern Studies* (Chicago)
JRAS	*Journal of the Royal Asiatic Society* (Londres)
JSS	*Journal of Semitic Studies* (Manchester)
OLZ	*Orientalistische Literaturzeitung* (Berlim/Leipzig)
RB	*Revue Biblique* (Paris)
REG	*Revue des Études Grecques* (Paris)
RHPR	*Revue d'Histoire et de Philosophie Religieuses* (Estrasburgo)
RHR	*Revue de l'Histoire des Religions* (Paris)
SMSR	*Studi e Materiali di Storia delle Religioni* (Roma)
VT	*Vetus Testamentum* (Leiden)
W.d.M.	*Woerterbuch der Mythologie* (Stuttgart)

Prefácio

O atraso na publicação deste terceiro volume deve-se principalmente a razões de saúde: já há algum tempo minha visão vem diminuindo, e uma artrite rebelde dificulta-me o manejo da pena. Vejo-me assim obrigado a concluir a última parte da *História das crenças e das ideias religiosas* com a colaboração de vários colegas, escolhidos entre meus ex-alunos.

Como o leitor não deixará de perceber, alterei o plano anunciado no *Prefácio* do volume 2. Continuei a desenvolver a história das Igrejas cristãs até a época das Luzes e transferi para o último volume os capítulos sobre o desabrochar do hinduísmo, a China medieval e as religiões do Japão. Reservei quatro capítulos para a história das crenças, ideias e instituições religiosas da Europa entre os séculos IV e XVII, mas me detive menos nas criações familiares ao leitor ocidental (a escolástica e as Reformas, por exemplo), para examinar com maior profundidade certos fenômenos em geral não estudados nos manuais, ou que têm sua importância diminuída: as heterodoxias, heresias, mitologias e práticas populares, a feitiçaria, a alquimia, o esoterismo. Interpretadas em seu próprio horizonte espiritual, essas criações religiosas não são destituídas de interesse e às vezes até de grandeza. De qualquer modo, elas fazem parte integrante da história religiosa e cultural da Europa.

Uma seção importante do último volume da *História* terá por tema a apresentação das religiões arcaicas e tradicionais da América, da África e da Oceania. Finalmente, no último capítulo, procurarei analisar a criatividade religiosa das sociedades modernas.*

Agradeço ao professor Charles Adams, que teve a gentileza de ler os capítulos XXXIII e XXXV, e me transmitiu muitas observações valiosas; no entanto, é minha a responsabilidade pela interpretação do xiismo e da mística muçulmana, que tem por base a hermenêutica de meu saudoso amigo Henry Corbin. Sou reconhecido ao professor André Lacocque, colega e amigo, pelo

* Como o leitor irá observar, Mircea Eliade não teve tempo de completar este projeto. (N.E.)

cuidado com que leu e corrigiu todo o texto deste volume, e a meu editor e amigo Jean-Luc Pidoux-Payot, pela paciência e pelo interesse com que acompanhou a elaboração da obra.

A presença, o carinho e a dedicação de minha mulher conseguiram superar o cansaço e o desânimo provocados por meus sofrimentos e minha deficiência física. É graças a ela que este volume pôde ser escrito.

Mircea Eliade
Universidade de Chicago

XXXI. Religiões da Eurásia antiga: turco-mongóis, fino-úgricos, balto-eslavos

241. Caçadores, nômades, guerreiros

As fulminantes invasões dos turco-mongóis – desde os hunos, no século IV, até Tamerlão (1360-1404) – inspiravam-se no modelo mítico dos caçadores primitivos da Eurásia: o carnívoro que persegue a caça na estepe. A instantaneidade e a rapidez de seus movimentos, a matança de populações inteiras, a destruição dos sinais exteriores de cultura sedentária (cidades e aldeias) aproximam os cavaleiros hunos, ávaros, turcos e mongóis das alcateias de lobos que dão caça aos cervídeos da estepe ou atacam os rebanhos dos pastores nômades. Não há dúvida de que a importância estratégica e as consequências políticas desse comportamento eram bem conhecidas dos comandantes militares. No entanto, o prestígio místico do caçador exemplar – o carnívoro – desempenhava um papel apreciável. Várias tribos altaicas reivindicavam a ancestralidade de um lobo sobrenatural (cf. §10).

O aparecimento fulgurante dos "Impérios das Estepes" e seu caráter mais ou menos efêmero ainda fascinam os historiadores. Com efeito, os hunos esmagaram, em 374, os ostrogodos no Dniéster, provocando a migração precipitada e em série de outras tribos germânicas, e saquearam, a partir da planície húngara, várias províncias do Império Romano. Átila conseguiu conquistar grande parte da Europa central, mas, pouco tempo depois de sua morte (453), os hunos, divididos e desorientados, desapareceram da história. Da mesma forma, o enorme Império Mongol criado por Gêngis-Khan no espaço de duas décadas (1206-27), e ampliado por seus sucessores (a Europa oriental após 1241, a Pérsia, o Iraque e a Anatólia depois de 1258, a China em 1279), declinou após a fracassada conquista do Japão (1281). O turco Tamerlão (1360-1404), que se considerava o sucessor de Gêngis-Khan, foi o último grande conquistador a inspirar-se no modelo dos carnívoros.

Convém dizer que todos esses "bárbaros", que se precipitaram em vagas sucessivas desde as estepes centro-asiáticas, não desconheciam certas criações culturais e religiosas dos povos civilizados. Aliás, como não tardaremos a ver, seus antepassados, os caçadores pré-históricos e os pastores nômades, tinham se aproveitado – também eles – das descobertas efetuadas em diversas regiões da Ásia meridional.

As populações que falavam as línguas altaicas ocuparam um imenso território: a Sibéria, a região do Volga, a Ásia central, o norte e o nordeste da China, a Mongólia e a Turquia. Distinguem-se três ramos principais: 1) o turco comum (uigure, chagatai); 2) o mongol (calmuco, mongol, buriata); 3) o manchu-tonguse.* O hábitat primitivo dos povos altaicos foi provavelmente as estepes em volta dos montes Altai e Ch'ing-hai, entre o Tibete e a China, estendendo-se, ao norte, até a taiga siberiana. Os diversos grupos altaicos, bem como as populações fino-úgricas, praticavam a caça e a pesca nas regiões setentrionais, o nomadismo pastoral na Ásia central e, em proporção mais modesta, a agricultura na zona meridional.

A Eurásia setentrional sofreu, desde a pré-história, influência das culturas, indústrias e ideias religiosas vindas do sul. A criação da rena nas regiões siberianas foi inspirada pela domesticação do cavalo, feita provavelmente nas estepes. Os centros pré-históricos comerciais (como, por exemplo, o da ilha dos Cervos no lago Onega) e metalúrgicos (Perm) desempenharam importante papel na elaboração das culturas siberianas. Mais tarde, a Ásia central e a Ásia setentrional foram recebendo gradualmente ideias religiosas de origem mesopotâmica, iraniana, chinesa, indiana, tibetana (o lamaísmo), cristã (nestorianismo), maniqueísta, às quais se devem acrescentar as influências do islã e, recentemente, a do cristianismo ortodoxo russo.

Convém esclarecer, no entanto, que essas influências nem sempre lograram modificar sensivelmente as estruturas religiosas originais. Certas crenças e costumes próprios dos caçadores paleolíticos ainda sobrevivem na Eurásia setentrional. Em muitos casos, identificam-se mitos e concepções religiosas arcaicas sob a máscara lamaísta, muçulmana ou cristã.** Consequentemente, a despeito dos diversos sincretismos, é possível distinguir certas concepções características: a crença no deus celeste, soberano dos

* A hipótese de uma família linguística uralo-altaica, compreendendo também o finlandês e o húngaro, foi abandonada.

** Os documentos escritos são pouco numerosos e recentes: algumas alusões nos Anais chineses do século II a.C. e em certos historiadores latinos e bizantinos do século IV d.C. (referentes às campanhas de Átila); as inscrições dos paleoturcos do Orkhon, na Mongólia (séculos VII e VIII), e a literatura elaborada depois das conquistas de Gêngis-Khan, à qual se devem acrescentar os relatos de viagens de Marco Polo (século XII) e dos primeiros missionários católicos. Somente a partir do século XVIII é que as obras de autores europeus trazem informações mais coerentes sobre as crenças e os costumes da Eurásia.

homens, um tipo específico de cosmogonia, a solidariedade mística com os animais, o xamanismo. Entretanto, o grande interesse das religiões da Ásia central e setentrional reside principalmente em suas criações de estrutura sincretista.

242. Tangri, o "Deus-Céu"

De todos os deuses dos povos altaicos, o mais importante e o mais conhecido é certamente Tangri (Tengri entre os mongóis e os calmucos, Tengeri entre os buriatas, Tangere entre os tártaros do Volga, Tingir entre os beltires). O vocábulo *tängri*, designando "deus" e "céu", pertence ao vocabulário do turco e do mongol. Existindo já "desde a pré-história da Ásia, ele teve um destino singular. Seu campo de expansão no tempo, no espaço e através das civilizações é imenso: há referências a ele que datam de mais de dois milênios; esse vocábulo é ou foi empregado em todo o continente asiático, desde as fronteiras da China até o sul da Rússia, desde o Kamtchatka até o mar de Mármara; os 'pagãos' altaicos dele se utilizaram para designar seus deuses e seu Deus supremo, e foi conservado em todas as grandes religiões universais que, ao longo de sua história, foram sucessivamente abraçadas pelos turcos e pelos mongóis (cristianismo, maniqueísmo, islamismo etc.)".[1]

O vocábulo *tängri* é empregado para exprimir o divino. Como grande deus celeste, é ele atestado entre os hiong-nu no século II a.C. Os textos apresentam-no como "alto" (*üzä*), "branco e celeste" (*kök*), "eterno" (*möngkä*) e ele é dotado de "força" (*küç*).[2] Numa das inscrições paleoturcas do Orkhon (séculos VII-VIII) aparece escrito: "Quando no alto o Céu azul e embaixo a Terra escura foram feitos, entre os dois foram criados os filhos do homem (= os seres humanos)."[3] Pode-se interpretar a separação entre o Céu e a Terra como obra cosmogônica. Não há mais que alusões a uma cosmogonia propriamente dita, cujo autor é Tangri. Contudo, os tártaros do Altai e os iacutos designam seu deus como "Criador". E, segundo os buriatas, os deuses (*tengri*) criaram o homem e este viveu uma existência ditosa até o momento em que os maus espíritos espalharam a doença e a morte pela Terra.[4]

Seja como for, a ordem cósmica, e portanto a organização do mundo e da sociedade, e o destino dos homens, dependem de Tangri. Por conseguinte, todo soberano deve receber do Céu a sua investidura. Lê-se nas inscrições do Orkhon: "Tangri, que educara meu pai, o Kaghan, ... Tangri, que dá o império, esse Tangri institui a mim mesmo como Kaghan."[5] Com efeito, o Kaghan é um "Filho do Céu" segundo o modelo chinês (cf. §128). O soberano é o enviado ou o representante do Céu-Deus. O culto de Tangri é mantido em toda a sua força e integridade pelo soberano.

> Quando reina a anarquia, quando as tribos são dispersadas, quando não há mais império (como ocorre em nossos dias), Tangri, outrora tão visível, tende a tornar-se um *deus otiosus*, a ceder seu posto a divindades celestes secundárias ou a partir-se em pedaços (multiplicação dos tengri). ... Quando não há mais soberano, o Deus-Céu lentamente se esquece, o culto popular se fortalece e tende a assumir o primeiro posto.[6]

(Os mongóis conhecem 99 tengri, a maior parte dos quais com nomes e funções precisas.) A transformação de um deus celeste e soberano em *deus otiosus* é fenômeno universalmente atestado. No caso de Tangri, sua multiplicação ou sua substituição por outras divindades parece ter acompanhado o esfacelamento do Império. O mesmo processo, porém, aparece em inúmeros contextos históricos.[7]

Tangri não possui templos e é duvidoso que tenha sido representado sob a forma de estátua. Em seu célebre debate com o imã de Bukhara, disse-lhe Gêngis-Khan: "O Universo inteiro é a casa de Deus, que utilidade pode haver em designar um lugar específico (Meca, por exemplo) onde se reunir?" Como em toda parte, o deus celeste dos altaicos é onisciente. Ao prestarem juramento, diziam os mongóis: "Que o Céu o saiba!" Os comandantes militares subiam ao cume das montanhas (imagem privilegiada do centro do mundo) para orar a Deus ou, antes das campanhas, isolavam-se em suas tendas (às vezes pelo espaço de três dias, como sucedeu com Gêngis-Khan), enquanto a tropa invocava o Céu. Tangri manifestava seu descontentamento por meio de sinais cósmicos: cometas, fomes, inundações. Preces eram-lhe endereçadas (como, por exemplo, entre os mongóis, os beltires etc.), eram-lhe sacrificados cavalos, bois e carneiros. O sacrifício aos deuses celestes é universalmente atestado, sobretudo na ocorrência de calamidades ou catástrofes naturais. Entretanto, na Ásia central e setentrional, como em outras partes, a multiplicação dos Tangri é seguida de sua assimilação a outros deuses (da tempestade, da fertilidade cósmica etc.). Assim, em Altai, Bai Ulgan (o "Muito Grande") substituiu Tengere Kaira Kan ("o misericordioso Senhor Céu"), e é a ele que se faz o sacrifício do cavalo (ver p.28s.).[8] O distanciamento e a passividade caracterizam outros deuses celestes; assim Buga ("Céu", "Mundo"), dos tonguses, não recebe culto; é onisciente, mas não se imiscui nos negócios dos homens, nem sequer impõe castigo aos maus. Urun ai tojon, dos iacutos, habita o sétimo Céu, tudo governa, mas só faz o bem (o que significa que não pune).[9]

243. A estrutura do mundo

A cosmologia e a cosmogonia dos povos altaicos apresentam um grande interesse: por um lado, conservam elementos arcaicos, atestados em numerosas culturas tradicionais; por outro, as formas sob as quais nos foram transmitidas indicam um longo processo sincretista de assimilação e reinterpretação de certas ideias recebidas do exterior. Além disso, a cosmologia nem sempre parece solidária do mito cosmogônico mais difundido na Ásia. Cumpre, sem dúvida, levar em conta a heterogeneidade dos documentos de que dispomos: o mito cosmogônico circulou sobretudo nos meios populares – detalhe importante cuja significação apreciaremos adiante.

Na Ásia, como em muitas outras regiões do mundo, a estrutura do Universo é concebida, grosso modo, com três camadas – Céu, Terra, Inferno – ligadas entre si por um eixo central. Esse eixo passa por uma "abertura", por um "buraco"; é através desse buraco que os deuses descem à Terra e que os mortos chegam às regiões subterrâneas; é também através dele que a alma do xamã pode alçar voo ou descer por ocasião de suas viagens celestes ou infernais. Os três mundos – onde habitam os deuses, os homens e o soberano do Inferno com os mortos – são, portanto, imaginados como três placas superpostas.*

Muitos povos altaicos imaginam o Céu como uma tenda: a Via Láctea é a "costura"; as estrelas, os "buracos" para a luz. De vez em quando os deuses abrem a tenda para observar a Terra, e temos os meteoros. O Céu é igualmente concebido como uma tampa; às vezes ele não se acha perfeitamente ajustado aos rebordos da Terra, e então fortes ventos penetram pelo interstício. Da mesma forma, é através desse espaço reduzido que heróis e outros entes privilegiados podem insinuar-se e penetrar no Céu. No meio deste brilha a estrela polar, que fixa a tenda celeste como uma estaca. Ela é chamada "A pilastra de ouro" (mongóis, buriatas etc.), "A pilastra de ferro" (tártaros siberianos etc.), "A pilastra solar" (teleutas etc.).[10]

Como era de esperar, essa cosmologia encontrou uma réplica no microcosmo habitado pelos seres humanos. O eixo do mundo foi representado, de maneira concreta, quer pelas pilastras que sustentam a habitação, quer sob a forma de estacas isoladas, denominadas "pilares do mundo". Quando a forma da habitação se modificou (da choupana de telhado cônico, passa-se à iurta), a

* Essa imagem é completada pela crença de que o mundo é sustentado por um animal (tartaruga, peixe) que o impede de afundar no oceano; cf. Uno Harva, *Die religiösen Vorstellungen der altaischen Völker*, p.22s.

função mítico-religiosa da pilastra é devolvida à abertura superior por onde sai a fumaça. Essa abertura corresponde ao orifício similar da "Casa do Céu", assimilado ao "buraco" feito pela estrela polar na abóbada celeste. Esse simbolismo é extremamente difundido.[11] A ideia subjacente é a crença na possibilidade de uma comunicação direta com o Céu. No plano macrocósmico, essa comunicação é representada por um eixo (pilastra, montanha, árvore etc.); no plano microcósmico, é representada pela pilastra central da habitação ou pela abertura superior da tenda; isso significa que *toda habitação humana é projetada no "centro do mundo"*, ou que todo altar, tenda ou casa torna possível a ruptura de nível e, portanto, a comunicação com os deuses, ou mesmo (no caso dos xamãs) a ascensão ao Céu.

Como observamos várias vezes, as imagens míticas do "centro do mundo" mais difundidas (já na pré-história; cf.§7) são a montanha cósmica e a árvore do mundo. Tais imagens são também encontradas nas populações altaicas e em todas as regiões da Ásia. Os tártaros do Altai imaginam Bai Ulgan no meio do Céu, sentado numa montanha de ouro. Os tártaros de Abakan chamam-lhe "montanha de ferro". O fato de os mongóis, os buriatas e os calmucos o conhecerem pelo nome de Sumbur, Sumur ou Sumer, que denunciam clara influência indiana (= Meru, a montanha mítica), não implica necessariamente que eles ignoravam esse símbolo arcaico e universal.[12] Quanto à árvore do mundo, é atestada em toda a Ásia e desempenha um papel importante no xamanismo. Cosmologicamente, a Árvore do Mundo ergue-se no centro da Terra, no lugar de seu "umbigo", e seus ramos superiores tocam o palácio de Bai Ulgan. A árvore serve de ligação às três regiões cósmicas, pois suas raízes mergulham nas entranhas da Terra. Segundo os mongóis e os buriatas, os deuses (Tengeri) alimentam-se dos frutos da árvore. Acreditam outras populações altaicas que as almas das crianças, antes do nascimento, repousam como passarinhos nos ramos da árvore cósmica, e que é lá que os xamãs vão buscá-las.[13] Segundo se cuida, o xamã fabrica seu tambor com a madeira da árvore do mundo. Defronte à sua iurta e no interior dela encontram-se réplicas dessa árvore, e o xamã a desenha também sobre seu tambor. Além disso, como veremos no §245, ao escalar a bétula ritual, o xamã altaico sobe efetivamente na árvore cósmica.

244. As peripécias da Criação

O mito cosmogônico mais conhecido entre as populações da Ásia central e setentrional é quase universalmente difundido, ainda que sob formas bastante distintas. Seu arcaísmo (cf. §7), sua considerável difusão – fora da Ásia, ele é atestado na Índia ariana e pré-ariana, no sudeste da Ásia, na América do Norte – e as múltiplas modificações de que foi alvo no curso das eras tornam esse mito um dos problemas mais apaixonantes para o historiador das religiões. Com o propósito de ressaltar as características peculiares das versões centro-asiáticas (e as da Europa oriental, §250), apresentaremos em primeiro lugar o que, como se pode supor, são as formas primitivas do mito. A paisagem é sempre a mesma: as grandes águas de antes da Criação. O argumento comporta variantes: 1) Deus, sob a forma de um animal, mergulha no fundo do abismo para apanhar um pouco de barro com o qual possa fazer o mundo; 2) ou envia um animal anfíbio (pássaro aquático); 3) ou ordena o mergulho de um ser (às vezes ornitomorfo) cuja existência ele até então ignorava e que, mais tarde, aparece como seu adversário. A primeira versão é atestada no hinduísmo (um grande deus – Prajapati, Brahman, Vishnu – transformado em javali, desce ao fundo das águas e ergue a Terra; cf. v.I, p.231-2); a segunda é extremamente difundida (a Índia pré-ariana, Assam, América do Norte etc.; devemos esclarecer que nessa versão não existe qualquer oposição entre os animais mergulhadores e o Criador); apenas na Ásia e na Europa oriental é que o mergulho cosmogônico se desenvolve num sentido "dualista".

Surpreende-se às vezes nos diferentes povos turcos a fusão dessas duas últimas versões. Um mito buriata apresenta Sombol-Burkan equilibrando-se sobre o oceano primordial. Avista um pássaro aquático e pede-lhe que mergulhe até o fundo do mar. Com o barro trazido pelo pássaro ele cria a Terra. Segundo outras variantes, Burkan modela em seguida o homem, servindo-se ainda desse barro.[14] Num mito dos tártaros do Lebed, um cisne branco mergulha, obedecendo a uma ordem expressa de Deus, e traz-lhe um pouco de terra no bico. Deus forma a Terra, chata e lisa. Só mais tarde chega o diabo, que faz os pântanos.[15] Segundo os tártaros do Altai, no começo, quando só existiam as águas, Deus e o "homem" nadavam juntos sob a forma de gansos negros. Deus ordenou-lhe que fosse buscar barro. Mas o "homem" guardou um pouco de barro na boca, e quando a Terra se pôs a crescer, o barro começou a inchar. Ele viu-se obrigado a cuspi-la, dando assim nascimento aos pântanos. Disse-lhe Deus: "Tu pecaste, e teus súditos serão maus. Meus súditos serão piedosos; verão o Sol, a luz e eu serei chamado Kurbystan (= Ohrmazd). Quanto a ti, serás Erlik."[16] O sincretismo com as ideias iranianas é evidente. Contudo, o argumento do mergulho cosmogônico está quase integralmente conservado. A identidade entre o "homem" e o Senhor dos Infernos, Erlik Khan, explica-se pelo fato de que o primeiro homem, o antepassado mítico, era igualmente o primeiro morto (mitema atestado no mundo inteiro).

Entre os mongóis, as variantes são ainda mais complexas. Ocirvani (= Vajrapani) e Tsagan-Sukurty descem do Céu até o mar primordial. Ocirvani pede a seu companheiro que mergulhe e lhe traga barro. Depois de terem espalhado esse barro sobre o casco de uma tartaruga, os dois adormecem. Chega o diabo, Sulmus, que tenta afogá-los, mas, à medida que os fazia rolar, a Terra crescia. De acordo com uma segunda variante, Ocurman, que vive no Céu, quer criar a Terra e procura um companheiro. Encontra-o em Tsagan-Sukurty, e manda-o buscar argila em seu nome. Este, porém, torna-se soberbo: "Sem mim, não terias obtido a argila!", exclama, e então a matéria escorre-lhe por entre os dedos. Mergulhando uma segunda vez, ele recolhe a lama, dessa feita em nome de Ocurman. Após a criação aparece Sulmus, que pede um punhado de terra, precisamente a quantidade que ele pode tocar com a ponta de seu bastão. Sulmus golpeia o solo com o bastão, e aparecem serpentes.[17] O mito unifica ou justapõe dois motivos dualistas distintos: 1) a identificação do adversário-rival com o protagonista do mergulho; 2) o diabo, que chega não se sabe de onde, quando a Terra já havia sido criada, e pede uma parte dela, ou procura arruiná-la.

O mergulho cosmogônico é também atestado entre os fino-úgricos, os eslavos ocidentais e na Europa oriental. Voltaremos, pois, ao endurecimento dualista do mito, e examinaremos as hipóteses aventadas sobre sua origem (§250). Por enquanto expliquemos que é a partir da terceira fase – quando o Criador ordena o mergulho dos auxiliares antropomorfos – que se desenvolvem as possibilidades dramáticas, e em última análise, "dualistas", do mergulho cosmogônico. As peripécias do mergulho e da obra cosmogônica que lhe seguem são invocadas agora para explicar as imperfeições da Criação, o aparecimento da morte e também o das montanhas e pântanos, o "nascimento" do diabo e também a existência do mal. Como já não é mais o *próprio Criador* que mergulha para obter a substância da Terra, mas essa tarefa é realizada por um de seus auxiliares ou por um de seus servos, torna-se possível introduzir no mito, graças justamente a esse episódio, um elemento de insubordinação, de antagonismo ou de oposição. A interpretação "dualista" da Criação foi possibilitada pela transformação progressiva do auxiliar teriomorfo de Deus em seu "servo", seu "companheiro" e finalmente em seu adversário.[18] Apreciaremos mais adiante a importância dessa interpretação dualista nas teodiceias "populares" (§250).

Os mitos sobre a Criação do homem destacam também o papel nefasto do adversário. Como em muitas mitologias, Deus forma o homem com argila e insufla-lhe a alma. Mas, na Ásia central e setentrional, o argumento comporta um episódio dramático: depois de ter moldado os corpos dos primeiros homens, Deus deixa um cão para protegê-los e sobe ao Céu para buscar-lhes uma alma. Durante sua ausência surge Erlik e, prometendo ao cão (nesse momento ainda nu) uma abundante pelagem em troca de consentir na sua aproximação, macula os corpos com sua saliva. Acreditam os buriatas que, sem a mácula de Cholm (o adversário), os seres humanos teriam desconhecido as doenças e a morte. Segundo outro grupo de variantes altaicas, Erlik, aproveitando-se da ausência de Deus e seduzindo o cão, teria animado os corpos.[19] Trata-se, nesta última versão, de um esforço desesperado não somente para absolver Deus da existência das doenças e da mortalidade do homem, mas também da maldade da alma humana.

245. O xamã e a iniciação xamânica

Um deus celeste soberano que se torna *deus otiosus* ou se multiplica indefinidamente (Tangri e os 99 tengri); um deus Criador, mas cujas obras (o mundo e o homem) são malbaratadas pela intervenção astuciosa de um adversário satânico; a precariedade da alma humana; as doenças e a morte provocadas pelos demônios e pelos maus espíritos; um Universo tripartite – Céu, Terra, Inferno – que implica uma geografia mítica às vezes bastante complexa (a pluralidade dos níveis celestes e infernais exigindo o conhecimento dos caminhos que levam ao Céu ou ao outro mundo)... A evocação desses poucos elementos essenciais é suficiente para avaliarmos o papel considerável do xamã nas religiões da Ásia central e setentrional. Efetivamente, o xamã é ao mesmo tempo teólogo e demonólogo, especialista do êxtase e homem-medicina, auxiliar da caça, protetor da comunidade e dos rebanhos, psicopompo e, em certas sociedades, erudito e poeta.

O que se conhece pelo termo "xamanismo" é um fenômeno religioso arcaico (que parece atestado desde o paleolítico) e universalmente difundido (é quase excepcional na África). Contudo, o xamanismo, no sentido estrito do termo, domina sobretudo na Ásia central e setentrional e nas regiões árticas. Foi ainda na Ásia que o xamanismo sofreu um número maior de influências (irano-mesopotâmicas, budistas, lamaístas), sem nem por isso perder sua estrutura própria.

Os múltiplos poderes do xamã são produto de suas experiências iniciatórias. É graças às provas por que passa durante a iniciação que o futuro xamã mede a precariedade da alma humana e aprende os meios de defendê-la; da mesma forma, pela experiência ele conhece os sofrimentos provocados pelas diferentes doenças e logra identificar os seus autores; sofre uma morte ritual, desce ao Inferno e, às vezes, sobe ao Céu. Em síntese, todos os poderes do xamã dependem de suas experiências e de seus conhecimentos de ordem "espiritual"; ele consegue familiarizar-se com todos os "espíritos": as almas dos vivos e dos mortos, os deuses e os demônios, as inúmeras figuras – invisíveis para o resto dos homens – que povoam as três regiões cósmicas.

Um indivíduo torna-se xamã: 1) por vocação espontânea (o "apelo" ou a "eleição"); 2) por transmissão hereditária da profissão xamânica; e 3) por decisão pessoal ou, mais raramente, pela vontade do clã. Mas, qualquer que tenha sido o método de seleção, um xamã só é reconhecido como tal depois de haver recebido uma dupla instrução: 1) de ordem extática (sonhos, visões, transes etc.); e 2) de ordem tradicional (técnicas xamânicas, nomes e função dos espíritos, mitologia e genealogia do clã, linguagem secreta etc.). Essa dupla instrução, que está afeita aos espíritos e aos velhos mestres xamãs, constitui a iniciação. Ela pode ser pública, mas a falta da cerimônia não implica de modo algum a ausência da iniciação: esta pode perfeitamente operar-se em sonho ou na experiência extática do neófito.

A síndrome da vocação mística é facilmente reconhecível. O futuro xamã singulariza-se por um comportamento estranho: torna-se pensativo, busca a solidão, dá-se a passeios pelas florestas ou lugares ermos, tem visões, canta durante o sono etc. Às vezes, esse período de incubação caracteriza-se por sintomas bastante graves: entre os iacutos, o rapaz, em certos momentos, fica furioso e perde facilmente a consciência, refugia-se nas florestas, alimenta-se de cascas de árvore, lança-se na água e no fogo, fere-se com facas.[20] Mesmo quando se trata de xamanismo hereditário, a eleição do futuro xamã é precedida de uma mudança de comportamento: as almas dos antepassados xamãs escolhem um rapaz da família, este torna-se ausente e pensativo, vê-se presa de uma necessidade de solidão, tem visões proféticas e, em alguns momentos, sofre ataques que o deixam inconsciente. Durante esse tempo, pensam os buriatas, a alma é levada pelos espíritos; recebida no palácio dos deuses, instruída pelos antepassados xamãs nos segredos do ofício, nas formas e nos nomes dos deuses, nos nomes e no culto dos espíritos etc. Somente depois dessa primeira iniciação é que a alma se integra ao corpo.*

A vocação mística implica com muita frequência uma crise profunda que desempenha o papel de uma iniciação. Ora, toda iniciação, seja qual for o seu

---

* Desde meados do século passado várias foram as tentativas para explicar o fenômeno do xamanismo siberiano e ártico através de uma doença mental. O problema estava malformulado. Por um lado, os futuros xamãs nem *sempre* são neuropatas; por outro lado, os doentes que havia entre eles *tornaram-se xamãs justamente porque conseguiram curar-se*. A iniciação equivale a uma cura; ela explica-se, entre outras coisas, por uma nova integração psíquica. Ver *Le chamanisme*, p.36s. *Mythes, rêves et mystères*, p.105s.

gênero, compreende um período de segregação e certo número de provas e torturas. A doença provocada no futuro xamã pelo sentimento angustiante de ter sido "escolhido" é, por essa mesma razão, valorada como "doença iniciatória". A precariedade e a solidão reveladas por toda doença são, nesse caso preciso, agravadas pelo simbolismo da morte mística: pois assumir a "eleição" sobrenatural traduz-se pelo sentimento de ser abandonado às forças divinas ou demoníacas, vale dizer, condenado a uma morte iminente. A "loucura" dos futuros xamãs, o seu "caos psíquico", significa que o homem profano está em vias de "dissolver-se" e que uma nova personalidade está prestes a nascer.

Muitas vezes, a síndrome da "doença" acompanha bem de perto o ritual clássico da iniciação. Os sofrimentos do "eleito" assemelham-se perfeitamente às torturas iniciatórias; assim como, nos ritos de puberdade, o noviço é morto pelos demônios-"mestres da iniciação", o futuro xamã vê-se cortado e esquartejado pelos "demônios da doença". A morte ritual é experimentada pelo doente sob a forma de descida ao Inferno: ele assiste em sonho a seu próprio esquartejamento, vê sua cabeça ser cortada por demônios que lhe arrancam os olhos etc. Segundo os iacutos, os espíritos conduzem o futuro xamã ao Inferno e o mantêm encerrado numa casa durante três anos. É lá que ele é submetido à sua iniciação: os espíritos cortam-lhe a cabeça, colocam-na ao lado (pois o noviço deve assistir com os próprios olhos a seu esquartejamento), e repartem-no em pedacinhos que são em seguida distribuídos aos espíritos das diversas doenças. Somente dessa maneira é que o futuro xamã alcançará o poder de curar. Os ossos são depois recobertos de carnes frescas e em certos casos lhe é também injetado um sangue novo. Referem outros xamãs que, durante sua doença iniciatória, os antepassados xamãs os crivam de flechas, cortam-lhes a carne e arrancam-lhes os ossos para limpá-los; por vezes, abrem-lhes o ventre, devoram-lhes a carne e bebem-lhes o sangue; ou cozem-lhes o corpo e forjam-lhes a cabeça sobre uma bigorna. Durante esse tempo, eles jazem inconscientes, quase inanimados, por um período de três a nove dias, na iurta ou num lugar ermo. Alguns parecem até não respirar mais, e por pouco não são sepultados. Finalmente, são ressuscitados, mas com um corpo inteiramente renovado, e já de posse do dom de xamanizar.[21]

Em geral, quando o neófito jaz inconsciente na iurta, a família recorre a um xamã, e é a este que, mais tarde, caberá o papel de instrutor. Em outros casos, após seu "esquartejamento iniciatório", o noviço sai em busca de um mestre, para aprender os segredos do ofício. O ensino é de caráter esotérico, e ele é às vezes recebido em estado de êxtase; em outras palavras, o mestre-xamã instrui seu discípulo da mesma forma que os demônios e os espíritos. Entre os iacutos, o mestre leva consigo a alma do noviço numa longa viagem extática. Põem-se a escalar uma montanha. Lá de cima, o mestre mostra ao noviço as bifurcações do caminho de onde partem outros atalhos que sobem até os cimos: é ali que residem as doenças que atormentam os homens. O mestre conduz depois o discípulo a uma casa. Lá, tornam a vestir os trajes xamânicos e xamanizam juntos. O mestre mostra-lhe como diagnosticar e curar as doenças que atacam as várias partes do corpo. Finalmente, conduz o discípulo ao mundo superior, para junto dos espíritos celestes. O novo xamã dispõe agora de um "corpo consagrado" e está apto a exercer seu ofício.[22]

Existem também cerimônias públicas de iniciação, sobretudo entre os buriatas, os goldos, os altaicos, os tonguses e os manchus. As cerimônias dos buriatas alinham-se entre as mais interessantes. O rito principal compreende uma ascensão. Uma bétula sólida é fixada na iurta, as raízes no átrio, com o cimo passando pela abertura por onde escapa a fumaça. Essa bétula é denominada "o guardião da porta", porque abre para o xamã a entrada do Céu. O aprendiz sobe até o cimo da bétula e, saindo pela abertura da fumaça, grita a plenos pulmões para invocar o auxílio dos deuses. Em seguida, toda a plateia dirige-se em procissão para um lugar distante da aldeia, onde na véspera se plantou uma grande quantidade de bétulas visando à cerimônia. Próximo a uma bétula, sacrifica-se um bode e o aprendiz, com o torso nu, tem a cabeça, os olhos e as orelhas untados de sangue, ao som de tamborins percutidos pelos outros xamãs. O mestre xamã trepa então a uma bétula e faz nove incisões no cimo. O aprendiz, seguido dos outros xamãs, sobe por sua vez à árvore. Ao subirem, entram todos – ou fingem entrar – em êxtase. Segundo uma fonte de informação, o candidato deve trepar a nove bétulas que, como os nove entalhes, simbolizam os nove céus.*

O que não se deve esquecer acerca desse rito iniciatório é que o aprendiz de xamã, segundo se cuida, deve subir ao Céu para ser consagrado. Como veremos, a ascensão por meio de uma árvore ou de um pilar constitui igualmente o rito essencial das sessões dos xamãs altaicos. A bétula ou o pilar são

* M. Eliade, *Le chamanisme*, p.106-11, apud N.N. Agapitov, M.N. Changalov e Jorma Partanen. Como bem percebeu Uno Harva (op.cit., p.492s.), esse rito lembra certas cerimônias dos mistérios mitríacos. Assim, a purificação do candidato pelo sangue de um bode assemelha-se ao *taurobolium* e a sua subida à bétula recorda o mista mitríaco galgando uma escada de sete degraus que representa os sete céus planetários (cf. §217). Como já observamos, as influências do antigo Oriente Próximo são evidentes em quase toda a Ásia central e na Sibéria, e o rito de iniciação do xamã buriata deve, muito provavelmente, ser colocado entre as provas dessas influências. Cumpre, porém, acrescentar que o simbolismo da árvore do mundo e o rito da ascensão iniciatória da bétula *são anteriores* aos elementos de cultura oriundos da Mesopotâmia e do Irã.

assimilados à árvore ou à pilastra que se erguem no centro do mundo e ligam as três zonas cósmicas. A árvore xamânica tem, em suma, todos os prestígios da árvore cósmica.

246. Mitos e rituais xamânicos

Os mitos sobre a origem dos xamãs salientam dois temas altamente significativos: 1) o "primeiro xamã" foi criado por Deus (ou pelos deuses celestes); 2) entretanto, por causa de sua maldade, os deuses limitaram-lhe severamente os poderes. Segundo os buriatas, os tengri decidiram dar um xamã à humanidade para que esta pudesse lutar contra a doença e a morte, introduzidas pelos maus espíritos. Enviaram a águia; esta percebeu uma mulher dormindo e teve relações com ela. A mulher deu à luz um filho que se tornou o "primeiro xamã". Os iacutos compartem a mesma crença. Mas a águia tem o mesmo nome do ser supremo, Ajy (o "Criador") ou Ajy Tojon (o "Criador de luz"). Os filhos de Ajy são representados como espíritos-pássaros pousados nos ramos da árvore do mundo; no cimo está a águia de duas cabeças, que provavelmente personifica o próprio Ajy Tojon.* Os antepassados dos xamãs – cujas almas exercem um papel na eleição e na iniciação do aprendiz – descendem desse "primeiro xamã" criado pelo ser supremo sob a forma da águia.

O papel dos antepassados no xamanismo atual é, no entanto, considerado por alguns uma decadência. Segundo a tradição buriata, nos tempos antigos, os poderes dos xamãs emanavam diretamente dos espíritos celestes; somente hoje eles os recebem dos antepassados.[23] Essa opinião reflete a crença, atestada em toda a Ásia e nas regiões árticas, do declínio do xamanismo. Outrora, os "primeiros xamãs" voavam *realmente* nas nuvens, montados em seus "cavalos" (isto é, em seus tamborins); podiam assumir qualquer forma e faziam milagres que seus descendentes atuais são incapazes de reproduzir. Os buriatas explicam essa decadência pelo orgulho e pela maldade do primeiro xamã: quando ele se pôs a competir com Deus, este reduziu-lhe drasticamente o poder.[24] Pode-se vislumbrar nesse mito etiológico a influência indireta das crenças dualistas.

---

* Cf. as fontes citadas in *Le chamanisme*, p.71-2. Quando Ajy Tojon criou o primeiro xamã, plantou também uma bétula de oito ramos em sua morada celeste e, nesses ramos, ninhos onde se encontravam os filhos do Criador. Plantou, ainda, três árvores na Terra; é para evocá-las que o xamã possui – também ele – uma árvore de cuja vida é de certa forma dependente; cf. ibid., p.72, notas 2 e 3. Em seus sonhos iniciatórios, certos xamãs são transportados para junto da árvore cósmica, em cujo cimo está o senhor do mundo.

O xamã desempenha papel fundamental na vida religiosa da comunidade, mas não a esgota. Ele não está incumbido de efetuar os sacrifícios,* e, no Altai, só intervém nas cerimônias de nascimento ou matrimônio quando acontece algo insólito; por exemplo, nos casos de esterilidade ou de parto difícil. Ao contrário, o xamã aparece como insubstituível em toda cerimônia em que estejam envolvidas as experiências da alma humana como tal: doenças (perda da alma ou possessão por maus espíritos) e morte (quando a alma deve ser conduzida para o outro mundo). Em outras regiões da Ásia o xamã é convocado sempre que a caça escasseia ou quando se trata de aplicar as técnicas extáticas (divinação, clarividência etc.).[25]

Radlov deu-nos do sacrifício altaico do cavalo uma descrição que se tornou clássica. Esse sacrifício é celebrado em determinadas ocasiões por todas as famílias, e a cerimônia estende-se por duas ou três noites consecutivas. O *kam* (= xamã) instala num prado uma iurta nova, dentro da qual coloca uma bétula despida de seus ramos e rasgada por nove entalhes. Após uma série de ritos preliminares, benze o cavalo e, com o auxílio de alguns assistentes, mata-o, partindo-lhe a coluna vertebral de tal modo que não se derrame nem uma gota de sangue. Feitas as oferendas aos maiores e aos espíritos protetores, a carne é preparada e comida cerimonialmente.

A segunda parte do ritual, a mais importante, processa-se na tarde seguinte. Envergando seu traje xamânico, o *kam* invoca uma série de espíritos. Trata-se de uma cerimônia longa e complexa, que termina com a "ascensão". Ferindo seu tambor e gritando, o xamã executa movimentos indicativos de sua ascensão ao Céu. Em "êxtase", ele sobe pelos primeiros entalhes da bétula, penetrando sucessivamente nos diferentes céus, até o nono, ou, quando é realmente poderoso, até o décimo segundo e mesmo acima. Quando alcança o ponto mais alto que o seu poder lhe permite, o xamã se detém e invoca Bai Ulgan.

> Tu, Ulgan, criaste todos os homens…
> Tu, Ulgan, nos dotaste a todos de rebanhos!
> Não nos deixes cair em desgraça!
> Torna-nos capazes de resistir ao Maligno,
> Não nos mostres Kormos (o mau espírito).
> Não nos abandones em suas mãos…
> Não condenes os meus pecados!

---

* Como não tardaremos a ver, entre os altaicos é o próprio xamã que sacrifica o cavalo, mas o faz porque é convocado a guiar a alma da vítima até Bai Ulgan.

O xamã é informado por Bai Ulgan sobre se o sacrifício foi aceito e recebe previsões acerca do tempo e da nova colheita. Esse episódio assinala o ponto culminante do "êxtase": o xamã cai extenuado. Passado algum tempo, esfrega os olhos, parece despertar de um sono profundo e saúda as pessoas presentes, como após uma longa ausência.[26]

A ascensão celeste tem sua contrapartida na descida do xamã aos Infernos. Essa cerimônia é muito mais difícil. A descida pode ser vertical, ou horizontal, e em seguida duplamente vertical (ascensão acompanhada de uma descida). No primeiro caso, o xamã parece descer uma após outra as sete "escadas" ou regiões subterrâneas denominadas *pudak*, "obstáculos". Ele está acompanhado de seus maiores e de seus espíritos auxiliares. A cada "obstáculo" ultrapassado, o xamã descreve uma nova epifania subterrânea. No segundo "obstáculo", ele parece fazer alusão a ruídos metálicos; no quinto, ouve o murmúrio das ondas e o sibilar do vento; finalmente, no sétimo, avista o palácio de Erlik Khan, construído com pedras e argila negra, e com todos os flancos defendidos. O xamã pronuncia uma longa prece diante de Erlik (e menciona também Bai Ulgan, "o de cima"); regressa depois à iurta e comunica aos assistentes os resultados de sua viagem.

O segundo tipo de descida – horizontal e depois vertical – é muito mais complicado e dramático. O xamã cavalga pelos desertos e as estepes, escala a montanha de ferro e, após uma nova cavalgada, chega diante do "buraco de fumaça da Terra", a entrada do outro mundo. Ao descer, encontra um mar, atravessa uma ponte da largura de um fio de cabelo,* passa defronte ao lugar em que são torturados os pecadores e, voltando a cavalgar, chega à frente da morada de Erlik Khan, na qual consegue penetrar a despeito dos cães de guarda e do porteiro. O encontro com o rei dos mortos – laboriosamente representado por mímica – comporta uma série de episódios ao mesmo tempo aterradores e grotescos. O xamã oferece a Erlik diversos presentes e, por fim, um pouco de álcool. O deus acaba por embriagar-se e torna-se benevolente, abençoa-o, promete a multiplicação do gado etc. O xamã regressa alegremente à superfície, montando agora não um cavalo, mas um ganso. Esfrega os olhos como se despertasse. Perguntam-lhe: "Fizeste uma boa cavalgada? Lograste êxito?" E ele responde: "A viagem foi admirável. Fui muito bem recebido!"[27]

Como veremos em breve, essas descidas extáticas ao Inferno tiveram importância considerável na religião e na cultura dos povos altaicos. Os xamãs

* Para deixar uma imagem impressiva de sua passagem, ele cambaleia, mas não cai. Vê no fundo do mar os ossos dos inúmeros xamãs que ali caíram, pois um pecador não consegue atravessar a ponte.

empreendem-nas para obter a bênção do soberano dos mortos para o gado e as colheitas (como nos exemplos citados anteriormente), mas sobretudo para conduzir os finados ou procurar e libertar a alma do enfermo prisioneiro dos demônios. O argumento é sempre o mesmo, mas os episódios dramáticos variam de uma população para outra. O xamã exprime por mímica as dificuldades da descida, sozinho ou acompanhado de seus acólitos; no momento de entrar, as almas dos mortos negam o ingresso à recém-chegada, e o xamã deve oferecer-lhes a aguardente. A sessão torna-se animada e às vezes grotesca. Em outros casos, depois de muitas peripécias, ele chega à terra dos mortos e procura entre a multidão de espíritos os parentes próximos da alma por ele conduzida para confiá-la aos cuidados destes. Uma vez de volta, o xamã leva a cada membro da plateia as saudações de seus parentes mortos e chega até a distribuir-lhes alguns presentinhos.[28]

A principal função do xamã é, no entanto, a cura. Em geral, as doenças são atribuídas a uma alucinação ou ao "rapto da alma". O xamã sai em seu encalço, captura-a e a reintegra ao corpo do enfermo. Às vezes a doença tem dupla causa: o roubo da alma, agravado pela "possessão" por parte dos maus espíritos, e a cura xamânica comporta não só a busca da alma, como também a expulsão dos demônios. Muitas vezes, a busca da alma constitui em si mesma um espetáculo. O xamã empreende a viagem extática primeiro no sentido horizontal – para certificar-se de que a alma não se "extraviou" em alguma parte das regiões vizinhas ou distantes – e em seguida desce ao Inferno, identifica o espírito mau que a mantém prisioneira e consegue arrancá-la de suas mãos.[29]

247. Significação e importância do xamanismo

Os xamãs desempenham, em última análise, um papel essencial na defesa da integridade física da comunidade. São os campeões antidemoníacos por excelência, combatem não só os demônios e as doenças, mas também a magia negra. Os elementos guerreiros que têm uma grande importância em certos tipos de xamanismo asiático (couraça, lança, arco, espada etc.) explicam-se pela necessidade de combater os demônios, os verdadeiros inimigos da humanidade. De um modo geral, pode-se dizer que o xamã defende a vida, a saúde, a fecundidade, o mundo da "luz", contra a morte, as doenças, a esterilidade, o infortúnio e o mundo das "trevas". Não nos é fácil imaginar o papel que tal campeão pode representar para uma sociedade arcaica. Trata-se, em primeiro lugar, da certeza de que os homens não estão sozinhos num mundo estranho, rodeados pelos demônios e pelas "forças do mal". À parte os deuses e os seres sobrenaturais a quem se endereçam preces e se oferecem sacrifícios, há ainda os "especialistas do sagrado", homens capazes de "ver" os espíritos, de subir ao Céu e encontrar os deuses, de descer ao Inferno e combater os demônios, a doença e a morte. A função essencial do xamã na defesa da integridade psíquica da comunidade prende-se sobretudo ao seguinte fato: os homens estão convencidos de que um dos seus é capaz de ajudá-los nas circunstâncias críticas provocadas pelos habitantes do mundo invisível. É consolador e reconfortante saber que um membro da comunidade é capaz de ver o que é oculto e invisível para os outros e de trazer informações diretas e precisas dos mundos sobrenaturais.

Foi graças a sua capacidade de viajar pelos mundos sobrenaturais e de *ver* os seres sobre-humanos (deuses, demônios) e os espíritos dos mortos que o xamã pôde contribuir de maneira decisiva para o *conhecimento da morte*. É provável que um grande número de traços da "geografia funerária", da mesma forma que uma série de temas da mitologia da morte, seja o resultado das experiências extáticas dos xamãs. As paisagens que o xamã contempla e as personagens que encontra ao longo de suas viagens extáticas no além são minuciosamente descritas pelo próprio xamã, durante ou após o transe. O mundo desconhecido e aterrador da morte ganha forma, organiza-se em conformidade com tipos específicos; ele acaba por apresentar uma estrutura e, com o tempo, torna-se familiar e aceitável. Os habitantes do mundo da morte tornam-se, por sua vez, *visíveis*; adquirem uma fisionomia, apresentam uma personalidade e mesmo uma biografia. O mundo dos mortos vai se revelando aos poucos e a própria morte é valorada, sobretudo como rito de passagem para um *modo de existência espiritual*. Os relatos das viagens extáticas dos xamãs contribuem, afinal, para "espiritualizar" o mundo dos mortos, enriquecendo-o ao mesmo tempo de formas e figuras prestigiosas.

As aventuras do xamã no mundo do além, as provas a que é submetido em suas descidas extáticas ao Inferno e nas ascensões celestes, lembram as aventuras das personagens dos contos populares e dos heróis da literatura épica. É muito provável que uma grande quantidade de "temas", motivos, personagens, imagens e clichês da literatura épica tenham, em última análise, uma origem extática, no sentido de que foram extraídos dos relatos dos xamãs ao narrarem suas viagens e aventuras pelos mundos sobre-humanos. Insere-se nesse contexto, por exemplo, o relato das aventuras do herói buriata Mu-monto, que desce ao Inferno em substituição a seu pai e, de regresso à Terra, descreve as torturas dos pecadores. Os tártaros possuem uma apreciável literatura sobre esse tema. Entre os tártaros da estepe Sajan, uma jovem corajosa, Kubaiko, desce ao Inferno para resgatar a cabeça do irmão decapitado por um monstro.

Depois de muitas aventuras, e de haver assistido às diferentes torturas que punem os diversos pecados, Kubaiko vê-se diante do próprio rei do Inferno. Este lhe permite realizar sua missão de resgate desde que ela saia vitoriosa de certa prova. Outros heróis da literatura épica tártara são obrigados a passar por tais provas iniciatórias, que sempre envolvem uma descida ao Inferno.[30]

É igualmente provável que a euforia pré-extática tenha constituído uma das fontes da poesia lírica. Ao preparar seu transe, o xamã percute o tambor, chama seus espíritos auxiliares, fala uma "linguagem secreta" ou a "linguagem dos animais", imita o grito destes últimos e sobretudo o canto dos pássaros. Acaba por alcançar um "estado segundo", que desencadeia a criação linguística e os ritmos da poesia lírica. Cumpre também lembrar o caráter dramático da sessão xamânica, que constitui um *espetáculo* único no mundo da experiência cotidiana. A exibição de proezas mágicas (truques com o fogo e outros "milagres") revela outro mundo; o mundo fabuloso dos deuses e dos magos, o mundo onde *tudo parece possível*, onde os mortos voltam à vida e os vivos morrem para logo depois ressuscitar, no qual se pode desaparecer e reaparecer instantaneamente, em que as "leis da natureza" são abolidas, e certa "liberdade" sobre-humana é ilustrada e tornada *presente* de forma notável. É fácil compreender a repercussão de tal *espetáculo* numa comunidade "primitiva". Não só os "milagres" xamânicos confirmam e fortalecem as estruturas da religião tradicional, como também estimulam e alimentam a imaginação, fazem desaparecer as barreiras entre o sonho e a realidade imediata, abrem janelas para os mundos onde moram os deuses, os mortos e os espíritos.[31]

248. Religiões dos asiáticos setentrionais e dos fino-úgricos

A economia desta obra – que se propõe analisar sobretudo as *criações religiosas* – permite somente uma apresentação sumária das religiões comuns aos povos pertencentes aos grupos linguísticos paleossiberiano, urálio e fino-úgrico. Não que suas religiões careçam de interesse, mas muitos de seus elementos característicos (deuses celestes e *dii otiosi*, o mito do mergulho cosmogônico e seu endurecimento "dualista", xamanismo) assemelham-se àqueles dos povos altaicos.

Assim, por exemplo, pode-se lembrar o Es dos jenisseis (Kets), nome que significa, ao mesmo tempo, "Céu" e "deus celeste" (cf. Tangri). Segundo Anutchin, Es é "invisível", no sentido de que ninguém jamais o viu; se alguém o vir, fica cego. Es é o Criador e o senhor do Universo, e também o responsável pela Criação do homem. É bom e onipotente, mas não se interessa pelos negócios humanos; "deixa essa tarefa para os espíritos de segunda categoria, os heróis e os grandes xamãs". Não é objeto de culto; não lhe oferecem sacrifícios nem lhe endereçam preces. No entanto, ele protege o mundo e ajuda os homens.[32] Kudju ("Céu"), dos iucajires, é um deus benévolo, mas não exerce nenhum papel na vida religiosa.[33] Os coriaques chamam seu deus supremo de "O Uno do alto", "O Senhor do alto", "O Vigilante", "Aquele que existe" etc.,[34] mas é antes de tudo um deus inativo.

Mais importante, e mais bem-conhecido, parece ser Num, dos samoiedos. Segundo a informação mais antiga (A.M. Castrén), Num habita o Céu, governa os ventos e as chuvas, vê e sabe tudo o que se passa na Terra; recompensa aqueles que fazem o bem e pune os pecadores.[35] Outros observadores destacam-lhe a bondade e o poder, mas acrescentam que, depois de haver criado o mundo, a vida e o homem, Num delegou seus poderes a outros seres divinos, que lhe são inferiores. Mais recentemente, Lehtisalo contribuiu com outras informações; Num habita o sétimo Céu, o Sol é seu olho, não é representado por imagens, e renas lhe são oferecidas em sacrifício.[36] Durante a evangelização dos samoiedos (1825-35), os missionários destruíram milhares de "ídolos" antropomorfos, alguns com três ou sete rostos. Como, segundo a maioria dos testemunhos, Num não tinha imagens, concluiu-se, com razão, que esses ídolos representavam antepassados e diferentes espíritos. É provável, entretanto, que a policefalia – ou seja, a faculdade de tudo ver e tudo saber – acabou por ser conferida ao Sol, a principal manifestação de Num.[37]

O mito cosmogônico mais popular é, como acontece em toda a Ásia central e setentrional, o "mergulho" efetuado por um ser ornitomorfo, o auxiliar ou o adversário de Deus. Num envia sucessivamente cisnes, gansos, o "mergulhador polar" e o pássaro *lguru* para ir buscar terra. Somente este último consegue voltar trazendo no bico um pouco de lama. Quando Num criou a Terra, "de alguma parte" chegou um "velho" que lhe pediu permissão para se albergar. Num acabou por acolhê-lo, mas pela manhã surpreendeu o velho, no litoral da ilha, entregue à tarefa de destruí-la. Intimado a partir, o velho solicitou – e obteve – toda a terra que fosse capaz de cobrir com a ponta de seu bastão. Desapareceu nesse buraco, depois de declarar que doravante aquela seria sua morada, e encantaria os homens. Consternado, Num reconheceu o erro em que incorrera: tinha pensado que o velho queria instalar-se *sobre* a terra, e não *debaixo* dela.[38] Nesse mito, Num já não é onisciente: ignorava a existência e as intenções do "velho" (o maligno que introduziu a morte). Certas variantes, atestadas entre os cheremissos e os voguis, sublinham o caráter "dualista" da Criação.[39] Entretanto, o "dualismo" é ainda muito mais nítido nas lendas dos fineses, estônios e morduínos: é o próprio diabo que mergulha, por ordem de Deus, mas guarda na boca, dissimuladamente, um pouco de barro (dando, assim, nascimento aos montes e aos pântanos).[40]

Quanto ao xamanismo, ele apresenta, em suas linhas gerais, a estrutura do xamanismo asiático que acabamos de esboçar (§245-7). Observemos, porém, que é na Finlândia que a criação literária de inspiração xamânica atingiu o ápice. No *Kalevala*, a epopeia nacional compilada por Elias Lönnrot,[41] a personagem principal é Vainamoinen, o "sábio eterno". De origem sobrenatural, Vainamoinen é um extático-visionário dotado de inúmeros poderes mágicos; além disso, é poeta, cantor e harpista. Suas aventuras, e as de seus companheiros – o ferreiro Ilmarinen e o guerreiro Lemminkainen –, evocam com muita frequência os feitos dos xamãs e dos heróis-feiticeiros asiáticos.[42]

Nas sociedades de caçadores e pescadores, os espíritos que protegem as diversas espécies animais e os senhores das feras desempenham um papel de considerável importância. O animal é semelhante ao homem; cada animal possui uma alma, e certos povos (entre eles, os iucajires) cuidam que não é possível matá-lo antes de capturar-lhe a alma.[43] Os ainos e os giliacos enviam a alma do urso abatido para sua "pátria original". O senhor das feras protege ao mesmo tempo a caça e os caçadores. A atividade venatória constitui em si mesma um ritual bastante complexo, pois o animal caçado é considerado como munido de um poder sobrenatural.[44] O interesse dessas crenças e rituais reside em seu extremo arcaísmo (encontramo-los também nas duas Américas, na Ásia etc.). Eles nos instruem sobre a solidariedade mística entre o homem e o mundo animal, concepção mágico-religiosa já atestada entre os caçadores paleolíticos (cf. §2).

É significativo que as crenças nos espíritos protetores das espécies animais e nos senhores das feras, quase desaparecidas nas culturas agrícolas, ainda são encontradas na Escandinávia. Além disso, uma série de figuras sobrenaturais e de temas mitológicos que põem em relevo os poderes mágico-religiosos dos animais voltam a aparecer nas crenças dos povos pastores e sobretudo no folclore dos agricultores, tanto no resto da Europa como na Ásia ocidental. Esse fato tem uma importante consequência: confirma a sobrevivência das concepções arcaicas em certas sociedades rurais europeias, pelo menos até o início do século XX.

249. A religião dos bálticos

Dos três povos bálticos – os lituanos, os letões e os antigos prussianos –, os últimos representantes, dizimados numa longa guerra de conversão e conquista com os cavaleiros teutões, acabaram por desaparecer, absorvidos na massa dos colonos alemães. Os letões e os lituanos foram também submetidos pelos germanos e, ao menos nominalmente, convertidos ao cristianismo no século XIV; não obstante, lograram conservar suas tradições religiosas. Somente a partir do século XVI os missionários luteranos empreenderam uma campanha permanente contra o paganismo. No entanto, a etnografia e o folclore dos povos bálticos conservaram em parte a herança arcaica e constituem, por conseguinte, fonte inigualável para o conhecimento da religião tradicional.* Particularmente importantes são as *daina* (curtas canções de quatro versos), os rituais relacionados com a agricultura, o casamento e a morte, e os contos populares. A geografia dos bálticos favoreceu seu conservadorismo (basta pensar nas numerosas crenças e costumes arcaicos que sobrevivem nos Pireneus, nos Alpes, nos Cárpatos e nos Bálcãs). Isso não exclui de nenhum modo as influências de seus vizinhos – germanos, estonianos, eslavos – e, nos últimos quatro séculos, do cristianismo.

Embora existam certas diferenças entre os panteões, as concepções e as práticas religiosas dos três povos bálticos serão apresentadas em conjunto, para facilitar nossa exposição. Antes de mais nada, é importante frisar que os bálticos conservaram o nome do velho deus celeste indo-europeu, *deiuos*: letão *dievs*, lituano *dievas*, antigo prussiano *deivas*. Depois da conversão ao cristianismo, o mesmo teônimo foi empregado para designar o Deus bíblico. No folclore religioso letão, Dievs, o pai da família divina, habita em sua fazenda numa montanha situada no Céu: visita porém a Terra e participa dos trabalhos dos agricultores e das festas sazonais que lhe são consagradas. Dievs instaurou a ordem no mundo e é ele quem determina o destino dos homens e zela por sua vida moral.[45] Apesar disso, Dievs não é um Deus supremo nem a divindade mais importante.

O deus do trovão, Perkunas (lituano) ou Perkuons (letão),[46] permanece igualmente no Céu, mas desce com frequência à Terra para combater o diabo e outros demônios (traços que denunciam influência cristã). Guerreiro temível e ferreiro dos deuses, ele controla as chuvas e, portanto, a fertilidade dos campos. Na vida dos camponeses, Perkunas/Perkuons desempenha o papel mais importante, e a ele se oferecem sacrifícios nos períodos de seca e de epidemias. Segundo um testemunho do século XVI, durante a tempestade

* As fontes escritas (*Crônicas*, relatos dos missionários e dignitários eclesiásticos etc.) contêm às vezes informações úteis, mas devem ser consultadas com cautela. A maioria dos seus autores ignorava as línguas bálticas; ademais, apresentavam o "paganismo" étnico segundo os clichês da propaganda e da historiografia cristãs.

era-lhe oferecido um pedaço de carne, acompanhado da seguinte oração: "Ó deus Perkunas, não me molestes, eu te suplico, ó deus! Aceita esta carne." Ritual arcaico, praticado durante a tempestade por povos primitivos em honra dos deuses celestes.[47]

Um lugar considerável no panteão báltico parece ter sido ocupado pela deusa do Sol, Saule (cuja similaridade com o védico Surya já foi há muito apontada). Ela é imaginada ao mesmo tempo como mãe e donzela. Também Saule possui uma herdade na montanha celeste, perto da de Dievs. Às vezes, essas duas divindades lutam, e o combate prolonga-se por três dias. Saule abençoa a gleba, ajuda os que sofrem, castiga os pecadores. Sua festa mais importante é celebrada no solstício de verão.[48] No folclore religioso letão, Saule é a esposa de Meness, o deus da Lua; este último parece exercer uma função de deus guerreiro. Todas essas divindades celestes estão associadas aos cavalos; elas viajam pelas montanhas do Céu e descem à Terra em carros.

A maioria das divindades ctonianas é representada por deusas. A Terra-Mãe é denominada *Zemen mate* pelos letões e *Zemyna* pelos lituanos; estes últimos conhecem também o "senhor da Terra", *Zemepatis*. No entanto, o número de "mães" é considerável: por exemplo, a mãe da floresta (*Meza mate*; lituano *Medeine*) multiplica-se, por emanação, em mãe dos jardins, mãe dos campos, das bagas, das flores, dos cogumelos etc. Pode-se ver esse mesmo processo nas divindades aquáticas (a mãe das águas, a mãe das ondas etc.) e em outras personificações dos fenômenos meteorológicos (mãe da chuva, dos ventos etc.) e das atividades humanas (mãe do sono etc.). Como já observara Usener,[49] a proliferação de tais entidades mitológicas lembra um fenômeno característico da religião romana (cf. §163). Entre os letões, a mais importante deusa é Laima (da raiz *laime*, "felicidade", "sorte"). Ela é por excelência uma divindade do destino; determina na hora do nascimento a sorte que está reservada a cada homem. Mas Laima rege também o casamento, a opulência das colheitas, o bem-estar dos rebanhos. A despeito do sincretismo com a Virgem Maria, Laima representa uma figura religiosa arcaica, vinculada provavelmente ao mais alto estágio do paganismo letão.[50]

Antes da conversão ao cristianismo, o culto público era praticado sobretudo nas florestas. Certas árvores, fontes ou locais eram tidos como sagrados, habitados por deuses; o seu acesso era, portanto, vedado. A comunidade oferecia os sacrifícios ao ar livre, nos bosques ou em outros lugares santos. A casa de madeira constituía também um espaço sagrado, o mesmo acontecendo com o "ângulo santo" das casas. Quanto aos templos propriamente ditos, nossas informações são bastante sumárias. As escavações revelaram vestígios dos santuários, construídos com madeira, de forma circular, medindo aproximadamente cinco metros de diâmetro; a estátua do deus estava instalada no centro.

Também não estamos certos da existência de uma classe sacerdotal. As fontes fazem referência a "feiticeiros", adivinhos e extáticos; o seu prestígio era apreciável. O tratado, imposto em 1249 pelos Cavaleiros da Ordem Teutônica aos antigos prussianos – trata-se do primeiro documento escrito sobre a religião báltica –, obrigava os vencidos a renunciarem a incinerar ou enterrar os mortos ao lado de seus cavalos ou servos, e junto com armas, roupas ou outros objetos de valor;* a não mais sacrificarem ao ídolo Curche depois da colheita nem aos outros deuses; e a não mais consultarem os bardos visionários (*tulissones* ou *ligaschones*) que fazem o elogio dos mortos nos banquetes fúnebres, e afirmam vê-los sair voando a cavalo em direção ao outro mundo.

É possível considerar os "bardos visionários" como uma classe de extáticos e de magos semelhante aos xamãs da Ásia. Muito provavelmente, no final dos "banquetes fúnebres" eles conduziam a alma dos mortos para o outro mundo. Entre os bálticos, como em toda parte, as autoridades eclesiásticas cuidavam que as técnicas extáticas e as práticas mágicas eram inspiradas pelo diabo. No entanto, o êxtase e a teriomorfia extática constituem geralmente uma operação religiosa (ou de "magia branca"): o xamã toma a forma de um animal para combater os maus espíritos. Crença análoga é atestada entre os lituanos do século XVII: acusado de licantropia, um velho admite que era lobisomem e que, nas noites de santa Lucília, de Pentecostes e de são João, ele e seus companheiros, transformados em lobos, alcançavam a pé "o limite do mar" (isto é, o Inferno) e davam batalha ao diabo e aos feiticeiros. Os lobisomens, explicou o ancião, transformavam-se em lobos e desciam ao Inferno para recuperar os bens roubados pelos feiticeiros – gado, trigo e outros frutos da terra. Na hora da morte, a alma dos lobisomens sobe ao Céu, enquanto o diabo leva a dos feiticeiros. Os lobisomens são os "cães de Deus". Não fosse sua intervenção decidida, o diabo teria devastado a Terra.[51]

A semelhança entre os ritos funerários e os do casamento constitui mais uma prova do arcaísmo báltico. Essa solidariedade ritual do matrimônio e da morte ainda se mantinha, no início do século, na Romênia e na península Balcânica. Igualmente arcaica é a crença de que Dievs, Saule e Laima se vestem às vezes como camponeses e os acompanham a seus campos; essa crença é atestada no folclore do Sudeste Europeu.

---

* Esse costume arcaico (atestado na proto-história da Mesopotâmia, da China, dos citas etc.) persistiu, porém, até o século XV.

Concluindo, diríamos que os traços característicos da religião báltica são os seguintes: 1) a noção de várias famílias divinas; 2) o papel dominante das divindades do Sol e da tempestade; 3) a importância das deusas do parto e do destino (Laima) e das divindades telúricas e suas hipóstases; 4) a concepção de um combate ritual, efetuado em transe, entre os "bons magos", devotados a Deus, e os feiticeiros, servos do diabo. Apesar do sincretismo cristão, essas formas religiosas são arcaicas; elas provêm quer do legado indo-europeu (Dievs, Perkunas, Saule), quer do substrato euro-asiático (Laima, Zemen mate). A religião báltica – tal como a dos eslavos e dos povos fino-úgricos – apresenta grande interesse justamente porque seu arcaísmo pode ser evidenciado com o auxílio da etnografia e do folclore. Na verdade, como afirma Marija Gimbutas, a fonte pré-cristã do folclore báltico "é tão antiga que remonta sem dúvida aos tempos pré-históricos, pelo menos à idade do ferro, ou mesmo, para certos elementos, a vários milênios antes".[52]

250. O paganismo eslavo

Os eslavos e os bálticos são os últimos povos ariófonos que penetraram na Europa. Dominados sucessivamente pelos citas, pelos sármatas e pelos godos, os eslavos viram-se obrigados a habitar, durante mais de mil anos, um território limitado entre o Dniéster e o Vístula. Mas, a partir do século V, a devastação da Europa por hunos, búlgaros e ávaros permitiu a invasão dos povoados eslavos e sua instalação progressiva na Europa central e oriental.* Seu nome – Sclavini – é atestado pela primeira vez no século VI. As escavações arqueológicas contribuíram com numerosas informações sobre a civilização material e sobre certos costumes e crenças religiosas dos eslavos que habitavam a Rússia e a região báltica. As únicas fontes escritas sobre a religião dos antigos eslavos são, porém, posteriores ao cristianismo; mesmo quando válidas, elas nos apresentam uma fase decadente do paganismo étnico. No entanto, como veremos logo adiante, uma análise atenta dos ritos e crenças populares permite-nos apreender certos traços específicos da religiosidade eslava original.

Informação preciosa nos é dada por Helmond em *Chronica Slavorum*, escrita entre 1167 e 1172. Depois de citar os nomes e as funções de alguns deuses que não tardaremos a apresentar, Helmond afirma que os eslavos não contestam a existência "de um único deus no Céu", mas acreditam que esse deus "se interessa apenas pelos assuntos celestes", tendo entregue o governo do mundo

* Certos grupos eslavos faziam parte das hordas de Átila; cf. Gimbutas, *The Slavs*, p.98s.

a divindades inferiores, geradas por ele. Helmond chama a esse deus *praepotens* e *deus deorum*, mas ele não é um deus dos homens: reina sobre os outros deuses e não tem mais qualquer relação com a Terra.[53] Trata-se, portanto, de um deus celeste transformado em *deus otiosus*, processo que acabamos de apontar nos povos altaicos e fino-úgricos, mas que também aparece entre os indo-europeus (cf. o védico Dyaus, §65).

No que diz respeito aos outros deuses, a lista mais completa encontra-se na *Crônica de Kiev*, chamada *Crônica de Nestor*, escrita no século XII. O cronista evoca rapidamente (e com indignação) o paganismo das tribos russas na época do grande príncipe Vladimir (978-1015). Cita sete deuses – Perun, Volos, Khors, Dajbog, Stribog, Simarglu e Mokosh – e afirma que "o povo lhes oferecia sacrifícios, ... levava até eles seus filhos e filhas, e sacrificava-os a esses demônios".[54]

Graças a informações suplementares, chega-se a reconstituir, pelo menos em parte, a estrutura e a função de alguns desses deuses. Perun era conhecido por todas as tribos eslavas; há lembranças de sua existência nas tradições populares e na toponímia. Seu nome é indo-europeu (da raiz *per/perk*, "bater", "arrebentar") e indica um deus da tempestade, análogo ao védico Parjánya e ao báltico Perkunas. Ele assemelhava-se provavelmente a Perkunas – representado como um homem alto e vigoroso, de barba ruiva, empunhando um machado ou martelo que lançava contra os maus espíritos. Certa tribo germânica identificava Perun a Thor. Seu étimo encontra-se em *piorum*, termo polonês que designa o trovão e os relâmpagos, e em muitas locuções dos povos eslavos.[55] O carvalho era-lhe consagrado, tal como acontecia com os outros deuses da tempestade da Europa pré-cristã. Segundo o historiador bizantino Procópio, galos eram-lhe imolados e, por ocasião das grandes festas, os animais sacrificados eram touros, ursos ou bodes. No folclore cristão, Perun foi substituído por santo Elias, imaginado como um ancião de barba branca, que atravessa o Céu em seu carro ígneo.

Volos, ou Veles, deus dos animais de chifre, apresenta formas paralelas em lituano (*velnias*, que atualmente significa "diabo", e *vele*, a "sombra do morto") e em celta (Tácito menciona Veleda, a profetisa dos celtas).[56] Segundo Roman Jakobson,[57] ele deriva do panteão comum indo-europeu e pode ser comparado a Varuna. Khors é um teônimo tirado do iraniano Khursid, a personificação do Sol. Também de origem iraniana é Simarglu; Jakobson aproxima-o do persa Simourg, o grifo divino. Os eslavos tomaram-no provavelmente aos sármatas, que o conheciam sob o nome de Simarg.

Etimologicamente, Dajbog significa o "dispensador de riquezas" (eslavo *dati*, "dar", *bogu*, "riqueza", mas também "deus", a fonte das riquezas). Esse deus foi igualmente identificado com o Sol. Quanto a Stribog, quase nada se sabe a seu respeito; um velho texto russo, *O poema de Igor*, afirma que os ventos são seus netos.* Mokosh, a última divindade mencionada pela *Crônica de Nestor*, era provavelmente uma deusa da fertilidade. No século XVII, os sacerdotes russos indagavam aos camponeses: "Foste visitar Mokosh?". Os checos invocam-no durante os períodos de seca.[58] Certas fontes medievais mencionam o deus Rod (teônimo solidário do verbo *roditi*, "gerar") e as *rojenitsa* ("mãe, útero, fortuna"), fadas análogas às Nornas escandinavas. Ao que parece, as *rojenitsa* são as epifanias ou as hipóstases da antiga deusa-mãe ctoniana, *Mati syra zemlja* ("A Mãe-Terra úmida"), cujo culto se prolongou até o século XIX.

Conhece-se também uma quinzena de nomes de deuses do Báltico, região onde o paganismo eslavo se manteve até o século XII. O mais importante era Svantevit (Svetovit), o deus patrono da ilha de Rügen, que tinha seu santuário em Arkona e cuja estátua deve ter medido oito metros.** A raiz *svet* designava originariamente a "força", "ser forte". Svetovit era ao mesmo tempo deus guerreiro e protetor dos campos. Na mesma ilha eram venerados Jarovit, Rujevit e Porovit. Os nomes dos dois primeiros indicam uma função própria do calendário: *Jaro* (solidário de *jaru*, "jovem, ardente, temerário") significa "primavera";*** *ruenu* é o nome do mês outonal, época de acasalamento dos animais jovens; *pora* significa "meio do verão".

A policefalia aparece em certos povos indo-europeus (por exemplo, o tricéfalo gaulês, o "cavaleiro trácio" de duas ou três cabeças etc.), mas é também atestada entre os fino-úgricos (§248), com quem os protoeslavos apresentam muitas analogias. O sentido da policefalia é evidente: ela exprime a onividência divina, atributo específico aos deuses celestes e também às divindades solares. Pode-se presumir que o deus supremo dos eslavos ocidentais – sob suas diferentes formas (Triglav, Svantevit, Rugievit) – era uma divindade solar.[59] Lembremos que, entre os eslavos orientais, Khors e Dajbog, eram identificados com o Sol. Outro deus, Svarog (para os eslavos ocidentais, Svarozic), era o pai de Dajbog; era considerado por Thietmar von Merseburg (início do século XI) como deus supremo (*primus Zuarарasici dicitur*). Segundo a tradição, o

---

* Sua etimologia não está determinada; propôs-se a raiz eslava **srei*, "cor", ou o iraniano **srira*, "belo", epíteto comum para o vento, mas que sugere também o brilho do Sol; cf. Gimbutas, *The Slavs*, p.164.

** O templo foi destruído em 1168. Outros santuários da ilha de Rügen, bem como um templo erguido na colina de Riedegost (Rethra), foram destruídos nos séculos XII e XIII, durante as campanhas de conversão forçada ao cristianismo.

*** O sacerdote de Jarovit proclamava em seu nome: "Sou vosso deus que cobre os campos de erva e as florestas de folhas. Os produtos dos campos e das florestas, e todas as outras coisas úteis aos homens estão em meu poder" (Helmond, *Chronica Slavorum*, III, 4).

fogo – tanto celeste como doméstico – era o filho de Svarog. No século X, o viajante árabe Al-Masudi escreveu que os eslavos adoravam o Sol; tinham um templo com uma abertura na cúpula para observar o nascer do Sol.[60] Entretanto, nas crenças e costumes dos povos eslavos, a Lua (de gênero masculino) desempenha um papel mais importante que o Sol (neutro, provavelmente derivado de um nome feminino). Dirigem-se preces à Lua – denominada "pai" e "avô" – para obter abundância e saúde, e proferem-se lamentos durante os eclipses.[61]

251. Ritos, mitos e crenças dos antigos eslavos

Seria inútil tentar reconstituir a história da religião eslava. Contudo, é possível distinguir seus principais períodos formadores e determinar suas contribuições para a edificação da espiritualidade eslava. Além do legado indo-europeu e das influências fino-úgricas e iranianas, podem-se identificar estratos ainda mais arcaicos. A adoção do vocábulo iraniano *bog* ("riqueza", mas também "deus") substituiu o teônimo indo-europeu *deivos*, conservado pelos bálticos (cf. §248). Outros empréstimos de origem iraniana já foram mencionados anteriormente.* Quanto às similaridades com crenças e costumes dos fino-úgricos, elas podem ser explicadas quer através de contatos durante a proto-história, quer por sua derivação de uma tradição comum. Já se ressaltaram, por exemplo, analogias entre a estrutura dos santuários dos eslavos ocidentais e dos fino-úgricos, e a semelhança entre as suas representações policéfalas das divindades e dos espíritos.[62] Um costume pan-eslavo, desconhecido dos indo-europeus, é a dupla sepultura.** Depois de três, cinco ou sete anos, os ossos são exumados, lavados e envolvidos numa toalha (*ubrus*); esta é levada para a habitação e colocada provisoriamente no "ângulo sagrado", no lugar onde estão pendurados os ícones. O valor mágico-religioso dessa toalha deve-se ao contato com o crânio e os ossos dos mortos. No princípio, parte dos ossos exumados era depositada no "ângulo sagrado". Esse costume, extremamente arcaico (atestado na África e na Ásia), reaparece entre os finlandeses.[63]

Outra instituição eslava não conhecida pelos indo-europeus é o *snochacestvo*, ou seja, o direito dos pais de filhos púberes de dormir com as noivas

---

* Acrescentemos o termo *ray*, que, antes de exprimir a noção cristã de "Paraíso", tinha o mesmo significado de *bog* ("riqueza").

** Ela é encontrada exclusivamente entre os povos influenciados pelos eslavos: os alemães, os romenos e outras populações do Sudeste Europeu.

destes e com as noras quando os maridos se ausentavam por um período prolongado. Otto Schrader havia comparado o *snochacestvo* à prática indo-europeia do *adiutor matrimonii*. Mas, entre os indo-europeus, a transferência temporária da filha ou da esposa era efetuada pelo pai ou pelo esposo, que exerciam assim sua autoridade paterna ou marital; a transferência não era levada a cabo sem o conhecimento ou contra a vontade do marido.*

Não menos característica é a igualdade dos direitos nas sociedades eslavas antigas. Toda a comunidade estava investida de plenos poderes; por conseguinte, as decisões deviam ser tomadas por unanimidade. Primitivamente, o vocábulo *mir* designava ao mesmo tempo a *assembleia* comunal e a *unanimidade* de suas decisões, o que explica por que *mir* chegou a significar simultaneamente a *paz* e o *mundo*. Segundo Gasparini, o termo *mir* é reflexo de um período em que cada membro da comunidade – *não só as mulheres, como também os homens* – possuía os mesmos direitos.[64]

Tal como nas demais etnias europeias, o folclore religioso, as crenças e os costumes eslavos conservam uma grande parte do legado pagão mais ou menos cristianizado.[65] Um interesse particular está associado à concepção pan-eslava do espírito da floresta (russo, *leshy*; bielo-russo, *leshuk* etc.), que assegura aos caçadores a quantidade necessária de caça. Trata-se de um tipo arcaico de divindade: o senhor das feras (cf. §4). O *leshy* transforma-se mais tarde no protetor dos rebanhos. Igualmente antiga é a crença de que certos espíritos da floresta (*domovoi*) penetram nas habitações enquanto elas são construídas. Esses espíritos, bons ou maus, instalam-se sobretudo nas vigas de madeira que sustentam as casas.

A mitologia popular ilustra ainda mais claramente a sobrevivência das velhas concepções pré-cristãs. Citaremos apenas um exemplo, porém o mais célebre e o mais significativo: o mito do mergulho cosmogônico, difundido, como acabamos de ver (§244), em toda a Ásia central e setentrional. Ele volta a ser encontrado, com uma versão mais ou menos cristianizada, nas lendas dos povos eslavos e do sudeste da Europa. O mito segue um esquema bem-conhecido: no mar primordial, Deus encontra Satã e ordena-lhe que mergulhe até o fundo das águas e lhe traga um pouco de lama para criar a Terra. O diabo, no entanto, guarda um pouco de lama (ou de areia) na boca ou na mão, e, quando a Terra começa a crescer, esses poucos grãos convertem-se em montanhas ou pântanos. Uma característica das versões russas é a aparição

* Cf. *Il matriarcato slavo*, p.5s. Gasparini lembra outros traços não indo-europeus: as núpcias matrilocais (p.232s.), a existência – ao menos entre os eslavos meridionais – de um clã materno (p.252s.), a autoridade do tio materno (p.277s.), a volta periódica da esposa à casa dos pais (p.299s.).

do diabo, e, em certos casos, de Deus, na forma de uma ave aquática. Ora, a ornitomorfia do diabo é um traço de origem centro-asiática. Na "Lenda do mar de Tiberíade" (apócrifo de que existem manuscritos datados dos séculos XV e XVI), Deus, cruzando os ares, percebe Satanel sob a forma de uma ave aquática. Outra versão apresenta Deus e o diabo sob a forma de patos mergulhadores branco e negro.[66]

Comparadas com as variantes centro-asiáticas do mesmo mito cosmogônico, as versões eslavas e do sudeste da Europa acentuam o dualismo Deus-Satanás. Alguns estudiosos interpretaram essa concepção de um Deus que cria o mundo com o auxílio do diabo como sendo a expressão de crenças bogomilas. Essa hipótese, porém, esbarra em dificuldades. Em primeiro lugar, esse mito não é encontrado em nenhum texto bogomilo. Além disso, o mito não é atestado nas regiões onde o bogomilismo se conservara durante séculos (Sérvia, Bósnia, Herzegovina, Hungria).* Por outro lado, recolheram-se algumas variantes na Ucrânia, na Rússia e nas regiões bálticas, onde as crenças bogomilas jamais haviam penetrado. Finalmente (como vimos nas p.23s.), o mito é mais intensamente atestado entre os povos da Ásia central e setentrional. Já se supôs uma origem iraniana, mas o mito do mergulho cosmogônico não é conhecido no Irã.** Ademais (como assinalamos na p.21), encontram-se algumas variantes desse mito na América do Norte, na Índia ariana e pré-ariana e no sudeste da Ásia.

Trata-se, em suma, de um mito arcaico, várias vezes reinterpretado e revalorado. Sua considerável circulação na Eurásia e no centro e sudeste da Europa prova que ele respondia a uma necessidade profunda da alma popular. Por um lado, ao explicar a imperfeição do mundo e a existência do mal, o mito desvinculava Deus dos mais graves defeitos da Criação. Por outro lado, revelava aspectos de Deus que já haviam estado presentes na imaginação religiosa do homem arcaico: seu caráter de *deus otiosus* (posto em evidência sobretudo nas lendas balcânicas); explicavam-se assim as contradições e os sofrimentos da vida humana, e o companheirismo ou mesmo a amizade de Deus com o diabo.

Insistimos nesse mito por diversas razões. Em primeiro lugar – em suas versões europeias –, ele constitui um *mito integral*: não apenas relata a Criação do mundo, como ainda explica a origem da morte e do mal. De mais

* É também desconhecido na Alemanha e no Ocidente, enquanto os cátaros e os paterinos difundiram, até a França meridional, a Alemanha e os Pireneus, muitos motivos folclóricos de origem maniqueísta e bogomila; cf. *De Zalmoxis* p.93s.

** No entanto, voltam a ser encontrados nas tradições iranianas tidas como zurvanitas (cf. §213) dois motivos constitutivos: a fraternidade Deus (Cristo)-Satanás e, nas lendas balcânicas, a inércia mental de Deus depois de criar o mundo; cf. *De Zalmoxis*, p.109s.

a mais, se levarmos em conta todas as suas variantes, esse mito ilustra um processo de endurecimento "dualista" que pode ser comparado a outras criações religiosas análogas (cf. a Índia, §195; o Irã, §§104, 213). Entretanto, o que temos agora são lendas *folclóricas*, qualquer que seja sua origem. Em outras palavras, o estudo desse mito permite-nos apreender certas concepções da religiosidade popular. Muito tempo depois de sua conversão ao cristianismo, os povos da Europa oriental ainda justificavam através desse mito a situação atual do mundo e nossa condição humana. A existência do diabo nunca foi contestada pelo cristianismo. No entanto, o papel do diabo na cosmogonia foi uma inovação "dualista" que assegurou o enorme êxito e a prodigiosa circulação dessas lendas.

É difícil determinar se os antigos eslavos compartilhavam outras concepções dualistas de tipo iraniano ou gnóstico. Para o que nos propomos, contentamo-nos em ter mostrado, de uma parte, a continuidade das estruturas mítico-religiosas arcaicas nas crenças dos povos da Europa cristã e, de outra, a importância, para a história geral das religiões, das revalorações, efetuadas no nível folclórico, de um legado religioso imemorial.

NOTAS

1. Jean-Paul Roux, "Tängri. Essai sur le ciel-dieu des peuples altaïques" (primeiro artigo), p.49.
2. Cf. ibid., segundo artigo, p.200.
3. Ibid., p.221.
4. Cf. as fontes citadas em nosso livro *Le chamanisme* (2ª ed.), p.71., nota 4. Nas crenças religiosas populares dos mongóis, Tangri "tudo criou"; o fogo, o leite etc. Cf. W. Heissing, *La religion des mongols*, p.404. Entretanto, não se trata de uma cosmogonia no sentido próprio do termo.
5. J.-P. Roux, op.cit. (terceiro artigo), p.27. A mesma crença é atestada na época mongol. "Ele foi Khan pelo poder e pela força do Céu eterno"; R. Grousset, *L'Empire des steppes*, p.182.
6. J.-P. Roux, "La religion des turcs de l'Orkhon des VIIe et VIIIe siècles" (primeiro artigo), p.20.
7. Cf. *Traité*, §14s.
8. Sobre os nomes dos deuses de estrutura uraniana – "Chefe", "Senhor", "Pai", "Criador", "O Grande", "Luz" etc. – ver *Traité d'histoire des religions*, §18; cf. Uno Harva, *Die religiösen Vorstellungen der altaischen Völker*, p.140s.
9. Ver *Traité*, §18; Harva, op.cit., p.151s.
10. Ver as fontes citadas in *Le chamanisme* (2ª ed.), p.212s. Os buriatas imaginam as estrelas como um rebanho de cavalos e a estrela polar é a estaca a que são amarrados. A ideia é comum aos povos altaicos e úgricos. Cf. ibid., p.212, nota 6.

11. Ele é atestado não só em várias populações arcaicas, como ainda em culturas mais evoluídas: Egito, Índia, China, Mesopotâmia, Grécia etc. Cf. algumas indicações bibliográficas in *Le chamanisme*, p.213s.
12. Ver os exemplos e as referências bibliográficas in *Le chamanisme*, p.216s.
13. Ver ibid., p.49, 220s.; o motivo mítico reaparece na África e na Indonésia; cf. p.221, n.1. Outro tema, muito provavelmente de origem mesopotâmica, é o da árvore-livro dos destinos; cf. ibid., p.221-2.
14. Ver nosso estudo "Le diable et le bon Dieu" (*De Zalmoxis à Gengis-Khan*, p.81-130), p.106s., onde são analisadas diversas variantes buriatas e iacutas.
15. W. Radlov, apud "Le diable et le bon Dieu", p.103.
16. Radlov, apud ibid., p.104. O mito narra em seguida a Criação do homem. Erlik Khan pede uma quantidade de terra igual à que ele pode cobrir com o bastão. Golpeia a terra, e aparecem os animais nocivos. Finalmente, Deus envia-o para baixo da terra. O antagonismo entre Erlik e Deus não indica necessariamente uma concepção "dualista". Nas inscrições paleoturcas, Erlik é o deus da morte; cf. Annemarie V. Gabain, "Inhalt und magische Bedeutung der altturkischen Inschriften".
17. Potanin, apud ibid., p.105.
18. Cf. Eliade, op.cit., p.126s.
19. Harva, *Rel. Vorstell.*, p.114s. Lendas similares voltam a ser encontradas entre os fino-úgricos.
20. Ver os exemplos citados in *Le chamanisme*, p.45s.
21. Ver os exemplos citados in *Le chamanisme*, p.45s., 73s., 102s.
22. G.V. Ksenofontov, apud *Le chamanisme*, p.105.
23. L. Sternberg, "Divine élection", p.495. Também entre os mongóis os xamãs dependem exclusivamente dos seus maiores; cf. Heissig, "Les religions de la Mongolie", p.354s.
24. Cf. *Le chamanisme*, p.70.
25. Ver as referências in *Le chamanisme*, p.154s.
26. Radlov, *Aus Sibirien*, II, p.20-50; resumido in *Le chamanisme*, p.160-5.
27. Potanin, resumido in *Le chamanisme*, p.168-70.
28. Ver os exemplos citados in ibid., p.174-6.
29. Ver os exemplos citados in ibid., p.180s.
30. Cf. *Le chamanisme*, p.177s.
31. Ibid., p.395-7.
32. Anutchin, traduzido e resumido por Paulson, "Les religions des asiates septentrionaux", p.50s.
33. Jochelson, citado e comentado por Paulson, ibid., p.53s.
34. Cf. *Traité*, p.65. Ver ibid. outros exemplos das teonímias celestes (entre os cheremissos, ostiacos etc.).
35. Castrén, *Reiseerinnerungen*, I, p.253s.
36. A.C. Schrenk e Lehtisalo, resumidos por Paulson, ibid., p.61s.
37. Cf. Pettazzoni, *L'onniscienza di Dio*, p.383. Sobre a solarização dos deuses celestes, ver *Traité*, §37.
38. Lehtisalo, resumido in *De Zalmoxis à Gengis-Khan*, p.101. Outro mito samoiedo apresenta, desde o início, o antagonismo entre Num e a morte (Ngaa); ibid., p.102.
39. Cf. ibid., p.100-1.
40. Ver as variantes apresentadas ibid., p.86-8.
41. Lönnrot, *Kalevala*, 1ª ed., 1832.

42. Cf. Martti Haavio, *Väinämöinen, Eternal Sage*, esp. p.83s., 140s., 230s. Sobre o xamanismo dos úgricos, cf. *Le chamanisme*, p.182s.
43. Cf. Paulson, *Die primitiven Seelennorstellungen: der nordasiatischen Völker*, p.174s.; idem, "The animal-guardian", passim.
44. Cf. Eveline Lot-Falck, *Les rites de chasse chez les peuples sibériens*, passim; Paulson, "Les religions des asiates septentrionaux", p.71s.; idem, "Les religions des peuples finnois", p.170s.
45. Ver Harold Biezais, *Die Gottesgestalt der lettischen Volksreligion*, sobretudo p.90s., 182s.
46. Perkunas é mencionado na *Crônica* de Malalas (1261), e várias vezes pelos autores cristãos do século XVI. Sobre Perkuons, ver documentos e análise crítica in H. Biezais, *Die himmlische Götterfamilie der alten Letten*, p.92s., 103s.
47. cf. *Traité*, §14.
48. Ver Biezais, *Die himmlische Götterfamilie der alten Letten*, p.183s., 303s. (o culto de Saule).
49. Cf. Usener, *Die Götternamen*, p.79-122.
50. Ver o estudo comparativo de Biezais, *Die Hauptgöttinnen der alten Letten*, esp. p.179-275. Sobre o sincretismo com a Virgem Maria, ibid., p.279s.
51. Ver as fontes in *Occultisme, sorcellerie et modes culturelles*, p.103-5.
52. Gimbutas, "The ancient religion of the Balts", p.98. Essa interpretação do folclore não é compartilhada por alguns estudiosos. Ver a controvérsia sobre o valor arcaico das *daina* adiante, "Estado das questões", §249.
53. Helmond (c. 1108-77), *Chronica Slavorum*, I, cap.83.
54. A tradução dos trechos é de Brückner, *Mitologia Slava*, p.242-3, e *Die Slawen*, p.16-7.
55. Ver os exemplos citados por Gasparini, *Il matriarcato slavo*, p.537s.
56. Veles é atestado na demonologia cristã dos séculos XV-XVI e persiste na toponímia; Gimbutas, op.cit., p.167; id., "The Lithuanian God Velnias", p.87s.
57. Cf. "The Slavic God Veles and his Indo-European cognates"; ver também Jaan Puhvel, "Indo-European structure of the Baltic Pantheon", p.85.
58. Brückner, *Mitologia Slava*, p.141s.
59. Cf. R. Pettazzoni, *L'onniscienza di Dio*, p.343s. Essa hipótese é reforçada pelo papel do cavalo sagrado na divinação.
60. Cf. F. Haase, *Volksglaube und Brauchtum der Ostslaven*, p.256.
61. Ver a documentação reunida por Evel Gasparini, *Il maltriarcato slavo*, p.597s.
62. Ver a documentação in Gasparini, *Il matriarcato slavo*, p.553-79. Mas, como vimos (p.41), a policefalia é também atestada em outros povos indo-europeus.
63. Cf. Gasparini, "Studies in old Slavic religion: *Ubrus*"; idem, *Il matriarcato slavo*, p.597-630.
64. Cf. *Il matriarcato slavo*, p.472s.
65. Ver os documentos apresentados e analisados por Gasparini, op.cit., p.493s., 597s.
66. Ver *De Zalmoxis à Gengis-Khan*, p.97s.

XXXII. As igrejas cristãs até a crise iconoclasta (séculos VIII-IX)

252. *Roma non pereat...*

"O fim da Antiguidade", escreve Hugh Trevor-Roper,

> a falência definitiva da grande civilização mediterrânea da Grécia e de Roma, constitui um dos problemas mais importantes da história europeia. Os historiadores não chegam a um acordo sobre suas causas – nem mesmo sobre a data de início. Tudo o que se pode comprovar é uma evolução lenta, fatal, aparentemente irreversível, que parece ter início no século III e se encerra, na Europa ocidental, no século V.[1]

Entre as causas da decadência do Império e da ruína do mundo antigo, invocou-se – e ainda se invoca – o cristianismo; mais precisamente, sua promoção a religião oficial do Estado. Não trataremos aqui desse problema difícil e delicado. Basta-nos lembrar que, se o cristianismo não encorajava a vocação e as virtudes militares, a polêmica anti-imperial dos primeiros apologistas havia perdido a razão de ser depois da conversão de Constantino (cf. §239). E mais: a decisão de Constantino de adotar o cristianismo e de construir uma nova capital no Bósforo tornou possível a conservação da cultura clássica greco-latina.* Mas, evidentemente, essas consequências benéficas da cristianização do Império escapavam a seus contemporâneos. Sobretudo quando, em agosto de 410, Alarico, o chefe dos godos (ele próprio cristão, mas seguidor da

---

* "Quem poderia prever o que teria acontecido com o mundo ou com o cristianismo se o Império Romano não houvesse se tornado cristão ou se Constantinopla não tivesse conservado o direito romano e a cultura grega durante a época dos bárbaros e da conquista muçulmana? A redescoberta do direito romano no século XII assinalou um período importante no ressurgimento da Europa. Entretanto, o direito romano que acabava de ser redescoberto era o direito conservado na grande compilação bizantina de Justiniano" (Hugh Trevor-Roper, *The Rise of Christian Europe*, p.33-5). Da mesma forma, a redescoberta, no século XV, das obras gregas produziu o Renascimento.

heresia de Ário), tomou e saqueou Roma, trucidando parte da população. Do ponto de vista militar e político, o acontecimento, apesar da gravidade, não constituía uma catástrofe, pois a capital era Milão. No entanto, a notícia abalou o Império de um extremo a outro. Como era de se prever, a elite religiosa e os meios culturais e políticos do paganismo explicaram essa calamidade sem precedente pelo abandono da religião romana tradicional e pela adoção do cristianismo.[2]

Foi como resposta a essa acusação que Agostinho, bispo de Hipona, escreveu, entre 412 e 426, sua mais importante obra, *De civitate Dei contra paganos*. Antes de mais nada, trata-se de uma crítica do paganismo, em outras palavras, das mitologias e instituições religiosas romanas, seguida de uma teologia da história que marcou profundamente o pensamento cristão ocidental. Com efeito, Agostinho não se ocupa da história universal, tal como era compreendida na época. Entre os impérios da Antiguidade, cita apenas a Assíria e Roma (por exemplo, XVIII, 27, 23). A despeito da variedade dos temas que examina e de sua apreciável erudição, Agostinho está obcecado apenas pelos dois acontecimentos que, para ele como cristão, inauguraram e orientaram a história: o pecado de Adão e a redenção do homem por Cristo. Rejeita as teorias da eternidade do mundo e do eterno retorno, mas não se dá ao trabalho de refutá-las. O mundo foi criado por Deus e terá um fim, já que o tempo é linear e limitado. Depois da queda original, a única novidade importante foi a Encarnação. A verdade, ao mesmo tempo histórica e salvífica, foi revelada na Bíblia, pois o destino do povo judeu mostra que a história tem um sentido e persegue um objetivo preciso: a salvação dos homens (IV, 3; V, 12, 18, 25; etc.). Em resumo, a história consiste na luta entre os descendentes espirituais de Abel e os de Caim (XV, 1).

Agostinho distingue seis épocas: 1) de Adão ao Dilúvio; 2) de Noé a Abraão; 3) de Abraão a Davi; 4) de Davi ao cativeiro da Babilônia; 5) do Exílio a Jesus. A sexta época se estenderá até a última vinda de Cristo.* Todos esses períodos históricos participam da *civitas terrena*, inaugurada com o crime de Caim, e à qual se opõe a *Civitas Dei*. A cidade dos homens, que cresceu sob o signo da *vanitas*, é temporal e mortal, e perpetua-se por geração natural. A cidade divina, eterna e imortal, iluminada pela *veritas*, constitui o lugar onde se efetua a regeneração espiritual. No mundo histórico (*saeculum*), os justos, tal como Abel, são peregrinos em marcha para a salvação. Em última análise, a missão – e a justificação – do Império Romano é manter a paz e a justiça, a

---

* Agostinho, no entanto, abstém-se de especular sobre a data da Parusia, que seu compatriota Lactâncio (240-320) havia anunciado para as vizinhanças do ano 500.

fim de que o Evangelho possa ser universalmente propagado.* Agostinho não comparte a opinião de certos autores cristãos que estabeleciam uma relação entre a prosperidade do Império e os progressos da Igreja. Não cessa de repetir que os cristãos só devem aguardar a vitória final da cidade divina contra a civilização dos homens. Essa vitória não acontecerá no tempo histórico, conforme pensavam os quiliastas e os milenaristas. Isso quer dizer que, mesmo que o mundo inteiro se converta ao cristianismo, a Terra e a história não serão transfiguradas. É significativo que o último livro da *Cidade de Deus* (XXII) tenha por tema a ressurreição dos corpos.

Quanto à devastação da urbe por Alarico, lembra Agostinho que Roma passou por outras calamidades no passado; insiste também no fato de que os romanos escravizaram e exploraram uma série de povos. Em todo caso, como proclama Agostinho em famoso sermão: *Roma non pereat si Romani non pereant!*. Em outros termos, é a qualidade dos homens que assegura a permanência de uma instituição, e não o contrário.

Quando, em 425, cinco anos antes de morrer, Agostinho concluía a *Cidade de Deus*, o "sacrilégio" de Alarico estava esquecido, mas o Império do Ocidente aproximava-se do fim. É sobretudo para os cristãos que, durante os quatro séculos seguintes, iriam assistir ao desaparecimento do Império e à "barbarização" da Europa ocidental, que a obra de santo Agostinho foi salutar. A *Cidade de Deus* havia rompido radicalmente a solidariedade histórica entre a Igreja e o Império Romano moribundo. Visto que a verdadeira vocação do cristão é a busca da salvação, e que sua única certeza é a vitória final e definitiva da *Civitas Dei*, todas as calamidades históricas mostram-se, em última análise, desprovidas de sentido espiritual.

Durante o verão de 429 e a primavera de 430, os vândalos, que acabavam de atravessar o estreito de Gibraltar, devastaram a Mauritânia e a Numídia. Eles ainda ocupavam Hipona quando morreu Agostinho, em 28 de agosto de 430. Um ano depois a cidade foi evacuada e parcialmente incendiada. A África romana deixara de existir.

253. Agostinho: de Tagasta a Hipona

Tal como acontece com muitos fundadores de religiões, santos ou místicos (por exemplo, Buda, Maomé, são Paulo, Milarepa, Inácio de Loiola etc.), a bio-

* *Civitas Dei*, XVIII, 46 (*A cidade de Deus*). Segundo Agostinho, os Estados e os imperadores não são obra do diabo; são, no entanto, consequência do pecado original.

grafia de santo Agostinho ajuda-nos a compreender certas dimensões de seu gênio. Nascido no ano de 354 em Tagasta, pequena cidade da África romana, de pai pagão e mãe cristã, viu-se Agostinho atraído a princípio pela retórica. Depois, abraçou o maniqueísmo, ao qual permaneceu fiel durante nove anos, e uniu-se a uma concubina que lhe deu seu único filho, Adeodato. Em 382, instalou-se em Roma com a esperança de encontrar um emprego de professor. Dois anos mais tarde, seu protetor – Símaco –, líder da elite intelectual pagã, enviou-o a Milão. Nesse meio-tempo, Agostinho abandonara a religião de Mani e dedicava-se com paixão ao estudo do neoplatonismo. Em Milão, aproximou-se do bispo Ambrósio, que gozava de enorme prestígio junto à Igreja e à corte imperial. Havia já algum tempo a organização das comunidades tinha adotado as estruturas que se conservaram até o século XX: a exclusão das mulheres do clero e das atividades espirituais (distribuição dos sacramentos, instrução religiosa); separação entre clérigos e leigos; preeminência dos bispos.

Pouco tempo depois, Mônica, a mãe de Agostinho, veio para ficar junto a ele. Foi ela provavelmente que o persuadiu a separar-se de sua concubina (mas, bem depressa, Agostinho a substituiu por outra). Os sermões e o exemplo de Ambrósio, da mesma forma que o estudo aprofundado do neoplatonismo, acabaram por convencê-lo de que devia libertar-se da concupiscência. Certo dia, no verão de 386, escutou no jardim vizinho uma voz de criança que dizia: "Toma e lê!" (*Tolle, lege!*). Agostinho abriu o Novo Testamento e seus olhos pousaram num trecho da Epístola aos Romanos (13:13-4): "Andemos dignamente, como em pleno dia, não em orgias e bebedeiras, não em impudicícias e dissoluções, não em contendas e ciúmes. Mas revesti-vos do Senhor Jesus Cristo, e nada disponhais para a carne, no tocante às suas concupiscências."*

Agostinho foi batizado por Ambrósio na Páscoa de 387 e decidiu regressar à África com sua família; Mônica, porém, veio a falecer em Óstia (Adeodato morreria três anos depois). Em Tagasta, fundara Agostinho, com seus amigos, uma comunidade semimonástica, na esperança de dedicar-se à meditação e ao estudo. Entretanto, quando, em 391, visitou a cidade de Hipona, recebeu as ordenações sacerdotais e foi designado coadjutor do bispo, a quem sucedeu em 396. Até a morte, em seus sermões, cartas e inúmeras obras, consagrou-se Agostinho à defesa da unidade da Igreja e ao aprofundamento da doutrina cristã. É, com toda a razão, considerado o maior e o mais influente de todos os teólogos ocidentais. Contudo, seu prestígio não é o mesmo na Igreja do Oriente.

---

* Os trechos do Novo Testamento, sempre que possível, foram extraídos de *O Novo Testamento*, Sociedade Bíblica do Brasil, Rio, 1969, trad. João Ferreira de Almeida. (N.T.)

São visíveis na teologia de Agostinho as marcas profundas de seu temperamento e de sua biografia íntima. Apesar de haver repudiado o maniqueísmo, ainda conserva, como veremos, uma concepção materialista da "má natureza" do homem, consequência do pecado original e transmitida pela sexualidade. No que respeita ao neoplatonismo, sua influência foi decisiva. O homem é, para Agostinho, "uma alma que se serve de um corpo. Quando fala como cristão, Agostinho procura lembrar que o homem é uma unidade de alma e corpo; quando passa a filosofar, torna a cair na definição de Platão".[3] Mas foram sobretudo seu temperamento sensual e sua luta permanente, sem grande êxito, aliás, contra a concupiscência, que contribuíram para a exaltação desmedida da graça divina e, principalmente, para a consolidação definitiva de suas ideias sobre a predestinação (cf. §255).

Por fim, ao renunciar à vida contemplativa e ao aceitar todas as responsabilidades do sacerdote e do bispo, Agostinho viveu sua vida religiosa na comunidade dos fiéis. Mais que qualquer outro grande teólogo, identificou o percurso para a salvação com a vida da Igreja. Foi por essa razão que se esforçou até seus últimos dias de vida para manter a unidade da Grande Igreja. Para Agostinho, o pecado mais hediondo era o cisma. E não hesitou em afirmar que acreditava nos Evangelhos porque essa era a vontade da Igreja.

254. O grande predecessor de Agostinho: Orígenes

No momento em que Agostinho escrevia suas obras, a teologia cristã estava em pleno progresso. A segunda metade do século IV constitui, com efeito, a idade de ouro dos Padres da Igreja. Os grandes e os não tão grandes entre os Santos Padres – Basílio de Cesareia, Gregório de Nazianzo, Gregório de Nissa, João Crisóstomo, Evagro o Pôntico, e outros mais – foram educados e realizaram suas obras, tal como Ambrósio, na paz da Igreja. A teologia estava ainda sob o domínio dos padres gregos. Coubera a Atanásio articular, contra a heresia de Ário, a doutrina da consubstancialidade (*homooúsios*) do Pai e do Filho, fórmula que foi aceita no concílio ecumênico de Niceia (325). Entretanto, o mais genial e o mais audacioso, Orígenes (c.185-c.254), o único que talvez possa ser comparado a Agostinho, não gozava da autoridade que merecia, muito embora seu prestígio e influência tenham aumentado após a morte.

Nascido em Alexandria de pais cristãos, destacou-se Orígenes por uma inteligência, um fervor e uma criatividade incomuns. Dedicou-se com competência, zelo e erudição ao serviço da Igreja (primeiro em Alexandria, depois em Cesareia). Convencido, porém, de que a revelação bíblica e o Evangelho nada têm a temer da filosofia platônica, estudou sob a orientação do célebre Amônio Saccas (o mesmo que, vinte anos mais tarde, será o mestre de Plotino). Acreditava Orígenes que o teólogo deve conhecer e aceitar a cultura grega, para fazer-se compreender pela elite intelectual pagã, e também pelos cristãos recentemente convertidos, impregnados de cultura clássica. (Antecipava assim um processo que se tornou comum a partir do século IV.)

Sua obra é imensa:* filologia (fundou a crítica bíblica com os *Hexaplos*), apologética (*Contra Celso*), exegese (conservaram-se vários grandes comentários), homilética, teologia, metafísica. Mas essa obra considerável foi em grande parte perdida. Além do *Contra Celsum*, de alguns valiosos comentários e homilias, chegaram até nós o *Tratado da prece*, a *Exortação ao martírio* e o tratado teológico intitulado *De principiis* (*Perì arkhôn*), indiscutivelmente sua obra mais importante. Orígenes, que para se livrar da concupiscência interpretou, segundo Eusébio, "num sentido extremo e demasiado literal" um passo do Evangelho de Mateus,** exaltou ao longo de toda a sua vida as provações e a morte dos mártires. Durante a perseguição de Décio (em 250), foi preso e, torturado, veio a morrer em 254.

Com Orígenes, o neoplatonismo infiltra-se definitivamente no pensamento cristão. O sistema teológico de Orígenes é uma construção genial, que muito influenciou as gerações posteriores. Entretanto, como veremos, certas especulações, demasiado audaciosas, eram suscetíveis de interpretações maldosas. Segundo Orígenes, Deus Pai, transcendente e incompreensível, engendra eternamente o Filho, imagem sua, que é a um só tempo incompreensível e compreensível. Através do *lógos*, Deus cria uma série de espíritos puros (*logikoí*) e concede-lhes vida e conhecimento. Mas, à exceção de Jesus, todos os espíritos puros se afastam de Deus. Orígenes não explica a causa precisa desse afastamento. Fala em negligência, tédio, esquecimento. A crise explica-se, em suma, pela inocência dos espíritos puros. Ao se afastarem de Deus, os espíritos convertem-se em "almas" (*psukhaí*; cf. *De principiis*, II, 8, 3) e o Pai os provê de corpos concretos que guardam relação com a gravidade de suas faltas: corpos de anjos, de homens ou de demônios.

Então, graças a seu livre-arbítrio, e também graças à providência divina, essas almas decaídas iniciam a peregrinação que acabará por aproximá-las de Deus. Na verdade, Orígenes cuida que a alma não perdeu a liberdade de escolher entre o bem e o mal depois do pecado original (ideia que será re-

---

* Jerônimo cita oitocentas obras, mas acrescenta que Panfílio dá uma lista de dois mil títulos.

** "Há eunucos que castraram a si mesmos para alcançar o reino dos Céus" (19:12). O fato deu-se antes de 210.

tomada por Pelágio; ver adiante p.56s.). Em sua onisciência, Deus conhece antecipadamente os atos da nossa liberdade (*Da Prece*, V-VII). Ao sublinhar a função redentora da liberdade, Orígenes rejeita o fatalismo dos gnósticos e de alguns filósofos pagãos. O corpo constitui, sem dúvida, uma punição, mas é ao mesmo tempo o meio pelo qual Deus revela a Si mesmo e sustém a alma em sua elevação.

O drama universal poderia ser definido como a passagem da inocência para a experiência, por meio das provações da alma durante sua peregrinação até Deus. A salvação equivale ao retorno à perfeição original, a *apokatástasis* ("restauração de todas as coisas"). No entanto, essa perfeição final é superior àquela das origens, porque é invulnerável, portanto definitiva (*De principiis*, II, 11, 7). Nesse momento, as almas terão "corpos de ressurreição". O itinerário espiritual do cristão é admiravelmente descrito pelas metáforas da viagem, do crescimento natural e do combate contra o mal. Finalmente, Orígenes acreditava que o cristão perfeito pode conhecer Deus e unir-se a Ele pelo amor.[4]

Criticado ainda em vida, foi Orígenes atacado por certos teólogos muito tempo depois de sua morte e, a instâncias do imperador Justiniano, viu-se definitivamente condenado no V Concílio Ecumênico, em 553. O que desagradava a muitos teólogos era sobretudo sua antropologia e sua concepção da apocatástase. Acusavam-no de ser antes filósofo e gnóstico que teólogo cristão. A apocatástase implicava a salvação universal, e portanto também a salvação do diabo; além disso, ela incorporava a obra de Cristo num processo de tipo cósmico. É preciso, porém, levar em conta a época em que Orígenes escrevia e, sobretudo, o caráter provisório de sua síntese. Ele julgava-se a serviço exclusivo da Igreja; que o esteve, provam-no inúmeros depoimentos,* claros e precisos, bem como seu martírio. Lamentavelmente, a perda de várias obras de Orígenes torna às vezes impossível distinguir entre suas próprias ideias e aquelas dos "origenistas". Contudo, apesar da desconfiança de uma parte da hierarquia eclesiástica, ele exerceu certa influência sobre os padres da Capadócia. Graças a Basílio o Grande, a Gregório de Nazianzo e a Gregório de Nissa, o essencial do pensamento teológico de Orígenes foi conservado no interior da Igreja. Por intermédio dos capadócios, ele influenciou Evagro o Pôntico, o Pseudo-Areopagita e João Cassiano, principalmente em suas concepções sobre a experiência mística e o monaquismo cristãos.

No entanto, a condenação definitiva de Orígenes privou a Igreja de uma possibilidade única de fortalecer seu universalismo, sobretudo ao abrir a teo-

* Por exemplo, no *De principiis* (I, pref. 2): "Afirmamos que a única verdade em que se deve acreditar é a que não contradiz de nenhum modo a tradição da Igreja e dos apóstolos."

logia cristã para o diálogo com outros sistemas de pensamento religioso (por exemplo, o pensamento religioso indiano). Com todas as suas implicações audaciosas, a visão da apocatástase alinha-se entre as mais grandiosas criações escatológicas.*

255. As posições polêmicas de Agostinho. Sua doutrina da graça e da predestinação

Poucos anos depois de ter sido consagrado bispo, em 397, Agostinho redige suas *Confissões*. Sente-se deprimido pelas lembranças demasiado vivas da juventude, "profundamente atemorizado pelo peso de seus pecados" (X, 43, 10), pois "o inimigo domina minha vontade; dela forjou uma cadeia, com a qual me mantém firmemente atado" (VIII, 5, 1). A redação dessa obra equivale a uma terapêutica: seu enorme esforço para reconciliar-se consigo mesmo. Trata-se ao mesmo tempo de uma autobiografia espiritual e de uma longa prece, com o auxílio da qual Agostinho tenta penetrar o mistério da natureza de Deus. "Eu sou pó e cinza: deixa-me, porém, falar, porque é à vossa misericórdia e à vossa bondade que dirijo minhas palavras, e não ao homem que de mim pode escarnecer" (I, 6, 7). Dirige-se a Deus como numa prece: "Ó Deus de meu coração", "Ó minha ventura tardia! (*Deus dulceda mea*)", "Ordena o que quiseres!", "Dá-me o que eu amo."[5] Agostinho evoca seus pecados e dramas da juventude – o furto das peras, o abandono de uma concubina, o desespero diante da morte de um amigo – não por seu interesse anedótico, mas para abrir-se a Deus e, portanto, para melhor compreender-lhes a gravidade. O tom emocional das *Confissões* ainda provoca nos leitores a mesma impressão que causou a Petrarca e aos autores dos séculos seguintes.** Trata-se, aliás, da única obra de Agostinho que, em nossos dias, pode ser lida com interesse no mundo inteiro. Como já se tem dito e repetido, as *Confissões* são "o primeiro livro moderno".

No entanto, para a Igreja do século V, Agostinho era muito mais que o autor das *Confissões*. Era antes de tudo o grande teólogo e o prestigioso crítico das heresias e dos cismas. Suas primeiras polêmicas tinham como alvo

* Mil anos mais tarde, a Igreja do Ocidente resistirá às especulações audaciosas de Gioacchino da Fiore e de Mestre Eckhart, perdendo assim a possibilidade de com elas beneficiar os contemporâneos.

** É sobretudo na sequência de Petrarca que se cita o famoso passo: "Eu ainda não amava e já gostava do amor. ... Comecei a buscar um ensejo de me apaixonar porque amava loucamente a ideia de amar" (III, 1, 1).

os maniqueístas e os donatistas. Em sua juventude, Agostinho sucumbiu à sedução de Mani, porque o dualismo lhe permitia explicar a origem e o poder aparentemente ilimitado do mal. Já havia algum tempo ele repudiara o maniqueísmo, mas o problema do mal estava sempre a perturbá-lo. A começar por Basílio o Grande, os teólogos cristãos haviam resolvido esse problema negando a realidade ontológica do mal. Basílio o definia como "a ausência do bem. Por conseguinte, o mal não é inerente a uma substância que lhe seja própria, mas aparece pela mutilação da alma" (*Hexâmero*, II, 5). Da mesma forma, para Tito de Bosra (m.370) e para João Crisóstomo (344-c.407), o mal era "a ausência do bem" (*stérêsis, privatio boni*).

Agostinho retoma os mesmos argumentos nos cinco tratados que escreveu contra o maniqueísmo entre 388 e 399. Tudo o que Deus criou é *real*, participa do ser e, portanto, é *bom*. O mal não é uma substância, pois não contém o menor vestígio de bem. É um esforço desesperado para salvar a unidade, a onipotência e a bondade de Deus, desvinculando-o da existência do mal no mundo. (Já se observou um esforço semelhante para desvincular Deus da aparição do mal, nos mitos cosmogônicos da Europa oriental e da Ásia central, cf. §251.) A doutrina da *privatio boni* preocupou os teólogos cristãos até os nossos dias; mas ela nunca foi compreendida nem compartilhada pela massa dos fiéis. Em Agostinho, a polêmica antimaniqueísta[6] contribuiu para fortalecer sua concepção da decadência total do homem; certos traços do pessimismo e do materialismo maniqueus voltam a ser encontrados em sua teologia da graça (cf. p.57).

O cisma de Donato, bispo da Numídia, teve início em 311 e 312, durante o período de paz que se seguiu às perseguições de Diocleciano. Os donatistas haviam afastado de suas igrejas os membros do clero que, de uma forma ou de outra, tinham dado parte de fracos durante a perseguição. Julgavam que a mediação da graça pelos sacramentos se via comprometida se aquele que administrava os sacramentos tinha incorrido em pecado. Contudo, responde-lhes Agostinho, a santidade da Igreja não dependia em absoluto da perfeição do clero e dos fiéis, mas da graça transmitida pelos sacramentos; assim como, de resto, a virtude salvífica dos sacramentos não dependia da fé daquele que os recebia. Para evitar o cisma, Agostinho esforçou-se, durante vários anos, por reconciliar os donatistas com a Grande Igreja, mas sem êxito.

A polêmica mais acerba, e que teve imensas ressonâncias, foi a que ele travou com Pelágio e seus discípulos. Pelágio, monge britânico de idade muito avançada, chegou a Roma no ano 400. Causaram-lhe penosa impressão o comportamento e a moral dos cristãos, e ele não mediu esforços para corrigi-los. Seu rigor ascético e erudição construíram-lhe bem depressa grande prestígio.

Em 410, refugiou-se com alguns discípulos na África do Norte, mas não logrou encontrar-se com Agostinho. Dirigiu-se então para as províncias orientais, onde obteve o mesmo êxito que em Roma e onde morreu, entre 418 e 420.

Pelágio tinha uma confiança ilimitada nas possibilidades da inteligência e, sobretudo, da vontade do homem. Pela prática da virtude e da ascese, ensinava ele, todo cristão é capaz de alcançar a perfeição, e portanto a santidade. O homem é o único responsável por seus pecados, já que dispõe da capacidade de fazer o bem e de evitar o mal: em outras palavras, goza da liberdade, do "livre-arbítrio". Foi por essa razão que Pelágio não aceitou a ideia de que o pecado original é automática e universalmente compartilhado pelos descendentes de Adão. "Se o pecado é ingênito, não é voluntário; se é voluntário, não é ingênito." A finalidade do batismo das crianças não é lavar o pecado original, mas santificar o recém-nascido por meio de Cristo. Para Pelágio, a graça consiste nas revelações de Deus pela Lei e, sobretudo, por Jesus Cristo. O ensinamento de Cristo constitui um modelo que pode ser imitado pelos cristãos. Em síntese, na teologia pelagiana, o homem aparece de certa maneira como o autor de sua própria salvação.*

A história do pelagianismo foi curta, porém muito agitada. Pelágio foi excomungado e inocentado diversas vezes por diferentes sínodos e concílios. O pelagianismo só veio a ser definitivamente condenado em 579, no sínodo de Orange, com base sobretudo nas refutações redigidas por Agostinho entre 413 e 430. Tal como em sua polêmica contra os donatistas, Agostinho atacou primeiro o rigorismo ascético e o perfeccionismo moral proposto por Pelágio. Sua vitória foi antes de tudo a vitória da comunidade leiga média da Igreja contra um ideal de austeridade e de reforma.[7] A importância decisiva atribuída por Agostinho à graça, e portanto à onipotência de Deus, invocava a tradição bíblica e não incomodava o sentimento religioso do povo. Quanto à doutrina da predestinação, interessava principalmente à nata da sociedade.

Orígenes já havia sustentado que a providência divina (isto é, a presciência de Deus) não é a causa dos atos do homem, atos que ele realiza com inteira liberdade e pelos quais é responsável (cf. p.52). A passagem do dogma da presciência divina, que não impedia a liberdade do homem, à teologia da predestinação termina pelo teologúmeno do pecado original. Ambrósio tinha

* É provável que seu mais brilhante discípulo, Celesto, tenha consolidado ainda mais as teses de Pelágio. Segundo Paulo de Milão, que refutou essa heresia em 411 ou 412, o pelagianismo sustentava que Adão foi criado mortal e teria conhecido a morte mesmo sem haver pecado; somente Adão foi atingido por sua falta, e não a espécie humana em sua totalidade; as crianças acham-se na mesma situação de Adão antes da queda; além do mais, mesmo antes do advento de Cristo, havia homens perfeitamente puros, sem nenhum pecado.

observado a relação causal entre, de um lado, a concepção virginal de Jesus Cristo e, de outro, a ideia de que o pecado original é transmitido pela união sexual. Para Cipriano (200-258), o batismo das crianças era necessário justamente porque apagava a culpa original.

Agostinho retoma, prolonga e aprofunda as reflexões de seus antecessores. Insiste, principalmente, em que a graça é a liberdade de Deus para agir sem nenhuma necessidade exterior. E, já que Deus é soberano – *tudo* foi criado por Ele do *nada* –, também a graça é soberana. Essa concepção de soberania, de onipotência e de graça divinas encontra sua mais completa expressão na doutrina da predestinação. Agostinho define a predestinação como "a organização por Deus de suas obras futuras, a qual não pode ser iludida nem modificada" (*Perseverantia*, 17:41). Mas a predestinação, aduz Agostinho, nada tem que ver com o fatalismo dos pagãos: Deus castiga para manifestar sua cólera e demonstrar seu poder. A história universal é a arena onde seus atos se processam. Certos homens recebem a vida eterna, outros, a danação eterna – e, entre estes últimos, estão as crianças mortas sem batismo. Essa dupla predestinação – ao Céu e ao Inferno – é, admite Agostinho, incompreensível. Sendo transmitido pela propagação sexual,* o pecado original é universal e inevitável como a própria vida. A Igreja compõe-se, afinal, de um número fixo de santos predestinados antes mesmo da Criação do mundo.

Arrastado pela polêmica, formulou Agostinho certas teses que, embora não integralmente aceitas pela Igreja católica, provocaram intermináveis controvérsias nas teologias ocidentais. Já houve quem comparasse essa teologia rígida ao fatalismo pagão. Ademais, a predestinação agostiniana comprometia o universalismo cristão, segundo o qual é desejo de Deus a salvação de *todos* os homens. A objeção que se lhe fazia não era a doutrina da graça, mas a identificação da graça com uma teoria particular da predestinação; observava-se com razão que a doutrina da presciência de Deus evitava as objeções levantadas pela interpretação agostiniana da predestinação.[8]

Citemos também as conclusões de um eminente teólogo católico contemporâneo:

> Agostinho defendeu contra o maniqueísmo a liberdade e a responsabilidade humanas. O que Agostinho censura aos maniqueus é atribuírem, lançarem a responsabilidade do mal a uma "natureza" ou a um "princípio" míticos. Nisso, executa Agostinho obra positiva e cristã. Mas será plenamente satisfatória a

---

* Como uma doença venérea, observa Yaroslav Pelikan, *The Emergence of the Catholic Tradition (100-600)*, p.300.

> teoria que ele propõe em substituição? A representação do pecado original que Agostinho transmitiu à posteridade não será suscetível da mesma crítica? O mal que o homem faz hoje ... não será ainda, na hipótese agostiniana, da responsabilidade exclusiva do homem atual? Não se trata antes de uma "natureza" má, pervertida, que lhe foi "transmitida" pela culpa do primeiro casal? ... No primeiro homem, diz-nos santo Agostinho, a humanidade conheceu, na carne, o *hábito* do pecado. Não se trata aí de uma concepção materialista da hereditariedade do pecado, concepção física, e por isso mesmo determinista? Não é o biológico que pesa sobre o homem, e na criança que nasce o pecado não se encontra gravado em seus tecidos nem em seu psiquismo. A hereditariedade do pecado, a criança *vai recebê-la* pela educação que lhe será ministrada, ... pelas formas mentais e pelos esquemas morais que vai adotar. A assustadora teoria agostiniana da danação das crianças mortas sem batismo mostra que os maiores gênios, os maiores doutores da Igreja não deixam de apresentar uma perigosa ambivalência. ... Nós, na Igreja, vimos suportando há dezesseis séculos os frutos e o peso da grandeza e da fraqueza de santo Agostinho.[9]

256. O culto dos santos: *martyria*, relíquias, peregrinações

Durante bom período, Agostinho combateu o culto dos mártires. Não dava demasiada fé aos prodígios realizados pelos santos e estigmatizava o comércio das relíquias.[10] Contudo, a trasladação das relíquias de santo Estêvão para Hipona, em 425, e as curas miraculosas que elas operaram fizeram-no mudar de parecer. Nos sermões que pronunciou entre 425 e 430, e no livro XXII da *Cidade de Deus*, Agostinho explicou e justificou a veneração das relíquias e procedeu a um cuidadoso inventário de seus milagres.[11]

O culto dos mártires era praticado e aceito pela Igreja desde o final do século II. Mas foi sobretudo durante as grandes perseguições e depois da paz instaurada por Constantino que as relíquias das "testemunhas" de Cristo adquiriram importância inquietante. Alguns bispos viam nessa veneração excessiva o perigo de uma recrudescência do paganismo. Existe, de fato, uma continuidade entre as práticas funerárias dos pagãos e o culto cristão dos mortos; por exemplo, os banquetes celebrados ao pé do túmulo no dia do sepultamento e, todos os anos, no dia natalício. Entretanto, a "cristianização" desse rito arcaico não tardou a se fazer sentir: para os cristãos, o banquete junto à sepultura era uma antecipação do festim escatológico no Céu. O culto dos mártires prolongou essa tradição, com a diferença de que já não era uma cerimônia familiar, mas interessava a toda a comunidade e se processava na presença do bispo. Além disso, o culto dos mártires apresentou um elemento novo, desconhecido nas sociedades não cristãs. Os mártires tinham transcendido a condição humana; imolados a Cristo, eles estavam ao mesmo tempo junto de Deus, no Céu, e aqui na Terra. Suas relíquias incorporavam o sagrado. Não somente os mártires podiam interceder junto a Deus – eram os seus "amigos" –, como também suas relíquias eram suscetíveis de produzir milagres, asseguravam curas extraordinárias. Os túmulos e as relíquias dos mártires constituíam um sítio privilegiado e paradoxal, onde se estabelecia uma comunicação entre o Céu e a Terra.[12]

A comparação com o culto dos heróis não é de rigor. Entre os pagãos, ambos os cultos – dos deuses e dos heróis – eram nitidamente distintos (cf. §95). Com a morte, o herói ficava definitivamente apartado dos deuses, enquanto o corpo do mártir aproximava de Deus aqueles que lhe prestavam um culto. Essa exaltação religiosa da carne era de certo modo solidária da doutrina da encarnação. Já que Deus se havia encarnado em Jesus Cristo, todo mártir, torturado e morto pelo Senhor, era sacrificado em sua própria carne. A santidade das relíquias representava um paralelo rudimentar para o mistério da eucaristia. Assim como o pão e o vinho eram transubstanciados no corpo e no sangue de Cristo, o corpo do mártir era santificado por sua morte exemplar, verdadeira *imitatio Christi*. Tal homologação era reforçada pela fragmentação ilimitada do corpo do mártir e pela possibilidade de multiplicar indefinidamente as relíquias: roupas, objetos, óleo ou pó que se julgava terem estado em contato com o túmulo ou o corpo do santo.

O culto alcança enorme popularidade no século VI. No Império do Oriente, essa devoção excessiva torna-se às vezes embaraçosa para as autoridades eclesiásticas. Havia na Síria, nos séculos IV e V, duas espécies de igreja: as basílicas e os *martyria*,[13] as "igrejas dos mártires". Estas últimas, que se diferençavam pela cúpula,[14] tinham na parte central o altar dedicado ao santo cujas relíquias estavam ali depositadas. Durante muito tempo, e apesar da resistência do clero, cerimônias especiais, notadamente oferendas, preces, hinos cantados em honra do mártir, eram celebradas em torno desse altar central (*mensa*). O culto comportava igualmente longas vigílias noturnas, que se prolongavam até o nascer do sol. Era sem dúvida uma cerimônia emocionante e patética, pois os fiéis estavam todos na expectativa de milagres. Em redor do altar (*mensa*) realizavam-se ágapes e banquetes.* As autoridades eclesiásticas não mediram esforços para subordinar a veneração dos santos e o culto das

* Costume tenaz, que persistiu a despeito da oposição da Igreja. Em 692, o concílio de Trulles voltava a proibir os ágapes e a preparação dos alimentos sobre o altar.

relíquias ao serviço de Cristo. Finalmente, nos séculos V e VI, numerosas basílicas arranjaram relíquias; em determinados casos, uma capela especial, um *martyrium*, havia sido construída no interior do templo, em sua honra. Assiste-se ao mesmo tempo à transformação gradual dos *martyria* em igrejas regulares.[15]

Na mesma época – desde o final do século IV até o século VI –, a exaltação das relíquias se estende por todo o Império do Ocidente. Entretanto, o culto é em geral controlado, até incentivado, pelos bispos, verdadeiros *impresarios* (conforme a expressão de Peter Brown) desse fervor popular. Os túmulos dos mártires, construções sempre mais imponentes na zona dos cemitérios, à margem das cidades, transformam-se nos centros da vida religiosa da região. Os cemitérios gozam de um prestígio sem igual. Paulino de Nola orgulha-se de ter construído em torno do túmulo de são Félix um complexo de edifícios de dimensões tais que os estrangeiros podiam considerá-lo uma outra cidade. O poder dos bispos residia nessas novas "cidades fora das cidades".[16] Como escreve são Jerônimo, venerando os santos, "a cidade mudou de endereço" .[17]

Tal como no Oriente, muitas cerimônias se realizavam junto aos túmulos, transformados no objeto por excelência das procissões e peregrinações. Estas duas representam uma inovação singular na história religiosa do Mediterrâneo. O cristianismo havia concedido um lugar, nas cerimônias públicas, às mulheres e aos pobres. Os cortejos rituais e as procissões ilustravam a desagregação sexual e social; reuniam homens e mulheres, aristocratas e escravos, ricos e pobres, autóctones e estrangeiros. Quando introduzidas oficialmente numa cidade, as relíquias recebiam as mesmas honras reservadas às visitas dos imperadores.

Toda descoberta (*inventio*) de relíquias (posterior a um sonho ou a uma visão) suscitava grande fervor religioso: ela era vista como o anúncio de uma anistia divina.[18] Acontecimento dessa ordem podia desempenhar um papel decisivo nas controvérsias eclesiásticas. É o caso da descoberta, por Ambrósio, das relíquias dos santos mártires Gervásio e Protásio. A imperatriz Justina reclamava a nova basílica para o uso dos ários; Ambrósio, no entanto, teve ganho de causa, instalando as relíquias sob o altar.

O culto dos santos desenvolve-se principalmente nos meios ascéticos.[19] Para Paulino de Nola, são Félix era *patronus et amicus*; o dia de sua morte tornara-se para Paulino o dia de seu segundo nascimento. Próximo ao túmulo lia-se a *Passio* do mártir. Através dessa reatualização de sua vida e de sua morte exemplares, o tempo era abolido, o santo estava de novo presente – e a multidão ficava na expectativa de novos milagres: curas, exorcismo dos demônios, proteção contra os inimigos. No entanto, o ideal de todo cristão era a inumação *ad sanctos*. Procura-se situar o túmulo tão perto quanto possível do lugar onde repousa o santo, na esperança de que ele defenderá o defunto diante de Deus no dia do juízo final. Sob os *martyria*, ou em sua vizinhança imediata, escavou-se número considerável de sepulturas agarradas umas às outras.

A fragmentação ilimitada das relíquias e sua *translatio* de um a outro extremo do Império contribuíram para a propagação do cristianismo e a unidade da experiência cristã coletiva. Os abusos, as fraudes, as rivalidades eclesiásticas e políticas, é certo, aumentam com o passar do tempo. Na Gália e na Germânia, onde as relíquias eram bastante raras, os fiéis iam-nas buscar em outra parte, sobretudo em Roma. Durante o reinado dos primeiros carolíngios (740-840), grande número de santos e mártires romanos foi transportado para o Ocidente. Presume-se que, por volta do final do século IX, todas as igrejas possuíam (ou deviam possuir) relíquias.*

A despeito do caráter "popular" que, com o tempo, acaba por dominá-lo, o culto das relíquias não é desprovido de certa grandeza. Ilustra, em última análise, a *transfiguração da matéria*, antecipando de certa forma as teorias audaciosas de Teilhard de Chardin. Por outro lado, o culto das relíquias aproximava, no fervor dos crentes, não só a Terra e o Céu, mas também os homens de Deus; pois era sempre Deus que controlava a "descoberta" (*inventio*) das relíquias e permitia os milagres. Ademais, as contradições implícitas no culto (por exemplo, a presença simultânea do mártir no Céu e em seu túmulo, ou num fragmento de seu corpo) familiarizavam os crentes com o pensamento paradoxal. Na verdade, pode-se considerar a veneração das relíquias como um "paralelo fácil" (vale dizer, acessível aos leigos) dos dogmas da Encarnação, da Trindade, e da teologia dos sacramentos.

257. A Igreja do Oriente e a evolução da teologia bizantina

Certas diferenças entre as Igrejas do Ocidente e do Oriente começam a ganhar contornos precisos ao longo do século IV. Por exemplo, a Igreja bizantina estabelece a instituição dos patriarcas, hierarquia superior aos bispos e metropolitas. No concílio de Constantinopla (381), a Igreja oriental proclama-se constituída de quatro jurisdições regionais, cada uma com sua sede patriarcal.

* Cf. Patrick J. Geary, "The Ninth Century Relic Trade", p.105. Os papas aceitavam voluntariamente algumas transferências, pois as relíquias romanas elevavam o prestígio de Roma como capital do Império e centro da cristandade.

Acontece às vezes que a tensão entre Constantinopla – ou, indiretamente, o imperador – e Roma torna-se crítica. Possuidora que era das relíquias de santo André, "o primeiro dos escolhidos" (tendo, portanto, precedência sobre são Pedro), Constantinopla pretendia pelo menos a igualdade com Roma. Nos séculos seguintes, algumas querelas cristológicas ou eclesiais opuseram várias vezes as duas Igrejas. Vamos evocar somente as que foram responsáveis pelo cisma (§302).

Os primeiros concílios ecumênicos contaram apenas com a presença de alguns representantes do "papa" – nome que Sirício (384-399) conferiu a si próprio, proclamando-se assim "pai" e não "irmão" dos outros bispos. Roma, porém, havia apoiado a nova condenação de Ário (II Concílio, Constantinopla, 381) e a condenação de Nestório (III Concílio, Éfeso, 431). No IV Concílio (Calcedônia, 451), contra o monofisismo,* o papa Leão I havia apresentado uma fórmula para o novo símbolo da fé, a qual foi aprovada pelos padres orientais, pois estava em consonância com o pensamento de são Cirilo. Proclamava-se "um único e mesmo Cristo, Filho, Senhor, monogênico, sem confusão, sem mutação, sem separação, não sendo a diferença das duas naturezas de modo algum suprimida pela união, mas sendo antes as propriedades de cada uma salvaguardadas e reunidas numa só pessoa e numa só hipóstase".

A fórmula completava a cristologia clássica, mas deixava sem resposta certas dificuldades salientadas pelos monofisitas. O sínodo de Calcedônia provocou reações desde antes do final do século V e sobretudo no século seguinte. Ele não foi aceito *in totum* por uma parte da cristandade oriental e tornou inevitável a separação das Igrejas monofisitas.** As querelas acerca do monofisismo ou de determinadas especulações suspeitas de monofisismo prolongaram-se, estéreis e aborrecidas, por séculos a fio.

Mencionemos por enquanto alguns desenvolvimentos que contribuíram para conferir à Igreja do Oriente sua estrutura peculiar. Antes de mais nada, o progresso invejável da liturgia bizantina, seu fausto hierático, o esplendor a um só tempo ritual e artístico. A liturgia desenvolve-se como um "mistério" reservado aos iniciados. O Pseudo-Areopagita adverte àquele que experimentou a mistagogia divina: "Cuida de não divulgar de maneira sacrílega mistérios santos entre todos os mistérios. Sê prudente e honra o segredo divino" (*Hierarquia eclesiástica*, I, 1). As cortinas da iconóstase são puxadas em certos

* Pensavam os monofisitas que, se Jesus Cristo foi formado "a partir de duas naturezas" (divina e humana), nele só subsiste unida uma natureza; por conseguinte, "única é a natureza do Verbo encarnado".

** O V e o VI Concílios de Constantinopla (553 e 680) fizeram concessões aos monofisitas.

momentos; nos séculos seguintes, a iconóstase será completamente isolada das naves.

"As quatro partes do interior da igreja simbolizam os quatro pontos cardeais. O interior da igreja é o Universo. O altar é o Paraíso, e se encontra a leste. A porta imperial do santuário propriamente dito era também chamada 'Porta do Paraíso'. Na semana da Páscoa, essa porta permanece aberta durante todo o serviço; o sentido desse costume está claramente explicado no cânone pascal: Cristo levantou-se da sepultura e abriu-nos as portas do Paraíso. O oeste é, ao contrário, a zona das trevas da aflição, da morte, das moradas eternas dos mortos, que aguardam a ressurreição dos corpos e o juízo final. O centro do edifício é a Terra. Segundo as concepções de Kosmas Indikopleustés, a Terra tem a forma de um retângulo e é limitada por quatro paredes, cobertas por uma cúpula. As quatro partes do interior de uma igreja simbolizam os quatro pontos cardeais."[20] Como imagem do cosmo, a Igreja bizantina encarna e, ao mesmo tempo, santifica o mundo.

A poesia e o coral religiosos conhecem um brilho singular com o poeta e compositor Romano o Melódico (século VI). Importa finalmente destacar o papel do diácono, que serve de intermediário entre os celebrantes e os fiéis. É ele quem dirige as preces e assinala aos assistentes os momentos fundamentais da liturgia.

Todavia, as criações mais significativas do cristianismo oriental aparecem sobretudo na teologia, e principalmente na teologia mística. É certo que a estrutura do pensamento religioso bizantino encobria de algum modo sua "originalidade", porquanto cada doutor se esforçava para conservar, proteger e defender a doutrina transmitida pelos padres. A teologia era imutável. As novidades corriam por conta das heresias; as expressões "inovação" e "blasfêmia" eram quase sinônimas.[21] Essa aparente monotonia (devida à repetição das ideias elaboradas pelos padres) podia ser considerada – e realmente o foi durante séculos – como um sinal de esclerose e de esterilidade.

No entanto, a doutrina central da teologia do Oriente, especialmente a ideia da deificação (*théôsis*) do homem, possui grande originalidade, embora se apoie em são Paulo, no Evangelho de João e em outros textos bíblicos. A equivalência entre salvação e deificação derivava do mistério da Encarnação. Segundo Máximo o Confessor, Deus, ao criar o homem, dotara-o de uma forma de reprodução divina e imaterial; a sexualidade, tal como a morte, são consequências do pecado original. A encarnação do *lógos* tornou possível a *théôsis*, mas é sempre a graça de Deus que a realiza. A isso se deve a importância da prece interior (convertida mais tarde em "prece ininterrupta"), da contemplação e da vida monástica na Igreja do Oriente. A deificação é precedida ou acompanhada de uma experiência de luz mística. Já entre os padres do deserto, o êxtase manifestava-se por meio de fenômenos luminosos. Os monges "irradiam a luz da Graça". Quando um eremita estava mergulhado na oração, toda a sua cela se inundava de luz.[22] A mesma tradição (oração – luz mística – *théôsis*) volta a ser encontrada, mil anos depois, entre os hesicastas do monte Atos. A polêmica suscitada pela afirmativa deles – a saber, que desfrutavam a visão da luz incriada – deu ensejo a que o grande pensador Gregório Palamas (século XIV) elaborasse uma teologia mística acerca da luz tabórica.

Na Igreja oriental, assiste-se a duas tendências complementares, embora aparentemente opostas, que vão se acentuar com o tempo. De um lado, o papel e o valor *eclesial* da comunidade dos fiéis; de outro lado, a autoridade prestigiosa dos monges ascetas e contemplativos. Enquanto no Ocidente a hierarquia manifestará certa reserva em relação aos contemplativos e aos místicos, estes últimos desfrutarão, no Oriente, um grande respeito junto aos fiéis e às autoridades eclesiásticas.

A única influência oriental significativa sobre a teologia do Ocidente foi a de Dionísio o (Pseudo-)Areopagita. Ignora-se sua verdadeira identidade e sua biografia. Era provavelmente um monge sírio do século V, mas como se acreditava que tivesse sido contemporâneo de são Paulo, gozou de uma autoridade quase apostólica. A teologia do Areopagita inspira-se no neoplatonismo e em Gregório de Nissa. Para Dionísio, o princípio supremo – ainda que inefável, absoluto, para além da pessoa e do impessoal – está, porém, relacionado com o mundo visível através de uma hierarquia de seres. A Trindade é, antes de tudo, o símbolo da unidade última entre o uno e o múltiplo. Dionísio evita assim, ao mesmo tempo, o monofisismo e as fórmulas de Calcedônia. Examina as manifestações da divindade nos *Números divinos*, e suas expressões por intermédio das ordens angélicas na *Hierarquia celeste*, mas sobretudo num pequeno tratado, a *Teologia mística*, que construiu seu extraordinário prestígio. Pela primeira vez na história da mística cristã, depara-se com as expressões "a ignorância divina" e o "desconhecimento" com referência à ascensão da alma para Deus. O Pseudo-Areopagita evoca a "luminosidade superessencial das trevas divinas", as "trevas que estão para além da luz"; rejeita todo e qualquer atributo divino, "pois não é mais certo afirmar que Deus é vida e bondade do que afirmar que ele é ar ou pedra". Dionísio assenta assim as bases da teologia negativa (ou apofática), que recorda a célebre expressão upanixádica *neti! neti!* (cf. §81).

Gregório de Nissa havia exposto algumas dessas ideias mais profundamente e de modo mais sistemático. Entretanto, o prestígio de Dionísio contribuiu enormemente para torná-las populares entre os monges. Traduzidas muito cedo para o latim, as obras do Pseudo-Areopagita foram retraduzidas no século IX pelo monge irlandês Scotus Erigena; foi por essa versão que Dionísio se tornou conhecido no Ocidente. Suas ideias foram retomadas e aprofundadas por Máximo o Confessor, "o espírito mais universal do século VII e talvez o último pensador original entre os teólogos da Igreja bizantina".[23] Máximo o Confessor redigiu, sob a forma de *scholia*, um comentário dos tratados místicos de Dionísio, o qual foi igualmente traduzido por Erigena. Na verdade, esse corpo – o original e as explicações de Máximo o Confessor – constituiu o texto do Pseudo-Areopagita que influenciou o pensamento de numerosos místicos e teólogos ocidentais, desde Bernardo de Clairvaux e Tomás de Aquino até Nicolau de Cusa.[24]

258. A veneração dos ícones e o iconoclasmo

A séria crise provocada pelo iconoclasmo (séculos VIII-IX) teve múltiplas causas: políticas, sociais e teológicas. Obedecendo à interdição proclamada no Decálogo, os cristãos dos dois primeiros séculos não modelaram imagens. Mas no Império do Oriente essa interdição passa a ser ignorada a partir do século III, quando uma iconografia religiosa (figuras ou cenas inspiradas nas Escrituras) começa a aparecer nos cemitérios e nas salas onde se reuniam os fiéis. Essa inovação acompanha de perto o surto do culto das relíquias. Nos séculos IV e V, as imagens se multiplicam e acentua-se a sua veneração. É ainda ao longo desses dois séculos que se tornam mais precisas a crítica e a defesa dos ícones. O principal argumento dos iconófilos era a função pedagógica – sobretudo para os analfabetos – e as virtudes santificantes das imagens. Somente por volta do fim do século VI e ao longo do VII as imagens se tornam objeto de devoção e culto, tanto nas igrejas como nos lares.[25] Os fiéis oravam, prosternavam-se diante dos ícones, beijavam-nos, levavam-nos para desfilar por ocasião de certas cerimônias. Durante esse período, cresce o número das imagens milagrosas – fontes de poder sobrenatural – que protegiam cidades, palácios e exércitos.*

Como observa Ernst Kitzinger, essa crença no poder sobrenatural das imagens, que pressupõe certa continuidade entre a imagem e a pessoa que ela representa, é a característica mais importante do culto dos ícones nos séculos VI e VII. O ícone é "uma extensão, um órgão da própria divindade".[26]

---

* Entre os mais célebres, o ícone de Cristo da cidade de Edessa, tido como capaz de repelir o ataque de um exército persa, e a imagem de Cristo colocada sobre a grande porta de bronze do palácio imperial, e cuja destruição, em 727, assinalará o início do iconoclasmo.

O culto das imagens foi oficialmente proibido pelo imperador Constantino V, em 726, e declarado anátema pelo sínodo iconoclasta de Constantinopla, em 754 – o principal argumento teológico era a idolatria implícita na glorificação dos ícones. O segundo sínodo iconoclasta, o de 815, repudiava o culto das imagens em nome da cristologia, pois é impossível pintar a figura de Cristo sem subentender que se representa a natureza divina (o que é uma blasfêmia) ou sem separar as duas naturezas inseparáveis a fim de pintar somente a natureza humana (o que é uma heresia).[27] Em contrapartida, a eucaristia representa a verdadeira "imagem" de Cristo, pois está impregnada do Espírito Santo; assim, a eucaristia, ao contrário do ícone, possui uma dimensão divina e material ao mesmo tempo.[28]

Quanto à teologia iconófila, a mais sistemática foi elaborada por João Damasceno (675-749) e por Teodoro Estudita (759-826). Arrimados no Pseudo-Areopagita, sublinham os dois autores a continuidade entre o espiritual e o material. "Como podeis, vós que sois visíveis", escreve João Damasceno, "adorar as coisas que são invisíveis?" O "espiritualismo" excessivo dos iconoclastas coloca-os na mesma categoria dos antigos gnósticos que pretendiam que o corpo de Cristo não era físico, mas celeste.[29] Em consequência da encarnação, a figura de Deus tornou-se visível, anulando assim a proibição veteritestamentária de representar o divino. Por conseguinte, aqueles que negam que Cristo pode ser representado por um ícone negam implicitamente a realidade da encarnação. Entretanto, esclarecem nossos dois autores que a imagem não é idêntica em essência e em substância ao seu modelo. A imagem constitui uma representação que, mesmo refletindo o modelo, mantém-se distinta dele. Consequentemente, os iconoclastas são culpados de blasfêmia quando consideram a eucaristia uma imagem, pois, sendo em essência e em substância idêntica a Cristo, a eucaristia *é* Cristo, e não sua imagem.[30]

Com relação aos ícones dos santos, escreveu João Damasceno: "Enquanto viviam, os santos estavam plenos do Espírito Santo, e depois de mortos a graça do Espírito Santo está sempre próxima de suas almas, de suas sepulturas e de suas santas imagens."[31] Os ícones, sem dúvida, não devem ser adorados da mesma forma como se adora Deus. Pertencem, porém, à mesma categoria de lugares e objetos santificados pela presença de Jesus Cristo – como, por exemplo, Nazaré, o Gólgota, o lenho da Cruz. Esses lugares e objetos tornaram-se "recipientes da energia divina", porque é através deles que Deus opera nossa salvação. Em nossos dias, os ícones tomam o lugar dos milagres e dos outros atos de Jesus Cristo que seus discípulos tiveram o privilégio de ver e admirar.[32]

Em síntese, tal como as relíquias tornavam possível a comunicação entre o Céu e a Terra, os ícones reatualizavam o prodigioso *illud tempus*, quando

Cristo, a Virgem e os Santos Apóstolos viviam entre os homens. Os ícones eram, se não semelhantes em poder às relíquias, pelo menos mais facilmente acessíveis aos fiéis: podiam ser encontrados nas mais modestas igrejas e capelas, e nos lares de cada indivíduo. Além disso, sua contemplação permitia o acesso a um universo de símbolos. Por conseguinte, as imagens eram suscetíveis de completar e aprofundar a instrução religiosa dos analfabetos. (Com efeito, esse papel foi desempenhado pela iconografia em todas as populações rurais da Europa oriental.)

À parte as razões políticas e sociais, a febre iconoclasta não obtém êxito. Por um lado, os iconoclastas ignoravam ou rejeitavam a função simbólica das imagens sacras; por outro, muitos iconófilos usavam o culto dos ícones em benefício próprio ou para assegurar o prestígio, a preponderância e a riqueza de certas instituições eclesiásticas.

NOTAS

1. Hugh Trevor-Roper, *The Rise of Christian Europe*, p.33.
2. Ver P. de Labriolle, *La réaction païenne*; Walter Emil Kaegi, *Byzantium and the Decline of Rome*, p.59s., 99s.
3. E. Gilson, *La philosophie au Moyen Âge*, p.128. Essa definição, dada por Platão no *Alcibíades*, foi retomada por Plotino, onde a foi buscar Agostinho.
4. Ver a edição e tradução do *De principiis* em "Sources chrétiennes", v.252, 253, 268, 269. Uma seleção dos textos traduzidos e comentados foi feita recentemente por Rowan A. Greer, *Origen*. Sobre o sistema teológico, cf. ibid., p.7-28.
5. Ver as referências em Peter Brown, *Augustine of Hippo*, p.167, 180. Mesmo o título, *Confissões*, é importante: para Agostinho, *Confessio* significa "autoacusação; louvor a Deus"; ibid., p.175.
6. Os textos essenciais são transcritos e comentados por Claude Tresmontant, *La métaphysique du christianisme*, p.528-49.
7. Cf. Peter Brown, *Augustine of Hippo*, p.348.
8. Ver as observações pertinentes de Pelikan, op.cit., p.325-6, e, em geral, o capítulo sobre a natureza e a graça, p.278-331.
9. Claude Tresmontant, *La métaphysique du christianisme*, p.611. Na nota 40, o autor cita um texto de Leibniz atestando que a problemática praticamente não havia evoluído: "Como pode a alma ter sido infectada pelo pecado original, que é a raiz dos pecados atuais, sem que houvesse, por parte de Deus, a injustiça de nela introduzi-lo?" (*Essais de Théodicée*, 86).
10. Cerca de 401, ele reprovou certos monges que "vendem os membros dos mártires, se é que se trata realmente de mártires"; *De opere monachorum*, citado por Victor Saxer, *Morts, martyrs, reliques*, p.240.
11. Cf. ibid., p.255s.
12. Peter Brown, *The Cult of the Saints*, p.3s.

13. Ver sobretudo H. Grabar, *Martyrium.*
14. Cf. E. Baldwin Smith, *The Dome*, p.95s.
15. E.B. Smith, op.cit., p.151, 137.
16. Ver os textos in P. Brown, op.cit., p.8.
17. *Movetur urbs sedibus suis* (Ep. 107, 1); Brown, p.42. É possível comparar essas "cidades fora das cidades" com as necrópoles megalíticas de Malta, em primeiro lugar a célebre necrópole de Hal Saflieni (cf. v.1, p.124). A analogia torna-se precisa quando se recorda que esses centros cerimoniais megalíticos não eram somente necrópoles, mas compreendiam capelas, templos e terraços que serviam para as procissões e outros rituais. Acrescentemos, porém, que tal analogia morfológica não implica similitude das crenças.
18. Cf. Brown, op.cit., p.92.
19. Ibid, p.67.
20. Hans Sedlmayr, *Die Entstehung der Kathedrale*, p.119; W. Wolska, *La topographie chrétienne de cosmos Indikopleustès* (Paris, 1962), p.131 passim.
21. Cf. textos citados e comentados por Pelikan, *The Spirit of the Eastern Christendom.*
22. Cf. textos citados e comentados in *Méphistophélès et l'Androgyne*, p.68s.
23. H.C. Beck, apud Pelikan, p.8. "Provavelmente o único pensador criativo do século", escreve Werner Elert; "o verdadeiro pai da teologia bizantina" (Meyerdorff).
24. Deno John Geanakoplos, *Interaction of the "Sibling" Byzantine and Western Cultures in the Middle Ages and Italian Renaissance*, p.133s.
25. Cf. E. Kitzinger, "The cult of images in the age before iconoclasm", p.89.
26. Kitzinger, op.cit., p.104. As imagens dos santos são habitadas pelo Espírito Santo; ibid., p.140s.
27. Ver Jaroslav Pelikan, *The Spirit of Eastern Christendom*, p.129. Cf. Stephan Gero, *Byzantine Iconoclasm during the Reign of Constantine*, V, p.74.
28. Gero, op.cit., p.78; Pelikan, p.109.
29. Cf. Pelikan, p.122.
30. Cf. ibid., p.119; N. Baynes, "Idolatry and the early Church", p.135.
31. Esse texto foi oportunamente comentado por G. Mathew, *Byzantine Aesthetics*, p.103s.
32. Ver os textos analisados por Pelikan, p.121. Assim como os evangelistas escreveram sobre Cristo com *palavras*, assim também é possível escrever sobre ele com *ouro* nos ícones; cf. ibid., p.135.

XXXIII. Maomé e a expansão do Islã

259. Alá, *deus otiosus* dos árabes

De todos os fundadores de religiões universais, Maomé é o único cuja biografia, em suas linhas gerais, é conhecida.* Isso não quer dizer que se conhece também sua biografia íntima. No entanto, as informações históricas de que dispomos acerca de sua vida e das experiências religiosas que prepararam e determinaram sua vocação profética, de um lado sobre a civilização árabe de seu tempo e, de outro, sobre as estruturas sociopolíticas de Meca, são extremamente valiosas. Elas não explicam a personalidade de Maomé nem o êxito de sua pregação, mas permitem-nos apreciar melhor a criatividade do Profeta. É importante dispor, pelo menos para um dos fundadores de religiões universais, de uma riquíssima documentação histórica; isso torna ainda mais compreensível o poder de um gênio religioso; em outras palavras, percebe-se até que ponto um gênio desse tipo pode utilizar as circunstâncias históricas para fazer triunfar sua mensagem; em suma, para mudar radicalmente o próprio curso da história.

Nascido em Meca, entre 567 e 572, Maomé pertencia à poderosa tribo dos coraixitas. Tendo perdido os pais com apenas seis anos, foi criado primeiro pelo avô e depois pelo tio materno, Abû Tâlib.** Com 25 anos, passou a cuidar

---

* As fontes mais importantes são o Corão (em árabe: *al-Qor'ân*, "a Pregação") e as informações orais transmitidas pela Tradição (em árabe, *al-Hadith*, "o Proposto", "o Dito"). Acrescentemos, porém, que o valor histórico dessas fontes nem sempre é seguro.

** A natividade e a infância do Profeta foram desde cedo transfiguradas segundo o argumento mitológico dos salvadores exemplares. Durante a gravidez, sua mãe ouviu uma voz que anunciava que o filho seria o senhor e o profeta de seu povo. No momento em que ele nasceu, uma luz resplandecente iluminou o mundo inteiro (cf. o nascimento de Zaratustra, de Mahavira, de Buda; §101, 147, 152). Maomé nasceu limpo como um cordeiro, circunciso e com o cordão umbilical já cortado. Mal chegou a este mundo, apanhou um punhado de terra e olhou para o Céu. Um judeu de Medina soube que o Paracleto tinha vindo ao mundo e comunicou o fato a seus correligionários. Aos quatro anos, dois anjos lançaram Maomé ao chão, abriram-lhe o peito, colheram uma gota de sangue negro de seu coração e lavaram-lhe as vísceras com a neve fundida que haviam

dos negócios de uma viúva muito rica, chamada Khadija, e fez várias viagens à Síria, em caravanas. Pouco tempo depois, por volta de 595, casou-se com a patroa, apesar da diferença de idade (Khadija contava, na época, quarenta anos). O casamento foi feliz; Maomé, que viria a desposar nove mulheres depois da morte de Khadija, não se uniu a nenhuma outra esposa enquanto ela viveu. Tiveram sete filhos: três meninos que morreram ainda novinhos, e quatro filhas (a mais jovem, Fátima, casou-se com 'Ali, primo de Maomé). A importância de Khadija na vida do Profeta não é desprezível: foi ela quem o incentivou durante as provações de sua vocação religiosa.

Poucos são os dados de que dispomos sobre a vida de Maomé antes das primeiras revelações, em 610, aproximadamente. Segundo a tradição, elas foram antecedidas de longos períodos de "retiros espirituais" (*tahannuth*) em cavernas e outros lugares solitários, prática que era estranha ao politeísmo árabe. É muito provável que Maomé se tenha impressionado bastante com as vigílias, preces e meditações de certos monges cristãos que encontrara, ou de quem ouvira falar, em suas viagens. Um primo de Khadija era cristão. Além disso, certos ecos da pregação cristã, ortodoxa ou sectária (nestoriana, gnóstica), bem como as ideias e as práticas dos hebreus, eram conhecidos nas cidades árabes. Havia, no entanto, poucos cristãos em Meca, a maioria de condição muito humilde (escravos abexins provavelmente) e insuficientemente instruídos. Quanto aos judeus, existia uma grande massa deles em Yathrib (a futura Medina), e veremos (§262) a que ponto o Profeta contava com seu apoio.

No entanto, na época de Maomé, a religião da Arábia central não parece ter sido modificada por influências judeo-cristãs. Não obstante sua decadência, ela ainda conservava as estruturas do politeísmo semítico. O centro religioso era Meca (*Makkah*). O nome é mencionado no *Corpus* ptolemaico (século II d.C.) como *Makoraba*, vocábulo derivado do sabeu *makuraba*, "santuário". Em outras palavras, Meca era primitivamente um centro cerimonial em torno do qual se ergueu pouco a pouco a cidade.[1] No meio do território consagrado, *Hima*, ficava o santuário da *ka'ba* (literalmente, "cubo"), edifício a descoberto que continha embutida num de seus ângulos a célebre Pedra Negra, considerada de origem celeste. A circum-ambulação da Pedra constituía, nos tempos pré-islâmicos, tal como ainda hoje, o apogeu da peregrinação anual

trazido numa taça de ouro (cf. *Corão*, sura 94:1s.: "Não abrimos o teu coração" etc. Esse rito iniciatório é característico das iniciações xamânicas). Aos doze anos, acompanhou Abû Tâlib numa caravana à Síria. Em Bostra, um monge cristão reconheceu no ombro de Maomé os sinais misteriosos de sua vocação profética. Ver fontes citadas por Tor Andrae, *Mohammed: The Man and his Faith*, p.34-8; W. Montgomery Watt, *Muhammad at Mecca*, p.34s.

(o *Hajj*) a Arafat, situada a alguns quilômetros de Meca. O senhor da *ka'ba* era, segundo se sabia, o próprio Alá (literalmente: "Deus"; o mesmo teônimo é empregado pelos judeus e pelos cristãos árabes para designar Deus). Mas Alá tornara-se havia já algum tempo um *deus otiosus*; seu culto reduzia-se a certos sacrifícios de primícias (grãos e gado), oferendas que lhe eram trazidas ao mesmo tempo que às várias divindades locais.[2] Muito mais importantes eram as três deusas da Arábia central: Manat ("Destino"), Allat (feminino de Alá) e Al'Uzza ("A Poderosa"). Consideradas "filhas de Alá", gozavam de tal popularidade que, no início de sua pregação, o próprio Maomé cometeu o erro (mais tarde corrigido) de enaltecer a função de intermediários que desempenhavam junto a Alá.

Em síntese, a religião pré-islâmica aproximava-se da religião popular da Palestina no século VI a.C., tal como aparece expressa, por exemplo, nos documentos da colônia judeo-aramaica de Elefantina, no alto Nilo: ao lado de Javé-Jahu, eram venerados Bethel e Harambethel, a deusa Arat e um deus da vegetação.[3] Em Meca, o serviço do santuário estava confiado aos membros das famílias influentes; os cargos, muito bem-remunerados, transmitiam-se de pai para filho. Não havia, ao que parece, um corpo sacerdotal propriamente dito. Embora solidário do vocábulo *kohen*, que, entre os hebreus, designava o "sacerdote", o termo árabe *kahin* indica o "vidente", o "adivinho", que, possuído por um *djinn*, era capaz de vaticinar o futuro e de descobrir certos objetos perdidos ou os camelos desgarrados.* Os únicos monoteístas entre os contemporâneos de Maomé eram alguns poetas e visionários conhecidos pelo nome de *hanif*; alguns eram influenciados pelo cristianismo, mas a escatologia, tão característica do cristianismo (e, mais tarde, do islã), lhes era estranha, tal como parece ter sido estranha aos árabes em geral.[4]

A missão profética de Maomé teve início depois de várias experiências extáticas que constituem de certo modo o prelúdio da revelação. Na sura 53: 1-18, ele evoca a primeira dentre elas: "Manteve forte o seu aspecto majestoso quando se achava no firmamento supremo (ou: elevado); depois, aproximou-se e permaneceu suspenso. Estava a uma distância de dois arcos – ou mais perto ainda –, e revelou ao servo o que lhe revelou" (5-8). Maomé viu-o uma segunda vez junto a uma jujubeira: "Viu os maiores sinais do seu Senhor" (13-18). Na sura 81:22-23, Maomé volta a ter essa visão: "Vosso companheiro não é um possuído! Ele o viu no firmamento luminoso."**

---

* No início de sua pregação, Maomé era frequentemente acusado de ser inspirado por um *djinn*.
** Salvo indicação em contrário, utilizamos a tradução do Corão feita por D. Masson.

Trata-se das visões que antecederam as revelações auditivas, as únicas que o Corão considera de origem divina. As primeiras experiências místicas que determinaram sua carreira profética estão relatadas nas tradições transmitidas por Ibn Ishak (m.768). Estava Maomé dormindo na gruta onde fazia seu retiro anual quando o arcanjo Gabriel veio até ele, segurando na mão um livro, e ordenou-lhe: "Lê!" Como Maomé recalcitrasse, o anjo apertou-lhe "o livro contra a boca e as narinas" com tamanha força que ele quase sufocou. Quando, pela quarta vez, lhe repetiu o anjo: "Lê!", indagou-lhe Maomé: "Que devo eu ler?". Respondeu-lhe então o anjo: "Lê (prega) em nome de teu Senhor que criou! Que criou o homem de um coágulo de sangue. Prega, pois teu Senhor é o mais generoso. Foi Ele que instruiu o homem por meio do cálamo e lhe ensinou o que este não sabia" (96:1-5). Maomé leu e o anjo acabou por afastar-se dele. "Acordei, e foi como se eu houvesse gravado alguma coisa em meu coração." Maomé deixou a caverna e, mal chegou ao centro da montanha, ouviu uma voz celeste lhe dizer: "'Ó Maomé! Tu és o Apóstolo de Alá e eu sou Gabriel.' Ergui a cabeça para o Céu e vi que Gabriel havia assumido a forma de um homem sentado, no horizonte, de pernas cruzadas." O anjo repetiu-lhe aquelas palavras, e Maomé olhava-o, sem poder avançar nem recuar. "Eu não podia fitar uma região do Céu sem percebê-lo."[5]

A autenticidade dessas experiências parece indubitável.* A resistência inicial de Maomé lembra a hesitação dos xamãs e de numerosos místicos e profetas em assumirem sua vocação. É provável que o Corão não mencione a visão onírica na caverna para evitar a acusação de que o Profeta foi possuído por um *djinn*. Contudo, outras alusões do Corão confirmam a veracidade da inspiração.** O "ditado" era frequentemente acompanhado de tremores violentos, de acessos de febre ou de quedas de temperatura.

260. Maomé, "Apóstolo de Deus"

Durante cerca de três anos, as primeiras mensagens divinas foram comunicadas somente a Khadija e a alguns amigos íntimos (seu primo 'Ali, seu filho adotivo Zaid e os dois futuros califas, Othman e Abû Bakr). Certo tempo

---

* Julgam certos historiadores modernos que as duas fases – a visão onírica na caverna e a visão do anjo Gabriel projetada no horizonte – não pertencem à mesma experiência; cf. Tor Andrae, *Mohammed*, p.45s. Essa objeção, porém, não se impõe.

** "Não movas demais a língua – como se quisesses apressar a revelação. É *nossa* obrigação compilá-lo [o Corão] e lê-lo. Quando o recitamos, acompanha atentamente a recitação" (75:16-17). Em outras palavras, toda improvisação pessoal lhe é interditada.

depois, as revelações do anjo foram interrompidas, e Maomé atravessou um período de angústia e abatimento moral. No entanto, uma nova mensagem divina devolveu-lhe a confiança: "Teu Senhor não te abandonou nem te vê com ódio. ... Teu Senhor logo te concederá seus dons e ficarás contente" (93:3-5).

Foi após uma visão em 612, a qual lhe ordenava que tornasse públicas suas revelações, que Maomé deu início a seu apostolado. Desde o começo, sublinha o poder e a misericórdia de Deus, que formou o homem "de um coágulo de sangue" (96:1; cf. 80:17-22; 87:1), revelou-lhe o Corão e "ensinou-o a expressar-se" (55:1-4), que criou o Céu, os montes, a Terra, o camelo (88: 17-20). Evoca a bondade do Senhor (atendo-se a sua própria vida: "Acaso não te encontrou órfão e não te deu abrigo?" etc.; 93:3-8). Contrapõe o caráter efêmero de toda existência à perenidade do Criador: "Todas as coisas que se acham sobre a terra desaparecerão. Só subsistirá o rosto, majestoso e munificente, de teu Senhor" (55:26-27). Contudo, é surpreendente que, em suas primeiras proclamações, Maomé não aluda à unidade de Deus, a não ser uma vez ("Não coloqueis divindade alguma ao lado de Deus!", 51-51); mas trata-se provavelmente de uma interpolação tardia.[6]

Outro tema da pregação é a iminência do juízo final e da ressurreição dos mortos. "Quando a trombeta soar, será um dia terrível, um dia difícil para os incréus" (74:8-10). Existem outras referências e alusões nas mais antigas suras, porém a mais completa encontra-se no início de uma sura mais recente: "Quando o Céu se fender, ... quando a Terra for aplanada, rejeitando seu conteúdo (= os corpos dos que estão mortos; cf. 99:2) e tornando-se vazia, ... nesse dia, ó homem que buscas diligentemente teu Senhor, tu o encontrarás. Aquele que receber seu livro na mão direita será julgado com brandura. ... Mas aquele que receber seu livro e lhe voltar as costas atrairá a destruição e arderá num braseiro" (84:1-12). Numa série de suras ditadas mais tarde, Maomé desenvolve as descrições apocalípticas: as montanhas serão deslocadas e, fundidas numa só, se tornarão pó e cinzas; a abóbada celeste explodirá, a Lua e as estrelas perderão suas luzes e virão abaixo. O Profeta fala também de um incêndio cósmico, e jatos de fogo e de bronze incandescente serão lançados contra os homens (55:35).

Ao segundo toque da trombeta, os mortos ressuscitarão e sairão de seus túmulos. A ressurreição se fará num piscar de olhos. Por trás do Céu despedaçado surgirá o trono de Deus, sustentado por oito anjos e rodeado das tropas celestes. Os homens serão reunidos diante do trono, os bons à direita, os maus à esquerda. Começará então o juízo, com base nas anotações escritas no *Livro das ações* (*dos homens*). Os profetas do passado serão convocados a testemunhar que haviam proclamado o monoteísmo e advertido seus contemporâneos. Os incréus serão condenados às torturas do Inferno.* Entretanto, a insistência de Maomé recai antes de tudo nas beatitudes que aguardam os fiéis no Paraíso. São elas sobretudo de ordem material: riachos frescos, árvores de onde pendem ramos carregados de frutos, carnes de todo gênero, jovens "belos como pérolas" que servem uma bebida deliciosa, castas virgens – as huris – criadas especialmente por Alá (56:26-43 etc.). Maomé não fala das "almas" ou dos "espíritos" que padecem no Inferno ou exultam no Paraíso. A ressurreição dos corpos é na verdade uma nova Criação. Como o intervalo entre a morte e o juízo final constitui um estado de inconsciência, o ressuscitado terá a impressão de que o juízo se realizou imediatamente após sua morte.**

Ao proclamar "Não há senão um Deus!", Maomé não pretendia fundar uma religião. Queria simplesmente "despertar" seus concidadãos, convencê-los a venerar apenas Alá, pois eles já o reconheciam como Criador do Céu e da Terra, e responsável pela fertilidade (cf. 29:61-63); evocavam-no por ocasião de crises e de grandes perigos (29:65; 31:31; 17:69) e juravam "por Deus em seus votos mais solenes" (35:42; 16:38). Alá era, de resto, o Senhor da *ka'ba*. Numa das mais antigas suras, Maomé pede aos membros de sua própria tribo, os coraixitas, que "adorem o Senhor desta casa; ele os alimentou nos dias de fome e libertou-os do medo" (106:3-4).

Contudo, a oposição não demora a manifestar-se. As causas e os pretextos são múltiplos. Ibn Ishaq afirma que, quando o Profeta, por ordem de Alá, proclamou a verdadeira religião (o *islã* "submissão"), seus concidadãos não se opuseram enquanto ele não começou a falar mal de seus deuses. Refere a tradição que, depois do versículo 20 da sura 53, a propósito das três deusas Allat, Al'Uzza e Manat, seguiam-se estes versículos: "Elas são deusas sublimes e sua intercessão é certamente desejável." Mais tarde, porém, Maomé percebeu que essas palavras lhe foram inspiradas por Satanás. De tal modo que as substituiu por estas outras palavras: "O que vós e vossos pais lhes atribuístes na verdade não são mais que nomes. Deus não lhes outorgou nenhum poder."

Esse incidente é instrutivo por duas razões. Mostra, em primeiro lugar, a sinceridade do Profeta: reconhece que, embora recitasse as palavras ditadas pela inspiração divina, foi ludibriado por Satanás.*** Em segundo lugar, justi-

* Observe-se, porém, que elas são menos aterradoras que certas descrições budistas ou cristãs. É importante esclarecer que a escatologia muçulmana comum contém muitos motivos que não figuram no Corão (entre eles, a punição na sepultura, a ponte sobre o Inferno, o lago de fogo etc.).

** Os pecadores estarão prontos a jurar que permaneceram em seus túmulos por apenas um dia ou uma hora; cf. 10:46s.; 46:34s. etc.

*** É muito provável que Maomé considerasse as três deusas como anjos intercessores; efetivamente, a crença nos anjos foi aceita pelo islã e, mais tarde, a angelologia desempenhará um papel

fica a ab-rogação de dois versículos pela onipotência e pela liberdade absoluta de Deus.* Com efeito, é o Corão o único livro sagrado que conhece a liberdade de ab-rogar certos passos da revelação.

Para a rica oligarquia dos coraixitas, renunciar ao "paganismo" equivalia à perda de seus privilégios. Além disso, admitir Maomé como o verdadeiro Apóstolo de Deus implicava também o reconhecimento de sua supremacia política. Mais grave ainda: a revelação proclamada pelo Profeta condenava seus antepassados politeístas ao Inferno perpétuo, concepção inaceitável para uma sociedade tradicional. Para grande parte da população, a principal objeção era a "vulgaridade existencial" de Maomé. "Que tem então esse Profeta? Ele alimenta-se de manjares, frequenta as feiras. A não ser que lhe tenha baixado um anjo, e seja, para ele, um admoestador!" (25:7). Suas "revelações" eram alvo de zombarias, eram tidas quer como inventadas por Maomé, quer como inspiradas pelos *djinns*. Sobretudo o anúncio do fim do mundo e da ressurreição dos corpos suscitava ironia e sarcasmos. Ademais, o tempo passava e a catástrofe escatológica tardava a chegar.**

Outra censura que lhe dirigiam era a ausência de milagres.

> Não acreditaremos em ti enquanto não fizeres jorrar da terra uma fonte. Ou enquanto não possuíres um pomar de palmeiras e vides onde farás manar riachos em abundância. ... Ou enquanto não fizeres Deus e os anjos virem em teu auxílio. ... Ou enquanto não subires ao Céu. Contudo, não acreditaremos em tua ascensão enquanto não trouxeres de lá um livro que possamos ler (17:90-93).

261. A viagem extática ao Céu e o livro sagrado

Pede-se, em suma, a Maomé que demonstre a autenticidade de sua vocação profética subindo ao Céu e trazendo um livro sagrado. Em outras palavras, Maomé devia conformar-se ao modelo ilustrado por Moisés, Daniel, Enoc, Mani e outros mensageiros que, ao subirem ao Céu, haviam encontrado Deus e recebido da própria mão Dele o livro que continha a revelação divina. Esse argumento era familiar tanto ao judaísmo normativo e à apocalíptica

---

importante no xiismo (cf. §281). Contudo, ao perceber o risco que representava a intercessão das deusas (= anjos) para sua teologia estritamente monoteísta, Maomé ab-rogou os dois versículos.

* "Se ab-rogarmos um versículo ou se o condenarmos ao esquecimento, nós o substituiremos por outro, melhor ou semelhante. Porventura não sabes que Deus tem poder sobre tudo?" (2:106).

** Maomé insistia na inevitabilidade do fim do mundo; não havia esclarecido quando o evento se produziria, embora certas suras deem a entender que ocorreria durante sua vida.

judaica como aos samaritanos, aos gnósticos e aos mandeus. Sua origem remonta ao legendário rei mesopotâmico Emmenduraki e é solidária da ideologia dos reis.[7]

As réplicas e as justificações do Profeta desenvolvem-se e multiplicam-se à medida que se vão tornando precisas as acusações dos incrédulos. Como tantos outros profetas e apóstolos antes dele, como alguns de seus rivais, Maomé considera-se e proclama-se o Apóstolo (= o Mensageiro) de Deus (*rasûl Allah*):[8] levava a seus concidadãos uma revelação divina. O Corão é "a revelação em língua árabe clássica" (26:193); ela é, portanto, perfeitamente inteligível aos habitantes de Meca; se estes persistem em sua incredulidade é por cegueira diante dos sinais divinos (23:68), por orgulho e por incúria (27:14; 33:68 etc.). Aliás, Maomé sabe perfeitamente que essa espécie de provação atingiu os profetas enviados por Deus antes dele: Abraão, Moisés, Noé, Davi, João Batista, Jesus (21:66s., 76s.).

A ascensão celeste (*mî'râj*) é ainda uma réplica aos incrédulos. "Glória àquele que, certa noite, levou seu servo, desde a Mesquita sagrada até a distante Mesquita cuja muralha foi por nós abençoada, e para que pudéssemos mostrar-lhe alguns de nossos sinais" (17:1). A tradição situa em torno de 617, ou de 619, a viagem noturna; montado na égua alada, al-Boraq, Maomé visita a Jerusalém terrestre e chega até o Céu. O relato dessa viagem extática acha-se amplamente documentado nas fontes posteriores. O argumento nem sempre é o mesmo. Segundo alguns, o Profeta, em seu corcel alado, contempla o Inferno e o Paraíso, e aproxima-se do trono de Alá. A viagem não durara senão um instante: o jarro que Maomé derrubara ao partir ainda não havia espalhado todo o seu conteúdo quando ele regressou ao quarto. Outra tradição põe em cena a escada por onde, arrastado pelo arcanjo Gabriel, Maomé sobe até as portas do Céu. Chega diante de Alá e fica sabendo, pelos próprios lábios deste, que foi escolhido antes de todos os outros profetas e que ele, Maomé, é seu "amigo". Deus confia-lhe o Corão e certa ciência esotérica, que Maomé não deve comunicar aos fiéis.[9]

Essa viagem extática desempenhará um papel central na mística e na teologia muçulmanas posteriores. Ela exemplifica um traço específico ao gênio de Maomé e do islã, que importa assinalar desde agora, ou seja, a vontade de assimilar e de incorporar a uma nova síntese religiosa práticas, ideias e argumentos mítico-rituais tradicionais. Acabamos de ver como a tradição islâmica revalorou o tema arcaico do "livro sagrado", recebido por um apóstolo durante sua viagem celeste. Veremos mais adiante os resultados das confrontações com o judaísmo e com outras tradições religiosas, e mesmo uma tradição "pagã" e imemorial, como a da *ka'ba*.

262. A "Emigração" para Medina

A posição de Maomé e de seus fiéis torna-se cada vez mais insustentável. Os dignitários de Meca decidem excluí-los dos direitos de que eram detentoras as respectivas tribos. Ora, a única proteção de um árabe residia em pertencer a uma tribo. Maomé foi, no entanto, defendido por seu tio Abû Tâlib, embora este jamais tivesse abraçado o islã. Mas, depois da morte de Abû Tâlib, seu irmão, Abû Lahab, logrou despir o Profeta de seus direitos. O problema levantado por essa oposição cada vez mais violenta da parte dos coraixitas foi resolvido no terreno da teologia: assim o quisera o próprio Alá. O apego cego ao politeísmo foi uma resolução sempiterna de Alá (cf. 16:39; 10:75; 6:39). A ruptura com os incrédulos era, pois, inevitável: "Não adoro o que adorais; não adorais o que adoro!" (109:1-2).

Na altura do ano 615, para pô-los ao abrigo das perseguições, e também por temer um cisma,[10] Maomé estimulou um grupo de setenta a oitenta muçulmanos a emigrar para um país cristão, a Abissínia. O Profeta, que no início se considerava enviado exclusivamente para converter os coraixitas, acerca-se agora dos nômades e dos habitantes das duas cidades-oásis, Tâ'if e Yathrib. É malsucedido em suas tentativas junto aos nômades e aos beduínos de Tâ'if, mas os contatos com Yathrib (a futura Medina) são encorajadores. Maomé prefere exilar-se em Yathrib, onde a religião tradicional não estava conspurcada por interesses econômicos e políticos, e onde havia muitos judeus, portanto monoteístas. Além disso, essa cidade-oásis estava esgotada por uma longa guerra interna. Certas tribos acreditavam que um profeta cuja autoridade assentava não no sangue, mas na religião, podia abstrair das relações tribais e exercer o papel de um árbitro. Uma das duas principais tribos já havia, aliás, abraçado em grande parte o islã, convencida de que Deus enviara Maomé com uma mensagem endereçada a todos os árabes.

Em 622, durante a peregrinação a Meca, uma delegação de 75 homens e duas mulheres de Yathrib entrevista-se em segredo com o Profeta e compromete-se, por juramento solene, a combater por ele. Os fiéis começam então a abandonar Meca em pequenos grupos, partindo em direção a Yathrib. A travessia do deserto (mais de trezentos quilômetros) dura nove dias. Maomé é um dos últimos emigrantes, e tem a acompanhá-lo o sogro, Abû Bakr. Em 24 de setembro chegam a Qobâ, aldeia vizinha de Medina. A "Emigração", a *Hégira* (árabe *al Hîjra*), acabava de concluir-se com êxito. Pouco tempo depois, o Profeta entrou em Medina e deixou que seu camelo (uma fêmea) escolhesse o sítio da futura morada. A casa, que servia igualmente de lugar de reunião dos fiéis para as orações em comum, só ficou pronta um ano depois, pois foi preciso construir também os aposentos das esposas do Profeta.

A atividade religiosa e política de Maomé em Medina distingue-se claramente da que ele desenvolveu em Meca. Essa mudança é transparente nas suras ditadas depois da Hégira: relacionam-se sobretudo com a organização da comunidade dos fiéis (*ummah*)[11] e com suas instituições sociorreligiosas. A estrutura teológica do islã estava pronta no momento em que o Profeta deixava Meca, mas foi em Medina que ele estabeleceu as regras do culto (preces, jejuns, esmolas, peregrinações). Desde o início, Maomé deu provas de uma inteligência política excepcional. Conseguiu a fusão entre os muçulmanos vindos de Meca (os "Emigrados") e os convertidos de Medina (os "Auxiliares"), proclamando-se seu único chefe. As fidelidades tribais estavam, portanto, abolidas. Passava a existir apenas uma comunidade de muçulmanos, organizada como sociedade teocrática. Na Constituição estabelecida provavelmente em 623, Maomé decretou que os "Emigrados" e os "Auxiliares" (isto é, a *ummah*) formam um único povo, distinto de todos os demais; fixou, porém, os direitos e os deveres dos outros clãs e também das três tribos judaicas. Sem dúvida, nem todos os habitantes de Medina estavam contentes com as iniciativas de Maomé; contudo, seu prestígio político crescia à medida que se amiudavam seus triunfos militares. Entretanto, eram sobretudo as novas revelações transmitidas pelo anjo que asseguravam o êxito de suas decisões.*

A maior decepção de Maomé em Medina foi a reação das três tribos judaicas. Antes de emigrar, o Profeta havia escolhido Jerusalém como ponto de orientação (*quiblah*) das preces, segundo a prática judaica; uma vez instalado em Medina, adotou outros rituais israelitas. As suras ditadas nos primeiros anos da Hégira testemunham seus esforços para converter os judeus. "Ó povo da Escritura! Nosso Profeta vos foi enviado para instruir-vos após uma interrupção da profecia, a fim de que não digais: 'Nenhum anunciador de boa-nova, nenhum admoestador veio até nós!'" (5:19). Maomé teria permitido que os judeus conservassem suas tradições rituais se o houvessem reconhecido como Profeta.[12] Os judeus, porém, mostram-se cada vez mais hostis. Apontam erros no Corão, provam que Maomé não conhece o Antigo Testamento.

A ruptura deu-se em 11 de fevereiro de 624, quando o Profeta recebeu uma nova revelação, a qual ordenava que os muçulmanos se voltassem, em

* Quando, por ocasião da primeira razia dos "Emigrados", os naturais de Medina denunciaram o sacrilégio, já que haviam violado a trégua do mês sagrado (*rajab*, dezembro de 623), Maomé recebeu a seguinte mensagem divina: "Combater neste mês é um pecado grave; mas afastar os homens do caminho de Deus, ser ímpio para com ele e a mesquita sagrada, de lá expulsar seus habitantes, tudo isso é ainda mais grave aos olhos de Deus" (2:217).

suas preces, não mais em direção a Jerusalém, mas para Meca (2:136). Com sua intuição genial, proclamou Maomé que a *ka'ba* tinha sido construída por Abraão e por seu filho Ismael (2:127). Era apenas como consequência dos pecados dos antepassados que o santuário se encontrava agora na mão dos idólatras. Desse momento em diante, "o mundo árabe possui seu templo e este é mais antigo que o de Jerusalém. Esse mundo tem seu monoteísmo, o *hanifismo*. ... Por esse atalho, o islã, desviado por um instante de suas origens, retoma seu caminho para sempre".[13] As consequências religiosas e políticas dessa decisão são consideráveis: por um lado, o futuro da unidade árabe ficará assegurado; por outro, as reflexões ulteriores em torno da *ka'ba*[14] resultarão numa teologia do templo sob o signo dos mais antigos, e portanto dos "verdadeiros" monoteístas. Nesse momento, Maomé desvincula-se tanto do judaísmo como do cristianismo: essas duas "religiões do livro" não souberam manter sua pureza original. Foi por isso que Deus enviou seu *último* mensageiro, e o islã está destinado a suceder ao cristianismo tal como este sucedeu ao judaísmo.

263. Do exílio ao triunfo

Para subsistir, Maomé e os "Emigrados" foram obrigados a empreender assaltos contra as caravanas dos naturais de Meca. Sua primeira vitória ocorreu em Badr, em março de 627 (cf. 3:123); perderam quatorze homens, os idólatras, setenta, além de quarenta prisioneiros. O saque, bastante apreciável, bem como o resgate dos prisioneiros, foi distribuído por Maomé, em partes iguais, aos combatentes. Um mês depois, o Profeta obrigou uma das três tribos judaicas a abandonar Medina, deixando para trás casas e bens. No ano seguinte, os muçulmanos foram derrotados em Uhud por um exército de Meca estimado em três mil homens; o próprio Maomé foi ferido. Contudo, o acontecimento decisivo durante essa guerrilha religiosa está representado pela batalha do "Fosso", porque, seguindo os conselhos de um persa, cavaram-se trincheiras diante das vias de acesso à cidade-oásis. Segundo a tradição, quatro mil soldados de Meca sitiaram inutilmente Medina pelo espaço de duas semanas; um ciclone os pôs em debandada. Durante o assédio, Maomé observou o comportamento suspeito de certos pseudoconvertidos e dos Qoraiza, a última tribo judaica ainda instalada em Medina. Depois da vitória, acusou os judeus de traição e ordenou que fossem trucidados.

Em abril de 628, uma nova revelação (48:27) deu a Maomé a garantia de que os fiéis podiam empreender a peregrinação à *ka'ba*. Apesar da hesitação de alguns, a caravana dos crentes aproximou-se da cidade santa. Não lograram penetrar em Meca, mas o Profeta transformou esse semifracasso em vitória: exigiu dos crentes o juramento de fidelidade absoluta (48:10), na qualidade de representante direto de Deus. Necessitava de tal juramento, porque pouco tempo depois firmou com os habitantes de Meca uma trégua que podia parecer humilhante, mas que lhe permitia efetuar a peregrinação no ano seguinte. Além disso, os coraixitas asseguravam aos muçulmanos uma paz de dez anos.

De fato, em 629, acompanhado de dois mil fiéis, o Profeta entrou na cidade temporariamente abandonada pelos politeístas e celebrou o ritual da peregrinação. O triunfo do islã mostrava-se iminente; ademais, numerosas tribos beduínas, e até os representantes da oligarquia coraixita, começaram a converter-se. No mesmo ano, Maomé enviou uma expedição a Mu'ta, na fronteira do Império Bizantino; o malogro da expedição em nada diminuiu o seu prestígio. Mu'ta indicava a principal direção em que devia ser pregado o islã; os sucessores de Maomé compreenderam-no perfeitamente.

Em janeiro de 663, à frente (segundo a tradição) de dez mil homens e a pretexto de que os naturais de Meca haviam apoiado uma tribo hostil, o Profeta suspendeu a trégua e ocupou a cidade sem encontrar resistência. Os ídolos da *ka'ba* foram destruídos, o santuário, purificado, e todos os privilégios dos politeístas, abolidos. Já senhor da cidade santa, Maomé demonstrou grande tolerância; à exceção de seis de seus mais ferozes inimigos, que foram executados, impediu que os seus praticassem vingança contra os habitantes. Guiado por seu admirável instinto político, Maomé não fez de Meca a capital de seu Estado teocrata; após a peregrinação, regressou a Medina.

No ano seguinte, em 631, o Profeta não empreendeu a peregrinação, mas enviou Abû Bakr como seu representante. Foi nessa oportunidade que, através de uma nova revelação, Maomé proclamou a guerra total contra o politeísmo.

> Deus e seu Profeta renegam os politeístas. ... Depois de transcorridos os meses sagrados, matai os politeístas onde quer que os encontreis. ... Mas se eles se arrependerem, se efetuarem a oração, se derem esmola, deixai-os livres. Deus perdoa e é misericordioso. Se um politeísta busca asilo junto a ti, acolhe-o para que ele possa escutar a palavra de Deus; faze-o depois chegar a lugar seguro; isso porque há pessoas que não sabem (9:3-6).*

* Quanto aos monoteístas, a "gente da Escritura", lembra-lhes Maomé em outra ocasião que devem observar "a *Torá*, o Evangelho e o que vos foi revelado pelo vosso Senhor. ... Os que creem: os judeus, os sabeus e os cristãos – todo aquele que crê em Deus e no dia final e obra o bem – não sentirão mais nenhum temor e não serão afligidos" (5:68-69).

Como que levado por um pressentimento, Maomé dirigiu-se a Meca em fevereiro-março de 632; foi sua última peregrinação. Nessa ocasião, prescreveu minuciosamente todos os detalhes rituais do *Hajj*, ainda seguidos em nossos dias. E o anjo ditou-lhe estas palavras de Alá: "Hoje, tornei perfeita a vossa religião; acabei de derramar a minha graça sobre vós; acolho o islã como sendo a vossa religião" (5:3). Segundo a tradição, ao cabo dessa "peregrinação de adeus", Maomé teria exclamado: "Senhor! Cumpri bem minha missão?", e a massa teria respondido: "Sim! Bem a cumpriste!"

De volta a Medina, nos últimos dias de maio de 632, Maomé caiu doente; morreu em 8 de junho, nos braços de Aisha, sua esposa favorita. Grande foi a consternação. Alguns se teriam recusado a aceitar a morte do Profeta; acreditavam que, tal como Jesus, Maomé havia subido ao Céu. Seu corpo não foi enterrado no cemitério, mas num dos cômodos do apartamento de Aisha, onde se ergue hoje um monumento funerário quase tão sagrado, para os muçulmanos, quanto a *ka'ba*. Abû Bakr, que foi eleito califa, isto é, "sucessor" do Profeta, dirigiu-se aos fiéis: "Se alguém venera Maomé, Maomé está morto; mas se alguém venera Deus, Maomé está vivo e não morrerá."

264. A mensagem do Corão

Não há na história das religiões e na história universal exemplo comparável ao empreendimento de Maomé. A conquista de Meca e a fundação de um Estado teocrático demonstram que o gênio político do Profeta não era menor que seu gênio religioso. É verdade que as circunstâncias – em primeiro lugar, a decadência da oligarquia de Meca – foram favoráveis ao Profeta. Elas, porém, não explicam nem a teologia, a pregação e o êxito de Maomé, nem a perenidade de sua criação: o islã e a teocracia muçulmana.

Não há dúvida que o Profeta conhecia, direta ou indiretamente, certas concepções e práticas religiosas dos judeus e dos cristãos. No que se refere ao cristianismo, suas informações eram mais aproximativas. Fala de Jesus e de Maria, mas nega-lhes a natureza divina (5:16-20), já que foram criados (3:59). Em várias ocasiões, alude à infância de Jesus, a seus milagres e a seus apóstolos ("Auxiliares"). Contra a opinião dos judeus, e em consonância com os gnósticos e os docetistas, Maomé nega a crucificação e morte de Jesus.* No entanto, ignora seu papel de redentor, a mensagem do Novo Testamento, os

* "Eles não o mataram; não o crucificaram, só que assim lhes pareceu. ... Mas Deus levou-o para junto de si" (4:157-58).

sacramentos e a mística cristã. O Profeta evoca a tríade cristã: Deus-Jesus-Maria; seus informantes conheciam provavelmente a Igreja monofisita da Abissínia, onde a Virgem era venerada de maneira excessiva.[15] Por outro lado, vislumbram-se certas influências do nestorianismo, como, por exemplo, sua crença de que a morte torna a alma completamente inconsciente, e de que os mártires da fé são logo transportados para o Paraíso. Da mesma forma, a concepção de uma série de descidas sucessivas da revelação era compartilhada por muitas seitas gnósticas judeo-cristãs.

Contudo, nenhuma influência externa chega a explicar a vocação de Maomé e a estrutura de sua pregação. Ao proclamar a iminência do juízo final, e ao lembrar que, diante do trono de Deus, o homem estará só, Maomé mostrou a inanidade religiosa das relações tribais. Reintegrou, porém, os indivíduos numa nova comunidade, de natureza religiosa, a *ummah*. Criou, portanto, a nação árabe, permitindo à expansão muçulmana ampliar a comunidade dos crentes para além das fronteiras étnicas e raciais. A energia que sempre fora despendida nas guerras intertribais foi canalizada para as guerras externas contra os pagãos, guerras empreendidas em nome de Alá e pelo triunfo completo do monoteísmo. Entretanto, em suas campanhas contra as tribos nômades, e sobretudo contra os naturais de Meca, a vitória de Maomé deveu-se mais a negociações hábeis do que à força das armas, instituindo, assim, um modelo exemplar para seus sucessores, os califas.

Finalmente, ao revelar-lhes o Corão, promoveu seus concidadãos a uma ordem igual à dos dois outros "povos da Escritura", e conferiu ao árabe a nobreza de língua litúrgica e teologal, na expectativa de que ele viesse a tornar-se a língua de uma cultura ecumênica.

Do ponto de vista da morfologia religiosa, a mensagem de Maomé, tal como está formulada no Corão, representa a expressão mais pura do monoteísmo absoluto. Alá é Deus, o único Deus; é plenamente livre, onisciente e todo-poderoso; é o Criador da Terra e do Céu, de tudo quanto existe, e "acrescenta à Criação o que quer" (35:1). É graças a essa Criação permanente que as noites sucedem aos dias, a água desce do Céu e o navio "voga sobre o mar" (2: 164). Em outros termos, Alá rege não somente os ritmos cósmicos, mas também as obras dos homens. Todos os seus atos, porém, são livres, em última análise, arbitrários, já que dependem unicamente de sua decisão. Alá é livre para se contradizer; basta-nos lembrar a ab-rogação de certas suras (p.74-5).

O homem é fraco, não como consequência do pecado original, mas porque não passa de uma criatura; além disso, encontra-se num mundo ressacralizado após a revelação transmitida por Deus a seu último Profeta. *Todo ato* – fisiológico, psíquico, social, histórico –, pelo simples fato de se cumprir por vontade divina, acha-se sob sua jurisdição. Não há no mundo *nada* que seja livre, independente de Deus. Mas Alá é misericordioso, e seu Profeta revelou uma religião muito mais simples do que os dois monoteísmos precedentes. O islã não constitui uma Igreja e não possui sacerdócio. O culto pode ser efetuado em qualquer lugar; não é necessário praticá-lo num santuário.* A vida religiosa é regulada por instituições que são ao mesmo tempo normas jurídicas, conhecidas como os cinco "Pilares da Fé". O mais importante "pilar" é o *shalât*, o culto ou a prece canônica, que compreende as cinco prosternações diárias; o segundo é o *zakât* ou esmolas legais; o terceiro, *sawn*, designa o jejum, da aurora ao crepúsculo, durante todo o mês do Ramadã; o quarto é a peregrinação *(hajj)*; e o quinto comporta a "profissão de fé" (*shahâdat*), ou seja, a repetição das palavras "Não há senão um Deus, e Maomé é o seu Mensageiro".[16]

Dada a falibilidade do homem, o Corão não encoraja a ascese nem o monaquismo. "Ó filhos de Adão! Vesti-vos com apuro quando fordes aos lugares de culto. Comei e bebei, [mas] sem cometer excessos!" (7:31). Seja como for, o Corão não se dirige aos santos nem aos perfeitos, mas a todos os homens. Maomé limita em quatro o número das esposas legítimas (4:3), sem fixar o total de concubinas e de escravos.[17] Quanto às diferenças sociais, são aceitas, mas todos os fiéis são iguais na *ummah*. A escravidão não é abolida; contudo, a condição dos escravos era melhor que no Império Romano.

A "política" de Maomé assemelha-se à ilustrada nos vários livros do Antigo Testamento. Ela é inspirada, direta ou indiretamente, por Alá. A história universal é a manifestação incessante de Deus; mesmo as vitórias dos infiéis são expressão da vontade divina. A guerra total e permanente é, portanto, indispensável para converter o mundo inteiro ao monoteísmo. Em todo caso, a guerra é preferível à apostasia e à anarquia.

Aparentemente, a peregrinação e os rituais cumpridos na *ka'ba* - considerada "A Casa de Alá" - parecem contradizer o monoteísmo absoluto pregado por Maomé. Mas, como indicamos anteriormente (p.72s.), o Profeta quis integrar o islã na tradição abraâmica. Ao lado de outros símbolos e argumentos presentes no Corão - o livro sagrado, a ascensão celeste de Maomé, o papel do arcanjo Gabriel etc. -, a peregrinação será continuamente reinterpretada e revalorada pela teologia e pela mística ulteriores. Deve-se igualmente ter em conta a tradição oral transmitida nos *hadith* ("ditos" do Profeta), que, também ela, legitimará numerosas interpretações e especulações. Alá man-

---

* Recomenda-se, no entanto, que os fiéis se reúnam nas sextas-feiras ao meio-dia num lugar público; cf. 62:9.

terá sempre a sua posição de Deus único e absoluto e Maomé será o Profeta por excelência. Mas, tal como o judaísmo e o cristianismo, o islã acabará por aceitar certo número de intermediários e de intercessores.

265. A invasão do islã no Mediterrâneo e no Oriente Próximo

Tal como ocorria com os hebreus e os romanos, o islã – sobretudo em sua primeira fase – também considerava os acontecimentos históricos como episódios de uma história santa. Foram as notáveis vitórias militares alcançadas pelos primeiros califas que asseguraram, primeiro, a sobrevivência, e depois, o triunfo do islã. De fato, a morte do Profeta desencadeou uma crise que poderia ter sido fatal à nova religião. Segundo uma tradição que acabou sendo aceita pela maioria dos muçulmanos, Maomé não designara sucessor. Abû Bakr, o pai de sua esposa favorita, Aisha, foi eleito califa antes mesmo da inumação do Profeta. Por outro lado, ninguém ignorava a predileção de Maomé por 'Ali, marido de sua filha Fátima e pai dos únicos netos que ele conhecera em vida, Hasan e Husayn; parece, portanto, provável que Maomé teria escolhido 'Ali como seu sucessor. Entretanto, para salvar a unidade da *ummah*, 'Ali e seus prosélitos aceitaram a eleição de Abû Bakr; sendo este último já idoso, 'Ali não tinha dúvida de que o sucederia em pouco tempo. O essencial, no momento, era evitar uma crise desastrosa para o islã. As tribos beduínas já começavam a agitar-se; contudo, as expedições prontamente empreendidas por Abû Bakr lograram submetê-las. E, logo após, o califa organizou incursões contra a Síria, rica província sob suserania bizantina.

Abû Bakr morreu dois anos depois, em 634, não sem ter antes nomeado como sucessor um de seus generais, 'Umar. Durante o califado desse grande estrategista (634-644), as vitórias dos muçulmanos prosseguiram em ritmo vertiginoso. Vencidos na batalha de Yarmuk, os bizantinos abandonam a Síria em 636. Antioquia cai em 637, e nesse mesmo ano desmorona-se o Império dos sassânidas. A conquista do Egito dá-se em 642 e a de Cartago em 694. Antes do final do século VII, o islã domina a África do Norte, a Síria e a Palestina, a Ásia Menor, a Mesopotâmia e o Iraque. Somente Bizâncio ainda resiste, mas seu território acha-se consideravelmente reduzido.*

* Já se descreveu, com toda a propriedade, essa irrupção vertiginosa dos árabes como a última onda das invasões bárbaras que abalaram o Império Romano do Ocidente. Entretanto, ao contrário dos bárbaros, os árabes instalam-se em novas cidades-guarnições erguidas na orla do deserto. Contra pagamento de certo tributo, podiam as populações submetidas conservar sua religião e seus costumes. Mas a situação mudará sensivelmente quando uma grande parte

No entanto, a despeito desses êxitos nunca vistos, a unidade da *ummah* estava seriamente comprometida. Mortalmente ferido por um escravo persa, 'Umar teve tempo de designar seis companheiros do Profeta para elegerem seu sucessor. Ignorando 'Ali e seus fiéis (*shî'at 'Ali*, literalmente "partido de 'Ali", ou *shî'ah*, o xiismo), os seis escolheram o outro genro do Profeta, 'Uthman (644-656). Membro que era do clã aristocrático dos omíadas, velhos adversários de Maomé, 'Uthman distribuiu os postos mais importantes do Império entre os notáveis de Meca. Após seu assassínio por beduínos das guarnições do Egito e do Iraque, 'Ali foi proclamado califa pelos medinenses. Para os xiitas, que não reconheciam nenhum "sucessor" fora da família do Profeta e de seus descendentes, 'Ali era o primeiro califa autêntico.

No entanto, Aisha e muitos dos chefes de Meca acusaram 'Ali de cumplicidade na morte de 'Uthman. Os dois partidos enfrentaram-se na batalha do Camelo, por ela ter ocorrido em redor do camelo de Aisha. 'Ali estabeleceu sua capital numa cidade-guarnição do Iraque, mas seu califado foi contestado pelo governador da Síria, Mu'âwiya, sogro do Profeta e primo de 'Uthman. Ao compreenderem que a batalha estava perdida, os soldados de Mu'âwiya ergueram o Corão na ponta de suas lanças. 'Ali aceitou a arbitragem do livro, mas, maldefendido por seu representante, teve de renunciar ao seu direito. Em consequência dessa demonstração de fraqueza, foi abandonado por certos militantes, conhecidos desde então pelo nome de carijitas, os "secessionistas". 'Ali foi assassinado em 661 e seus partidários, aliás pouco numerosos, proclamaram califa seu primogênito, Hasan. Já eleito califa pelos sírios, em Jerusalém, Mu'âwiya conseguiu persuadir Hasan a abdicar em seu favor.

Mu'âwiya era chefe militar capaz e um político astuto; reorganizou o Império e fundou a primeira dinastia dos califas, os omíadas (661-750). Contudo, a última oportunidade de reunificar a *ummah* foi perdida quando Husayn, o segundo filho de 'Ali, foi chacinado em 680, em Karbala (Iraque), com quase todos os membros de sua família. Esse martírio jamais foi perdoado pelos xiitas, e, durante séculos, instigou revoltas reprimidas com selvageria pelos califas reinantes. Foi somente a partir do século X que as comunidades xiitas obtiveram permissão para celebrar, durante os dez primeiros dias do mês de Muharran, cerimônias públicas em que se comemorava a morte trágica do imã Husayn.[18]

Assim, trinta anos após a morte do Profeta, a *ummah* encontrava-se dividida – situação em que se manteve até hoje – em três partidos: a maioria dos

---

da população urbana e, em primeiro lugar, os funcionários públicos e os intelectuais vierem a abraçar o islã.

crentes, os sunitas, ou seja, os partidários da *sunna* (a "prática", a "tradição"), sob a direção do califa reinante; os xiitas, fiéis à descendência do "verdadeiro" califa, 'Ali; os carijitas ("secessionistas"), que consideravam que só a comunidade tinha o direito de eleger seu chefe, e também o dever de depô-lo se incorresse em pecados graves. Como veremos (cap.XXXV), cada um desses partidos contribuiu, em dose maior ou menor, para o desenvolvimento das instituições religiosas, da teologia e da mística muçulmanas.

Quanto à história do Império fundado pelos primeiros califas, basta-nos lembrar os eventos mais importantes. A expansão militar prossegue até 715, quando os turcos obrigam um exército árabe a abandonar a região do Oxo. Em 717, a segunda expedição naval contra Bizâncio resulta em malogro, sofrendo pesadas perdas. Em 733, Carlos Martelo, rei dos francos, esmaga os árabes perto de Tours e os compele a retirar-se para o outro lado dos Pireneus. É o fim da supremacia militar do Império Árabe. As futuras invasões e conquistas do islã serão obra de muçulmanos oriundos de outros troncos étnicos.

O próprio islã começa a modificar algumas de suas estruturas primitivas. Havia já algum tempo, o objetivo da guerra santa tal como a definira Maomé – a conversão dos infiéis – era cada vez menos respeitado. Os exércitos árabes preferiam submeter os politeístas sem convertê-los, a fim de poder impor-lhes um tributo mais pesado. De mais a mais, não gozavam os convertidos dos mesmos direitos que os muçulmanos. A partir de 715, a tensão entre árabes e novos convertidos vai se agravando progressivamente. Estes últimos estavam prontos a apoiar qualquer rebelião que lhes prometesse a igualdade com os árabes. Após vários anos de desordens e conflitos armados, a dinastia dos omíadas é derrubada, em 750, e substituída por outra importante tribo de Meca, os abássidas. O novo califa sai vitorioso, graças principalmente ao auxílio dos xiitas. Entretanto, a situação dos fiéis de 'Ali não se modificou, e o segundo califa abássida, al-Mansur (754-775), sufocou em sangue uma revolta xiita. Em compensação, a diferença entre árabes e novos convertidos apagou-se para sempre sob os abássidas.

Os quatro primeiros califas haviam mantido a sede do califado em Medina. Mu'âwiya, porém, estabeleceu a capital do Império em Damasco. Desde então, as influências helenísticas, persas e cristãs vão aumentando paulatinamente durante toda a dinastia dos omíadas. Elas transparecem sobretudo na arquitetura religiosa e secular. As primeiras grandes mesquitas da Síria utilizam a cúpula das igrejas cristãs.[19] Os palácios, as mansões, os jardins, as decorações murais e o mosaico imitam os modelos do Oriente Próximo helenístico.[20]

Os abássidas prolongam e desenvolvem esse processo de assimilação do legado cultural oriental e mediterrâneo. O islã suscita e organiza uma civilização urbana, firmada na burocracia e no comércio. Os califas renunciam a sua função religiosa; vivem isolados em seus palácios, confiando aos ulemás – teólogos e especialistas em direito canônico – a função de tratar dos problemas cotidianos dos fiéis. A construção, em 762, de uma nova capital, Bagdá, assinala o fim do islã com preponderância árabe. A cidade, em forma de círculo dividido por uma cruz, é uma *imago mundi*, o centro do Império: as quatro portas representam as quatro direções do espaço. O planeta mais propício, Júpiter, preside ao "nascimento" de Bagdá, uma vez que os trabalhos tiveram início no dia fixado por um astrólogo persa.[21] Al-Mansur e seus sucessores instalaram-se com todo o fausto dos imperadores sassânidas. Os abássidas apoiam-se sobretudo na burocracia, de origem persa em sua maioria, e no exército real, recrutado na aristocracia militar iraniana. Convertidos em massa ao islã, os iranianos retornam aos modelos da política, da administração e da etiqueta sassânidas. Os estilos sassânida e bizantino dominam a arquitetura.

É também a época das traduções, através do siríaco, das obras de filósofos, médicos e alquimistas gregos. No reinado de Harun-al-Rashid (788-809) e de seus sucessores, a civilização mediterrânea da Antiguidade tardia conhece um primeiro renascer, de expressão árabe; ele completa, às vezes contraditando, o processo de assimilação dos valores iranianos,* estimulado pelos abássidas. Veremos adiante (cap.XXXV) as consequências dessas descobertas e confrontos sobre o desenvolvimento da espiritualidade muçulmana.

NOTAS

1. Essa evolução é, aliás, geral; ver Paul Wheatley, *The Pivot of the Four Quarters* (Chicago, 1971), passim.
2. Ver J. Henninger, *Les fêtes de printemps chez les sémites*, p.42s.
3. Cf. A. Vincent, *La religion des Judéo-Araméens d'Eléphantine* (Paris, 1937), p.593s., 622s., 675s.
4. Cf. Tor Andrae, *Les origines de l'Islam et le christianisme*, p.41s. A tendência monoteísta da religião árabe arcaica foi já há algum tempo ressaltada por J. Wellhausen, *Reste arabischen Heidentums*, p.215s.
5. Ibn Ishâk, traduzido por Tor Andrae, *Mohammed*, p.43-4. Ver outra tradução em Blachère, *Le problème de Mahomet*, p.39-40.
6. Ver Bell, *The Qur'ân, ad loc.*; W. Montgomery Watt, *Muhammad at Mecca*, p.64. No início as suras eram memorizadas, mas começam a ser postas por escrito quando a oposição dos politeístas se torna mais obstinada; cf. Blachère, *Le problème de Mahomet*, p.52s.

* Trata-se, evidentemente, das criações do inesgotável sincretismo iraniano (cf. §212).

7. Ver G. Widengren, *The Ascension of the Apostle and the Heavenly Book*, p.7s. e passim; idem, *Muhammad, the Apostle of God, and his Ascension*, p.115 e passim.
8. Cf. Widengren, *Muhammad, the Apostle of God*, p.16s. Trata-se de uma fórmula extremamente utilizada no antigo Oriente Próximo, e que voltará a ser empregada pelos imãs xiitas; cf. ibid., cap.II.
9. Ver os textos traduzidos e comentados por Widengren, *Muhammad, the Apostle of God*, p.102s. A tradução de longos trechos extraídos de al-Baghawi e Suyuti figura em Arthur Jeffrey, *Islam*, p.35-46. Julgam alguns especialistas que, graças à tradução latina de um texto árabe sobre o *mi'raj*, Dante pôde dispor de muitas informações minuciosas ao escrever a *Divina comédia*. Ver Asín Palacios, *La escatología musulmana en la Divina Comedia*; E. Cerulli, *Il "Libro della Scala"*.
10. Watt, *Muhammad at Mecca*, p.115s.
11. Sobre o sentido e a história desse termo, ver principalmente F.M. Denny, "The meaning of *Ummah* in the Qur'ân".
12. Cf. Watt, *Muhammad at Medina*, p.199s.
13. Blachère, *Le problème de Mahomet*, p.104.
14. Ver, por exemplo, Henry Corbin, "La configuration du Temple de la Ka'ba comme secret de la vie spirituelle".
15. Cf. Tor Andrae, *Les origines de l'Islam et le christianisme*, p.209-10. Deve-se também ter em conta que o vocábulo que designa o "Espírito" é, nas línguas semíticas, de gênero feminino.
16. Essas palavras não figuram literalmente no Corão, mas o seu sentido é onipresente; cf. Watt, *Muhammad at Medina*, p.308.
17. Às críticas dos europeus, respondem certos orientalistas que isso já representava um progresso em relação à anarquia sexual do paganismo pré-islâmico. Essa "justificação" do islã, válida no plano sociológico e moral, é vã, ou mesmo sacrílega, na perspectiva da teologia corânica. Nenhuma particularidade da revelação necessita ser "justificada".
18. Ver sobretudo Earle H. Waugh, "Muharram rites: community death and rebirth".
19. Cf. E. Baldwin Smith, *The Dome*, p.41s.
20. Ver U. Monneret de Villard, *Introduzione allo studio dell'archeologia islamica*, esp. p.23s., 105s.
21. Ver fontes citadas por Charles Wendell, "Baghdâd: *Imago Mundi*", p.122.

XXXIV. O catolicismo ocidental de Carlos Magno a Gioacchino da Fiore

266. O cristianismo durante a Alta Idade Média

Em 474, Rômulo Augústulo, o último imperador romano do Ocidente, foi deposto por um chefe bárbaro, Odoacro. Durante muito tempo, os historiadores consideraram o ano de 474 a data convencional do fim da Antiguidade e do início da Idade Média. Entretanto, a publicação, em 1937, do livro póstumo de Henri Pirenne, *Maomé e Carlos Magno*, conferiu ao problema uma nova perspectiva. O grande historiador belga chamava a atenção para alguns fatos significativos. Por um lado, as estruturas sociais do Império persistem ainda durante dois séculos. Por outro lado, os reis bárbaros dos séculos VI e VII empregam métodos romanos e prezam os títulos herdados do Império. Além disso, as comunicações comerciais com Bizâncio e a Ásia continuam ativas. A ruptura entre o Ocidente e o Oriente produziu-se, segundo Pirenne, no século VIII, e teve como causa a difusão do islã. Isolado dos centros da cultura mediterrânea, arruinado por invasões ininterruptas e por guerras internas, o Ocidente afunda na "barbárie". A nova sociedade que surgirá das ruínas terá como alicerce a autonomia rural; a expressão será o feudalismo. É esse mundo novo – a Idade Média – que Carlos Magno consegue organizar.

A hipótese de Pirenne deu ensejo a uma extensa controvérsia,[1] e em nossos dias ela é apenas parcialmente aceita. Teve, porém, o mérito de obrigar os estudiosos a reexaminar o processo histórico complexo que redundará na cristalização da Idade Média ocidental. Pirenne não levou em conta as mudanças profundas que o cristianismo provocou no Ocidente. Ora, como demonstrou W.C. Bark, a história da Europa ocidental, entre 300 e 600, aproximadamente, é o resultado conjunto de dois fatores: 1) o cristianismo; 2) os choques e contrachoques dos acontecimentos: a ruína progressiva da economia e do governo romano local, a desordem criada pelas invasões repetidas, a autossuficiência gradual e constante de uma sociedade de tipo agrário. De fato, se o Ocidente, pobre e malgovernado, não se tivesse dividido, a influência da Igreja não poderia ter sido tão significativa.[2]

Em seus primórdios, a sociedade medieval era uma comunidade de pioneiros. Seu modelo, de certa forma, era constituído pelos mosteiros beneditinos. O patriarca do monaquismo ocidental, são Bento (c.480-c.540), havia organizado uma cadeia de pequenas comunidades inteiramente autônomas sob o aspecto econômico. A destruição de um ou vários mosteiros não acarretava a ruína da instituição. As invasões dos bárbaros nômades, a que se seguiram as incursões dos vikings, tinham aniquilado as cidades e, portanto, os últimos centros de cultura. Os destroços do legado cultural clássico sobreviviam nos mosteiros.* Poucos monges, porém, dispunham de ócio para dedicar-se ao estudo. Seu principal dever era pregar o cristianismo e assistir os pobres. Ademais, eram construtores, médicos, trabalhadores de metal e sobretudo agricultores. Foram os monges que melhoraram consideravelmente os instrumentos e os métodos para cultivar a terra.[3]

Já houve quem comparasse[4] a cadeia de mosteiros que gozavam de uma perfeita autossufiência econômica ao sistema feudal da propriedade, isto é, às terras concedidas pelo senhor a seus vassalos como recompensa ou gratificação antecipada por seus serviços militares. Esses dois "embriões", capazes de sobreviver às catástrofes históricas, constituíram os fundamentos de uma nova sociedade e de uma nova cultura. Carlos Martelo havia secularizado numerosas propriedades pertencentes à Igreja para distribuí-las a seus súditos. Era a única forma de reunir um exército poderoso e devotado; na época, nenhum soberano dispunha de meios para equipar pessoalmente suas tropas.

Como veremos ao estudar a cavalaria (§267), o sistema feudal e sua ideologia são de origem germânica.[5] Foi graças a essa instituição que o Ocidente pôde eliminar as consequências das inúmeras crises e catástrofes que se sucederam a partir do século V. A coroação de Carlos Magno em Roma pelo papa (em 800), como imperador do "Sacro Império Romano", não poderia ser imaginada meio século antes. Tendo em vista a grave tensão entre os imperadores e os papas, e a inveja de certos reis e príncipes ao longo dos séculos seguintes, o papel e a importância do Império Romano foram precários e em geral limitados. Não nos cabe resumir a história política e militar da Alta Idade Média. Importa notar desde já que todas as instituições – feudalismo, cavalaria, Império – suscitaram novas criações religiosas, desconhecidas, ou em todo caso pouco elaboradas, no mundo bizantino.

* Por volta do ano 700, a cultura ocidental se havia refugiado nos mosteiros da Irlanda e da Nortúmbria. Foi de lá que, um século mais tarde, iriam descer os eruditos, os teólogos e os artistas.

O plano desta obra permite-nos deixar de lado as inovações litúrgicas e sacramentais,* e os elementos religiosos do que se chamou o "Renascimento carolíngio" do século IX.** No entanto, cumpre observar que, durante cinco séculos, a Igreja ocidental conhecerá alternadamente períodos de reforma e decadência, de triunfo e humilhação, de criatividade e esclerose, de abertura e intolerância. Citemos apenas um exemplo: depois do "renascimento carolíngio", a Igreja, no século X e na primeira metade do XI, passa por novo retrocesso. Ela entra, porém, numa época de glória e de poder com a "reforma gregoriana", inaugurada por Gregório VII, eleito papa em 1073. Não é fácil expor em algumas linhas as razões profundas dessa alternância. Basta observar que as épocas de progresso, tanto quanto as de declínio, estão relacionadas, por um lado, à fidelidade à tradição apostólica e, por outro, às esperanças escatológicas e à nostalgia de uma experiência cristã mais autêntica e profunda.

Desde suas origens, o cristianismo desenvolveu-se sob o signo do apocalíptico. À exceção de santo Agostinho, os teólogos e os visionários discorriam sobre a síndrome do fim do mundo e calculavam a data de seu advento. Os mitos do Anticristo e do "Imperador dos últimos dias" apaixonavam tanto o clero quanto a massa dos fiéis. Na véspera do ano 1000, o velho argumento do fim do mundo tornou-se dramaticamente atual. Aos terrores de tipo escatológico acrescentam-se então todas as espécies de catástrofes: epidemias, fome, presságios sinistros (cometas, eclipses etc.).[6] A presença do diabo se faz sentir em toda parte. Os cristãos creditam esses flagelos aos seus pecados. A única defesa era a penitência e o apelo aos santos e às suas relíquias. As penitências são aquelas que os moribundos impõem a si mesmos.*** Por outro lado, os bispos e os padres põem-se a reunir o povo em torno das relíquias, "para restabelecer a paz e para instituir a santa fé", como escreve o monge Raoul Glaber. Os cavaleiros pronunciam o juramento de paz, com a mão sobre as relíquias: "Eu de nenhum modo invadirei uma igreja. ... Não investirei contra clérigo ou monge. ... Não me apropriarei de boi, vaca, porco, carneiro. ... Não apresarei camponês nem camponesa" etc.[7] A "trégua de Deus" impunha a suspensão dos combates durante os períodos mais santos do calendário litúrgico.

---

* Por exemplo, a entrega do anel nupcial, a importância da missa – que, desse momento em diante, pode ser celebrada para vivos e mortos –, o "missal" onde estão coligidas as orações etc.

** Uma formação mais adequada do clero, o estudo aprofundado de uma língua latina correta, diferentes reformas do monaquismo segundo o modelo beneditino etc.

*** "Foi precisamente no ano 1000 que a Igreja do Ocidente acabou por acolher as três velhas crenças na presença dos mortos, em sua sobrevida invisível, mas que pouco diferia da existência carnal"; Duby, *L'An Mil*, p.76.

As peregrinações coletivas – a Jerusalém, a Roma e a Santiago de Compostela – alcançam um surto prodigioso. Raoul Glaber interpreta a "santa viagem" a Jerusalém como uma preparação para a morte e a promessa da salvação; o grande número de peregrinos anuncia a vinda do Anticristo e "a aproximação do fim deste mundo".[8]

Passado, no entanto, o ano de 1033, o milésimo desde a Paixão de Jesus Cristo, sentiram os cristãos que as penitências e purificações haviam atingido seu objetivo. Raoul Glaber evoca os sinais da bênção divina:

> O Céu abriu-se em sorrisos, encheu-se de luz e foi agitado por ventos favoráveis. ... Toda a superfície da terra cobriu-se de um alegre verdor e de inumeráveis frutos que varreram a escassez. ... Doentes sem conta recuperaram a saúde nessas reuniões para as quais se haviam convidado tantos santos. ... Os assistentes estendiam as mãos para Deus, gritando a uma só voz: Paz! Paz! Paz![9]

Simultaneamente, presenciam-se certos esforços de regeneração da Igreja, sobretudo no mosteiro beneditino de Cluny. Em todo o Ocidente, reconstroem-se santuários, reformam-se basílicas, descobrem-se relíquias. Multiplicam-se as missões para o norte e para o leste. Todavia, ainda mais significativas são as mudanças que, em parte sob a pressão da fé popular, se introduzem na prática da Igreja. A celebração eucarística adquire importância excepcional. Os monges são incitados a converter-se em sacerdotes para participar "da confecção do corpo e do sangue de Cristo", e a aumentar "no mundo visível a parte do sagrado".[10] Cresce a veneração da cruz, porque ela é por excelência o símbolo da humanidade de Cristo. Essa exaltação do "Deus encarnado"[11] será completada em breve pela devoção à Virgem.

O complexo religioso cristalizado em torno dos terrores e das esperanças do milênio antecipa de certo modo as crises e as criações que caracterizam os cinco séculos seguintes.

267. Assimilação e reinterpretação das tradições pré-cristãs: realeza sagrada, cavalaria

Para a maior parte das tribos germânicas, a realeza tinha origem e caráter sagrados: os fundadores de dinastias descendiam dos deuses, em especial de Wodan.* A "boa sorte" do rei era a prova por excelência de sua natureza sa-

---

* A maioria dos reis anglo-saxões vai buscar suas origens em Wodan: cf. documentos citados por William A. Chaney, *The Cult of Kingship in Anglo-Saxon England*, p.33s. Os soberanos escan-

grada. O soberano celebrava pessoalmente os sacrifícios para as colheitas e para o triunfo nas guerras; era um intermediário carismático entre o povo e a divindade. Abandonado pela "fortuna", isto é, pelos deuses, o rei podia ser deposto ou até executado, como aconteceu na Suécia com Domaldr, depois de uma série de colheitas desastrosas.[12] Mesmo após a conversão ao cristianismo, a genealogia dos soberanos – ou seja, sua filiação à linhagem de Wodan – continuou a ter uma importância decisiva.[13]

Como em todas as partes, a hierarquia eclesiástica esforçou-se por incorporar essas crenças à história sagrada do cristianismo. Dessa maneira, certas genealogias reais proclamavam Wodan filho de Noé, nascido na arca, ou descendente de uma prima da Virgem.[14] Os reis mortos no campo de batalha – mesmo os reis pagãos – eram assimilados aos santos mártires. Os soberanos cristãos tinham conservado, pelo menos parcialmente, o prestígio mágico-religioso de seus antepassados: tocavam as sementes das futuras colheitas, bem como os enfermos e as crianças.[15] Com o propósito de desestimular a veneração dos *tumuli* reais, adotou-se a norma de enterrar os soberanos no interior das igrejas.

Contudo, a mais original revaloração do legado pagão foi a promoção do rei a *Christus Domini*, a "ungido do Senhor". O rei torna-se, assim, inviolável; toda conspiração contra sua pessoa é considerada sacrilégio. Desse momento em diante, o prestígio religioso do soberano já não deriva de sua origem divina, mas de sua sagração, que o proclama ungido do Senhor.* "Um rei cristão é o delegado de Cristo entre o seu povo", afirma um autor do século XI. "Pela sabedoria de um rei, o povo torna-se feliz (*gesaelig*), rico e vitorioso";[16] exaltação do ungido do Senhor na qual se reconhece a velha crença pagã. No entanto, o rei já não é mais que o protetor consagrado do povo e da Igreja; sua função de mediador entre os homens e a divindade é agora exercida pela hierarquia eclesiástica.

Observa-se processo análogo de influência e de simbiose no que se refere à cavalaria. Tácito descreve resumidamente a iniciação militar entre os antigos germanos: em plena assembleia de guerreiros armados, um dos chefes, ou o pai, adorna o jovem com o escudo e a frâmea (*scuto frameaque*). Desde a adolescência, ele já se exercitava com os companheiros (*comites*) de um chefe (*princeps*), mas é depois dessa cerimônia que o jovem é reconhecido como guerreiro e membro da tribo. No campo de batalha, acrescenta o historiador,

---

dinavos descendem do deus Yngwi, assimilado a Frey; segundo o *Lai de Rig*, Heimdal (ou Rig) seria o avô de todos os reis (ibid., p.19). Sobre a realeza entre os antigos germanos, ver v.II, p.140-1.

* O que implica a obediência do soberano ao bispo.

é vergonhoso para o chefe ser excedido em bravura – e para os companheiros a vergonha está em não igualar a bravura do chefe. É uma infâmia e um opróbrio para a vida inteira sair do campo de batalha sobrevivendo a seu *princeps*. Defender e proteger o chefe é dever sagrado de todos os seus companheiros. "Os chefes lutam pela vitória; os companheiros pelo seu chefe" (*principes pro victoria pugnant, comites pro principe*). Ao regressarem, recebem do chefe comida, equipamento militar e uma parte do saque.[17]

Essa instituição conservou-se após a conversão das tribos germânicas ao cristianismo; ela encontra-se na base do feudalismo* e da cavalaria. Em 791, Luís, o filho mais velho de Carlos Magno, que contava apenas treze anos, recebe do pai a espada de guerreiro. Quarenta e sete anos depois, Luís contempla seu filho de quinze anos com as "armas viris, a espada". É a origem da sagração ou investidura, ritual iniciatório específico à cavalaria.

É difícil determinar a data precisa em que foi criada essa instituição que desempenhou papel apreciável na história militar, social, religiosa e cultural do Ocidente. De qualquer modo, a cavalaria só pôde adquirir sua forma "clássica" depois da introdução, na França, no século IX, de cavalos grandes e fortes, capazes de carregar os cavaleiros couraçados (*cathafracti*). Embora a virtude essencial do cavaleiro tenha sido desde o início a lealdade completa em relação ao senhor,** era obrigação de todo cavaleiro defender os pobres e sobretudo a Igreja. A cerimônia da investidura compreendia a bênção das armas (a espada era depositada sobre o altar etc.). Mas, como veremos, é em especial a partir do século XII que a influência da Igreja se torna importante.

Após um período mais ou menos longo de aprendizagem e de provas diversas, procedia-se à cerimônia pública de sagração. O senhor apresentava ritualmente ao escudeiro as armas: espada, lança, um par de esporas, loriga e escudo. O escudeiro punha-se à frente do padrinho, as mãos unidas, às vezes de joelhos e com a cabeça inclinada. No final da cerimônia, o senhor aplicava-lhe um enérgico murro ou tapa contra o pescoço. A origem e a significação desse rito – a "*colée*" – são ainda objeto de controvérsia.

A cavalaria atinge sua expressão perfeita no século XI e na primeira metade do século XII. O declínio tem início no século XIII, e depois do século XV a cavalaria não passa de um cerimonial e um título de nobreza. Paradoxalmente, é sobretudo durante o declínio e o período de decadência que

* Pode-se definir o feudalismo como a associação da vassalagem com o feudo (isto é, o rendimento de uma terra que o vassalo administra em nome de seu senhor).

** Rolando era considerado o herói por excelência porque respeitara incondicionalmente, e à custa de sua vida, as leis da vassalagem.

a cavalaria se torna objeto de numerosas criações culturais, cuja origem e significação religiosas se deixam facilmente decifrar (§270).

A instituição sumariamente descrita por Tácito decerto tinha uma dimensão religiosa: a promoção do jovem anunciava o término de sua iniciação militar; a lealdade absoluta ao chefe constituía de fato um comportamento religioso. A conversão ao cristianismo ensejou muitas reinterpretações e revalorações das tradições avitas; jamais conseguiu, porém, apagar o legado pagão. Durante três séculos, a Igreja contentou-se com um papel mais modesto na sagração dos cavaleiros. Mas, a partir do século XII, a cerimônia desenvolve-se, ao menos em aparência, sob o controle eclesiástico. Depois de confessar-se, o escudeiro passava a noite orando numa igreja. Pela manhã, comungava as santas espécies, e, enquanto recebia as armas, o jovem pronunciava não só o juramento de respeitar o código da cavalaria*, como também uma prece.

Depois da 1ª Cruzada, constituíram-se na Terra Santa duas ordens militares cujo propósito era defender os peregrinos e cuidar dos doentes: os templários e os hospitalários. Desse momento em diante, certos monges passaram a acrescentar uma instrução militar de tipo cavaleiresco à sua educação religiosa. Os antecedentes das ordens religiosas militares poderiam ser encontrados na "guerra santa" (*jihad*) dos muçulmanos (§265), na iniciação aos mistérios de Mithra (§217) e na linguagem e nas metáforas dos ascetas cristãos, que se julgavam soldados de uma *militia sacra*. Entretanto, deve-se também ter em conta a significação religiosa da guerra entre os antigos germanos (§175).[18]

268. As Cruzadas: escatologia e política

Os historiadores e filósofos do século das Luzes – desde Gibbon e William Robertson até Hume e Voltaire – caracterizaram as Cruzadas como uma penosa deflagração de fanatismo e loucura. Esse julgamento, ainda que mais sutil, ainda é compartilhado por muitos autores contemporâneos. Apesar disso, as Cruzadas constituem um fato central na história da Idade Média. "Antes de elas se iniciarem, o centro de nossa civilização era Bizâncio e os países do califado árabe. Antes das últimas Cruzadas, a hegemonia da civilização havia passado para a Europa ocidental. A história moderna nasceu desse desloca-

* O código compreendia, segundo certas fontes, quatro leis: missa diária, sacrifício eventual de sua vida pela santa fé, proteção da Igreja, defesa das viúvas, dos órfãos e dos pobres. Acrescentam outras versões que o cavaleiro deve ajudar "as damas ou donzelas que dele necessitam" e "honrar as mulheres, e ... defender-lhes o direito".

mento."[19] Mas o preço, elevadíssimo, dessa hegemonia da Europa ocidental foi pago sobretudo por Bizâncio e pelos povos da Europa oriental.

O que vamos examinar com mais atenção são as significações religiosas das Cruzadas. Sua origem e estrutura escatológicas foram oportunamente ressaltadas por Paul Alphandéry e Alphonse Dupront.

> No centro de uma consciência de Cruzada, tanto entre clérigos como entre leigos, está o dever de libertar Jerusalém. ... O que com mais força se exprime na Cruzada é a dupla plenitude de um cumprimento dos tempos e de uma realização do espaço humano. No sentido de que, para o espaço, o sinal do cumprimento dos tempos é a reunião das nações em torno da cidade sagrada e mãe do mundo, Jerusalém.[20]

O caráter escatológico acentua-se à medida que se impõem derrotas parciais e perdas irreparáveis às Cruzadas dos barões e do imperador. A 1ª Cruzada, e a mais impressionante, inspirada pelo imperador bizantino Aleixo Comneno e pelo papa Urbano I, foi pregada em 1095 por Pedro o Eremita. Depois de muitas peripécias (matança dos judeus nas cidades do Reno e do Danúbio, reunião dos três exércitos francos em Constantinopla), os cruzados atravessaram a Ásia Menor e, a despeito dos ciúmes e intrigas dos comandantes, lograram conquistar Antioquia, Trípoli, Edessa e, por fim, Jerusalém. No entanto, uma geração mais tarde, essas conquistas estavam perdidas, e são Bernardo prega a 2ª Cruzada em Vézelay, em 1145. Um grande exército, tendo à testa os reis de França e da Alemanha, chega a Constantinopla; contudo, pouco tempo depois, é destroçado em Icônio e Damasco.

A 3ª Cruzada, proclamada pelo imperador Frederico Barba-Roxa em Mogúncia, em 1188, é imperial e messiânica. O rei de França, Filipe Augusto, e o soberano inglês, Ricardo I, Coração de Leão, respondem ao apelo, mas sem "o entusiasmo e o ardor de um Barba-Roxa".[21] Os cruzados tomam São João d'Acre e chegam às portas de Jerusalém, defendida por Saladino, o legendário sultão do Egito e da Síria. Ainda dessa vez a Cruzada resulta em desastre. O imperador perde a vida num rio da Armênia; Filipe Augusto regressa à França para sabotar seu aliado, o rei da Inglaterra. Só diante de Jerusalém, Ricardo Coração de Leão obtém de Saladino permissão para que as tropas cumpram suas devoções no Santo Sepulcro.

Certos contemporâneos explicavam a impotência dos príncipes para libertar Jerusalém pela indignidade dos grandes e dos ricos. Incapazes de penitência, os príncipes e os ricos não poderiam alcançar o Reino de Deus nem a Terra Santa. Esta pertence aos pobres, aos eleitos da Cruzada. "O fracasso das tentativas imperiais, garantidas não obstante pela lenda messiânica, era um atestado eloquente de que a obra de libertação não podia incumbir aos poderosos da terra."[22] Quando Inocêncio III proclama a 4ª Cruzada (1202-4), escreve pessoalmente a Fulco de Neuilly, o apóstolo dos pobres, "uma das mais notáveis figuras da história das Cruzadas", como esclarece Paul Alphandéry. Fulco criticava violentamente os ricos e os príncipes, e pregava a penitência e a reforma moral como condição indispensável da Cruzada. Veio, porém, a falecer em 1202, quando os cruzados já estavam envolvidos na aventura que fez da 4ª Cruzada um dos mais tristes episódios da história europeia. Com efeito, animado por ambições materiais e corroídos por intrigas, os cruzados, em vez de tomarem o rumo da Terra Santa, ocupam Constantinopla, trucidam parte da população e saqueiam os tesouros da cidade. O rei Balduíno de Flandres é proclamado imperador latino de Bizâncio, e Tomás Morosini passa a ser o patriarca de Constantinopla.

Não há necessidade de nos determos nas vitórias incompletas e nos vários desastres das últimas Cruzadas. Será suficiente lembrar que, apesar de excomungado pelo papa, o neto de Barba-Roxa, o imperador Frederico II, chegou à Terra Santa em 1225 e obteve do sultão a posse de Jerusalém, onde foi coroado rei e onde permaneceu pelo período de quinze anos. Todavia, em 1244, Jerusalém caiu nas mãos dos mamelucos – e nunca mais foi reconquistada. Várias expedições esporádicas foram empreendidas antes do final do século, mas sem nenhum proveito.

Os cruzados, é certo, deram início às comunicações da Europa ocidental com o Oriente e possibilitaram os contatos com o islã. Mas os intercâmbios culturais poderiam ter ocorrido sem essas sangrentas expedições. As Cruzadas fortaleceram o prestígio do papado e contribuíram para o progresso das monarquias na Europa ocidental. No entanto, enfraqueceram Bizâncio, permitindo que os turcos penetrassem profundamente na península Balcânica, e envenenaram as relações com a Igreja do Oriente. Além disso, o comportamento selvagem dos cruzados levantou os muçulmanos contra *todos* os cristãos, e numerosas igrejas, que haviam sobrevivido a seis séculos de domínio muçulmano, foram então destruídas.

Todavia, a despeito da politização das Cruzadas, esse movimento coletivo manteve sempre uma estrutura escatológica. Prova disso, entre outras, são as Cruzadas de crianças que aparecem subitamente, em 1212, na França setentrional e na Alemanha. A espontaneidade desses movimentos parece indubitável, "já que não são instigados por ninguém, nem do estrangeiro, nem do próprio país", afirma uma testemunha da época.[23] Meninos e meninas, "caracterizados ao mesmo tempo – são os sinais do extraordinário – por sua tenra idade e pobreza, pequenos pastores sobretudo",[24] põem-se em marcha, e os pobres vêm juntar-se a eles. São talvez trinta mil que avançam cantando, em procissão. Quando alguém lhes perguntava aonde iam, a resposta era: "Para Deus." Segundo um cronista da época, "era sua intenção atravessar o mar e, feito não alcançado por poderosos e reis, retomar o sepulcro de Cristo."[25] O clero opusera-se a esse recrutamento de crianças. A Cruzada francesa termina em catástrofe: chegadas a Marselha, embarcam em sete grandes navios, mas dois deles naufragam durante uma tempestade ao largo da costa da Sardenha, arrastando consigo todos os passageiros. Quanto aos cinco navios restantes, a perfídia de dois armadores levou-os até Alexandria, onde as crianças foram vendidas aos chefes sarracenos e aos mercadores de escravos.

A Cruzada "alemã" teve destino semelhante. Uma crônica da época refere que, em 1212, "surgiu um menino de nome Nicolau, que congregou em torno de si uma multidão de crianças e mulheres. Afirmava que, por ordem de um anjo, devia rumar com elas para Jerusalém a fim de libertar a cruz do Senhor, e que o mar, como sucedera outrora com o povo de Israel, lhes abriria passagem a pés enxutos".[26] De resto, não portavam armas. Tendo partido da região de Colônia, desceram o Reno, cruzaram os Alpes e atingiram a Itália setentrional. Alguns chegaram a Gênova e a Pisa, mas foram repelidos. Os que lograram alcançar Roma tiveram de reconhecer que não contavam com o apoio das autoridades. Como o papa lhes desaprovasse o projeto, só restou aos jovens cruzados arrepiar caminho. Nas palavras do cronista dos *Annales carbacenses*, "retornaram famintos e descalços, um a um e em silêncio". Ninguém lhes prestara auxílio. Escreve outra testemunha: "Uma grande parte deles morria de fome pelas aldeias, nas praças públicas, e ninguém lhes dava sepultura."[27]

Com razão, P. Alphandéry e A. Dupront divisaram nesses movimentos a predileção da fé popular pela criança. Trata-se, ao mesmo tempo, do mito dos inocentes, da exaltação da criança por Jesus e da reação popular contra a Cruzada dos barões, a mesma reação que se revelara nas lendas cristalizadas em torno dos *Tafurs* das primeiras Cruzadas.* "A reconquista dos lugares santos só pode ser esperada do milagre – e o milagre só pode produzir-se em favor dos mais puros, das crianças e dos pobres."[28]

O fracasso das Cruzadas não eliminou as esperanças escatológicas. Em seu *De monarchia hispanica* (1600), Tommaso Campanella suplicava ao rei da Espanha que financiasse uma nova Cruzada contra o Império Turco e que instituísse, depois da vitória, a monarquia universal. Trinta e oito anos depois,

---

* Os *Tafurs* (= "vagabundos") eram os pobres que, armados de facas, clavas e machados, se haviam incorporado às Cruzadas; cf. Norman Cohn, *The Pursuit of the Millenium*, p.67s.

na *Écloga* dedicada a Luís XIII e a Ana da Áustria para celebrar o nascimento do futuro Luís XIV, Campanella profetiza ao mesmo tempo a *recuperatio Terrae Sanctae* e a *renovatio saeculi*. O jovem rei irá conquistar toda a Terra em mil dias, abatendo os monstros, isto é, submetendo os reinos dos infiéis e libertando a Grécia. Maomé será corrido da Europa; o Egito e a Etiópia se tornarão cristãos, os tártaros, os persas, os chineses e o Oriente inteiro se converterão. Todos os povos formarão uma só cristandade, e esse Universo regenerado terá um único centro: Jerusalém. "A Igreja", escreve Campanella, "começou em Jerusalém, e é a Jerusalém que ela retornará, depois de ter dado a volta ao mundo."[29] Em seu tratado *La prima e la seconda resurrezione*, Tommaso Campanella já não considera, como são Bernardo, a conquista de Jerusalém um passo para a Jerusalém celeste, mas como a instauração do reino messiânico.[30]

269. Significação religiosa da arte românica e do amor cortês

A época das Cruzadas é também o período das mais grandiosas criações espirituais. É a época do apogeu da arte românica e do desenvolvimento da arte gótica, do desabrochar da poesia erótica e religiosa, dos romances do ciclo arturiano e de Tristão e Isolda; é a época do triunfo da escolástica e da mística, da fundação das mais gloriosas universidades, das ordens monásticas e da pregação itinerante. Mas é também a época de uma proliferação excepcional de movimentos ascéticos e escatológicos, a maioria à margem da ortodoxia ou francamente heterodoxos.

Não pretendemos examinar, com o cuidado que elas merecem, todas essas criações. Lembremos por enquanto que os mais ilustres teólogos e místicos (desde são Bernardo, 1090-1153, até Mestre Eckhart, 1260-1327), bem como os mais influentes filósofos (desde Anselmo de Cantuária, 1033-1109, até são Tomás de Aquino, c.1223-1274), realizaram sua obra nesse período sulcado de crises e repleto de transformações que vão modificar radicalmente o perfil espiritual do Ocidente. Lembremos também a fundação, em 1084, da ordem dos cartuxos e, em 1098, em Citeaux, próximo a Dijon, da ordem cisterciense, seguidas pelos cônegos que, em 1120, se estabeleceram em Prémontré. Ao lado das ordens fundadas por são Domingos (1170-1224) e por são Francisco de Assis (1182-1221), essas organizações monásticas desempenharam papel decisivo na vida religiosa e intelectual dos quatro séculos seguintes.

Vamos tentar descrever sumariamente algumas estruturas do universo simbólico familiar à sociedade medieval após a crise do ano 1000. Esclareçamos, em primeiro lugar, que, no início do século XI, um novo esquema da sociedade tende a impor-se. Dirigindo-se a seu rei, por volta de 1027, o bispo Adalberto de Laon lembra-lhe que

> a sociedade dos fiéis forma um único corpo; o Estado, porém, compreende três corpos. ... A casa de Deus, que cremos una, está portanto dividida em três: os que oram, os que combatem e, finalmente, os que trabalham. Essas três partes coexistentes não podem ser dissociadas. ... Assim, essa tríplice reunião não é menos una, e é dessa forma que a lei pôde triunfar e que o mundo respira a paz.[31]

Esse esquema lembra a tripartição das sociedades indo-europeias, brilhantemente estudada por Georges Dumézil (cf. §63). O que nos interessa, antes de tudo, é o simbolismo religioso, mais exatamente cristão, contido nessa classificação social. As realidades profanas participam efetivamente do sagrado. Essa concepção caracteriza todas as culturas tradicionais. Para lembrarmos um exemplo familiar, ela informa a arquitetura religiosa desde suas origens e volta a ser encontrada na estrutura das basílicas cristãs (cf. o simbolismo da Igreja bizantina, p.63). A arte românica comparte e desenvolve esse simbolismo. A catedral é uma *imago mundi*. O simbolismo cosmológico organiza e sacraliza o mundo ao mesmo tempo. "O Universo é considerado numa perspectiva sacralizada, trate-se da pedra ou da flora, da fauna ou do homem."[32]

Voltam a encontrar-se, de fato, todas as formas de existência no cosmo e todos os aspectos da vida e do trabalho dos homens, bem como as personagens e os acontecimentos da história santa, os anjos, os monstros e os demônios. A ornamentação das catedrais constitui um repertório inesgotável de símbolos cósmicos (o Sol, o zodíaco, o cavalo, a árvore da vida etc.), ao lado de temas bíblicos e fabulosos (o diabo, os dragões, a fênix, os centauros etc.) ou didáticos (os trabalhos efetuados a cada mês etc.).[33] Podem-se distinguir dois universos opostos: de um lado, seres feios, disformes, monstruosos, demoníacos* – do outro, o Cristo-Rei em glória, a Igreja (representada como uma mulher) e a Virgem, que, no século XII, conquista um lugar de grande destaque na devoção popular. Essa oposição é real, e evidente é o seu objetivo. Mas o gênio da arte românica consiste justamente no ardor de sua imaginação e no desejo *de reunir na mesma unidade* todas as formas de existência nos mundos sagrado, profano e imaginário.

* O que irritava são Bernardo: "Que significam em nossos claustros esses monstros ridículos, essas horríveis belezas e esses belos horrores?" (*Apologia*, XII, 29, apud Davy, p.210).

Interessa-nos aqui não apenas a importância dessa iconografia na instrução religiosa do povo, mas também seu papel no despertar e no livre voo da imaginação, e, portanto, do pensamento simbólico. A contemplação de tal iconografia fabulosa familiariza o cristão com uma série de universos simbólicos, religiosos e pararreligiosos. O fiel penetra progressivamente num mundo de valores e de significações que, para alguns, acaba por tornar-se mais "real" e mais precioso que o mundo da experiência cotidiana.

A virtude das imagens, dos gestos e comportamentos cerimoniais, das narrativas épicas, da poesia lírica e da música é introduzir o indivíduo num mundo paralelo e permitir-lhe experiências psíquicas e iluminações espirituais mais inacessíveis. Nas sociedades tradicionais, ela é constituída pela dimensão religiosa, ou pararreligiosa, das criações literárias e artísticas.* Não nos cabe apresentar aqui as criações dos trovadores e sua doutrina do amor cortês. Assinalemos, no entanto, que as inovações radicais que elas comportam, e antes de tudo a exaltação da mulher e do amor extraconjugal, não interessam apenas à história da cultura. Não se deve esquecer a posição inferior da mulher na aristocracia medieval, os interesses financeiros ou políticos que decidiam os casamentos, o comportamento brutal ou indiferente dos maridos. O "verdadeiro amor" descoberto e exaltado no século XII implica uma cultura superior e complexa, e mesmo uma mística e uma ascese, que só poderiam ser aprendidas junto a mulheres finas e instruídas.

Tais eruditas eram encontradas sobretudo em Poitiers, no castelo da célebre Eleonor (ou Aliénor) da Aquitânia, neta do primeiro trovador conhecido, Guilherme de Poitiers (1071-1127) e rainha, sucessivamente, da França e da Inglaterra. Centenas de príncipes, barões e cavaleiros, bem como de duquesas e condessas, foram "educados" nesse meio cultural privilegiado, presidido pela filha de Eleonor, Marie de Champagne. Chegara-se até a instalar uma corte de Amor, tribunal *sui generis* de que se conhecem o código e vários julgamentos.[34] As mulheres sentiam-se capazes de instruir os homens, "exercendo o poder de uma forma nova e delicada. Os homens deviam ser seduzidos, guiados e educados. Eleonor indica o caminho para Beatriz".[35]

O tema dos poemas era sempre o amor, mas expresso numa forma convencional, ao mesmo tempo exaltante e enigmática. A mulher, a dama (em provençal, *dompna*) era casada, cônscia de seu valor e ciosa de sua reputação (*pretz*). É por essa razão que o *segredo* tinha um papel decisivo. O amante estava separado de sua eleita por uma série de tabus sociais e emotivos. Ao

* Como demonstrou a psicologia das profundidades, o mesmo processo, embora empobrecido e degradado, aparece nas sociedades contemporâneas dessacralizadas.

celebrar as qualidades de sua eleita, devia o poeta evocar não apenas sua própria solidão e *coitas* de amor, mas também suas esperanças: vê-la, mesmo de longe, tocar-lhe as roupas, conseguir um beijo etc.

Esse longo período de iniciação amorosa constitui ao mesmo tempo uma ascese, uma pedagogia e um conjunto de experiências espirituais. A descoberta da mulher como modelo e a exaltação de sua beleza física e de suas virtudes espirituais lançavam o apaixonado num mundo paralelo de imagens e símbolos onde sua condição profana era progressivamente transformada. Semelhante transformação ocorria mesmo quando, em certos casos, o poeta recebia a dádiva total de sua eleita,* pois essa posse era o coroamento de um cerimonial elaborado, regido ao mesmo tempo pela ascese, pela elevação moral e pela paixão.

O caráter ritual desse argumento erótico é incontestável. É lícito aproximá-lo, por um lado, das técnicas sexuais tântricas, que podem ser compreendidas tanto ao pé da letra como no contexto da fisiologia sutil, ou num plano puramente espiritual; por outro lado, ele é comparável à devoção de certas escolas vixenuítas (cf. ibid.), em que a experiência mística é justamente ilustrada pelo amor de uma mulher casada, Radha, ao jovem deus Krishna. Este último exemplo é particularmente significativo. Antes de mais nada, confirma a autenticidade e o valor místico do "amor-paixão"; ajuda-nos, além disso, a distinguir a *unio mystica* da tradição cristã (empregando a terminologia nupcial, ou seja, o casamento da alma com Cristo) daquela, específica à tradição hinduísta, que, precisamente para ressaltar o *absoluto* instaurado pela experiência mística e a dessolidarização total da sociedade e de seus valores morais, utiliza não as imagens de uma instituição venerável por excelência, o *casamento*, mas as de seu contrário, o *adultério*.

270. Esoterismo e criações literárias: trovadores, *Fedeli d'amore*, o ciclo do graal

No amor cortês, pela primeira vez desde os gnósticos dos séculos II e III, eram exaltados a dignidade espiritual e o valor religioso da mulher.** Segundo

* Ver documentação e análise crítica de Moshé Lazar, *Amour courtois et fin'amors dans la littérature du XIIe siècle*. Marie de Champagne dera, aliás, uma explicação inequívoca sobre a diferença entre a união conjugal e a união dos enamorados: "Os amantes entregam-se um ao outro, e esse dom é pleno, *gratuito*. Quanto aos esposos, têm *o dever* de subordinar a sua vontade à do parceiro, e de nunca recusar-lhe nada."

** Muitos textos gnósticos exaltam a mãe divina, bem como o "silêncio místico", o Espírito Santo, a sabedoria. "Eu sou o pensamento que habita a luz, aquele que já existia antes de qualquer outra

vários estudiosos, os trovadores da Provença foram inspirados pelo modelo da poesia árabe da Espanha, que glorificava a mulher e o amor espiritual que ela desperta.[36] Mas é preciso também levar em conta os elementos celtas, gnósticos e orientais, redescobertos ou reatualizados no século XII. Por outro lado, a devoção à Virgem – que domina essa mesma época – santificava indiretamente a mulher. Um século mais tarde, Dante (1265-1321) irá ainda mais longe: Beatriz – a quem ele conhecera ainda mocinha e reencontrara já como esposa de um fidalgo florentino – é divinizada. Proclama-a superior aos anjos e aos santos, imune ao pecado, quase comparável à Virgem. Beatriz torna-se uma nova mediadora entre a humanidade (representada por Dante) e Deus. Quando ela está prestes a aparecer no Paraíso terrestre, exclama alguém: "Veni, sponsa, del Libano" (Purgatório, XXX, 11), o famoso trecho do *Cântico dos cânticos* (IV, 8) que a Igreja havia adotado, mas que só era entoado em honra da Virgem ou da própria Igreja.* Não se conhece outro exemplo tão esplêndido da divinização de uma mulher. Evidentemente, Beatriz representava a teologia e, portanto, o mistério da salvação. Dante escrevera a *Divina comédia* para salvar o homem, trazendo a sua transformação não em amparo de teorias, mas aterrorizando e fascinando o leitor com as visões do Inferno e do Paraíso. Embora não fosse o único, Dante ilustra de maneira exemplar a concepção tradicional que afirma que a arte, a poesia sobretudo, é um meio privilegiado não apenas para comunicar uma metafísica ou uma teologia, mas também para despertar e *salvar* o homem.

A função soteriológica do amor e da mulher é claramente proclamada por outro movimento, de aspecto essencialmente "literário", mas que comportava uma gnose oculta e, provavelmente, uma estrutura iniciatória. Trata-se dos *Fedeli d'amore*,[37] cujos representantes são atestados no século XII tanto na Provença e na Itália quanto na França e na Bélgica. Os *Fedeli d'amore* constituíam uma milícia secreta e espiritual, que tinha por fim o culto da "mulher única" e a iniciação no mistério do "amor". Todos os seus membros utilizavam uma "linguagem oculta" (*parlar cruz*), para que a sua doutrina não fosse acessível a "*la gente grossa*", como afirma um dos mais ilustres dos *fedeli*, Francesco da Barberino (1264-1348). Outro *fedele d'amore*, Jacques de Baisieux, prescreve em seu poema – "C'est des fiez d'amours" – "que não se devem

---

coisa. Sou ativo em cada criatura. ... Sou o invisível uno no todo" (apud Elaine Pagels, *The Gnostic Gospels*, p.65s.). Num poema gnóstico – "Trovão, o espírito perfeito" –, uma força feminina declara: "Eu sou a primeira e a última. ... Sou a esposa e a virgem. ... Sou a mãe e a filha" etc. (ibid., p.66).

* Em outros passos (Purgatório, XXXIII, 10s.), Beatriz aplica a si própria as palavras de Cristo: "Um pouco, e não mais me vereis; outra vez um pouco, e ver-me-eis" (João, 16:16).

revelar os conselhos do amor, e sim guardá-los com muito cuidado".* Que a iniciação pelo amor fosse de ordem espiritual, afirma-o o próprio Jacques de Baisieux, interpretando o significado da palavra "amor":

> *A*, por sua vez, significa
> *Sem*, e *mor* significa *morte*;
> Basta juntá-las, e teremos *sem morte*.**[38]

A "mulher" simboliza o intelecto transcendente, a sabedoria. O amor a uma mulher acorda o adepto da letargia em que o mundo cristão havia mergulhado por causa da indignidade espiritual do papa. Encontra-se efetivamente nos textos dos *Fedeli d'amore* a alusão a uma "viúva que não é viúva": é a *Madonna Intelligenza*, que permaneceu "viúva" porque seu esposo, o papa, morreu para a vida espiritual ao se consagrar exclusivamente aos assuntos temporais.

Não se trata, propriamente, de um movimento herético, mas de um grupo que já não reconhecia aos papas o prestígio de chefes espirituais da cristandade. Nada se sabe sobre seus ritos de iniciação, mas eles deviam existir, pois os *Fedeli d'amore* formavam uma milícia e realizavam reuniões secretas.

Quanto ao mais, desde o século XII os segredos e a arte de encobri-los impõem-se em meios muito diversos. "Os enamorados e as seitas religiosas têm sua linguagem secreta, e os membros de pequenos círculos esotéricos dão-se a conhecer por sinais e símbolos, cores e senhas."[39] As "linguagens secretas", bem como a proliferação de personagens lendárias e enigmáticas e de aventuras prodigiosas, constituem em si mesmas fenômenos pararreligiosos. Prova disso são os romances da Távola Redonda, elaborados, no século XII, em torno do rei Artur. As novas gerações educadas – direta ou indiretamente – por Eleonor da Aquitânia e por Marie de Champagne já não apreciavam as velhas *Canções de gesta*. O lugar de Carlos Magno era agora ocupado pelo fabuloso rei Artur. A *Matéria da Bretanha* punha à disposição dos poetas uma série considerável de personagens e lendas em grande parte de origem céltica,*** mas suscetíveis de assimilar elementos heterogêneos – cristãos, gnósticos e islâmicos.

É um poeta protegido por Marie de Champagne, Chrétien de Troyes, que provoca o encantamento geral pelo ciclo arturiano. Ignora-se quase tudo so-

---

* "D'Amur ne doivent révéler/Les consiaus, mais très bien celer", *C'est des fiez d'amours*, v. 499-500, apud Ricolfi, op.cit., p.68-9.

** "A senefie en sa partie/*Sans*, et *mor* senefie *mort*;/Or l'assemblons, s'aurons *sans mort*."

*** Artur, o rei pescador, Persival, Lancelote; o tema do *gaste pays* ["país devastado"], os objetos maravilhosos do outro mundo etc.

bre sua vida: sabe-se apenas que ele começou a escrever por volta de 1170 e que compôs cinco longos romances em versos, os mais célebres dos quais são *Lancelot*, *Erec* e *Perceval*. No âmbito de nossa pesquisa, pode-se dizer que os romances da Távola Redonda estabelecem uma nova mitologia, no sentido de que divulgam sua "história sagrada" e os modelos exemplares que devem guiar o comportamento dos cavaleiros e dos enamorados. Acrescentemos que a mitologia da cavalaria teve uma influência cultural mais importante do que sua história propriamente dita.

Observemos, em primeiro lugar, o número e a importância dos elementos arcaicos, mais precisamente dos motivos iniciatórios. Trata-se uma vez mais de uma "busca" longa e movimentada de objetos maravilhosos que implica, entre outras coisas, a penetração do herói no mundo do além. É possível ver nas regras de admissão ao grupo dos cavaleiros certas provas de ingresso numa confraria secreta de tipo *Männerbund*. Persival tem de passar a noite numa capela onde jaz um cavaleiro morto; brame o trovão, e ele vê o único círio aceso ser apagado por uma mão negra.[40] É o tipo próprio da vigília noturna de iniciação. São inúmeras as provas que o herói tem de enfrentar: deve atravessar uma ponte; esta submerge, ou é feita com uma espada aguçada, ou guardada por leões ou monstros. Além disso, a entrada dos castelos está protegida por autômatos, fadas ou demônios. Todos esses argumentos evocam a passagem para o além, as perigosas descidas ao Inferno; e, quando tais viagens são empreendidas por seres vivos, elas sempre fazem parte de uma iniciação. Ao assumir os riscos de tal descida ao Inferno, o herói procura conquistar a imortalidade ou persegue algum outro objetivo também extraordinário. As inúmeras provas impostas às personagens do ciclo arturiano alinham-se na mesma categoria: ao fim de sua busca, os heróis curam a misteriosa doença do rei, e, ao fazê-lo, regeneram o *gaste pays*; ou são até investidos no poder soberano.

Voltamos a deparar aí com certos elementos cristãos, mas nem sempre num contexto ortodoxo. Voltamos a deparar sobretudo com a mitologia da honra cavaleiresca e, levada às vezes até o paroxismo, a exaltação da mulher.* Toda essa literatura recheada de motivos e argumentos iniciatórios é valiosa para nossa investigação, pelo menos em virtude de seu êxito público. O encanto com que se ouviam as histórias romanescas em que os clichês iniciatórios reapareciam de maneira exuberante demonstra, a nosso ver, que tais aventuras respondiam a uma necessidade profunda do homem medieval.

---

* Por exemplo, no *Lancelot* de Chrétien de Troyes. Quanto à bela e trágica história de Tristão e Isolda, constitui, segundo R.S. Loomis, "de longe, a mais popular história profana da Idade Média" (*The Development of Arthurian Romance*, p.90).

Mas não se deve esquecer igualmente a intenção dos autores de transmitir, com suas obras, certa tradição esotérica, tal como o fizeram os *Fedeli d'amore*, ou uma mensagem que visava a "despertar" o leitor, segundo o modelo fixado mais tarde por Dante. É o caso do simbolismo e do argumento do graal, tema ignorado pelos primeiros romances, de origem bretã, do ciclo arturiano. Somente na altura de 1180 é que o graal faz seu aparecimento em Chrétien de Troyes. Como escreve J. Vendryès, "não existe na literatura celta, por mais rica que seja, nenhuma narrativa que possa ter servido de modelo às composições tão variadas que nossa literatura medieval extraiu desse tema" (ou seja, o graal).[41]

Entretanto, não é Chrétien de Troyes o autor da história mais completa e da mitologia mais coerente do graal, e sim um cavaleiro alemão, Wolfram von Eschenbach. Em seu *Parzival*, escrito entre 1200 e 1210, Wolfram admite ter seguido os ensinamentos de certo Kyot o Provençal. A estrutura da obra é compósita: os livros III-XII e uma parte do XIII inspiram-se em Chrétien, mas no livro XIV Wolfram condena seu ilustre predecessor, provavelmente porque se decepcionara com o modo pelo qual Chrétien havia tratado o graal. O que surpreende no romance de Wolfram é o número e a importância dos elementos orientais.[42] O pai de Parzival, Camuret, servira no exército do califa de Bagdá. Seu tio, o eremita Trevrizent, conhecera na juventude a Ásia e a África. O sobrinho de Parzival virá a ser o Preste João, o célebre e misterioso rei-sacerdote que reinava na "Índia". Quem primeiro escreveu a história do graal e a comunicou a Kyot foi o sábio "pagão" (muçulmano-judeu) Flegetanis.

Admite-se atualmente que Wolfram von Eschenbach dispunha de informações exatas e bastante extensas sobre as realidades orientais, desde a Síria e a Pérsia até a Índia e a China. Recolhera-as provavelmente dos cruzados e dos mercadores italianos que regressavam do Oriente.[43] Para o estudo que nos ocupa, ainda mais valiosos são os mitos, crenças e ritos relacionados ao graal, apresentados ou apenas evocados por Wolfram.* Ao contrário de Chrétien de Troyes, Wolfram exalta a dignidade e o papel de Amfortas, o rei pescador. Este é o chefe de uma ordem de cavaleiros denominados *Templeisen*, que, tal como os templários, fizeram voto de castidade. São escolhidos por Deus e assumem missões perigosas. Vinte e cinco damas nobres servem o graal.

Recentemente, dois pesquisadores norte-americanos deram como étimo do termo *graal* (taça, vaso, alguidar) o vocábulo grego *kratêr*.[44] Essa etimologia tem o mérito de explicar a função redentora do graal. De fato, segundo o IV tratado do *Corpus hermeticum*,

* Até mesmo a etimologia dos três nomes enigmáticos – Kyot, Flegetanis e Trevrizent – é significativa; ver "Estado das questões", §270.

> Deus encheu de intelecto uma grande cratera que enviou à Terra, e designou um arauto com ordem de proclamar às obras dos homens estas palavras: "Mergulha, tu que tens poderes para tal, nesta cratera, tu que crês que tornarás Àquele que enviou a cratera à Terra, tu que sabes por que vieste a ser. – Portanto, todos aqueles que estão atentos à proclamação e que foram batizados com esse batismo do intelecto, todos eles compartilharam o conhecimento (gnose), e se tornaram homens perfeitos, por terem recebido o intelecto."[45]

A influência hermetista sobre o *Parzival* parece plausível, pois, no século XII, após uma grande quantidade de traduções de obras árabes, o hermetismo começa a ser conhecido na Europa.[46] Quanto à função iniciatória da gnose revelada nos textos herméticos, já a examinamos em outro capítulo da presente obra (cf. §210); aliás, ainda voltaremos ao tema.

Por outro lado, numa obra publicada em 1939, o erudito parse, sir Jahangîr C. Coyajee, percebera a analogia entre o graal e a glória real iraniana, *xvarenah* (cf. v.1, p.300s.), e as semelhanças entre as lendas de Artur e do rei lendário Kay Khosraw.[47] Por seu turno, Henry Corbin fez uma comparação muito pertinente entre os dois conjuntos – iraniano e ocidental – de argumentos, instituições cavaleirescas e conhecimentos iniciatórios, evitando, porém, a hipótese dos contatos históricos proposta por Coyajee.[48] Entre as numerosas semelhanças, assinalemos a estrutura das duas cavalarias espirituais e a ocultação de Kay Khosraw e do rei Artur.[49] Acrescentemos que, no ciclo das composições posteriores a Wolfram von Eschenbach, Lohengrin, o filho de Parsifal, acompanhado de toda a cavalaria, leva o graal à Índia.

Seja qual for a interpretação geral que se dê às obras de Wolfram e de seus continuadores, é evidente que o simbolismo do graal e os argumentos que ele ordena representam uma nova síntese espiritual, onde se pode identificar a contribuição de diversas tradições. Por trás do interesse apaixonado pelo Oriente, percebe-se a profunda desilusão provocada pelas Cruzadas, a aspiração à tolerância religiosa que teria incentivado a aproximação com o islã, a nostalgia de uma "cavalaria espiritual" segundo o modelo dos *verdadeiros* templários (os *Templeisen* de Wolfram).* Que se trata, no caso, de uma síntese, provam-no a incorporação de símbolos cristãos (a eucaristia, a lança) e a presença de elementos de origem hermetista. Mesmo independentemente

---

* Os templários, que se tornaram os principais banqueiros na época das Cruzadas, haviam acumulado consideráveis riquezas; gozavam, além disso, de grande prestígio político. Com intenção de apoderar-se dos tesouros da ordem, o rei Filipe IV armou, em 1310, um processo vergonhoso, acusando os templários de imoralidade e heresia. Dois anos mais tarde, o papa Clemente V extinguiu para sempre a ordem do Templo.

da validade da etimologia proposta por H. e R. Kahane (*Graal = Kratêr*), a redescoberta do hermetismo através das traduções árabes parece indubitável. Ora, o hermetismo alexandrino permitia a esperança de uma iniciação por meio da gnose, vale dizer, da sabedoria imemorial e universal (esperança que terá seu apogeu durante o Renascimento italiano; cf. §310).

Como ocorre com toda a literatura arturiana, é impossível saber se as provas iniciatórias a que se submeteram os cavaleiros correspondiam ou não a rituais propriamente ditos. Da mesma forma, seria inútil acreditar que se poderia, com o auxílio de documentos, confirmar ou infirmar a transferência do graal para a "Índia" ou outra parte do Oriente. Tal como a ilha de Avalon, para onde se retirou Artur, ou Shambala, o miraculoso país da tradição tibetana, o Oriente para onde foi transportado o graal pertence à geografia mítica. O que importa é o simbolismo da ocultação do graal; ele exprime o caráter inacessível de uma tradição secreta a partir de certo momento histórico.

A mensagem espiritual do argumento elaborado em torno do graal continua a excitar a imaginação e o pensamento de nossos contemporâneos. Em síntese, a mitologia do graal faz parte da história religiosa do Ocidente, mesmo quando, como às vezes acontece, ela se confunde com a história da utopia.

271. Gioacchino da Fiore: um novo teólogo da história

Nascido por volta de 1135 na Calábria, Gioacchino da Fiore consagrou sua vida a Deus depois de uma viagem à Terra Santa. Ingressou no mosteiro beneditino de Corazzo, onde se tornou abade. Durante muito tempo, esforçou-se por incorporar sua congregação à ordem de Cister; mas quando, em 1188, ela acabou por ser aceita, Gioacchino e seu grupo de fiéis já se estavam desvinculando de Corazzo. Em 1192, fundou uma nova congregação em San Giovanni di Fiore.

Gioacchino esteve ligado às figuras mais importantes da época: entrevistou-se com três papas (que o incentivaram a escrever suas "profecias") e teve um encontro com Ricardo Coração de Leão (a quem anunciou, entre outras coisas, o nascimento do Anticristo). Ao morrer, em 30 de março de 1202, o abade de Flora era um dos homens mais conhecidos e respeitados do mundo cristão. Entretanto, tinha também inimigos poderosos que, como veremos, lograram denegrir-lhe a imagem. Sua obra, abundante mas difícil, compreende uma série de tratados de exegese que tinham por objeto uma nova interpretação das Escrituras.[50] Mas, por causa da lenda criada em torno das profecias de Gioacchino da Fiore, começam a circular em seu nome numerosos textos apócrifos.

Gioacchino, no entanto, rejeitava o título de profeta. Admitia possuir apenas o dom de decifrar os sinais colocados por Deus na história e conservados nas Escrituras. Ele próprio revelou a fonte de sua compreensão da história sagrada: certos momentos de iluminação com que Deus o contemplara (uma vez na véspera da Páscoa,[51] outra na festa de Pentecostes). Segundo Gioacchino, dois números – 2 e 3 – dominam e caracterizam as épocas da história universal:[52] os dois Testamentos, os dois povos eleitos por Deus (os judeus e os gentios) e as três pessoas da Trindade. A primeira época (ele emprega o termo *status*), a do Antigo Testamento, foi dominada por Deus Pai, e sua religião caracteriza-se pelo temor que inspira a autoridade absoluta da Lei. A segunda época, presidida pelo Filho, é a era do Novo Testamento e da Igreja santificada pela graça; a nota específica de sua religião é a fé. Essa época vai durar 42 gerações, de cerca de trinta anos cada uma (tal como, segundo Mateus – I:1-17 –, 42 gerações se sucederam entre Abraão e Jesus Cristo). De acordo com os cálculos de Gioacchino, a segunda época terminará em 1260, na aurora da Terceira Era – esta dominada pelo Espírito Santo –, quando a vida religiosa conhecerá a plenitude do amor, da alegria e da liberdade espiritual. Entretanto, antes da instauração do terceiro *status*, o Anticristo reinará durante três anos e meio, e os fiéis enfrentarão suas últimas e mais terríveis provas.* Um papa santíssimo e os *viri spirituales* – os dois grupos de religiosos, o dos pregadores e o dos anacoretas contemplativos – resistirão ao ataque. A primeira época era dominada pelos homens casados, a segunda pelos clérigos, a terceira terá a guiá-la os monges espirituais. Na primeira idade, o trabalho tinha a primazia; na segunda, a ciência e a disciplina; o terceiro *status* concederá a maior palma à contemplação.

Esse esquema ternário da história universal e de suas relações com a Trindade é decerto mais complexo, pois Gioacchino considera igualmente as séries binárias (por exemplo, os acontecimentos importantes na história do cristianismo são prefigurados no Antigo Testamento). A originalidade de sua interpretação, porém, é incontestável. Em primeiro lugar, contrariando a opinião de santo Agostinho, julga o abade que, depois de uma série de tribulações, a história conhecerá uma época de beatitude e de liberdade espiritual. Por conseguinte, a perfeição cristã está diante de nós, no *futuro histórico* (ideia que nenhuma teologia ortodoxa podia aceitar). Trata-se, efetivamente, de *história*, e não de escatologia, tal como o demonstra, entre outros, o fato de que a Terceira Era também conhecerá a degenerescência e terminará em miséria e ruína – pois a única perfeição incorruptível será revelada depois do juízo final.

---

* Trata-se do conhecido argumento da apocalíptica judaica e cristã.

Como era de esperar, foi sobretudo o caráter concreto, histórico, da Terceira Era que suscitou ao mesmo tempo a oposição eclesiástica, o entusiasmo dos religiosos e o fervor popular. Gioacchino faz parte do grande movimento de reforma da Igreja, ativo desde o século XI. Ele esperava uma verdadeira reforma – uma *reformatio mundi* concebida como uma nova irrupção da divindade na história –, e não o retorno ao passado.[53] Não rejeitava as instituições tradicionais – o papado, os sacramentos e o sacerdócio –, mas atribuía-lhes papel mais modesto. A função e o poder dos papas estavam assim fundamentalmente alterados.[54] Os sacramentos já não parecem indispensáveis na Igreja futura, dominada pelo Espírito Santo.[55] Quanto aos sacerdotes, não desaparecerão, mas a direção da Igreja caberá aos monges, os *viri spirituales*. Direção, aliás, puramente espiritual, e não uma dominação sobre as instituições externas da Igreja.*

Considerava o abade que, durante a Terceira Era, a obra de Cristo seria completada sob a regência do Espírito Santo. Mas será que uma concepção dessa ordem não anulava o papel central de Cristo na história da salvação? Em todo caso, a importância atribuída por Gioacchino ao domínio, na Igreja futura, do *espiritual* sobre as *instituições* era claramente contrária às forças que tinham triunfado no século XIII. Segundo esse ponto de vista, a concepção de Gioacchino constituía uma crítica radical à Igreja do seu século.[56] O abade de Flora havia anunciado a fundação futura de duas novas ordens, e aquela criada por Francisco de Assis reflete provavelmente as ideias joaquimitas. Na verdade, acreditavam os franciscanos que são Francisco – com sua existência exemplar (pobreza, humildade, amor a toda criatura viva) – realizou em sua própria vida um novo "advento" de Cristo. Paris foi tomada de grande escândalo quando, em 1254, o franciscano Gérard de Borzo San Domino publicou, com o título de *Introdução ao Evangelho eterno*, três textos do abade calabrês, acrescentando-lhes uma introdução e comentários. Proclamava ele que a autoridade da Igreja católica se aproximava do fim e que logo (1280) surgiria a nova Igreja espiritual, a do Espírito Santo. Os teólogos da Universidade de Paris aproveitaram essa ocasião inesperada para denunciar a heresia e o perigo das ordens mendicantes. Por outro lado, desde algum tempo Gioacchino já não era *persona grata* para os papas. Em 1215, sua doutrina da Trindade foi devidamente condenada. Após o "escândalo" do *Evangelho eterno*, o papa Alexandre IV condenou, em 1263, as ideias centrais do abade.

---

* É por essa razão que, meio século depois da morte de Gioacchino, os espirituais franciscanos se consternaram ao lhes ser negada a liberdade de praticar a "vida nova"; McGinn, ibid., p.282.

No entanto, ele ainda conserva admiradores do porte de um Dante, que o coloca no Paraíso. Os manuscritos de suas obras multiplicam-se e circulam por quase toda a Europa ocidental. Direta ou indiretamente, o joaquimismo influenciou os *fraticelli*, os begardos e as beguinas, e o esquema joaquimita volta a ser encontrado nas obras de Arnaldo de Villanova e seus discípulos.[57] Mais tarde, por volta do fim do século XVI e do início do XVII, as primeiras gerações de jesuítas descobrem a importância da concepção joaquimita do terceiro *status*. Sentiam, com efeito, o drama do seu tempo, a aproximação da batalha decisiva contra o mal (identificado com Martinho Lutero).[58] Certas ramificações inesperadas das ideias do profeta calabrês aparecem em Lessing: em sua *Educação da raça humana*, o filósofo desenvolve a tese da revelação contínua e progressiva que se completa numa Terceira Era.* A ressonância das ideias de Lessing foi considerável; por intermédio dos saint-simonianos, ele provavelmente influenciou Auguste Comte e sua doutrina dos três estados. Fichte, Hegel e Schelling foram marcados, ainda que por diferentes razões, pela ideia joaquimita de uma terceira época iminente que renovará e completará a história.

NOTAS

1. Ver as críticas citadas por William Carroll Bark, *Origins of the Medieval World*, p.7s., 114s.
2. Bark, op.cit., p.26-7.
3. Ver relato dessas inovações in Bark, p.80s.
4. Cf. Hugh Trevor-Roper, *The Rise of Christian Europe*, p.98s.
5. Cf. Carl Stephenson, *Mediaeval Feudalism*, p.1-14.
6. Ver textos reproduzidos por Georges Duby, *L'An Mil*, p.105s.
7. Ver texto do juramento in Duby, p.171s.
8. Texto reproduzido por Duby, p.179.
9. Ver texto in Duby, p.183-4.
10. Duby, p.219.
11. Ver textos citados por Duby, p.216s.
12. Ver *Ynglingasaga*, cap.15 (18); cf. ibid., cap.43 (47), a história do último descendente dos Yngling imolado a Odin por causa das más colheitas. Outros exemplos in Chaney, p.86.
13. Das oito genealogias das casas reais inglesas, sete remontavam a Wodan; Chaney, p.42.
14. Ver exemplos apud Chaney, p.42.

* Lessing concebia, é verdade, essa Terceira Era como a do triunfo da razão, decorrente da educação; mas ela também continha, a seu ver, o cumprimento da revelação cristã. Refere-se com simpatia e admiração "a certos visionários dos séculos XIII e XIV", cujo único erro foi proclamar cedo demais o "novo evangelho eterno"; cf. Karl Löwith, *Meaning in History*, p.208.

15. Cf. Marc Bloch, *Les rois thaumaturges*, passim; Chaney, p.86s.
16. *Princípios de um regime político cristão*, tratado atribuído ao arcebispo Wulfstone (m.1023); apud Chaney, p.257.
17. *Germania*, 13-14. Sobre as iniciações militares dos antigos germanos, ver §175.
18. Convém acrescentar que a instituição de uma cavalaria religiosa processa-se igualmente no islã; cf. Henry Corbin, *En Islam iranien*, II, p.168s.
19. Steven Runciman, *A History of the Crusades*, p.IX.
20. A. Dupront, "Croisades et eschatologie", p.177.
21. Paul Alphandéry e A. Dupront, *La chrétienté et l'idée de Croisade*, II, p.19. "Não é de modo algum às condições de êxito da expedição que Filipe Augusto se agarra, mas ao reino que vai deixar atrás de si" (ibid.).
22. Ibid., p.40.
23. Ibid., p.118.
24. Ibid., p.119.
25. Reinier, apud P. Alphandéry e A. Dupront, op.cit., p.120.
26. *Annales Schefteariensis*, apud Alphandéry e Dupront, p.123.
27. Apud Alphandéry e Dupront, p.127.
28. P. Alphandéry e A. Dupront, op.cit., p.145.
29. Nota de Campanella ao verso 207 da *Écloga*, apud A. Dupront, "Croisades et eschatologie", p.187.
30. Edição crítica de Romano Amerio (Roma, 1955), p.72; Dupront, op.cit., p.189.
31. Ver texto in Duby, *L'An Mil*, p.71-5. No século XI, esse esquema "traduz a remodelação da sociedade: um clero dominado pelo modelo monástico e pelo *opus Dei*; uma aristocracia militar; uma elite econômica de camponeses arroteadores que conquistaram pelo trabalho o direito de promoção ideológica"; Jacques Le Goff, *Histoire des religions*, v.II, p.817. Ver também ibid., *Pour un autre Moyen Âge*, p.80-90 e G. Duby, *Les trois ordres ou l'imaginaire du féodalisme*, p.62s. e passim.
32. M.M. Davy, *Initiation à la symbolique romane*, p.19.
33. Cf. M.M. Davy, op.cit., p.209s.
34. Conservado in *De arte amandi*, André Le Chapelain. Esse pequeno tratado foi traduzido e comentado por J. Lafitte-Houssat, *Troubadours et cours d'amour*, p.43-65.
35. Friedrich Heer, *The Medieval World*, p.174.
36. Ver sobretudo Menéndez Pidal, *Poesía árabe y poesía europea*; García Gómez, 'La lírica hispano-árabe y la aparición de la lírica romance", e os trabalhos citados por Claudio Sánchez-Albornoz, "El islam de España y el Occidente", p.178-9, n.56.
37. Cf. Luigi Valli, *Il linguaggio segreto di Dante e dei Fedeli d'amore*; R. Ricolfi, *Studi su i "Fedeli d'amore"*, v.I.
38. Apud Ricolfi, p.63.
39. F. Heer, *The Medieval World*, p.158.
40. Ver análise de Jean Marx, *La légende arthurienne et le Graal*, p.281s.
41. J. Vendryès, "Le Graal dans le cycle breton", p.74.
42. De resto, 60% do texto têm o Oriente como palco de ação.
43. Ver Hermann Goetz, "Der Orient der Kreuzzüge in Wolframs Parzival". Segundo esse autor, o romance contém informações novas e importantes para a história da arte, como, por exemplo, as que Wolfram presta sobre o itinerário da seda rumo à China (um século antes de Marco Polo), o palácio dos califas tardios em Bagdá e o estupa de Kanishka etc.

44. Henry e Renée Kahane, *The Krater and the Grail: Hermetic Sources of the Parzival*, p.13s. A hipótese foi aceita por Henry Corbin, *En Islam iranien*, II, p.143-54.
45. *Corpus hermeticum*, IV, 3-6, trad. franc. Festugière, v.I, p.50.
46. Cf. Kahne, op.cit., p.130s.
47. Cf. Coyajee, *Journal of the K.R. Cama Institute*, p.37-194; essa aproximação foi aceita por Jean Marx, *La légende arthurienne*, p.244, n.9.
48. H. Corbin, *En Islam iranien*, II, p.155-210.
49. Cf. Corbin, ibid., p.177s.
50. Os mais importantes foram publicados em Veneza, no início do século XVI: *Concordia novi ac veteris Testamenti* (ou *Liber Concordiae*). *Expositio in Apocalypsim* e *Psalterium decem chordarum*.
51. Texto reproduzido por Bernard McGinn, *Visions of the End*, p.130.
52. Cf. Marjorie Reeves, *The Influence of Prophecy in the Later Middle Ages: a Study of Joachimism*, p.7-11.
53. Cf. McGinn, *Visions of the End*, p.129.
54. McGinn, "Apocalypticism in the Middle Ages", p.282, retificando a opinião de Reeves, *The Influence of Prophecy*, p.395-7.
55. McGinn, "Apocalypticism", p.282; cf. Karl Löwith, *Meaning in History*.
56. McGinn, *Visions of the End*, p.129.
57. Cf. Reeves, *The Influence of Prophecy*, p.175-241.
58. Reeves, ibid., p.274s.

XXXV. TEOLOGIAS E MÍSTICAS MUÇULMANAS

272. Os fundamentos da teologia majoritária

Como já vimos (p.84), a unidade da comunidade muçulmana (*ummah*) desfez-se em consequência da ruptura entre o sunismo (firmado na *sunna*, a "prática tradicional") e o xiismo, que reivindicava para si o primeiro califa "verdadeiro", 'Ali. Além disso,

> [o islã] muito cedo se diversificou numa espantosa pluralidade de seitas ou escolas, que travaram frequentes lutas entre si e chegaram às vezes a condenar-se umas às outras, cada qual se apresentando como a detentora por excelência da verdade revelada; muitas desapareceram no curso da história, e novos desaparecimentos permanecem possíveis, mas muitas (quase sempre as mais antigas) também subsistiram até os dias atuais com vitalidade notável, firmemente decididas a se perpetuar e a continuar a enriquecer, com novas contribuições, com o lote de crenças e ideias legadas pelos seus ancestrais.[1]

O sunismo representou, e ainda representa, o islã majoritário. Caracteriza-se, antes de mais nada, pela importância atribuída à interpretação literalista do Corão e da tradição, e pelo papel capital da jurisprudência – a *sharî'at*. Contudo, o domínio da *sharî'at* é mais amplo que os sistemas jurídicos de tipo ocidental. Por um lado, ela codifica não só as relações do fiel com a comunidade e o Estado, mas também com Deus e com sua própria consciência. Por outro lado, a *sharî'at* representa a expressão da vontade divina, tal como revelada a Maomé. Para o sunismo, jurisprudência e teologia são solidárias. Suas fontes são as seguintes: a interpretação do Corão; a *sunna* ou tradição, baseada na atividade e nas palavras do Profeta; a *ijmâ*, ou consenso dos testemunhos dos companheiros de Maomé e de seus herdeiros; a *ijtihâd*, ou reflexão pessoal, em caso de silêncio do livro e da *sunna*. Mas certos autores colocam, entre as fontes da lei, o raciocínio lógico (*ciyâs*), e consideram a *ijtihâd* o método pelo qual se efetua esse raciocínio.

Seria inútil, para o que nos propomos, estudar as quatro escolas de jurisprudência admitidas como canônicas pela comunidade sunita.[2] Todas elas utilizaram o método racional conhecido pelo nome de *kalâm*, termo árabe que significa "fala, discurso", mas que acaba por definir a teologia.* Os mais antigos teólogos são os mutazilitas, grupo de pensadores que se organizou, desde a primeira metade do século II da Hégira, em Basra. Sua doutrina impôs-se rapidamente; tornou-se mesmo, por algum tempo, a teologia oficial do islã sunita. Das cinco teses fundamentais dos mutazilitas, as mais importantes são as duas primeiras. 1) O *Tawhîd* (a unidade divina):

> Deus é único, ninguém é semelhante a ele; não é corpo, nem indivíduo, nem substância, nem acidente. Está para além do tempo. Não pode habitar um lugar ou um ser; não é objeto de nenhum dos atributos ou qualificações das criaturas. Não é condicionado nem determinado, nem engendrante nem engendrado. ... Criou o mundo sem arquétipo preestabelecido e sem auxiliar.[3]

Como corolário, os mutazilitas negam os atributos divinos e sustentam que o Corão foi criado. 2) A Justiça divina, que implica o livre-arbítrio, o qual torna o homem responsável por seus atos.

As três últimas teses referem-se sobretudo aos problemas da moral individual e da organização política da comunidade.

Num certo momento, após o advento do califa Al-Ma'mûn – que abraçou integralmente o mutazilismo e o proclamou doutrina de Estado –, a comunidade sunita conheceu uma crise particularmente séria. A unidade foi preservada por Al-Ach'arî (260/873-324/935).[4] Embora tenha seguido a teologia mutazilita até os quarenta anos de idade, Al-Ach'arî abandonou-a publicamente na grande mesquita de Basra e consagrou o resto de sua vida a conciliar as diferentes tendências que se chocavam no interior do sunismo. Ao contrário dos literalistas, Al-Ach'arî admite o valor da demonstração racional, mas critica o predomínio absoluto da razão tal como era professada pelos mutazilitas.

---

* Ver sobretudo a obra monumental de H.A. Wolfson, *Philosophy of the Kalâm*. Lembremos também que o vocábulo *motakallim*, "aquele que fala", deu origem ao termo *Motakallimûm*, "aqueles que se ocupam da ciência do *kalâm*", os "teólogos". Para certos filósofos, como Alfarabi ou Averróis, "os *Motakallimûm* são sobretudo apologistas que se dedicam menos a uma verdade demonstrada ou demonstrável do que a sustentar, com todos os recursos da sua dialética teológica, os artigos do seu credo religioso tradicional" (Henry Corbin, *Histoire de la philosophie islamique*, p.152-3).

Segundo o Corão, a fé no *ghayb* (o invisível, o suprassensível, o mistério) é indispensável à vida religiosa. Ora, o *ghayb* ultrapassa a demonstração racional. Ainda contra os mutazilitas, Al-Ach'arî admite que Deus possui os atributos e os nomes mencionados no Corão, mas sem "indagar como"; deixa "face a face, sem mediação, a fé e a razão". Da mesma forma, o Corão é incriado, como palavra divina eterna, e não como "a enunciação humana manifestada no tempo".[5]

Embora não lhe faltassem críticas, formuladas sobretudo pelos mutazilitas e pelos literalistas, a escola acharita dominou durante séculos quase todo o islã sunita. Entre suas contribuições mais importantes, merece menção especial a análise aprofundada das relações entre a razão e a fé. Uma mesma realidade espiritual pode ser apreendida tanto pela fé como pela razão; "trata-se, no entanto, em cada caso, de um modo de percepção cujas condições são tão diferentes que não seria possível confundi-las, nem substituir uma pela outra, nem pôr de lado uma para conservar apenas a outra."[6] E, entretanto, conclui Corbin, "ao contestar ao mesmo tempo os mutazilitas e os literalistas, o acharismo permanece de fato em seu próprio terreno".[7] E, nesse campo, seria difícil desenvolver a exegese espiritual da revelação, passando do sentido exotérico para o sentido esotérico.

273. O xiismo e a hermenêutica esotérica

Tal como o judaísmo e o cristianismo, o islã é uma "religião do livro". Deus revelou-se no Corão através de seu mensageiro, o anjo, que ditou ao Profeta a palavra divina. Sob o aspecto jurídico e social, os cinco "Pilares da Fé" (cf. p.83) constituem a essência da vida religiosa. No entanto, o ideal do muçulmano é compreender o sentido "verdadeiro" do Corão, a verdade de ordem ontológica (expressa pelo termo *haqîqat*). Os profetas, e sobretudo o último, Maomé, enunciaram em seus textos inspirados a lei divina, a *sharî'at*. Os textos, porém, são suscetíveis de interpretações diversas, a começar pela mais evidente, a interpretação literal. Segundo o genro de Maomé, 'Ali, o primeiro imame,

> não há no Corão versículo que não tenha quatro sentidos: o exotérico (*zâhir*), o esotérico (*bâtin*), o limite (*hadd*), o projeto divino (*mottala'*). O exotérico é para a recitação oral; o esotérico é para a compreensão interior; o limite são os enunciados que estatuem o lícito e o ilícito; o projeto divino é o que Deus se propõe realizar no homem por meio de cada versículo.[8]

Essa concepção é específica ao xiismo, mas é compartilhada por numerosos místicos e teósofos muçulmanos. Como escreve um grande filósofo iraniano, Nâsir-e Khosraw: "A religião positiva (a *sharî'at*) é o aspecto exotérico da ideia (a *haqîqat*), e a ideia é o aspecto esotérico da religião positiva. ... A religião positiva é o símbolo (*mithâl*); a ideia é o simbolizado (*manithûl*)."*

A "ideia", a *haqîqat*, necessita de mestres da iniciação que a tornem acessível aos fiéis. Para os xiitas, os mestres da iniciação, os guias espirituais por excelência, são os imames.** Efetivamente, a mais antiga exegese espiritual do Corão encontra-se no ensinamento esotérico ministrado pelos imames a seus discípulos. Esse ensinamento foi fielmente transmitido e constitui um imponente corpus (26 tomos in-fólio na edição de Majlisî). A exegese praticada pelos imames e pelos autores xiitas firma-se na complementaridade de dois termos-chave: *tanzîl* e *ta'wîl*. O primeiro designa a religião positiva, a letra da revelação descida do mundo superior graças ao ditado do anjo. Em contrapartida, *ta'wîl* denota um *retorno à origem*, ou seja, ao sentido verdadeiro e original do texto sagrado. Segundo uma obra ismaelita (cf. §274), "é *reconduzir* uma coisa à sua origem. Aquele que pratica o *ta'wîl* é, portanto, alguém que *desvia* o enunciado de sua aparência exterior (exotérica, *zâhîr*) e o faz voltar à sua verdade, à sua *haqîqat*".[9]

Contrariando as opiniões dos ortodoxos, cuidam os xiitas que, depois de Maomé, tem início um novo ciclo, o da *walâyat* ("amizade, proteção"). A "amizade" de Deus revela aos profetas e aos imames as significações secretas do livro e da tradição, e, portanto, os tornam capazes de iniciar os fiéis nos mistérios divinos. "Sob esse aspecto, o xiismo é de fato a gnose do islã. O ciclo da *walâyat* é, pois, o ciclo do imame que sucede ao Profeta, vale dizer, do *bâtin* que sucede ao *zâhir*, da *haqîqat* que sucede à *sharî'at*".[10] De fato, os primeiros imames queriam manter o equilíbrio entre a religião positiva e a "ideia", sem dissociar o *bâtin* do *zâhir*. Mas as circunstâncias impediram a conservação desse equilíbrio e, por conseguinte, também a da unidade do xiismo.

Evoquemos em poucas linhas a história tão dramática desse movimento. Além da perseguição política dos califas omíadas e da desventura dos doutores da Lei, o xiismo muito padeceu com suas próprias dissensões internas,

* Tradução de Corbin, op.cit., p.17. Segundo um *hadîth* que remonta ao próprio Profeta, "O Corão tem uma aparência exterior e uma profundidade oculta, um sentido exotérico e um sentido esotérico; por sua vez, esse sentido esotérico encerra um sentido esotérico", e assim sucessivamente, até sete sentidos esotéricos; cf. Corbin, p.21.

** Convém lembrar que o termo árabe *imâm* designava primitivamente aquele que dirigia a prece pública, ou seja, o califa. Entre os xiitas, o imã, a par do seu papel de chefe espiritual, representa a mais alta dignidade político-religiosa.

que suscitaram o aparecimento de numerosas seitas e cismas. Como o chefe religioso era o imame, isto é, um descendente direto de 'Ali, uma crise explodiu com a morte do VI imame, Ja'far al-Sâdik (m.148/765). Seu filho Isma'îl, já investido por seu pai, morreu prematuramente. Uma parte dos fiéis aderiu ao filho deste último, Maomé ibn Isma'îl, a quem consideravam como o VII imame; são os ismaelitas, ou xiitas septímanos. Outro grupo de fiéis reconheceu como VII imame o irmão de Isma'îl, Mûsâ Kâzem, também ele investido por Ja'far. Sua linhagem estendeu-se até o XII imame, Maomé al-Mahdîq, misteriosamente desaparecido em 260/874, com cinco anos de idade, no mesmo dia em que morreu seu jovem pai, o penúltimo imame.* São os xiitas duodecímanos ou *imâmîya* que formam também o grupo mais numeroso. Quanto aos números sete e doze, eles foram exaustivamente comentados pelos teósofos desses dois ramos xiitas.**

Sob o aspecto jurídico, as mais importantes diferenças com a ortodoxia sunita são as seguintes: 1) o casamento temporário; 2) a permissão para dissimular as opiniões religiosas, vestígio da época das perseguições. As inovações dos dois ramos do xiismo são evidentes sobretudo no plano da teologia. Vimos a importância do esoterismo e da gnose. Segundo certos teólogos sunitas e autores ocidentais, foi justamente graças ao ensinamento secreto dos imames que várias concepções estrangeiras (principalmente gnósticas e iranianas) penetraram no islã xiita; por exemplo, a ideia da emanação divina em períodos sucessivos e a inserção dos imames nesse processo; a metempsicose; certas teorias cosmológicas e antropológicas etc. Lembremos, no entanto, que se constatam fenômenos similares no sufismo (§275), na cabala (§289) e na história do cristianismo. O que se deve ressaltar em todos esses casos não é o fato em si mesmo, especialmente a utilização de ideias e métodos espirituais estrangeiros, mas sua reinterpretação e articulação pelos sistemas que os assimilaram.

Além disso, a posição do imame suscitou a crítica da ortodoxia majoritária, sobretudo quando certos xiitas compararam seu mestre ao Profeta. Citamos anteriormente (p.69**) alguns exemplos da inevitável mitificação

* Sobre o desaparecimento do XII imã e suas consequências (sobretudo de ordem espiritual), ver Henry Corbin, *En Islam iranien*, v.IV, p.303-89. Esse desaparecimento assinala o início da "ocultação menor", que durará dez anos e ao longo da qual o imã escondido será várias vezes visitado por certos mensageiros. Não tendo ele designado sucessor, em 329-940 tem início a grande ocultação ou a história secreta do XII imã.

** Convém mencionar um terceiro ramo, os zaidîya, cujo nome deriva do V imã, Zaid (m.724). São muito menos numerosos e mais próximos do sunismo; na verdade, eles não atribuem aos imãs virtudes sobrenaturais, como o fazem sobretudo os ismaelitas (cf. §274).

sofrida pela biografia de Maomé. Eles poderiam ser facilmente multiplicados. Assim: uma luz se irradiava da cabeça de seu pai (alusão à "luz da glória maometana"); Maomé era o homem perfeito (*insân kâmil*), convertido em intermediário entre Deus e os seres humanos. Um *hadith* refere que Deus lhe dissera: "Se tu não existisses, eu não teria criado as esferas!" Acrescentemos que, para muitas confrarias místicas, o objetivo último do adepto era a união com o Profeta.

Contudo, para os sunitas, o imame não podia ser colocado junto de Maomé. Reconheciam, também eles, a excelência e a nobreza de 'Ali, mas rejeitavam a ideia de que não existiam sucessores legítimos fora dele e de sua família. Os sunitas negavam principalmente a crença de que o imame é inspirado por Deus, ou mesmo de que ele é uma manifestação de Deus.* Na verdade, os xiitas consideravam 'Ali e seus descendentes uma partícula da luz divina – ou, segundo alguns, uma substância divina –, mas sem com isso implicar a ideia da encarnação. Mais corretamente, pode-se dizer que o imame é uma epifania divina, uma teofania (crença semelhante, mas sem relacionar-se com o imame, volta a ser encontrada em certos místicos; cf. p.151). Por conseguinte, para os xiitas duodecímanos, bem como para os ismaelitas, o imame passa a ser o intermediário entre Deus e os fiéis. Ele não substitui o Profeta, mas completa sua obra e compartilha seu prestígio. Concepção audaciosa e original, pois deixa aberto o futuro da experiência religiosa. Graças à *walâyat*, à "amizade de Deus", o imame pode descobrir e revelar a seus fiéis dimensões ainda insuspeitadas do islã espiritual.

274. O ismaelismo e a exaltação do imame; a grande ressurreição; o Mahdî

O ismaelismo mal começa a ser conhecido, e isso graças sobretudo aos trabalhos de W. Ivanow. Poucos são os textos remanescentes da primeira época. Depois da morte do imame Isma'îl, a tradição menciona três imames ocultos. Em 487/1094, a comunidade ismaelita cindiu-se em dois ramos: os "orientais" (isto é, os da Pérsia), que tinham como centro a "comendadoria" de Alamût (fortaleza nas montanhas a sudoeste do mar Cáspio), e os "ocidentais", ou seja, os que habitavam o Egito e o Iêmen. A economia da presente obra não permite uma análise, mesmo sumária, do conjunto complexo da cosmologia, da

* Os nussairitas da Síria, descendentes do ismaelismo, consideravam 'Ali superior ao Profeta; alguns chegaram mesmo a divinizá-lo. Essa concepção, porém, foi rejeitada pelos xiitas.

antropologia e da escatologia ismaelitas.* Esclareçamos somente que, segundo os autores ismaelitas, o corpo do imame não é um corpo carnal; como o de Zaratustra (cf. §101), ele é o resultado de um orvalho de origem celeste absorvido por seus pais. A gnose ismaelita cuida que a "divindade" (*lâhit*) do imame se deve a seu "nascimento espiritual", que o transforma em suporte do "Templo de Luz", templo esse puramente espiritual. "Seu imamato, sua 'divindade' é esse *corpus mysticum* constituído de todas as formas de luz de seus adeptos."[11]

Ainda mais audaciosa é a doutrina do ismaelismo reformado de Alamût.** No 17 Ramazã 559 (8 de abril de 1164), o imame proclamou, diante de seus fiéis, a grande ressurreição. "O que a proclamação implicava era nada menos que o advento de um puro islã espiritual, liberto de todo e qualquer espírito de legalidade, de toda e qualquer servidão da lei, uma religião pessoal, porque revela e vivifica o sentido espiritual das revelações proféticas."[12] A tomada e a destruição da fortaleza de Alamût pelos mongóis (em 654/1251) não pôs fim ao movimento; o islã espiritual perpetuou-se, camuflado, nas confrarias dos sufis.

Segundo o ismaelismo reformado, a pessoa do imame tem precedência sobre a do Profeta. "O que o xiismo duodecímano pensa estar no término de uma perspectiva escatológica o ismaelismo de Alamût realiza 'no presente', por meio de uma antecipação da escatologia que é uma insurreição do espírito contra todas as servidões."[13] Sendo o imame o homem perfeito, ou a "face de Deus", o conhecimento dele "é o único conhecimento de Deus possível ao homem". Segundo Corbin, nas seguintes sentenças, quem fala é o imame eterno: "Os profetas passam e mudam. Nós, por nossa vez, somos homens eternos." "Os homens de Deus não são o próprio Deus; no entanto, não podem ser separados de Deus."[14] Por conseguinte,

> o imã eterno como teofania torna possível, sozinho, uma ontologia: sendo *o* revelado, ele é o *ser* como tal. É a pessoa absoluta, a face divina eterna, o supremo atributo divino que é o nome supremo de Deus. Em sua forma terrena, o imã é a epifania do verbo supremo, o porta-verdade de cada tempo, manifestação do homem eterno que manifesta a face de Deus.[15]

* Fala-se do princípio ou organizador primordial, do mistério dos mistérios, da progressão do ser a partir da primeira inteligência e do Adão espiritual, das duas hierarquias – celeste e terrena – que, segundo a expressão de Corbin, "simbolizam uma com a outra" etc.; cf. H. Corbin, *Histoire*, p.110-36, resumindo os trabalhos citados em nossa bibliografia (§274). A história do ismaelismo é apresentada por H. Laoust, *Les schismes dans l'Islam*, p.140s., 184s.

** A fortaleza de Alamût e o ismaelismo reformado suscitaram, no Ocidente, todo um folclore em torno dos "assassinos" (termo derivado, segundo Sylvestre de Sacy, de *hashshâshîn*, porque se supunha que os fiéis absorviam haxixe). Sobre essas lendas, ver L. Olschki, *Marco Polo's Asia*, p.368s., e as outras obras registradas em nossa bibliografia, §274.

Igualmente significativa é a crença de que, no homem, o autoconhecimento pressupõe o conhecimento do imame (trata-se, claro, de um conhecimento espiritual, do "encontro", no *mundus imaginalis*, com o imame oculto, invisível, inacessível aos sentidos). Afirma um texto ismaelita: "Aquele que morre sem ter conhecido o seu imã morre a morte dos inconscientes." Com toda a razão, Corbin considera as linhas seguintes talvez como a mensagem suprema da filosofia ismaelita:

> Disse o imã: estou com meus amigos onde quer que eles me busquem, na montanha, na planície e no deserto. Aquele a quem revelei minha essência, isto é, o conhecimento místico de mim mesmo, esse já não necessita de uma proximidade física. E é isso a grande ressurreição.[16]

O imã invisível desempenhou papel decisivo na experiência mística dos ismaelitas e de outros ramos xiitas. Acrescentemos que algumas concepções análogas relativas à santidade, e até à "divindade" dos mestres espirituais, são também encontradas em outras tradições religiosas (Índia, cristianismo medieval, hassidismo).

Convém assinalar que a imagem legendária do imame oculto foi muitas vezes associada ao mito escatológico do Mahdî, literalmente "o Guia" (ou seja, "aquele que é guiado por Deus"). O termo não se encontra no Corão, e diversos autores sunitas aplicaram-no a personagens históricas.[17] No entanto, foi sobretudo seu prestígio escatológico que impressionou a imaginação. Para alguns, o Mahdî era Jesus ('Isâ), mas a maioria dos teólogos julgam-no descendente da família do Profeta. Para os sunitas, o Mahdî, ainda que provoque a *renovatio* universal, não é o guia infalível proclamado pelos xiitas; estes últimos haviam identificado o Mahdî ao XII imame.

A ocultação e o reaparecimento do Mahdî no fim dos tempos tiveram papel considerável na devoção popular e nas crises milenaristas. Para determinada seita (os kaisânîya), o Mahdî seria Maomé ibn al-Hanafîya, o filho de 'Ali com outra esposa que não Fátima. Não obstante estar sempre vivo, ele jaz em seu túmulo, no monte Radwâ, onde os fiéis aguardam seu retorno. Como em todas as tradições, a aproximação do fim dos tempos caracteriza-se por uma degenerescência radical dos homens e por sinais específicos: a *ka'ba* desaparecerá, os exemplares do Corão ficarão com as páginas em branco, aquele que pronunciar o nome de Alá será morto etc. A epifania do Mahdî inaugurará, para os muçulmanos, uma época de justiça e prosperidade que até então não fora igualada na Terra. O reinado do Mahdî durará cinco, sete ou nove anos. Evidentemente, a espera de sua aparição alcança o paroxismo nas épocas de calamidade. Muitos chefes políticos tentaram chegar ao poder (e muitas vezes o conseguiram), proclamando-se Mahdî.*

275. Sufismo, esoterismo e experiências místicas

O sufismo representa a mais conhecida dimensão mística do islã e uma das mais importantes tradições do esoterismo muçulmano. A etimologia do vocábulo árabe *sufi* parece derivar de *sûf*, "lã"; alusão ao manto de lã usado pelos sufis. O termo se difunde a partir do século III (IX). Segundo a tradição, os antepassados espirituais do sufismo encontravam-se entre os companheiros de Maomé; por exemplo, Salmân al-Fârîsi, o barbeiro persa que habitava a casa do Profeta e que se tornou o modelo da adoção espiritual e da iniciação mística, e Uways al Qaranî, cuja devoção fora exaltada por Maomé.[18] Menos conhecida é a origem das tendências ascéticas,** mas elas ganham contornos precisos provavelmente sob a dinastia dos omíadas. Na verdade, muitos eram os fiéis que se mostravam desiludidos com a indiferença religiosa dos califas, preocupados apenas com a expansão permanente do Império.***

O primeiro místico-asceta é Hasan al-Basrî (m.110/728), célebre por sua devoção e profunda tristeza, pois estava sempre com o pensamento voltado para o dia do juízo. Outro contemplativo, Ibrâhîm ibn Adham, definiu as três fases da ascese (*zuhd*): 1) renunciar ao mundo; 2) renunciar à felicidade de saber que se desertou o mundo; 3) convencer-se tão plenamente da falta de importância do mundo que já não se chega sequer a contemplá-lo.[19] Râbî'a (m.185/801), escrava alforriada por seu senhor, introduz no sufismo o amor gratuito e absoluto a Deus. O amoroso não deve pensar no Paraíso nem no Inferno. Râbî'a é quem primeiro, entre os sufis, se refere ao ciúme de Deus. "Ó minha esperança, remanso e deleite meu, o coração a ninguém mais pode amar além de Ti!."[20] A prece noturna converte-se para Râbî'a numa longa e amorosa conversa com Deus.[21] No entanto, como ficou demonstrado em investigações recentes,[22] Ja'far al-Sâdik, o VI imame (m.148/765) e um dos grandes mestres do sufismo antigo, já havia definido a experiência mística em termos de amor divino ("um fogo divino que devora completamente o

* Cf., por exemplo, o Mahdî do Sudão, vencido por lord Kitchener em 1885.

** No III século da Hégira, a maioria dos sufis era casada; dois séculos mais tarde, eles não constituíam mais que uma minoria.

*** Mais tarde, os sufis identificaram o "governo" com o "mal"; cf. Schimmel, p.30. Devem-se também levar em conta as influências do monasticismo cristão; cf. Molé, *Les mystiques musulmans*, p.8s.

homem"). O que comprova a solidariedade entre o xiismo e a primeira fase do sufismo.

Na verdade, a dimensão esotérica do islã (*bâtin*), específica ao xiismo, foi a princípio identificada na *sunna* com o sufismo. Segundo Ibn Khaldûn, "os sufis estavam extremamente impregnados das teorias do xiismo". De igual modo, os xiitas consideravam suas doutrinas como a fonte e a inspiração do sufismo.*

De qualquer modo, as experiências místicas e as gnoses teosóficas inseriam-se a custo no islã ortodoxo. O muçulmano não ousava conceber uma relação íntima, feita de amor espiritual, com Alá. Bastava-lhe entregar-se a Deus, obedecer à lei e completar o ensinamento do Corão com a tradição (*sunna*). Escudados em sua erudição teológica e em seu domínio da jurisprudência, os ulemás consideravam-se os únicos chefes religiosos da comunidade. Ora, os sufis eram antirracionalistas ferozes; para eles, o verdadeiro conhecimento religioso era alcançado por meio de uma experiência pessoal, que terminava numa união momentânea com Deus. No entender dos ulemás, as consequências da experiência mística, e as interpretações dadas pelos sufis, ameaçavam as próprias bases da teologia ortodoxa.

Por outro lado, o "caminho" do sufismo implicava necessariamente "discípulos", iniciados e longamente instruídos por um mestre. Essa relação excepcional entre o mestre e seus discípulos não tarda a levar à veneração do sheik (*sheikh*) e ao culto dos santos. Nas palavras de Al-Hujwîri: "Saiba que o princípio e o fundamento do sufismo, e o conhecimento de Deus, se apoiam na santidade."[23]

Essas inovações preocupavam os ulemás, entre outros motivos porque viam sua autoridade ameaçada ou ignorada. Para os teólogos ortodoxos, eram os sufis suspeitos de heresia. Efetivamente, como veremos, podia-se revelar no sufismo a presença de influências – consideradas sacrílegas e nefastas – do neoplatonismo, da gnose e do maniqueísmo. Suspeitos de heresia, certos sufis – como o egípcio Dhû'l-Nûn (m.245/859) e Al-Nûri (m.295/907) – foram indiciados diante do califa, e os grandes mestres Al-Hallâj e Sohrawardî acabaram por ser executados (cf. §277, 280). Isso obrigou os sufis a comunicar suas experiências e concepções unicamente a discípulos dignos de fé e num círculo restrito de iniciados.

---

* Cf. S.H. Nasr, "Shi'ism and Sufism", p.105s. Cumpre ainda considerar que, nos primeiros séculos do islã, era difícil determinar se um autor era sunita ou xiita; ibid., p.106-7. A ruptura entre o xiismo e o sufismo verificou-se quando certos mestres sufis apresentaram uma nova interpretação da iniciação espiritual e da "amizade divina" (ver adiante). O sufismo xiita desaparece a partir dos séculos III-IX, e só volta nos séculos VII-XIII.

No entanto, o movimento continuou a progredir, porque satisfazia "os instintos religiosos do povo, instintos em parte congelados pelo ensinamento abstrato e impessoal dos ortodoxos, e que encontravam certo alívio nas ideias religiosas mais pessoais e emocionais dos sufis".[24] Na verdade, além da instrução iniciatória reservada aos discípulos, os mestres sufis estimulavam "sessões públicas de música religiosa". Os cantos religiosos, a música instrumental (flautas de cana, címbalos, tambores), a dança sacra, a repetição incansável do nome de Deus (*dhikr*) sensibilizavam não só o povo, como também as altas rodas espirituais. Insistiremos mais adiante no simbolismo e na função da dança e da música sacras (§282). O *dhikr* assemelha-se a uma prece dos cristãos do Oriente, o *monologistós*, que se limitava à repetição contínua do nome de Deus ou de Jesus.* Como veremos (§283), a técnica do *dhikr* (bem como a prática hesicasta) apresenta, a partir do século XII, uma morfologia extremamente complexa, que envolve uma "fisiologia mística" e um método de tipo ioga (posições corporais específicas, disciplina do sopro, manifestações cromáticas e acústicas etc.), o que torna plausíveis certas influências indianas.

No decorrer do tempo, e com algumas exceções, a opressão exercida pelos ulemás desaparecia por completo. Mesmo os mais intransigentes entre os perseguidores acabaram por reconhecer a excepcional contribuição dos sufis para que o islã pudesse expandir-se e renovar-se espiritualmente.

276. Alguns mestres sufis, de Dhû'l-Nûn a Tirmidhî

Dhû'l-Nûn o Egípcio (m.245/859) praticava já então a arte de dissimular suas experiências místicas. "Ó Deus! Quando em público, chamo-te 'Senhor meu', mas, estando sozinho, chamo-te 'Ó Amor meu!'." Segundo a tradição, Dhû'l-Nûn foi quem primeiro formulou a oposição entre *ma'rîfa*, conhecimento intuitivo ("experiência") de Deus, e *'ilm*, conhecimento discursivo.

> A cada hora que passa, torna-se o gnóstico mais humilde, pois cada hora o aproxima ainda mais de Deus. ... Os gnósticos não são eles mesmos, mas, na medida em que existem, existem em Deus. Seus movimentos são provocados por Deus, e suas palavras são as palavras que Deus pronunciou através de suas línguas.[25]

* Essa prece é mencionada, vários séculos antes do *dhikr*, por muitos Padres da Igreja (os santos Nilo, Cassiano, João Clímaco etc.): era praticada sobretudo pelos hesicastas.

Merece menção o talento literário de Dhû'l-Nûn. Seus longos hinos que celebram a glória do Senhor inauguraram a valorização mística da poesia.

O persa Abû Yazîd Bistâmî (m.260/874), um dos místicos mais controvertidos do islã, não deixou obra escrita. Seus discípulos, porém, transmitiram o essencial de seu ensinamento sob a forma de narrativas e máximas. Por meio de uma ascese particularmente rigorosa e da meditação concentrada na essência de Deus, Bistâmî obtém a "aniquilação" do próprio eu (*fanâ*), que ele foi o primeiro a formular; foi ele igualmente quem primeiro descreveu suas experiências místicas, em termos do *mi'râj* (a ascensão noturna de Maomé: cf. §261). Ele realizara o "isolamento" e, pelo menos momentaneamente, acreditava, a unidade absoluta entre o amado, o amante e o amor. Em êxtase, pronunciara Bistâmî "locuções teopáticas", falando como se fosse Deus. "Como chegaste lá? – Despojei-me do meu eu, como uma serpente se despoja da sua pele; depois, considerei a minha essência: e passei a ser Ele!" Ou ainda: "Deus considerou todas as consciências no Universo, e viu que elas estavam vazias d'Ele, com exceção da minha, onde Ele se viu em plenitude."[26]

Depois de outros orientalistas, Zaehner interpretou a experiência mística de Bistâmî como o resultado de uma influência indiana, precisamente a do vedanta shankariano.[27] Tendo em vista a importância atribuída à ascese e às técnicas da meditação, pensaríamos antes na ioga. Seja como for, certos mestres sufis duvidavam de que Bistâmî tivesse realizado a união com Deus. Segundo Junayd, ele "permaneceu no início, não alcançou o estado pleno e final". Al-Hallâj julgava que ele "chegara ao próprio limiar da locução divina" e pensava que "era realmente de Deus que lhe vinham essas palavras", mas teve o caminho bloqueado pelo obstáculo do seu "eu". "Pobre Abû Yazîd", dizia ele, "que não soube reconhecer onde e como devia fazer-se a unificação da alma e de Deus."[28]

Abû'l Qâsim al-Junayd (m.298/910) foi o autêntico mestre dos sufis de Bagdá. Deixou numerosos tratados de teologia e de mística, valiosos sobretudo para as análises das experiências espirituais que conduzem à absorção da alma em Deus. Em seu ensinamento, Junayd sublinhava a importância da sobriedade (*sahw*), que ele opunha à embriaguez espiritual (*sukr*) praticada por Bistâmî. Depois da experiência extática que aniquila o indivíduo, importa obter a "segunda sobriedade", quando o homem se torna cônscio de si mesmo e seus atributos lhe são restituídos, transformados e espiritualizados pela presença de Deus. O objetivo final do místico não é a "aniquilação" (*fanâ*), mas uma nova vida em Deus (*baqâ*, "o que resta").

Persuadido de que a experiência mística não pode ser formulada numa terminologia racionalista, Junayd proibia que seus discípulos falassem sobre ela diante dos não iniciados (foi por desobediência a essa regra que ele repudiou Al-Hâllaj). Seus tratados e cartas são escritos numa espécie de "linguagem secreta", inacessível ao leitor que não esteja familiarizado com seu ensinamento.[29]

Outro mestre iraniano, Husayn Tirmidhî (m.285/898), foi cognominado Al-Hâkim, "o Filósofo", por ter sido quem primeiro entre os sufis fez uso da filosofia helenística. Autor prolífico (cerca de oitenta opúsculos), Tirmidhî é conhecido sobretudo pela *Marca da santidade* (*Khâtam al-walâya*),[30] obra em que desenvolve a terminologia do sufismo tal como foi empregada desde então. O chefe da hierarquia sufista é o *qutb* ("polo") ou *ghauth* ("ajuda"). Os graus da santidade que ele descreve não constituem de modo algum uma "hierarquia do amor"; referem-se à gnose e às iluminações do santo. Com Tirmidhî, a insistência na gnose torna-se mais explícita, preparando, assim, o caminho para as especulações teosóficas ulteriores.[31]

Tirmidhî examinou com propriedade a noção de *walâyat* (a "amizade divina", iniciação espiritual). Aponta-lhe dois graus: uma *walâyat* geral concedida a todos os fiéis, e uma *walâyat* particular, reservada a uma nata espiritual, os "íntimos de Deus, que com Ele conversam e se comunicam, visto que com Ele se acham em estado de união efetiva e transcendente". Ora, observa Henry Corbin, "a noção da dupla *walâyat* é em primeiro lugar postulada e estabelecida pela doutrina xiita".[32] Ao analisar as relações entre a *walâyat* e a profecia, Tirmidhî concluiu pela supremacia da primeira, por ser permanente e por não estar vinculada a um momento histórico como a profecia. O ciclo da profecia termina com Maomé, ao passo que o ciclo da *walâyat* se prolonga até o fim dos tempos.[33]

277. Al-Hallâj, místico e mártir

Nascido em 244/857 no sudoeste do Irã, Al-Hallâj (= Hussayn-ibn-Mansûr) recebeu o ensinamento de dois mestres espirituais antes de encontrar, em Bagdá, o famoso sheik Al-Junayd e de tornar-se seu discípulo (em 264/877). Hallâj fez uma viagem de peregrinação a Meca, onde praticou o jejum e o silêncio e conheceu seus primeiros êxtases místicos. "Meu espírito misturou-se a Seu Espírito como o almíscar ao âmbar, como o vinho à água pura."[34] Ao retornar do *hadj*, Hallâj é afastado por Junayd, rompe relações com a maior parte dos sufis de Bagdá e deixa a cidade por quatro anos. Quando, mais tarde, ele dá início à sua primeira pregação pública, irrita não apenas os tradicionalistas, mas também os sufis, que o acusam de revelar os "segredos" aos não iniciados. Censuravam-lhe igualmente o "fazer milagres" (como os profetas!), ao contrário dos outros sheiks, que só aos iniciados mostravam seus poderes. Al-Hallâj despiu-se então do hábito sufista para se misturar livremente ao povo.[35]

Acompanhado de quatrocentos discípulos, realiza Hallâj, em 291/905, sua segunda peregrinação. Depois, torna a partir para uma longa viagem à Índia, ao Turquestão, chegando até as fronteiras da China. Após a terceira peregrinação a Meca, onde permanece dois anos, instala-se definitivamente em Bagdá (294/908) e se dedica à pregação pública (cf. Massignon, *Passion*, I, p.268s.).[36] Proclama que o fim supremo de todo ser humano é a união mística com Deus, efetuada pelo amor (*'ishq*). Nessa união, os atos do fiel são santificados e divinizados. Pronuncia em êxtase as célebres palavras – "Eu sou a Verdade (= Deus)" – pelas quais foi condenado. Dessa feita, Hallâj unira contra si os doutores da Lei (que o acusavam de panteísmo), os políticos (que o increpavam de agitar as massas) e os sufis. O que surpreende é o desejo de Hallâj de morrer anatematizado. "Querendo concitar os fiéis a porem fim a esse escândalo de um homem que ousa proclamar-se unido à Deidade, matando-o, grita-lhes, na mesquita-catedral de Al-Mansûr: 'Deus vos tornou lícito o meu sangue: matai-me. ... Não há no mundo dever mais urgente para os muçulmanos do que a minha execução.'"[37]

Esse comportamento estranho de Hallâj lembra os *malâmatîya*, grupo de contemplativos que, por amor a Deus, buscavam a censura (*malâma*) de seus correligionários. Eles não usavam o hábito dos sufis, e aprendiam a ocultar suas experiências místicas; além disso, provocavam os fiéis com seu comportamento excêntrico e aparentemente ímpio.* O fenômeno era, aliás, conhecido entre certos monges cristãos do Oriente desde o século VI e tem paralelos na Índia meridional.

Preso em 301/915, e após ter permanecido quase nove anos no cárcere,[38] Hallâj foi executado em 309/922. Algumas testemunhas referiram ter ouvido estas últimas palavras do supliciado: "O extático dá-se por satisfeito quando nele o seu Único, e somente ele, Se testemunha" (literalmente: "o que conta, para o extático, é que o Único o reduza à unidade").[39]

Sua obra escrita conservou-se apenas em parte; fragmentos de um comentário do Corão, algumas cartas, certo número de máximas e de poemas, e um livrinho, *Kîtâb at-tawasin*, onde Hallâj trata da unidade divina e da

---

* Mais tarde, certos grupos *malâmatîya* estenderam seu desprezo às normas até o ponto de praticarem a orgia. Ver os textos traduzidos para o francês por M. Molé, *Les mystiques musulmans*, p.73-6.

profetologia.[40] Os poemas estão saturados de uma intensa nostalgia para a união última com Deus. Encontram-se às vezes expressões pertencentes à obra alquímica,[41] ou referências ao sentido secreto do alfabeto árabe.

De todos esses textos e de certos testemunhos, arrolados, editados e analisados de maneira exaustiva por Louis Massignon, ressalta a integridade da fé de Hallâj e sua veneração pelo Profeta. O "caminho" de Alá não tinha em vista a destruição da criatura humana, mas buscava o sofrimento a fim de compreender "o amor apaixonado" (*'ishq*), e portanto a essência de Deus e o mistério da Criação. A locução "Eu sou a Verdade!" não implica de nenhum modo o panteísmo (como denunciaram alguns), pois Hallâj sublinhava sempre a transcendência de Deus. Somente em raras experiências extáticas é que o espírito da criatura podia estar unido a Deus.[42]

A concepção da "união transformadora" enunciada por Hallâj é resumida em termos bastante precisos por um teólogo hostil, a despeito de sua apresentação tendenciosa. Segundo esse autor,

> [Hallâj sustentou que] aquele que disciplina seu corpo pela obediência aos ritos ocupa seu coração em obras piedosas, suporta ser privado dos prazeres e é senhor de sua alma ao privar-sę dos desejos – eleva-se, assim, até a estação "dos que são aproximados" [de Deus]. E que, em seguida, não cessa de descer os degraus das distâncias, até que sua natureza seja purificada do que é carnal. E depois ... desce nele esse Espírito de Deus, de que nasceu Jesus, filho de Maria. Então ele se torna "aquele a quem toda coisa obedece (*Muta'*)", não quer outra coisa a não ser o que cumpre o mandamento de Deus; todo ato dele é, por conseguinte, ato de Deus, e todo mandamento dele é mandamento de Deus.[43]

Depois de seu martírio, a santidade de Hallâj não cessou de aumentar em todo o mundo muçulmano.[44] Igualmente importante foi sua influência póstuma sobre os sufis e sobre uma certa teologia mística.

278. Al-Ghazzâlî e a conciliação entre *kalâm* e sufismo

O martírio de Hallâj teve, entre outras consequências, a de obrigar os sufis a demonstrar, em suas manifestações públicas, que não contradiziam o ensinamento ortodoxo. Alguns camuflavam suas experiências místicas e suas ideias teológicas num comportamento excêntrico. É o caso, por exemplo, de Shiblî (247/861-334/945), o amigo que interrogou Hallâj, pendurado na forca, sobre o sentido da *unio mystica*, e que viveu ainda 23 anos depois dele. Para tornar-se ridículo, Shiblî comparava sua própria pessoa a um sapo. Por meio de seus paradoxos e derramamentos poéticos, ele assegurava para si um "privilégio de imunidade" (Massignon). Dizia: "Aquele que ama Deus por Seus atos de graça é um politeísta." Certa vez, Shiblî pediu a seus discípulos que o abandonassem, pois, em qualquer lugar em que se encontrassem, estaria com eles e os protegeria.[45]

Outro místico, o iraquiano Niffarî (m.354/865), também fez uso do paradoxo, mas evitando o preciosismo de Shiblî. Foi ele provavelmente quem primeiro proclamou que a prece é um dom divino. "Sou eu quem dá; não tivesse eu respondido à tua prece, não te teria incitado a buscá-la."[46]

No século que se seguiu ao martírio de Hallâj, certo número de autores expôs a doutrina e as práticas do sufismo. Examinemos a teoria, que se tornou clássica, dos "períodos" ou "estações" (*maqâmât*) e dos "estados" (*ahwâl*) da "via" (*tarîqah*). Distinguem-se três períodos principais: o de noviço (*murîd*), o daquele que está progredindo (*sâlik*) e o do perfeito (*kâmil*). Tendo o sheik por conselheiro, deve o noviço praticar vários exercícios ascéticos, começando pelo arrependimento e terminando com a aceitação serena de tudo o que lhe acontece. A ascese e a instrução constituem um combate interior cuidadosamente fiscalizado pelo mestre. Enquanto os *maqâmât*, as "estações", são o resultado de um esforço pessoal, os "estados" são um dom gratuito de Deus.*

É importante lembrar que, no século III/IX, a mística muçulmana conhecia três teorias da união divina. "A união é concebida: a) como uma conjunção (*ittisâl* ou *wisâl*), que exclui a ideia de uma identidade entre a alma e Deus; ou b) como uma identificação (*ittihâd*), que, ela própria, comporta dois sentidos distintos: um, sinônimo do precedente, o outro, que evoca uma união de natureza; ou c) como uma habitação (*hulûl*): o Espírito de Deus habita, sem confusão de natureza, a alma purificada do místico. Os doutores do islã oficial somente admitem a união no sentido de *ittisâl* (ou seu equivalente, o primeiro sentido de *ittihâd*), mas repelem com veemência qualquer ideia de *hulûl*."[47]

É justamente o célebre teólogo Al-Ghazzâlî (Algazel) quem, graças a seu prestígio, consegue tornar o sufismo aceitável pela ortodoxia. Nascido em 451/1059 na Pérsia oriental, Abû Hâmid al-Ghazzâlî estudou o *kalâm* e tornou-se professor em Bagdá. Dedicou-se em seguida a estudar os sistemas de Alfarabi e de Avicena, inspirados pela filosofia grega, para poder criticá-los

---

* Seu número varia. Um autor, citado por Anawati, nomeia-lhes uma dezena de dons, entre os quais o amor, o medo, a esperança, o desejo, a tranquilidade na paz, a contemplação, a certeza; cf. *Mystique musulmane*, p.42. Ver os textos traduzidos e comentados por L. Gardet e Anawati, ibid., p.125-80, e por S.H. Nasr, *Sufi Essays*, p.73-4, 77-83.

e contestá-los em sua *Refutação dos filósofos*.* Depois de uma crise religiosa, Ghazzâlî abandonou o ensino em 1075 e fez uma viagem pela Síria; visitou também Jerusalém e uma parte do Egito. Estudou o judaísmo e o cristianismo, e os pesquisadores viram em seu pensamento religioso certas influências cristãs. Durante dois anos, na Síria, seguiu o caminho dos sufis. Após uma ausência de dez anos, Ghazzâlî voltou a Bagdá e retomou, por pouco tempo, o seu magistério. Acabou, porém, por retirar-se com seus discípulos em sua cidade natal, onde fundou um seminário (madraça) e um "convento" de sufis. Suas numerosas obras, fazia já muito tempo, haviam construído sua celebridade, mas ele não parou de escrever. Unanimemente venerado, morreu em 505/1111.

Não se sabe quem foi o guia espiritual de Ghazzâlî e o tipo de iniciação que recebera. Entretanto, não se pode duvidar que foi graças a uma experiência mística que descobriu a insuficiência da teologia oficial (*kalâm*). Como ele, com humor, escreveu: "Aqueles que são tão eruditos em certas formas raras de divórcio nada lhes podem dizer acerca das coisas mais simples da vida espiritual, como o significado da sinceridade para com Deus ou da confiança n'Ele."[48] Após sua conversão mística e sua iniciação no sufismo, Ghazzâlî compreendeu que o ensinamento dos sufis não devia permanecer secreto, restrito a uma nata espiritual, mas tornar-se acessível a todos os fiéis.

A autenticidade e o vigor de sua experiência mística** são confirmados por sua obra mais importante, *A revivescência das ciências religiosas*. Trata-se de um resumo em quarenta capítulos, no qual Ghazzâlî estuda sucessivamente as questões rituais, os costumes, a mensagem do Profeta, "as coisas que levam à destruição" e as que conduzem à salvação. É nessa última seção que se discutem certos aspectos da vida mística. Ghazzâlî, no entanto, procura manter sempre uma atitude de equilíbrio, completando a lei e a tradição com o ensinamento do sufismo, mas sem dar primazia à experiência mística. Graças a essa posição, *A revivescência das ciências religiosas* foi adotada pelos teólogos ortodoxos e alcançou inigualável autoridade.

Autor enciclopédico e fecundo, Ghazzâlî era também grande polemista; atacou sem trégua o ismaelismo e todas as tendências gnósticas. Contudo, em alguns de seus escritos, as especulações místicas em torno da luz deixam transparecer uma estrutura gnóstica.

Segundo vários estudiosos, Ghazzâlî não foi bem-sucedido em seu intento de "revivificar" o pensamento religioso do islã. "Por mais brilhante que fosse,

---

* Essa célebre *Refutação* foi, por sua vez, contraditada por Averróis (cf. §280).

** Após sua conversão, Ghazzâlî escreveu uma autobiografia espiritual, *O libertador dos erros*, mas sem revelar suas experiências íntimas; insiste sobretudo na crítica dos filósofos.

sua contribuição não logrou prevenir a ancilose que, dois ou três séculos mais tarde, imobilizará o pensamento religioso muçulmano."*

279. Os primeiros metafísicos; Avicena; a filosofia na Espanha muçulmana

Foram as traduções das obras gregas de filosofia e de ciência que suscitaram e sustentaram a reflexão filosófica no islã. Em meados do século III/IX, começam a impor-se, ao lado das discussões teológicas, os escritos que derivam, em linha direta, de Platão e Aristóteles (conhecidos, aliás, através das interpretações neoplatônicas). O primeiro filósofo cujas obras sobreviveram em parte é Abû Yûsof al-Kindî** (185/796-260/873, aproximadamente). Ele estudou não apenas a filosofia grega, mas também as ciências naturais e a matemática. Al-Kindî empenhou-se em provar a possibilidade e a validade de um conhecimento puramente humano. Admitia decerto o conhecimento de ordem sobrenatural, outorgado por Deus a seus profetas; mas, pelo menos em princípio, o pensamento humano era capaz de descobrir por seus próprios meios as verdades reveladas.

A reflexão acerca desses dois tipos de conhecimento – humano (sobretudo aquele praticado pelos antigos) e revelado (por excelência no Corão) – propõe a Al-Kindî uma série de problemas que se tornarão essenciais na filosofia muçulmana. Lembremos entre os mais importantes: a possibilidade de uma exegese metafísica (vale dizer, racional) do Corão e da tradição (a *hadith*); a identificação de Deus com o Ser em si e a causa primeira; a Criação compreendida como uma espécie de causa distinta das causas naturais, bem como da emanação dos neoplatônicos; por fim, a imortalidade da alma individual.

Alguns desses problemas são discutidos e resolvidos de maneira audaciosa por um filósofo profundo, que era também um místico, chamado Alfarabi (250/872-339/950). Foi ele o primeiro que tentou aproximar a meditação filosófica e o islã. Também havia estudado as ciências naturais (tal como as apresentava Aristóteles), a lógica e a teologia política. Desenvolveu o plano

---

* Anawati, op.cit., p.51. Ver também uma crítica severa de Ghazzâlî em Zaehner, *Hindu and Muslim Mysticism*, p.126s. Corbin, porém, demonstrou que a criatividade filosófica não terminou com a morte de Averróis (1198); a filosofia continuou a desenvolver-se no Oriente, principalmente no Irã, nas tradições das diversas escolas e de Sohrawardî.

** Ele era conhecido no Ocidente por algumas obras traduzidas para o latim na Idade Média: *De intellectu*, *De Quinque Essentiis* etc.

da "cidade perfeita", inspirada em Platão, e descreveu o "príncipe" exemplar, em que se reúnem todas as virtudes humanas e filosóficas, como um "Platão vestido com o manto de profeta de Maomé".[49] Pode-se dizer que, através da teologia política, Alfarabi mostrou a seus sucessores como devem ser tratadas as relações entre a filosofia e a religião. Sua metafísica está firmada na diferença entre a essência e a existência dos seres criados; a *existência* é um predicado, um *acidente da essência*. Corbin lembra, com razão, que essa tese marcou época na história da metafísica. Igualmente original é sua teoria da inteligência e da hierarquia das inteligências. Mas Alfarabi interessa-se apaixonadamente pela mística, e, em seus escritos, utiliza a terminologia do sufismo.

Como ele próprio reconhecia, foi graças a uma obra de Alfarabi que o jovem Avicena conseguiu entender a *Metafísica* de Aristóteles. Nascido perto de Bukhara em 370/980, Ibn Sînâ celebrizou-se no Ocidente com o nome de Avicena, quando algumas de suas obras foram traduzidas para o latim no século XII. Sua precocidade e sua cultura universal nunca mais foram igualadas. Seu grande *Cânon* dominou durante séculos a medicina europeia e ainda tem atualidade no Oriente. Trabalhador infatigável (sua bibliografia alcança 292 títulos!), Ibn Sînâ redigiu, entre outras obras, comentários sobre Aristóteles, uma suma (*Kitab al-Shifâ*) que estuda a metafísica, a lógica e a física, duas obras em que expõe sua filosofia,[50] sem mencionar uma enorme enciclopédia em vinte volumes que, salvo por alguns fragmentos, desapareceu quando Ispahan foi conquistada por Maomé de Ghazna. Seu pai e seu irmão eram ismaelitas; quanto a Ibn Sînâ, segundo Corbin,[51] pertencia provavelmente ao xiismo duodecímano. Morreu com 57 anos (em 428/1637), perto de Hamada, aonde havia acompanhado seu príncipe.

Avicena admite e prolonga a metafísica da essência elaborada por Alfarabi. A existência é o resultado da Criação, ou seja, "do pensamento divino que se pensa a si mesmo, e esse conhecimento que o ser divino tem eternamente de si próprio não é mais que a primeira emanação, o primeiro *Noûs* ou a primeira inteligência".[52] A pluralidade do ser procede, mediante uma série de emanações sucessivas, dessa primeira inteligência.[53] Da segunda inteligência deriva a alma motriz do primeiro Céu; da terceira, o corpo etéreo desse Céu; e assim sucessivamente. O resultado disso são as dez inteligências "querubínicas" (*Angeli intellectuales*) e as almas celestes (*Angeli caelestes*), "as quais não têm faculdades sensíveis, mas possuem a imaginação em estado puro".[54]

A décima inteligência, designada como a inteligência agente ou ativa, desempenha papel importante na cosmologia de Avicena, pois é a partir dela que se originam o mundo terreno[55] e a multidão das almas humanas.* Sendo uma substância indivisível, imaterial e incorruptível, a alma sobrevive à morte do corpo. Avicena orgulhava-se de ter podido demonstrar, com argumentos filosóficos, a imortalidade das almas individuais, não obstante terem sido criadas. Para ele, a principal função da religião era assegurar a felicidade de cada ser humano. Contudo, o verdadeiro filósofo é também um místico, porque se consagra ao amor de Deus e busca as verdades interiores da religião. Avicena menciona diversas vezes sua obra sobre a "filosofia oriental", da qual não restam mais do que breves referências, quase todas relacionadas com a vida depois da morte. Suas experiências visionárias constituem o assunto de três *Relatos místicos*;[56] trata-se de uma viagem extática a um Oriente místico, efetuada sob a direção do anjo iluminador, tema que será retomado por Sohrawardî (§281).

A estrutura desta obra obriga-nos a passar rapidamente pelos primeiros teósofos e místicos da Andaluzia. Mencionemos Ibn Massara (269/883-319/931), que, em suas viagens pelo Oriente, manteve contato com os círculos esotéricos e, mais tarde, retirou-se em companhia de alguns discípulos para um eremitério próximo a Córdova. Foi Ibn Massara quem organizou a primeira confraria mística (e secreta) na Espanha muçulmana. Foi possível reconstituir as linhas gerais de sua doutrina – ao mesmo tempo gnóstica e neoplatônica – graças às longas citações feitas por Ibn Arabî.

Córdova é, ainda, a terra natal de Ibn Hazm (403/1013-454/1063), jurista, pensador, poeta e autor de uma história crítica das religiões e dos sistemas filosóficos. Seu célebre livro de poemas, *O colar da pomba*, inspira-se no mito platônico do *Banquete*. Já se observou a analogia entre sua teoria do amor e a "Gaia ciência" do primeiro trovador, Guilherme IX da Aquitânia.[57] Muito mais importante é o tratado sobre as religiões e as filosofias. Ibn Hazm descreveu as diversas espécies de céticos e de crentes, detendo-se nos povos que possuem um livro revelado, e sobretudo naqueles que mais bem conservaram a concepção da Unidade divina (*tawhîd*) e o texto original da revelação.

O pensador Ibn Bâjja (Avempácio, da escolástica latina), que viveu no século V/XII, é particularmente importante pela influência que exerceu sobre Averróis e Alberto Magno. Comentou vários tratados de Aristóteles, mas suas principais obras metafísicas ficaram inacabadas. Assinalemos, porém, que "os termos que têm a predileção de Ibn Bâjja – *solitário, estrangeiro* – são apenas os vocábulos típicos da gnose mística no islã".[58] Quanto a Ibn Tofayl de Cór-

* Segundo Corbin (p.243), é por causa dessa "inteligência agente", com a imagem e a função do anjo, que foi posto em xeque o que ficou conhecido como o "avicenismo latino".

dova (século V/XII), adquiriu a mesma erudição enciclopédica imposta pela época; no entanto, ele deve sua fama a um "romance filosófico" intitulado *Hayy Ibn Yaqzân*, traduzido para o hebraico no século XII, mas que permaneceu ignorado pelos escolásticos latinos. Contemporâneo de Sohrawardî (§281), Ibn Tofayl tem relações com a "filosofia oriental" e com os relatos iniciatórios de Avicena. A ação de seu romance desenvolve-se sucessivamente em duas ilhas. A primeira é habitada por uma sociedade que pratica uma religião toda exterior, governada por uma lei rígida. Um contemplativo, Absâl, decide emigrar para a ilha fronteira. Encontra um único habitante, Hayy Ibn Yaqzân; esse filósofo aprendera sozinho as leis da vida e os mistérios do espírito. Desejando comunicar aos homens a verdade divina, Hayy e Absâl dirigem-se para a primeira ilha. Não tardam, porém, a compreender que a sociedade humana é incurável e retornam a seu eremitério. "O regresso à ilha deles significa acaso que o conflito entre filosofia e religião, no islã, é desesperado e sem saída?"[59]

280. Os últimos – e os maiores – pensadores da Andaluzia: Averróis e Ibn Arabî

Tido como o maior filósofo muçulmano, Ibn Roshd (Averróis, para os latinos) desfruta excepcional fama no Ocidente. Sua obra é, de fato, considerável. Averróis comentou acertadamente a maioria dos tratados de Aristóteles, pois pretendia restaurar o pensamento autêntico do mestre. Não se trata de apresentar aqui as linhas diretrizes de seu sistema. Basta lembrar que Averróis conhecia perfeitamente a Lei; sustentava, portanto, que todo fiel está obrigado a praticar os princípios fundamentais da religião, tal como aparecem no Corão, a *hadith* e o *ijmâ* (consenso). Mas os homens dotados de maiores aptidões intelectuais tinham o dever de buscar uma ciência superior, isto é, de estudar a filosofia. Os teólogos não tinham o direito de intervir nessa atividade nem de julgar suas conclusões. A teologia era necessária como disciplina intermediária, mas devia estar sempre sob o controle da filosofia. Entretanto, nem os filósofos, nem os teólogos devem revelar ao povo as interpretações dos versos ambíguos do Corão. (O que não implica, de modo algum, a "dupla verdade", como interpretaram certos teólogos ocidentais.)

Escudado nessa doutrina, Averróis criticou com severidade e humor a *Refutação dos filósofos* de Al-Ghazzâlî (§278). Em sua célebre *Refutação da refutação* (*Tahâfot al-Tahâfot*, traduzida em latim com o título de *Destructio destructionis*), Averróis demonstra que Al-Ghazzâlî não compreendeu os sistemas filosóficos e que os argumentos que desenvolve denunciam sua incompetência. Mostrou, além disso, as contradições entre essa obra e outros escritos do famoso polígrafo.

Averróis criticou também Alfarabi e Avicena, acusando-os de haver abandonado a tradição dos filósofos antigos para agradar aos teólogos. Mas, desejando restaurar uma cosmologia puramente aristotélica, Averróis rejeitou a angelologia aviceniana, a das *Animae caelestes*, e, portanto, o mundo das imagens percebidas pela imaginação criadora (cf. §279). As *formas* não são criadas pela inteligência agente, como afirma Avicena. *A matéria em si mesma possui em potência a totalidade das formas.* Mas, já que a matéria é o princípio de individuação, o individual identifica-se com o corruptível e, por conseguinte, a *imortalidade* só pode ser *impessoal*.[60] Esta última tese provoca reações tanto entre os teólogos e os teósofos muçulmanos quanto entre os pensadores cristãos.*

Averróis desejou conhecer um sufi ainda muito jovem, Ibn Arabî, e, segundo o testemunho deste último, empalideceu ao perceber a insuficiência de seu próprio sistema. Ibn al-Arabî é um dos gênios mais profundos do sufismo e uma das figuras mais singulares da mística universal. Nascido em 560/1165 em Múrcia, estudou todas as ciências e fez constantes viagens, desde o Marrocos até o Iraque, para avistar-se com sheiks e companheiros. Teve precocemente algumas experiências sobrenaturais e certas revelações. Seus primeiros mestres foram duas mulheres: Shams, que contava na época 95 anos, e Fátima de Córdova.[61] Mais tarde, em Meca, foi apresentado à belíssima filha de um sheik e compôs os poemas reunidos sob o título de *A interpretação dos desejos*. Inspirados por fervoroso amor místico, os poemas foram considerados simplesmente como eróticos, ainda que mais se assemelhem às relações entre Dante e Beatriz.

Em suas meditações junto à *ka'ba*, Ibn Arabî teve uma série de visões extáticas (entre outras, a da "eterna juventude") e teve a confirmação de que era o "selo da santidade maometana". Um de seus mais importantes escritos, obra mística em vinte volumes, chama-se, aliás, *As revelações de Meca*. Em 1205, Ibn Arabî recebeu em Mossul uma terceira iniciação.[62] Entretanto, pouco tempo depois, no Cairo, em 1206, teve atritos com as autoridades religiosas e tornou a partir apressadamente para Meca. Depois de outras viagens, que aliás em nada diminuíram sua prodigiosa criatividade, Ibn Arabî morreu em Damasco, em 638/1240, aos 85 anos.

---

* As primeiras traduções latinas dos comentários de Averróis sobre Aristóteles foram feitas na altura de 1230-35. Mas o "averroísmo latino", tão importante na Idade Média ocidental, representa de fato uma nova interpretação, elaborada na perspectiva de santo Agostinho.

Apesar de sua posição excepcional na história da mística e da metafísica muçulmanas (os sufis apontam-no como "o maior dos sheiks"), o pensamento de Ibn Arabî é ainda mal conhecido.* É verdade que ele escrevia sempre muito depressa, como que possuído por uma inspiração sobrenatural. Uma de suas obras-primas, *O colar da sabedoria*, recentemente traduzida para o inglês, está cheia de observações fascinantes, mas carece inteiramente de plano e de rigor. É, no entanto, essa rápida síntese que nos permite apreender a originalidade de seu pensamento e a grandeza de sua teologia mística.

Ibn Arabî reconhece: "O conhecimento dos estados místicos só pode ser obtido através da experiência; a razão humana não pode defini-lo, nem chegar até ele por dedução."[63] Daí a necessidade do esoterismo: "Esse tipo de conhecimento espiritual deve ser escondido da maioria dos homens por causa de sua sublimidade, pois suas profundezas são difíceis de alcançar e grandes são os perigos."[64]

O conceito fundamental da metafísica e da mística de Ibn Arabî é a *Unidade do ser*, mais precisamente a unidade ao mesmo tempo do ser e da percepção. Em outros termos, a realidade total, não diferenciada, constitui o modo de ser primordial da divindade. Animada pelo amor e desejando conhecer a si mesma, essa realidade divina divide-se em sujeito (aquele que conhece) e objeto (o conhecido). Quando se refere à realidade no contexto da unidade do ser, Ibn Arabî emprega o termo *al-Haqq* (o real, a verdade). Ao falar da realidade dividida num polo espiritual ou intelectual, e num polo cósmico ou existencial, designa o primeiro como *Alá* ou o Criador (*al-khâliq*), e o segundo como Criação (*Khalq*) ou cosmo.**

Para explicitar esse processo da Criação, Ibn Arabî utiliza de preferência os temas da imaginação criadora e do amor. Graças à imaginação criadora, as formas latentes que existem no real são projetadas sobre a cortina ilusória da alteridade, de sorte que Deus pode perceber a Si mesmo como objeto.[65] Por conseguinte, a imaginação criadora constitui o traço de união entre o real como sujeito e o real como objeto de conhecimento, entre o Criador e a criatura. Chamados à existência pela imaginação criadora, os objetos são reconhecidos pelo sujeito divino.

O segundo tema utilizado para ilustrar o processo da Criação é o do amor, ou seja, a nostalgia de Deus de ser conhecido pela criatura. Ibn Arabî descreve

---

* Seus livros são ainda hoje proibidos no Egito, e a obra, volumosa e difícil, é insuficientemente editada. Quanto às traduções, são pouco numerosas.

** *The Bezels of Wisdom*, p.153. Ibn Arabî esclarece que cada polo – espiritual e cósmico – implica, de um modo potencial e latente, o outro polo.

inicialmente o trabalho de parto desenvolvido pela realidade procriadora. No entanto, é ainda o amor que congrega as criaturas. Assim, a divisão do real num sujeito divino e num objeto criado conduz à reintegração na unidade primordial, desta vez *enriquecida pela experiência do conhecimento de Si*.[66]

Como criatura, cada homem, em sua essência latente, não pode ser outra coisa senão Deus; como objeto do conhecimento de Deus, o homem contribui para que Deus conheça a Si mesmo, e ao fazer isso participa da liberdade divina.[67] O homem perfeito constitui o "istmo" entre os dois polos da realidade. Ele é, a um só tempo, macho, isto é, representante do Céu e do verbo de Deus, e mulher, como representante da Terra e do cosmo. Reunindo em sua pessoa o Céu e a Terra, o homem perfeito obtém ao mesmo tempo a unidade do ser.* O santo partilha com Deus o poder de criar (*himmah*), isto é, pode realizar objetivamente suas próprias imagens interiores.[68] Nenhum santo, porém, consegue manter essas imagens objetivamente reais, ainda que por um período limitado.[69] Acrescentemos que, para Ibn Arabî, o islã é, essencialmente, a experiência e a verdade conhecidas pelo santo, cujas funções mais importantes são a de profeta (*nabî*) e a de apóstolo (*rasûl*).

Tal como Orígenes, Gioacchino da Fiore ou Mestre Eckhart, Ibn Arabî, embora contasse com discípulos fiéis e competentes e fosse admirado pelos sufis, não conseguiu fecundar e renovar a teologia oficial. Ao contrário, porém, dos três mestres cristãos, o gênio de Ibn Arabî fortaleceu a tradição esotérica muçulmana.

281. Sohrawardî e a mística da luz

Shihâboddîn Yahyâ Sohrawardî nasceu no ano de 549/1155 em Sohraward, cidade do noroeste do Irã. Estudou no Azerbaijão e em Ispahan, estabeleceu-se alguns anos na Anatólia e dirigiu-se em seguida para a Síria. É nesse país que Sohrawardî se viu condenado num processo que contra ele instauraram os doutores da Lei, e veio a morrer, em 587/1191, aos 36 anos. Designado pelos historiadores como o sheik *maqtûl* ("assassinado"), é conhecido por seus discípulos como o sheik *shahîd*, o "mártir".

O título de sua principal obra, *A teosofia oriental* (= *Hikmat al-Ishrâk*), define o ambicioso empreendimento de Sohrawardî, isto é, a reatualização da antiga sabedoria iraniana e da gnose hermética. Avicena havia falado de

* Corbin, op.cit., cap.IV, 2. Esclareçamos que, segundo Ibn Arabî, o homem perfeito constitui um modelo exemplar, dificilmente atualizado numa existência humana.

uma "sabedoria" ou de uma "filosofia oriental" (cf. §279). Sohrawardî conhecia as ideias de seu famoso predecessor. Mas, segundo ele, Avicena não podia realizar essa "filosofia oriental" porque ignorava o princípio, a própria "fonte oriental". "Existiu entre os antigos persas", escreveu Sohrawardî,

> uma comunidade de homens que eram guiados por Deus e que trilhavam assim o caminho reto, sábios-teósofos eminentes, sem qualquer semelhança com os magos (*Majûs*). Foi sua preciosa teosofia da luz, aquela mesma testemunhada pela experiência mística de Platão e de seus antecessores, que ressuscitei em meu livro intitulado *A teosofia oriental*, e eu não tivera precursor na trilha de tal projeto.[70]

A vastíssima obra de Sohrawardî (49 títulos) deriva de uma experiência pessoal, uma "conversão acontecida em sua mocidade". Numa visão extática, ele descobriu uma multidão de "seres de luz que foram contemplados por Hermes e por Platão, e essas irradiações celestes, fontes da *luz de glória* e da *soberania de luz* (*Ray wa Khorreh*) anunciadas por Zaratustra, aquelas para quem um arrebatamento espiritual levou o fidelíssimo rei, o ditoso Kay Khosraw".[71] A noção de *Ishrâq* (o esplendor do Sol na aurora) remete: 1) à sabedoria, a teosofia de que a luz é fonte; e, portanto, 2) a uma doutrina baseada no aparecimento das luzes inteligíveis; 3) mas também à teosofia dos *orientais*, ou seja, a dos sábios da antiga Pérsia. Esse "esplendor auroral" é a "luz da glória", a *xvarenah* do Avesta (em persa, *Khorrah*; cf. a forma parse *Farr, Farrah*). Sohrawardî descreve-a como a irradiação eterna da luz das luzes, de onde procede o primeiro arcanjo, designado pelo nome zaratustriano de Bahman (*Vohu Manah*). Essa relação entre a luz das luzes e o primeiro emanado é reencontrada em todos os graus de procissão do ser, ordenando por pares todas as categorias de criações. "Engendrando-se umas às outras com suas irradiações e seus reflexos, as hipóstases de luz chegam ao inumerável. Para além do Céu dos fixos da astronomia peripatética ou ptolemaica, são pressentidos inúmeros universos maravilhosos".[72]

Esse mundo das luzes é complexo demais para ser descrito aqui.[73] Lembremos apenas que todas as modalidades de existência espiritual e todas as realidades cósmicas são criadas e dirigidas por diferentes espécies de arcanjos emanados da luz das luzes. A cosmologia de Sohrawardî é solidária de uma angelologia. Sua física lembra ao mesmo tempo a concepção masdeísta das duas categorias de realidades – *mênôk* (celeste, sutil) e *gêtik* (terrestre, denso) – e o dualismo maniqueu (cf. §215, 233-4). Dos quatro universos da cosmologia sohrawardiana, convém lembrarmos a importância do *Malakût* (mundo das almas celestes e das almas humanas) e do *mundus imaginalis*, "o mundo intermediário entre o mundo inteligível dos seres de pura luz e o mundo sensível; o órgão que o percebe como coisa particular é a imaginação ativa".[74] Como observa Henry Corbin, "Sohrawardî foi, ao que parece, quem primeiro fundou a ontologia desse intermundo, e esse tema será retomado e ampliado por todos os gnósticos e místicos do islã".*

Os relatos de iniciação espiritual redigidos por Sohrawardî deixam-se decifrar na perspectiva desse mundo intermediário. Trata-se dos acontecimentos espirituais ocorridos no *Malakût*, mas que revelam a significação profunda dos episódios exteriores paralelos. O *Relato do exílio ocidental*[75] constitui uma iniciação que reconduz o discípulo ao seu *Oriente*; em outras palavras, essa breve e muitas vezes enigmática narração ajuda o "exilado" a retornar *à sua casa*. Para Sohrawardî e os "teósofos orientais" (*Hokama Ishrâqîyûn*), a reflexão filosófica não se dissocia de sua realização espiritual; eles reúnem o método dos filósofos que buscam o conhecimento puro e o método dos sufis que perseguem a purificação interior.**

As experiências espirituais do discípulo no mundo intermediário constituem, como vimos, uma série de provas iniciatórias suscitadas pela imaginação criadora. Embora situada em outro plano, pode-se comparar a função desses relatos iniciatórios com a dos romances do Graal (§270). Cumpre também lembrar o valor mágico-religioso de toda narração de tipo tradicional, ou seja, das "histórias exemplares" (cf. hassidas, §293). Acrescentemos, por enquanto, que, entre os camponeses romenos, a narração ritual de histórias (efetuada durante a noite) protege a casa contra o diabo e os maus espíritos. Mais ainda: traz a presença de Deus.[76]

Essas poucas indicações comparativas permitem-nos compreender melhor ao mesmo tempo a originalidade de Sohrawardî e a velha tradição a que ele dá seguimento. A imaginação criadora, que torna possível a descoberta do intermundo, é solidária da visão extática dos xamãs e da inspiração dos antigos poetas. Sabe-se que a epopeia e certo tipo de conto de fadas derivam de viagens e aventuras extáticas no Céu, e sobretudo no Inferno.[77] Tudo isso

* "Sua importância é realmente capital. Ele está no primeiro plano da perspectiva que se abre para o futuro póstumo do ser humano. Sua função é tríplice: é através dele que se cumpre a ressurreição, pois ele é o lugar dos 'corpos sutis'; é graças a ele que são realmente verdadeiros os símbolos configurados pelos profetas, bem como todas as experiências visionárias; por conseguinte, é graças a ele que se cumpre o *ta'wîl*, a exegese que 'reconduz' à sua 'verdade espiritual' os dados da revelação corânica" (Corbin, *Histoire*, p.296-7).

** Na genealogia espiritual que Sohrawardî atribui a si próprio figuram não apenas os filósofos gregos, como ainda a sabedoria da Pérsia e alguns grandes mestres sufistas; *Histoire*, p.299.

ajuda-nos a compreender, por um lado, o papel da literatura narrativa na "educação espiritual", e, por outro, as consequências, para o mundo ocidental do século XX, da descoberta do inconsciente e da dialética da imaginação.

Para Sohrawardî, o sábio que domina tanto a filosofia como a contemplação mística é o verdadeiro chefe espiritual, o *polo* (o *Qotb*) "sem cuja presença o mundo não poderia continuar a existir, mesmo que ele esteja *incognito*, completamente ignorado pelos homens" (Corbin, *Histoire*, p.300-1).[78] Ora, observa Corbin, reconhece-se aqui um dos mais importantes temas xiitas, pois o "polo dos polos" é o imame. Sua existência *incognito* implica as concepções xiitas da ocultação do imame (*ghaybat*) e do ciclo da *walayat*, a "profecia esotérica" que sucede ao "selo dos profetas". Percebe-se, pois, a conformidade de pensamentos entre os teósofos *ishrâqîyûn* e os teósofos xiitas. "Quanto ao mais", escreve Corbin,

> os doutores da Lei, em Alepo, não se enganaram sobre esse ponto. Durante o processo de Sohrawardî, a tese que o levou a ser acusado e que provocou sua condenação foi a de ter ensinado que Deus pode a qualquer tempo, e mesmo na hora atual, criar um profeta. Ainda que não se tratasse de um profeta-legislador, mas da "profecia esotérica", a tese revelava pelo menos um criptoxiismo. Assim, tanto pelo que realizou em vida quanto por sua morte como mártir da filosofia profética, Sohrawardî viveu até o fim a tragédia do "exílio ocidental".[79]

No entanto, a posteridade espiritual de Sohrawardî – os *ishrâqîyûn* – ainda sobrevive, pelo menos no Irã, até os dias atuais.[80]

282. Djalâl-od-Dîn Rûmî: música, poesia e danças sagradas

Muhammad Djalâl-od-Dîn, conhecido sobretudo pelo nome de Rûmî, nasceu em 30 de setembro de 1207 em Balkh, cidade do Khorassan. Temendo a invasão mongol, seu pai, teólogo e mestre sufista, deixou a cidade em 1219 e dirigiu-se a Meca, em peregrinação. A família acabou fixando-se em Konya. Depois da morte do pai, Djalâl-od-Dîn, então com 24 anos, estudou em Alepo e Damasco. Sete anos depois, retornou a Konya e, de 1240 a 1249, ensinou jurisprudência e lei canônica. Mas, em 29 de novembro de 1249, um dervixe errante, Shams de Tabrîz, já sexagenário, chegou à cidade. Há várias versões do encontro que tiveram. Cada uma relata, de modo mais ou menos dramático, a conversão de Rûmî: o célebre jurista e teólogo tornou-se um dos maiores místicos e talvez o mais genial poeta religioso do islã.

Perseguido pelos discípulos de Rûmî – que sentiam inveja de sua ascendência sobre o mestre deles –, Shams partiu para Damasco. Consentiu em regressar, mas, em 3 de dezembro de 1247, morreu misteriosamente assassinado. Rûmî demorou a recobrar-se dessa perda. Compôs uma coleção de odes místicas que ostenta o nome de seu mestre (*Dîvân-i Shams-i Tabriz*), "admiráveis cantos 'de amor e de luto', obra imensa inteiramente consagrada a esse amor, terreno na aparência, mas que é, na realidade, uma hipóstase do amor divino".[81] Além disso, Rûmî instituiu o concerto espiritual (o *samâ*) em honra de Shams. Segundo seu filho, Sultân Walad, "nem por um instante parava ele de ouvir música e de dançar; não conhecia descanso nem de dia nem de noite. Tinha sido um sábio, um erudito: tornou-se um poeta. Tinha sido um asceta: tornou-se um ébrio, não de vinho, mas de amor: a alma iluminada bebe apenas o vinho da luz".[82]

Ao aproximar-se o fim de sua vida, Rûmî escolheu Husâm-od-Dîn Tchelebi para dirigir seus discípulos. Foi em grande parte graças a Tchelebi que o mestre escreveu sua principal obra, o *Mathnawî*. Até sua morte, em 1273, Rûmî ditou-lhe seus dísticos, às vezes passeando pelas ruas, ou mesmo mergulhado numa banheira. Trata-se de uma enorme epopeia mística de cerca de 45 mil versos, que combina textos do Corão e tradições proféticas, bem como apólogos, anedotas, lendas e temas do folclore oriental e mediterrâneo.

Rûmî fundou uma confraria, a *Târiqa mâwlawîya*, do nome que lhe davam seus discípulos e companheiros: *mawlânâ*, "nosso mestre" (pronúncia turca: *mevlâna*). A confraria tornou-se logo conhecida no Ocidente pelo nome de "dervixes giradores", porque, durante a cerimônia do *samâ*, os dançarinos executavam giros cada vez mais rápidos em torno de si mesmos, ao longo da sala. "Nas cadências da música", dizia Rûmî, "está escondido um segredo; se eu o revelasse, ele subverteria o mundo." Efetivamente, a música desperta o espírito, fazendo-o recordar-se de sua verdadeira pátria e lembrando-lhe a sua finalidade última.[83] "Fomos todos parte do corpo de Adão", escreve Rûmî, "e ouvimos essas melodias no Paraíso. Embora a água e o barro tenham instilado em nós a dúvida, ficou-nos alguma lembrança desse fato."[84]

Tal como a música e a poesia sagradas, a dança extática era praticada desde os primeiros tempos do sufismo.[85] Segundo certos sufis, sua dança extática reproduzia a dança dos anjos.[86] Na *târiqa* instaurada por Rûmî (mas organizada sobretudo por seu filho, Sultân Walad), a dança tem um caráter ao mesmo tempo cósmico e teologal. Os dervixes vestem-se de branco (como um sudário), cobrem-se com um manto negro (símbolo da sepultura) e trazem sobre a cabeça uma touca comprida de feltro (imagem da pedra do sepulcro).[87] O sheik representa o intermediário entre o Céu e a Terra. Os músicos tocam flauta de cana (o *ney*) e percutem tambores e timbales. A sala onde os dervixes executam seus giros simboliza o Universo, "os planetas girando em torno do Sol e de si mesmos. Os tambores evocam as trombetas do juízo final. O círculo dos dançarinos está dividido em dois semicírculos, um dos quais representa o arco de descida, ou de involução das almas em matéria, e o outro, o arco de subida das almas em direção a Deus".[88] Quando o ritmo se torna mais rápido, o sheik entra na dança e gira no centro do círculo, já que representa o Sol. "É o momento supremo da união efetuada."[89] Acrescentemos que a dança dos dervixes só raramente termina em transes psicopáticos, e isso apenas em certas áreas marginais.

O papel de Rûmî na renovação do islã é imenso. Suas obras foram lidas, traduzidas e comentadas de um a outro extremo do mundo muçulmano. Essa popularidade excepcional prova mais uma vez a importância da criatividade artística, e sobretudo da poesia, no aprofundamento da vida religiosa. Tal como aparece na obra dos outros grandes místicos, mas com um ardor apaixonado e inigualável força poética, Rûmî não para de exaltar o amor divino. "Sem amor o mundo seria inanimado" (*Mathnawî*, V, 3.844). Sua poesia mística está cheia de símbolos colhidos no campo da dança e da música. Não obstante certas influências neoplatônicas, sua teologia é bastante complexa – ao mesmo tempo pessoal, tradicional e ousada. Rûmî insiste na necessidade de alcançar o não ser para poder *tornar-se* e para *ser*; além disso, faz numerosas alusões a Hallâj.[90]

A existência humana desenvolve-se segundo a vontade e o plano do Criador. O homem foi incumbido por Deus de tornar-se o intermediário entre Ele e o mundo. Não foi em vão que o homem "viajou desde a semente até a razão" (*Mathnawî*, III, 1975). "Desde o instante em que vieste a este mundo da existência, foi posta uma escada diante de ti para permitir tua fuga." Com efeito, o homem foi primeiro mineral, em seguida planta e depois animal. "Depois foste feito homem, dotado de conhecimento, de razão e de fé." Por fim, o homem se transformará em anjo, e sua morada será o Céu. Mas ainda não é este o estágio final. "Ultrapassa até mesmo a condição angélica, penetra neste oceano (a unidade divina) para que tua gota d'água possa converter-se em mar."[91] Num passo célebre do *Mathnawî* (II, 1.157s.), Rûmî explica a natureza original teomórfica do homem, criado à imagem de Deus:

> Minha imagem permanece no coração do Rei: o coração do Rei estaria doente sem minha imagem. ... A luz das inteligências provém de meu pensamento; o Céu foi criado por causa de minha natureza original. ... Eu possuo o reino espiritual. ... Não sou o congênere do Rei. ... Mas d'Ele recebo Sua luz em Sua teofania.[92]

283. O triunfo do sufismo e a reação dos teólogos. A alquimia

Depois de haver obtido, graças ao teólogo Al-Ghazzâlî, a aprovação dos doutores da Lei, o sufismo conheceu uma grande popularidade; a princípio, nas regiões da Ásia ocidental e no norte da África, em seguida em todos os lugares onde o islã havia penetrado: na Índia, na Ásia central, na Indonésia e na África oriental. Com o tempo, os grupos restritos de discípulos que viviam em redor de seus sheiks transformam-se em autênticas ordens com numerosas filiais e centenas de membros. Os sufis foram os melhores missionários do islã. Gibb cuida que o eclipse do xiismo foi produto da popularidade e do espírito missionário dos sufis.[93] Tal êxito explica seu prestígio e sua proteção por parte das autoridades civis.

A tolerância dos ulemás estimulou o recurso a concepções estrangeiras e a utilização de métodos exóticos. Certas técnicas místicas do sufismo foram aprofundadas e modificadas em contato com meios alógenos. Basta que se compare o *dhikr* praticado pelos primeiros sufis (cf. §275) com aquele elaborado, sob influência indiana, desde o século XII d.C. Segundo certo autor,

> inicia-se a recitação a partir do lado esquerdo (do peito), que é como o nicho que contém a lâmpada do coração, foco de claridade espiritual. Prossegue-se, indo desde a parte inferior do peito até o lado direito, e tornando a subir até sua extremidade superior. Continua-se, até voltar à posição inicial.

Segundo outro autor, o *dhakîr* deve

> agachar-se no chão, com as pernas cruzadas e os braços projetados em torno delas, a cabeça baixada entre os joelhos e os olhos fechados. Levanta-se a cabeça dizendo *lâ ilâh* durante todo o tempo que medeia entre a chegada da cabeça à altura do coração e sua posição sobre o ombro direito. ... Quando a boca chega ao nível do coração, articula-se com rigor a invocação *illâ*. ... E diz-se *Allâh* em face do coração, de um modo mais enérgico.[94]

É fácil reconhecer as analogias com as técnicasióguico-tântricas, sobretudo nos exercícios que suscitam fenômenos auditivos e luminosos concomitantes, demasiado complexos para serem apresentados aqui.

Tais influências não deformam, pelo menos entre os verdadeiros *dhakîrs*, o caráter muçulmano do *dhikr*. É antes o contrário que acontece. Muitas crenças religiosas e métodos ascéticos foram enriquecidos por empréstimos ou influências exógenas. Pode-se até dizer que, tal como na história do cristianismo, tais influências contribuíram para "universalizar" o islã, conferindo-lhe uma dimensão ecumênica.

De qualquer modo, é certo que o sufismo contribuiu intensamente para a renovação da experiência religiosa muçulmana. Quanto à contribuição cultural dos sufis, foi considerável. Em todos os países do islã, observa-se sua influência na música, na dança e, principalmente, na poesia.[95]

Contudo, esse movimento vitorioso, que conserva sua popularidade até os nossos dias,[96] teve também consequências ambíguas na história do islã. O antirracionalismo de certos sufis torna-se às vezes agressivo, e suas invectivas contra os filósofos encantam o vulgo. Por outro lado, a emotividade excessiva, os transes e os êxtases durante as sessões públicas tornam-se mais frequentes. A maior parte dos mestres sufis opõe-se a tais exaltações desmedidas, mas nem sempre podem controlá-las. Além disso, os membros de certas ordens, como a dos dervixes errantes ou *fakirs* (= os "pobres"), proclamam seu poder de fazer milagres e vivem para além da lei.

Embora obrigados a tolerar o sufismo, os ulemás continuavam a espreitar os elementos estrangeiros, sobretudo iranianos e gnósticos, que, através do ensinamento de alguns mestres sufis, ameaçavam, segundo os doutores da Lei, a unidade do islã. (Era difícil, tanto naquela época como hoje, para os teólogos – e não apenas para os teólogos muçulmanos – reconhecer a imensa contribuição dos místicos para o aprofundamento da experiência religiosa na população humilde, sem embargo do risco de "heresia", risco que existia, aliás, para os teólogos em todos os níveis do conhecimento religioso.) A resposta dos ulemás foi a multiplicação das madraças, dos colégios encarregados da educação teológica, com um estatuto oficial e professores assalariados. Por volta do século VIII/XIV, as centenas de madraças haviam concentrado o controle da educação superior nas mãos dos teólogos.[97]

* * *

É lamentável que o sufismo clássico não tenha sido conhecido no Ocidente durante a Idade Média.* As eventuais informações indiretas, através da poesia erótico-mística da Andaluzia, não constituíram um verdadeiro encontro

* Assim como é lamentável que o islã tenha sido conhecido na Europa sul-ocidental quase exclusivamente através do Império Otomano, ou seja, da ocupação turca.

entre as duas grandes tradições místicas.* Como se sabe, a contribuição essencial do islã foi a transmissão, em tradução árabe, das obras filosóficas e científicas da Antiguidade, em primeiro lugar as de Aristóteles.

Acrescentemos, no entanto, que, se a mística sufista foi ignorada, o hermetismo e a alquimia penetraram no Ocidente graças aos escritos árabes, dos quais certo número representa obras originais. Segundo Stapleton, a alquimia do Egito alexandrino desenvolveu-se primeiro em Harran, na Mesopotâmia. Essa hipótese é controvertida, mas tem o mérito de explicar a origem da alquimia árabe. Em todo caso, um dos primeiros e mais famosos alquimistas da língua árabe é Jabîr ibn Hayyân, o célebre *Geber* dos latinos. Holmyard cuida que ele viveu no século II/VIII, e que era aluno de Ja'far, o VI imame. Segundo Paul Kraus, que lhe dedicou monumental monografia, trata-se de vários autores (uma coleção de cerca de três mil títulos circula com seu nome!), que viveram mais ou menos nos séculos III/IX-IV/X. Corbin destacou oportunamente o meio xiita e esotérico em que se desenvolveu a alquimia de "Jabîr". Com efeito, sua "Ciência da balança" permite descobrir "em cada corpo a relação que existe entre o manifestado e o escondido (o *zâhir* e o *bâtin*, o exotérico e o esotérico)".[98] Parece, porém, que os quatro tratados de *Geber* conhecidos em sua tradução latina não são obra de Jabîr.

As primeiras traduções do árabe para o latim foram efetuadas na Espanha, mais ou menos em 1150, por Gherardo de Cremona. Um século depois, a alquimia era bastante conhecida, pois foi incluída na enciclopédia de Vincent de Beauvais. Um dos mais famosos tratados, a *Tabula smaragdina*, era extraído de uma obra conhecida sob o título de *Livro do segredo da Criação*. Igualmente célebres são *Turba philosophorum*, traduzido do árabe, e *Picatrix*, redigido em árabe no século XII. Inútil esclarecer que todos esses livros, não obstante as substâncias, os aparelhos e as operações de laboratório que descrevem, estão impregnados de esoterismo e de gnose.[99] Vários místicos e mestres sufistas, entre os quais Al-Hallâj e sobretudo Avicena e Ibn Arabî, apresentaram a alquimia como uma autêntica técnica espiritual. Ainda não estamos suficientemente informados sobre o desenvolvimento da alquimia nas regiões islâmicas depois do século XIV. No Ocidente, o hermetismo e a alquimia conhecerão sua época de esplendor pouco antes do Renascimento italiano, e seu prestígio místico ainda fascinava Newton (§311).

---

* Por outro lado, não estão excluídos alguns contatos entre certos grupos esotéricos muçulmanos e cristãos. Não é possível, contudo, avaliar suas consequências na história religiosa e cultural da Idade Média.

NOTAS

1. Henri Laoust, *Les schismes dans d'Islam*, p.V-VI.
2. Trata-se das escolas hanafita, maliquita, shâfi e hanbalita. Uma breve exposição sobre seus fundadores e seus mais ilustres representantes foi feita por Toufic Fahd, *L'Islam et les sectes islamiques*, p.31s.
3. Al-Ash'arî, trad. franc. Corbin, op.cit., p.158. Ver a exposição de H.A. Wolfson, *Philosophy of the Kalâm*, p.129s.; cf. também H. Laoust, op.cit., s.v. *mu'tazilisme, mu'tazilite*.
4. Ver Wolfson, op.cit., p.248s. etc.; Laoust, p.127s., 177s., 200s.
5. Corbin, op.cit., p.165s.
6. Corbin, ibid., p.177. Ver também Fazlur Rahman, *Islam*, p.91s.; Wolfson, op.cit., p.526s.
7. Corbin, p.177. "Se o acharismo sobreviveu a tantos ataques e críticas, deve-se admitir que a consciência do islã sunita nele se reconheceu" (p.178).
8. Trad. franc. Henry Corbin, *Histoire de la philosophie islamique*, p.30. Cf. a teoria dos quatro sentidos na teologia cristã medieval (o sentido literal, alegórico, moral e analógico).
9. *Kalâm-e Pir*, trad. franc. Corbin, ibid., p.27.
10. Corbin, op.cit., p.46.
11. Ibid., p.134.
12. Ibid., p.139.
13. Ibid., p.142.
14. Ibid., p.144.
15. Ibid., p.144-5.
16. Ibid., p.149.
17. Ver referências no verbete de D.B. Macdonald, *Shorter Encyclopaedia of Islam*, p.310. Entre as mais competentes e as mais minuciosas apresentações das lendas e crenças relativas à figura do Mahdî, cf. Ibn Khaldûn, *The Muqaddimah* (trad. ingl. Rosenthal), v. II, p.156-206.
18. Ver L. Massignon, "Salman Pâk et les prémices de l'Islam iranien"; Anne-Marie Schimmel, *Mystical Dimensions of Islam*; p.28s.
19. Cf. Schimmel, ibid., p.37.
20. Trad. ingl. Margaret Smith, *Râbî'a the Mystic*, p.55.
21. Ver texto traduzido ibid., p.27.
22. Cf. Paul Nwya, *Exégèse coranique et langage mystique*, p.160s.
23. *Kashf al-Mahjûb*, trad. R.A. Nicholson, p.363; cf. H.A. Gibb, *Mohammedanism*, p.138.
24. Gibb, *Mohammedanism*, p.135.
25. Ver Margaret Smith, *Readings from the Mystics of Islam*, n.20. Cf. também Anne-Marie Schimmel, op.cit., p.43s.
26. Trad. franc. L. Massignon, *Lexique technique de la mystique musulmane*, p.276s. Ver também G.-C. Anawati e Louis Gardet, *Mystique musulmane*, p.32-3, 110-5.
27. R.C. Zaehner, *Hindu and Muslim Mysticism*, p.86-134.
28. Massignon, op.cit., p.280; Anawati e Gardet, op.cit., p.114.
29. A. Schimmel, op.cit., p.57s. Ver também Zaehner, op.cit., p.135-61.
30. A relação dos capítulos figura in Massignon, *Lexique technique*, p.289-92.
31. A. Schimmel, op.cit., p.57.
32. Henry Corbin, *Histoire de la philosophie islamique*, p.274. Ver também S.H. Nasr, *Shi'isme and Sufism* (= *Sufi Essays*), p.110s.

33. Corbin (op.cit., p.275) observa a analogia entre essa doutrina e a profetologia xiita.
34. *Dîwân*, trad. franc. Massignon, p.XVI.
35. L. Massignon, *La passion d'al-Hallâj* (2ª ed.), v.I, p.177s.
36. Cf. ibid., I, p.268s.
37. *Diwân*, p.XXI.
38. Ver Massignon, *La passion*, I, p.385s. (a acusação), 502s. (o processo), 607s. (o martírio).
39. Trad. franc. Massignon, *Dîwân*, p.XXI-XXII.
40. Uma lista completa e abundantemente comentada in Massignon, *La passion*, I, p.20s.; III, p.295s.
41. Cf. ibid., III, p.369s.
42. A teologia de Hallâj foi analisada por Massignon, ibid., III, p.9s. (teologia mística), p.63-234 (teologia dogmática). Para uma exposição sucinta, ver A.M. Schimmel, op.cit., p.71s.
43. Trad. Massignon, *La passion*, III, p.48.
44. Ver na "Introdução" ao *Dîwân*, p.XXXVIII-XLV, a breve explanação de Massignon sobre a reincorporação gradual de Hallâj à comunidade muçulmana.
45. Ver textos citados por A.M. Schimmel, *Mystical Dimensions of Islam*, p.78s.
46. Ibid., p.80s. A.M. Schimmel destaca a semelhança com a célebre frase de Pascal.
47. *Mystique musulmane*, p.43.
48. Apud A.M. Schimmel, p.95.
49. Apud Corbin, *Histoire de la philosophie islamique*, p.230.
50. *O livro das diretivas e observações* e *O livro de ciência*, trad. franc. A.M. Goichon. Sobre as traduções de outras obras de Avicena, ver adiante.
51. Corbin, op.cit., p.239.
52. Ibid., p.240.
53. O processo é descrito in *La métaphysique du Shifâ* (IX, 6), trad. franc. Anawati.
54. Idem.
55. Ver Goichon, *Le livre des directives*, p.430s.
56. Trad. e comentários pertinentes de Henry Corbin, *Avicenne et le récit visionnaire*.
57. Ver A.R. Nykl, *A Book containing the Risâla*.
58. Corbin, *Histoire de la philosophie islamique*, p.320.
59. Ibid., p.333.
60. Ver análise crítica de Corbin, op.cit., p.340s.
61. Ver seus escritos autobiográficos, trad. ingl. R.W.J. Austin, com o título *Sufis of Andalusia*.
62. Cf. ibid., p.157.
63. *As revelações de Meca*, apud Austin, *Ibn al-Arabî. The Bezels of Wisdom*, p.25.
64. Apud Austin, p.24. Para o que se segue, utilizamos sobretudo trad. ingl., Austin (*The Bezels of Wisdom*), e seus comentários.
65. Ibid., p.28, 121. Ver sobretudo a importante obra de Henry Corbin, *L'Imagination créatrice dans le soufisme d'Ibn Arabî*, esp. caps.II-III.
66. *The Bezels of Wisdom*, p.29.
67. Ibid., p.33, 84.
68. Ver Corbin, op.cit., cap.IV; *The Bezels*, p.36, 128, 158. Austin (p.36) evoca a meditação tibetana, que chega a materializar as imagens interiores. Cf. adiante, §315.
69. *The Bezels*, p.102. Ibn Arabî insiste, no mais, nos grandes perigos que têm de ser enfrentados pelos detentores desse poder; ibid., p.37, 158.
70. Trad. franc. Henry Corbin, *En Islam iranien*, v.II: *Sohrawardî et les platoniciens de Perse*, p.29; cf. também *Histoire de la philosophie islamique*, p.287.

71. Trad. Corbin, *Histoire de la philosophie*, p.288-9. Outra versão figura in *En Islam iranien*, II, p.100.
72. Corbin, *Histoire*, p.293.
73. Ver Corbin, *En Islam iranien*, II, p.81s.; *Histoire de la philosophie*, p.293s.
74. Corbin, *Histoire*, p.296.
75. Trad. e comentários de Corbin, *L'Archange empourpré*, p.265-88. Ver, na mesma obra, a tradução de outros relatos místicos de Sohrawardî. Ver também *En Islam iranien*, II, p.246s.
76. Ver exemplos citados por Ovidiu Bîrlea, *Folclorul românesc*, I (Bucareste, 181), p.141s. Trata-se de uma concepção arcaica e muito difundida; cf. *Aspects du mythe*, cap.II.
77. Cf. *Le chamanisme* (2ª ed.), p.395s.
78. Corbin, *Histoire*, p.300-1.
79. Ibid., p.301.
80. Um dos grandes méritos de Henry Corbin e seus alunos foi ter iniciado o estudo dessa rica tradição filosófica ainda ignorada no Ocidente.
81. Eva de Vitray-Meyerovitch, *Rûmî et le soufisme*, p.20.
82. Trad. Vitray-Meyerovitch, op.cit., p.18.
83. Ver textos traduzidos por Marjan Molé, "La danse extatique en Islam", p.208-13.
84. *Mathnawî*, IV, 745-6, trad. Molé, p.239. A lembrança da permanência no Paraíso e a espera da trombeta do juízo final são temas atestados na mais antiga tradição sufista.
85. Ver estudo de Molé, passim; cf. as críticas dos teólogos e mesmo dos autores sufistas, ibid., p.176s. etc.
86. Ver texto traduzido por Molé, p.215-6.
87. Esse simbolismo, presente desde os primórdios do *samâ*, é esclarecido pelo *Dîvân* do grande poeta turco Mehmed Tchelebi; ver texto traduzido por Molé, p.248-51. Sobre a dança *mawlawie*, ver também os textos de Rûmî e de Sultân Walad, ibid., p.238s.
88. De Vitray-Meyerovitch, op.cit., p.41. Cf. Molé, op.cit., p.246s.
89. Meyerovitch, p.42. Ver descrição de uma sessão *mawlawîya* in Molé, op.cit., p.229s.
90. Cf. textos citados por A.M. Schimmel, *Mystical Dimensions of Islam*, p.319s.
91. *Odes mystiques*, II (= *Divân-i Shams-i Tabriz*), trad. E. de Vitray-Meyerovitch, *Rûmî*, p.88-9. Ver ibid., p.89, trechos traduzidos do *Mathnawî*, IX, 553s., 3.637s.
92. Trad. franc. E. de Vitray Meyerovitch.
93. Cf. *Mohammedanism*, p.143.
94. Apud L. Gardet, "La mention du nom divin (*dhikr*) en mystique musulmane", p.654-5. Sobre as analogias com as técnicas ióguico-tântricas, ver M. Eliade, *Le yoga*, p.218s., 396-7.
95. Ver, *inter alia*, textos traduzidos por A.M. Schimmel, *Mystical Dimensions of Islam*, esp. p.287s. Graças à poesia mística, mais exatamente místico-erótica, grande número de temas e motivos não islâmicos penetrou as diferentes literaturas nacionais.
96. Ver A.M. Schimmel, p.403s. e bibliografia citada nas notas 1-7.
97. Ver observações de Gibb (op.cit., p.144s., 153s.) sobre as consequências culturais desse controle da educação.
98. *Histoire de la philosophie islamique*, p.184s., sobretudo "Le livre du glorieux de Jâbir ibn Hayyân".
99. Ver Eliade, *Forgerons et alchimistes* (2ª ed. ampl.), p.119s.

XXXVI. O JUDAÍSMO DESDE A REVOLTA DE BAR-KOKHBA ATÉ O HASSIDISMO

284. A compilação da *Michna*

Quando evocamos a primeira guerra dos judeus contra os romanos (70-71) e a destruição do Templo por Tito, recordamos um episódio que teve consequências consideráveis para o judaísmo: o famoso rabi Jokhanan ben Zaccai foi retirado num caixão durante o cerco de Jerusalém e, pouco tempo depois, obteve a autorização de Vespasiano para fundar uma escola na aldeia de Jabné (na Judeia). Jokhanan ben Zaccai estava convencido de que, enquanto a Torá continuasse a ser estudada, o povo de Israel, ainda que militarmente esmagado, não iria desaparecer (cf. §224).* Mais tarde, o rabi Jokhanan organizou, sob a presidência de um "Patriarca" (*Nasi*), um sinédrio de 71 membros, ao mesmo tempo autoridade religiosa inconteste e tribunal de justiça. Durante cerca de três séculos, a dignidade de "Patriarca" foi transmitida, com apenas uma exceção, de pai para filho.[1]

Entretanto, a segunda guerra contra os romanos, deflagrada por Bar-Kokhba em 132, e que culminou na catástrofe de 135, pôs novamente em perigo a identidade religiosa e até a sobrevivência do povo judeu. O imperador Adriano dissolveu o sinédrio e proibiu, sob o risco de sentença capital, o estudo da Torá e a prática dos atos de culto. Vários mestres judeus, entre os quais o célebre rabi Akiba, foram torturados e mortos. Mas Antonino Pio, sucessor de Adriano, restabeleceu a autoridade do sinédrio; na verdade, chegou mesmo a ampliar os seus poderes. Desse momento em diante, as decisões do Sinedrim passaram a ser reconhecidas em todas as comunidades judaicas estabelecidas durante a diáspora. Foi ao longo dessa época – que se inicia com

* De fato, como o partido sacerdotal dos saduceus perdeu sua razão de ser depois da destruição do Templo, a direção voltou a caber aos doutores da Lei, ou seja, aos fariseus e a seus sucessores, os *rabinos* ("mestres, instrutores"). Ver, *inter alia*, G.F. Moore, *Judaism in the First Centuries of the Christian Era*, I, p.83s.

os discípulos de Jokhanan ben Zaccai e termina por volta do ano 200 – que se elaboraram as estruturas fundamentais do judaísmo normativo. A principal inovação foi substituir a peregrinação e os sacrifícios realizados no Templo pelo estudo da Lei, pela prece e a devoção religiosa, e por atos religiosos que se podiam cumprir, nas sinagogas, em qualquer parte do mundo. A continuidade com o passado era assegurada pelo estudo da Bíblia e pelas prescrições relativas à pureza ritual.

Com o intuito de precisar, explicitar e unificar as inúmeras tradições orais* relacionadas às práticas do culto e às interpretações da Escritura e às questões jurídicas, o rabi Judá, "o Príncipe" (Patriarca do sinédrio entre c.175-c.220), envidou esforços para coligi-las e organizá-las num único corpus de normas legais. Essa vasta compilação, denominada *Michna* ("repetição"), contém documentos elaborados entre o século I a.C. e o século II d.C.[2] A obra apresenta seis "seções": agricultura, festas, vida familiar, lei civil, prescrições sacrificais e dietéticas, e pureza ritual.

Nela figuram certas alusões à mística da *Merkaba* (cf. §288). Em compensação, não há qualquer ressonância das esperanças messiânicas e das especulações apocalípticas, tão populares na época (exemplificadas, por exemplo, nas famosas obras pseudoepigráficas, o II Baruc e o IV Esdras). Tem-se a impressão de que a *Michna* ignora ou despreza a história contemporânea. (Trata-se, por exemplo, dos dízimos das colheitas que devem ser levados *a Jerusalém*; determina-se que tipos de moedas devem ser trocados etc.)[3] A *Michna* evoca uma situação a-histórica exemplar, na qual os diversos atos de santificação da vida e do homem são realizados segundo modelos devidamente previstos em lei. A obra agrícola é consagrada pela presença de Deus e pelo trabalho (ritualizado) do homem. "A terra de Israel é santificada por sua relação com Deus. O produto de Deus é santificado pelo homem que trabalha sob a ordem de Deus, e através das designações e das separações verbais das diferentes oferendas."[4]

Da mesma forma, na "seção das festas" são organizados, classificados e nomeados os ciclos do tempo sagrado, intimamente vinculados às estruturas do espaço sagrado.[5] O mesmo objetivo volta a ser encontrado em todas as demais "seções". Trata-se ainda de determinar, com a maior minúcia possível, as formas rituais de santificar a obra cósmica e a vida social, familiar e individual, bem como as maneiras de evitar o pecado e de torná-lo inoperante por meio de purificações específicas.

* A ideia de uma "Torá oral", ensinada por Moisés a Josué e aos sacerdotes, invocava uma velha e venerável tradição.

Vemo-nos tentados a aproximar essa concepção religiosa das crenças e práticas da cristandade rural, a que chamamos "cristianismo cósmico" (cf. §237). Com a diferença de que, na *Michna*, a obra de santificação se deve exclusivamente a Deus e aos atos do homem ao executar as ordens de Deus. É, porém, significativo que, na *Michna* (e, evidentemente, em seus complementos e comentários que não tardaremos a mencionar), Deus – até esse momento, por excelência, *Deus da história* – parece indiferente à história imediata de seu povo: por enquanto, a salvação de tipo messiânico foi substituída pela santificação da vida sob o império da Lei.

A *Michna*, de fato, prolonga e completa o código sacerdotal tal como foi formulado no Levítico. Isso equivale a dizer que os que cumprem as normas dessa Lei comportam-se de certa forma como os sacerdotes e os levitas; respeitam as prescrições contra o pecado e alimentam-se em suas casas tal como os oficiantes o fazem no Templo. A pureza ritual, respeitada fora dos muros do Templo, extrema os fiéis do resto da população e assegura-lhes a santidade. Se o povo judeu deseja sobreviver, deve viver como um povo santo, num território santo, imitando a santidade de Deus.[6]

A *Michna* buscava unificar e fortalecer o rabinismo. Seu objetivo era, em última análise, assegurar a sobrevivência do judaísmo e, por conseguinte, a integridade do povo judeu em todos os lugares onde ele se houvesse fixado em sua diáspora. Como afirma Jacob Neusner, à pergunta "O que o homem pode fazer?", responde a *Michna*: "Tal como Deus, o homem pode pôr o mundo em movimento. Quando o homem quer, nada é impossível. ... A *Michna* avalia a condição de Israel: vencido e sem apoio, e, contudo, em sua Terra; impotente e, contudo, santo; sem pátria e, contudo, separado das nações."[7]

285. O Talmude. A reação antirrabínica: os caraítas

A publicação da *Michna* abre o período dito dos *amoraim* (conferencistas ou intérpretes). O conjunto constituído pela *Michna* e seus comentários (*Guemara*) forma o Talmude (literalmente: "ensinamento"). A primeira redação, editada na Palestina (c.220-400) e conhecida pelo nome de Talmude de Jerusalém, é mais concisa e mais curta do que o Talmude de Babilônia (200-650); este último possui 8.744 páginas.* Os códigos de comportamentos (*halaga*), classificados na *Michna*, foram completados, no Talmude, pela *aggada*, cole-

* Certas leis relacionadas à agricultura, à pureza e ao sacrifício, praticadas na Palestina, perderam sua atualidade no Talmude de Babilônia.

tânea de ensinamentos éticos e religiosos, de certas especulações metafísicas e místicas, e até de materiais folclóricos.

O Talmude de Babilônia exerceu uma função decisiva na história do povo judeu: mostrou como o judaísmo devia adaptar-se aos diferentes meios sociopolíticos da diáspora. Já no século III, um mestre de Babilônia enunciara este princípio fundamental: a legislação do governo regular constitui a única lei legítima e deve ser respeitada pelos judeus. Assim, a legitimidade das autoridades governamentais recebe uma ratificação de ordem religiosa. No que se refere à lei civil, os membros da comunidade são obrigados a submeter seus litígios ao juízo dos tribunais judaicos.

Considerado em seu todo, e tendo em vista seu teor e seu objetivo, o Talmude não parece atribuir importância à especulação filosófica. Alguns pesquisadores, no entanto, ressaltaram a teologia, ao mesmo tempo simples e sutil, e as doutrinas esotéricas, bem como as práticas de ordem iniciatória preservadas no Talmude.[8]

Para o que nos propomos, basta passar rapidamente em revista os acontecimentos que contribuíram para fixar as estruturas do judaísmo medieval. O Patriarca, reconhecido oficialmente como o homólogo de um prefeito romano, enviava mensageiros às comunidades judaicas para fazer a coleta das taxas e comunicar-lhes o calendário das festas. Em 359, o Patriarca Hillel II decidiu fixar por escrito o calendário, a fim de garantir a simultaneidade das festas em toda a Palestina e nos territórios da diáspora. Essa medida mostrou todo o seu valor quando o patriarcado da Palestina foi abolido pelos romanos em 429. Desde a época dos sassânidas (226-637), graças à tolerância religiosa dessa dinastia, Babilônia tornou-se o centro mais importante da diáspora. Essa situação privilegiada manteve-se depois da conquista muçulmana. Todas as comunidades judaicas da diáspora oriental reconheciam a supremacia do *gaon*, mestre espiritual, árbitro e chefe político, representante do povo diante de Deus e das autoridades. A época dos *gaonim*, iniciada por volta de 640, chegou ao fim em 1038, quando o centro da espiritualidade judaica se deslocou para a Espanha. Mas, nessa data, o Talmude de Babilônia era universalmente reconhecido como a doutrina autorizada do rabinismo, isto é, do judaísmo convertido em norma.

O rabinismo difundira-se por meio das escolas (desde a escola primária até a academia, *Yeshiva*), das sinagogas e dos tribunais. O culto sinagógico, que substituía os sacrifícios no Templo, compreendia as preces da manhã e da tarde, a profissão de fé ("Escuta, ó Israel, o Senhor, nosso Deus, é Senhor único!") e as dezoito (depois dezenove) "bênçãos", curtas orações que exprimem as esperanças da comunidade e dos indivíduos. Três vezes por semana –

às segundas, terças e sábados – a Escritura era lida na sinagoga. Nos sábados e nos dias de festas procedia-se à leitura pública do Pentateuco e dos Profetas, seguida das homilias dos rabinos.

No século IX, um *gaon* publicou a primeira coletânea de preces, com o propósito de fixar a ordem da liturgia. Desde o século VIII desenvolvia-se na Palestina uma nova poesia sinagógica, que foi rapidamente aceita. Mais tarde, e até o século XVI, outros poemas litúrgicos foram compostos e incorporados ao serviço da sinagoga.

No entanto, o tradicionalismo severo e radical imposto pelos *gaonim* suscitava às vezes reações antirrabínicas. Algumas, inspiradas pelas velhas doutrinas sectárias da Palestina ou pelo islã, foram prontamente reprimidas. Mas, no século IX, surgiu um movimento dissidente, chefiado por Anan ben David, que não tardou a adquirir proporções ameaçadoras. Conhecidos pelo nome de caraítas ("escriturários", isto é, que admitem apenas a autoridade da Escritura),* rejeitavam a Lei oral (rabínica), considerando-a um simples produto dos homens. Os caraítas propunham o exame atento e crítico da Bíblia para recuperar a doutrina e a legislação autêntica; pregavam ainda o retorno dos judeus à Palestina, para apressar a vinda do Messias. Efetivamente, sob a direção de Daniel al-Qumiqi (c.850), um grupo de caraítas estabeleceu-se na Palestina e conseguiu propagar suas ideias até o noroeste da África e a Espanha. A reação dos *gaonim* foi bastante viva; certo número de códigos e manuais, que confirmavam e fortaleciam o rabinismo, foram redigidos contra a heresia. O proselitismo dos caraítas perdeu o ímpeto, mas a seita sobreviveu em certas zonas marginais. Entretanto, como não demoraremos a ver, a descoberta da filosofia grega através das traduções árabes, embora estimulasse o gênio filosófico judeu, encorajou também certas doutrinas extravagantes e até escandalosas. Basta lembrarmos que Hiwî al-Balkî, autor cético do século IX, atacou a moralidade da Bíblia e publicou uma edição expurgada para uso escolar...

286. Teólogos e filósofos judeus na Idade Média

Fílon de Alexandria (~ 13-54) procurou conciliar a revelação bíblica com a filosofia grega, mas foi ignorado pelos pensadores judeus e só conseguiu influenciar a teologia dos padres cristãos. Somente nos séculos IX e X é que, graças às traduções árabes, os judeus descobriram o pensamento grego, e, com ele, o método muçulmano (*kalâm*) de justificar a fé por meio da razão. O

* À semelhança dos saduceus, no século II.

primeiro filósofo judeu importante, o *gaon* Saadia ben Josef (882-942), nascido e educado no Egito, estabeleceu-se em Bagdá, onde dirigiu uma das célebres academias talmúdicas de Babilônia. Embora não tenha elaborado qualquer sistema e não tenha criado escola, Saadia constitui o modelo do filósofo judeu.[9] Em sua obra apologética, *O livro das crenças e das opiniões*, escrito em árabe, expôs as relações entre a verdade revelada e a razão. Ambas emanam de Deus, mas a Torá é uma dádiva especial ao povo judeu. Desprovido de um Estado independente, a unidade e a integridade desse povo mantêm-se exclusivamente graças a sua obediência à Lei.[10]

No início do século XI, o centro da cultura judaica desloca-se para a Espanha muçulmana. Salomon ibn Gabirol viveu em Málaga entre 1021 e 1058. Celebrizou-se principalmente por seus poemas, o mais conhecido dos quais foi incorporado à liturgia do *Yom Kipur*. Em sua obra inacabada, *A fonte de vida* (*Maqôr Hayym*), ele recorre à cosmogonia plotiniana das emanações. Mas, em vez do pensamento supremo, Ibn Gabirol introduz a noção da vontade divina; em outras palavras, é ainda Javé que cria o mundo. Ibn Gabirol explica a matéria como uma das primeiras emanações; contudo, essa matéria era de ordem espiritual, sendo seu caráter corpóreo apenas uma de suas propriedades.[11] Desprezado pelos judeus, o *Maqôr Hayym*, traduzido com o título de *Fons Vitae*, foi altamente apreciado pelos teólogos cristãos.[12]

Quase nada se sabe sobre Bahya ibn Paqûda, que viveu provavelmente no século XI, na Espanha. Em seu tratado de moral espiritual, escrito em árabe, *Introdução aos deveres dos corações*, Ibn Paqûda insiste sobretudo na devoção íntima. Sua obra é, ao mesmo tempo, uma autobiografia espiritual.

> Desde o preâmbulo, esse doutor judeu assinala a que ponto é solitário, e quanto sofre com sua solidão. Escreve seu livro para reagir contra o meio em que vive, demasiado legalista em sua opinião, a fim de que se preste testemunho à que pelo menos um judeu lutou para viver, como é desejo da autêntica tradição judaica, obedecendo tanto ao coração quanto ao corpo. … É sobretudo de noite que Bahya sente sua alma abrir-se. Então, nessas horas propícias ao amor a que se entregam os cônjuges em seus amplexos, Bahya converte-se no amante de Deus: de joelhos, prosternado, passa horas de êxtase em prece silenciosa, alcançando assim o ponto supremo a que conduzem os exercícios ascéticos do dia, a humildade, o exame de consciência, a devoção escrupulosa.[13]

Judah Halevi (1080-1149), tal como Ibn Gabirol, é ao mesmo tempo poeta e teólogo. Em sua *Defesa da religião desprezada*, apresenta os diálogos entre um doutor muçulmano, um cristão, um erudito judeu e o rei dos cazares: ao fim das discussões, este último converte-se ao judaísmo. A exemplo de al-Ghazzâlî, Judah Halevi emprega o método filosófico para contestar a validade da filosofia. A certeza religiosa não é alcançada pela razão, mas pela revelação bíblica, tal como a recebeu o povo judeu. A eleição de Israel é confirmada pelo espírito profético; nenhum filósofo pagão se tornou profeta. O desenvolvimento do profetismo é solidário da obediência às prescrições da Lei e do valor sacramental da Terra Santa, verdadeiro "Coração das Nações". A ascese não desempenha qualquer papel na experiência mística de Judah Halevi.

287. Maimônides entre Aristóteles e a Torá

Rabino, médico, filósofo, Moisés ben Maimon (nascido em Córdova, em 1135, morto no Cairo, em 1204) representa o cume do pensamento judaico medieval. Desfrutou e ainda desfruta um prestígio excepcional; no entanto, seu gênio multilateral e a ausência aparente de unidade de sua obra deram lugar a intermináveis controvérsias.* Maimônides é autor de várias obras importantes de exegese (as mais célebres são *Os comentários da Michna* e o *Mishneh Torah*) e do famoso tratado filosófico *O guia dos perplexos*, escrito em árabe em 1195. Ainda em nossos dias, cuidam certos historiadores e filósofos judeus que o pensamento maimonidiano é caracterizado por uma insuperável dicotomia: de um lado, os princípios que inspiram seus trabalhos de exegeta e de ortodoxo (e que são os princípios da *halakha*); de outro, a metafísica articulada em *O guia dos perplexos* e cuja fonte se encontra em Aristóteles.[14]

Esclareçamos desde já que Maimônides tinha a mais alta estima pelo "príncipe dos filósofos" ("o mais sublime representante da inteligência humana depois dos profetas de Israel"), e que ele não excluía a possibilidade de uma síntese entre o judaísmo tradicional e o pensamento de Aristóteles.[15] Contudo, em vez de procurar prontamente uma harmonia entre a Bíblia e a filosofia aristotélica, Maimônides começa por separá-las, "salvaguardando assim a experiência bíblica, sem no entanto, como o faziam Al-Ghazzâlî e Judah Halevi, extremá-la da experiência filosófica e opô-la radicalmente a esta. A Bíblia e a filosofia estão associadas em Maimônides: derivam das mesmas raízes e ten-

* Tal como afirma Isadore Twersky, "estimulante para alguns, irritante para outros, ele raramente suscitou uma atitude de indiferença ou impassibilidade". Já se viu nele uma personalidade multilateral mas harmoniosa, ou, ao contrário, tensa e complexa, crivada, consciente ou inconscientemente, de paradoxos e contradições; *A Maimonides Reader*, p.XIV.

dem para o mesmo cume. Mas, nessa marcha comum, a filosofia desempenha o papel da estrada, enquanto a Bíblia dirige o homem que avança sobre ela".[16]

É certo que a filosofia constitui para Maimônides uma disciplina difícil e, quando malcompreendida, perigosa. Somente depois de termos alcançado a perfeição moral (pela observância da Lei) é que podemos dedicar-nos a aperfeiçoar nossa inteligência.* O estudo aprofundado da metafísica não é obrigatório para todos os membros da comunidade; mas, para todos, a observância da Lei deve estar acompanhada da reflexão filosófica. A instrução intelectual constitui uma virtude superior às virtudes morais. Maimônides, que resumira em treze proposições a essência da metafísica, sustenta que pelo menos esse mínimo teórico deve ser meditado e assimilado por cada um dos fiéis. De fato, ele não hesita em afirmar que o conhecimento de ordem filosófica é uma condição necessária para assegurar a sobrevivência depois da morte.[17]

Tal como Fílon e Saadia, Maimônides aplicou-se a traduzir em linguagem filosófica os eventos históricos e a terminologia da Bíblia. Depois de ter criticado e rejeitado a hermenêutica de tipo *kalâm*, apresenta e utiliza o método de Aristóteles. Nenhum argumento, sem dúvida, poderia conciliar a eternidade do mundo afirmada por Aristóteles e a criação *ex nihilo* proclamada na Bíblia. Mas, para Maimônides, essas duas teses têm em comum a característica de não apresentarem provas irrefutáveis. Segundo o doutor judeu, o Gênese não afirma "a criação *ex nihilo* como uma realidade: ela é sugerida, mas uma exegese alegórica poderia interpretar o texto bíblico no sentido da tese grega. É, portanto, apenas em virtude de um critério exterior à fé bíblica que o debate pode ser resolvido: esse critério é a soberania de Deus, sua transcendência em relação à natureza".[18]

Mesmo com todo o seu gênio, Maimônides não logrou demonstrar a identidade do Deus-motor imortal de Aristóteles com o Deus-livre, todo-poderoso e criador da Bíblia. Por outro lado, afirma que a verdade deve, *e pode*, ser descoberta exclusivamente pela inteligência; em outros termos, pela filosofia de Aristóteles. À parte Moisés, Maimônides rejeita a validade das revelações proféticas; considera-as obra da imaginação. A Torá recebida por Moisés é um monumento único e válido para todas as épocas. Para a grande maioria dos fiéis, é suficiente estudar a Torá e respeitar seus mandamentos.

A ética de Maimônides é uma síntese entre a herança bíblica e o modelo aristotélico; com efeito, ele enaltece o esforço intelectual e o conhecimento filosófico. Seu messianismo é puramente terreno: "Uma cidade humana edi-

* Na Introdução ao *Guia*, Maimônides reconhece que, entre outras precauções, introduziu deliberadamente afirmações contraditórias, para induzir em erro o leitor não avisado.

ficada sobre a aquisição de conhecimento que provoca um exercício espontâneo da virtude."[19] Em lugar da ressurreição dos corpos, Maimônides crê numa imortalidade obtida por meio do conhecimento metafísico. Entretanto, alguns exegetas chamaram a atenção para o que se poderia denominar a "teologia negativa" de Maimônides.

> Entre Deus e o homem, há o nada e o abismo. ... Como transpor esse abismo? Primeiro, pela aceitação do nada. A negatividade da abordagem divina e a incompreensibilidade de Deus na perspectiva filosófica não são mais que imagens para esse abandono do homem ao nada: é progredindo através do nada que o homem se aproxima de Deus. ... Em alguns dos capítulos mais notáveis do *Guia*, Maimônides mostra como toda prece deve ser silêncio e como toda observância deve tender para alguma coisa de mais elevado que é o amor. Através do amor, o abismo entre Deus e o homem pode ser efetivamente transposto: sem nada perder de sua austeridade, o encontro entre Deus e o homem se instaura.[20]

É importante observar desde já que, a despeito das influências, de resto mais ou menos superficiais, dos filósofos gregos, helenísticos, muçulmanos ou cristãos, o pensamento filosófico judaico não carece de força nem de originalidade. Menos do que de influências, trata-se antes de um diálogo permanente entre os pensadores judeus e os representantes dos diversos sistemas filosóficos da Antiguidade pagã, do islã e do cristianismo. Esse diálogo traduziu-se pelo enriquecimento recíproco dos interlocutores. Volta-se a deparar situação análoga na história da mística judaica (§288s.). De fato, o gênio religioso judaico caracteriza-se ao mesmo tempo pela fidelidade à tradição bíblica e pela capacidade de sofrer muitas "influências" exteriores, sem contudo se deixar dominar por elas.

288. As primeiras expressões da mística judaica

A morfologia da experiência mística judaica é rica e complexa. Antecipando as análises que faremos a seguir, convém apontar alguns de seus traços específicos. À exceção do movimento messiânico deflagrado por Sabbatai Zwi (§291), nenhuma outra escola, apesar das tensões mais ou menos vivas com a tradição rabínica, separou-se do judaísmo normativo. Quanto ao esoterismo, que caracteriza desde o início a mística judaica, já de há muito fazia parte da herança religiosa judaica (cf. volume 2, p.38s.). Da mesma forma, os elementos gnósticos, descobertos quase em toda parte, derivam em última análise do velho gnosticismo judaico.* Acrescentemos que a experiência mística suprema, isto é, a união com Deus, parece antes excepcional. O objetivo do místico é, em geral, a visão de Deus, a contemplação de Sua majestade e a compreensão dos mistérios da Criação.

A primeira fase da mística judaica caracteriza-se pela importância atribuída à ascensão extática até o Trono divino, a *Merkaba*. Essa tradição esotérica, já atestada no primeiro século antes de Cristo, prolonga-se até o século X da nossa era.** O mundo do Trono, local da manifestação da glória divina, corresponde, para o místico judeu, ao *pleroma* (a "plenitude") dos gnósticos cristãos e dos hermetistas. Os textos, curtos e muitas vezes obscuros, são designados como os "Livros dos *Hekhaloth*" ("Palácios Celestes"). Eles descrevem as salas e os palácios que o visionário atravessa em sua viagem antes de chegar ao sétimo e último *hekhal*, onde se encontra o Trono da Glória. A viagem extática, denominada a princípio "ascensão para a *Merkaba*", foi designada, por volta do ano 500, por motivos desconhecidos, "a descida para a *Merkaba*". Paradoxalmente, as descrições da "descida" utilizam metáforas ascensionais.

Desde o início, parece tratar-se aí de grupos secretos bem-organizados, que revelavam sua doutrina esotérica e seus métodos exclusivamente aos iniciados. Além de qualidades morais, os neófitos deviam possuir certas características relativas à fisiognomonia e à quiromancia.[21] A viagem extática era preparada durante doze ou quarenta dias de exercícios ascéticos: jejum, cantos rituais, repetição dos nomes, posição especial (a cabeça entre os joelhos).

Sabe-se que a ascensão da alma através dos Céu e os perigos que ela enfrenta eram um tema comum ao gnosticismo e ao hermetismo dos séculos II e III. Como escreve Gershom Scholem, a mística da *Merkaba* constitui um dos ramos judaicos da gnose.[22] Todavia, o lugar dos arcontes que, entre os gnósticos, defendiam os sete céus planetários passa a ser ocupado, nesse gnosticismo judaico, pelos "porteiros", postados à direita e à esquerda da entrada da sala celeste. Em ambos os casos, a alma necessita de uma senha: um sinete mágico, onde figura um nome secreto, que afasta os demônios e os anjos hostis. À medida que a viagem prossegue, os perigos vão se tornando

---

* Em certos casos, não se exclui o fato de que esses elementos gnósticos tradicionais foram reanimados depois de confrontos, diretos ou indiretos, com os movimentos heréticos cristãos da Idade Média.

** Scholem distingue três períodos: os conventículos anônimos dos antigos apocalípticos; as especulações acerca do Trono, por parte de certos mestres da *Michna*; a mística da *Merkaba* na época talmúdica tardia e pós-talmúdica; cf. *Major Trends in Jewish Mysticism*, p.43; ver também *Jewish Mysticism, Merkabah Mysticism and Talmudic Tradition*, passim. A mais antiga descrição da *Merkaba* encontra-se no cap. XIV do Livro etíope de Enoc.

mais temíveis. A última prova parece extremamente enigmática. Num fragmento conservado no Talmude, Rabbi Akiba, dirigindo-se aos três rabinos cuja intenção era penetrar no "Paraíso", diz-lhes: "Quando chegardes diante das placas de mármore brilhante, não digais 'Água! água!', pois ele escreve: 'Aquele que profere mentiras não permanecerá ao meu lado'." Com efeito, o brilho resplandecente das placas de mármore que serviam de piso ao palácio dava a impressão de ondas do mar.[23]

Durante a viagem, a alma recebe revelações referentes aos segredos da Criação, à hierarquia dos anjos e às práticas da teurgia. No ponto mais alto do Céu, de pé diante do Trono,

> [ela] contempla a figura mística da divindade, no símbolo da "figura que tem a aparência de um homem", a qual o profeta Ezequiel (I, 26) teve permissão para ver sobre o Trono da *Merkaba*. Ali lhe foi revelada a "medida do corpo", em hebraico *Shi'ur Qoma*, isto é, uma representação antropomorfa da divindade, aparecendo como o homem primordial, mas também como o amante do *Cântico dos cânticos*. Ao mesmo tempo, [a alma] recebe a revelação dos nomes místicos de seus membros.[24]

Temos aí a projeção do Deus invisível do judaísmo numa figura mística na qual se revela a "Grande Glória" da apocalíptica e dos apócrifos judeus. Mas essa representação figurada do Criador (do seu manto cósmico irradiam-se os astros e os firmamentos etc.) desenvolve-se a partir "de uma concepção absolutamente monoteísta; falta-lhe de todo o caráter herético e antinômico que ela adotou quando o Deus Criador foi contraposto ao verdadeiro Deus".[25]

Ao lado dos escritos relativos à *Merkaba*, vê-se difundir-se na Idade Média, e celebrizar-se em todas as regiões da diáspora, um texto de algumas páginas, *Sepher Yetsira*, "O Livro da Criação". Ignoram-se sua origem e a data de composição (séculos V ou VI, provavelmente). Contém uma lacônica exposição da cosmogonia e da cosmologia. O autor empenha-se em "conciliar suas ideias, certamente influenciadas por fontes gregas, com as disciplinas talmúdicas relativas à doutrina da Criação e da *Merkaba*, e é durante esse empreendimento que encontramos nele, pela primeira vez, reinterpretações com tendência especulativa de concepções referentes à *Merkaba*".[26]

A primeira seção apresenta as "32 maravilhosas vias da sabedoria (a *Hokhmâ* ou *Sophía*)" pelas quais Deus criou o mundo (cf. §200): as 22 letras do alfabeto sagrado e os dez números primordiais (as *Sephiroth*). A primeira *Sephira* é o pneuma (*ruah*) do Deus vivo. De *ruah* sai o ar primordial do qual nascem a água e o fogo, a terceira e a quarta das *Sephiroth*. Do ar primordial

Deus criou as 22 letras; da água Ele criou o caos cósmico, e do fogo, o Trono da Glória e as hierarquias dos anjos. As seis últimas *Sephiroth* representam as seis direções do espaço.[27]

A especulação a respeito das *Sephiroth*, tingida de mística dos números, tem provavelmente uma origem neopitagórica; mas a ideia de "letras por meio das quais foram criados o Céu e a Terra" pode encontrar sua explicação no judaísmo.[28] "A partir dessa cosmogonia e dessa cosmologia baseadas na mística da linguagem, que revelam ainda tão claramente uma relação com ideias astrológicas, caminhos diretos conduzem evidentemente à concepção mágica da força criadora e miraculosa das letras e das palavras."[29] O *Sepher Yetsira* foi igualmente utilizado para fins taumatúrgicos. Converte-se no vade-mécum dos cabalistas e foi comentado pelos maiores pensadores judeus da Idade Média, desde Saadia até Sabbatai Donnolo.

O pietismo judaico medieval é obra dos três "Homens pios da Alemanha" (*Hassidei Ashkenaz*): Samuel, seu filho Judá o Hassida, e Eleazer de Worms. O movimento surgiu na Alemanha no início do século XII e teve seu período criativo entre 1150 e 1250. Embora mergulhe suas raízes na mística da *Merkaba* e do *Sepher Yetsira*, o pietismo renano é uma criação nova e original. Observa-se o retorno de certa mitologia popular, mas os *hassidim* rejeitam as especulações apocalípticas e os cálculos referentes à vinda do Messias. Da mesma forma, nem a erudição rabínica, nem a teologia sistemática os interessa. Meditam principalmente sobre o mistério da unidade divina e procuram praticar uma nova concepção do sentimento religioso.[30] Diversamente dos cabalistas espanhóis (cf. §289), os mestres *hassidim* dirigem-se ao povo. A obra mestra do movimento – *Sepher Hassidim* – faz uso sobretudo de casos, paradoxos e relatos edificantes. A vida religiosa concentra-se na ascese, na prece e no amor a Deus, pois, em sua manifestação mais sublime, o temor de Deus identifica-se com o amor e a devoção a Ele.[31]

Os *hassidim* esforçam-se por obter uma perfeita serenidade de espírito: imperturbáveis, aceitam as injúrias e as ameaças dos outros membros da comunidade.[32] Não lutam para alcançar o poder; dispõem, porém, de misteriosas capacidades mágicas.[33] As penitências dos *hassidim* deixam transparecer certas influências cristãs, salvo no que tange à sexualidade, pois, como se sabe, o judaísmo jamais aceitou esse tipo de ascetismo. Por outro lado, já houve quem observasse uma forte tendência panteísta: Deus está mais próximo do mundo e do homem do que a alma está próxima do homem.[34]

Os *hassidim* da Alemanha não elaboraram uma teosofia sistemática. É possível, porém, distinguir três ideias centrais, que aliás derivam de fontes diferentes: 1) a concepção da "Glória divina" (*Kabod*); 2) a ideia de um *Che-*

rub "Santo" por excelência, que permanece junto ao Trono; 3) os mistérios da santidade e da majestade divinas, e os segredos da natureza humana e de seu itinerário em direção a Deus.[35]

289. A cabala medieval

Uma criação excepcional da mística esotérica judaica foi a cabala, termo que significa aproximadamente "tradição" (da raiz K B L, "receber"). Como veremos, essa nova criação religiosa, embora permanecesse fiel ao judaísmo, reatualizava quer uma herança gnóstica, às vezes tingida de heresia, quer as estruturas da religiosidade cósmica[36] (impropriamente designada "panteísmo"); isso provocou inevitavelmente uma tensão difícil entre os adeptos de certa cabala e as autoridades rabínicas. Acrescentemos desde já que, a despeito dessa tensão, a cabala contribuiu para fortalecer, direta ou indiretamente, a resistência espiritual das comunidades judaicas da dispersão. De mais a mais, a cabala, embora conhecida de modo insuficiente e mediocremente compreendida por certos autores cristãos, durante e após o Renascimento, desempenhou um papel no processo de "desprovincialização" da cristandade ocidental; em outras palavras, ela faz parte da história das ideias da Europa entre os séculos XIV e XIX.

A mais antiga descrição da cabala propriamente dita encontra-se no livro *Bahir*. O texto, transmitido em estado imperfeito e fragmentário, e constituído de várias camadas, é obscuro e canhestro. O *Bahir* foi compilado na Provença, no século XII, com base em materiais mais antigos; entre outros, o *Raza Rabba* ("O Grande Mistério"), considerado por certos autores orientais um importante escrito esotérico.[37] A origem oriental – mais exatamente, gnóstica – das doutrinas desenvolvidas no *Bahir* é indiscutível. Voltamos a encontrar as especulações dos velhos autores gnósticos atestadas em diversas fontes judaicas: os eões masculinos e femininos, o pleroma e a árvore das almas, a *Shekhina* descrita em termos análogos àqueles utilizados para a dupla *Sophía* (filha e esposa) dos gnósticos.[38]

A questão de uma relação possível "entre a cristalização da cabala, na forma da redação do *Bahir*, e o movimento cátaro permanece, porém, não resolvida. Essa relação carece de provas exatas, mas tampouco se pode descartar sua possibilidade. Na história do pensamento, o *Bahir* representa a recorrência talvez consciente, mas de qualquer modo perfeitamente corroborada pelos fatos, de um simbolismo arcaico que não tem exemplo no judaísmo medieval. Com a publicação do *Bahir*, uma forma judaica de pensamento mítico entra em concorrência e, inevitavelmente, em controvérsia com as formulações rabínicas e filosóficas desse judaísmo".[39]

É principalmente com base no *Bahir* que os cabalistas da Provença desenvolvem suas teorias. Eles completam a velha tradição gnóstica de origem oriental com os elementos de outro universo espiritual, notadamente do neoplatonismo medievo. "Na forma sob a qual a cabala aparece às claras, ela encerra essas duas tradições, enfatizando ora uma, ora outra. É com essa imagem, ou dupla imagem, que ela será transplantada para a Espanha."[40]

Apesar do seu prestígio de técnica mística, o êxtase não desempenha papel importante, e, na imensa literatura cabalística, deparam-se poucas referências às experiências extáticas pessoais, e muito raramente à *unio mystica*. A união com Deus é designada pelo termo *devekuth*,[41] "adesão", "estar unido a Deus", estado de graça que supera o êxtase. Isso explica por que o autor que mais havia valorizado o êxtase foi o menos popular. Trata-se de Abraham Abulafia, nascido em Saragoça, em 1240, e que fez uma longa viagem pelo Oriente Próximo, a Grécia e a Itália. Suas numerosas obras foram pouco difundidas pelos rabinos, em razão precisamente do excessivo cunho pessoal.

Abulafia desenvolve uma técnica de meditação sobre os nomes de Deus, aplicando a ciência combinatória das letras do alfabeto hebraico. Para explicitar o trabalho espiritual que conduz à libertação da alma das cadeias da matéria, ele recorre à imagem de um nó que se deve desatar, e não cortar. Abulafia apela igualmente para certas práticas de tipo ioga: o ritmo respiratório, posturas especiais, diferentes formas de recitação etc.[42] Por meio da associação e da permutação de letras, o adepto consegue alcançar a contemplação mística e a visão profética. Seu êxtase, porém, não é um transe; ele é descrito por Abulafia como uma redenção antecipada. De fato, durante seu êxtase, o adepto está repleto de uma luz sobrenatural.[43] "O que Abulafia denomina *êxtase* é a *visão profética* no sentido que lhe conferem Maimônides e os pensadores judeus da Idade Média; a união efêmera do intelecto humano com Deus, e o influxo na alma pessoal do *intelecto agente* dos filósofos."*

Muito provavelmente, o prestígio e a influência póstuma de Abulafia sofreram limitação radical com o aparecimento na Espanha, pouco depois de 1275, do *Sepher Ha-Zohar*, "O Livro do Esplendor". Essa obra gigantesca (quase mil páginas na edição aramaica de Mântua) teve êxito sem-par na

---

* Guy Casaril, *Rabbi Siméon bar Yochai et la cabbale*, p.72. "A originalidade quase herética de Abulafia é ter assimilado a visão profética (que, segundo a tradição, depende sempre de Deus) e a *devekuth*, a adesão a Deus apenas pela vontade humana e pelo amor humano, afirmando assim que a visão do profeta podia ser deliberadamente preparada e provocada por todo místico piedoso e sincero" (ibid.).

história da cabala. Tendo sido o único texto considerado um livro canônico, foi colocado durante vários séculos ao lado da Bíblia e do Talmude. Escrito numa forma pseudoepigráfica, o *Zohar* apresenta as discussões teológicas e didáticas do célebre rabi Simeão bar Yochai (século II) com seus amigos e discípulos. Durante muito tempo, os eruditos consideraram "O Livro do Esplendor" uma compilação de textos de origens diversas, alguns dos quais continham mesmo ideias que remontavam ao rabi Simeão. Gershom Scholem demonstrou, porém, que o autor desse "romance místico" é o cabalista espanhol Moisés de León.[44]

Segundo Scholem, o *Zohar* representa a teosofia judaica, isto é, uma doutrina mística cujo objetivo principal é o conhecimento e a descrição das obras misteriosas da divindade. O Deus oculto é desprovido de qualidades e atributos; o *Zohar* e os cabalistas chamam-lhe *En-Sof*, ou seja, o infinito. Mas, como o Deus oculto é ativo em todo o Universo, manifesta certos atributos que, por sua vez, representam alguns aspectos da natureza divina. Segundo os cabalistas, existem dez atributos fundamentais de Deus, que são ao mesmo tempo os dez níveis através dos quais circula a vida divina. Os nomes dessas dez *Sephiroth* refletem os diferentes modos de manifestação divina.[45] Juntas, as *Sephiroth* constituem o "Universo unificado" da vida de Deus e são imaginadas sob a forma de uma árvore (a árvore mística de Deus) ou de um homem (*Adam Kadmon*, o homem primordial). Ao lado desse simbolismo orgânico, o *Zohar* utiliza o simbolismo da palavra, os nomes que Deus conferiu a Si mesmo.

A Criação realiza-se em Deus; é o movimento do *En-Sof* oculto, que passa do repouso à cosmogonia e à autorrevelação. Esse ato transforma o *En-Sof*, a plenitude inefável, em "nada" místico do qual emanam as *Sephiroth*. No *Zohar*, a transformação do nada em ser é expressa pelo símbolo do ponto primordial.* Afirma certo passo (I, 240b) que a Criação se efetuou em dois planos, "um plano superior e um plano inferior", ou seja, o mundo das *Sephiroth* e o mundo visível. A autorrevelação de Deus e seu desdobramento na vida das *Sephiroth* constituem uma teogonia. "A teogonia e a cosmogonia não representam dois atos diferentes da Criação, e sim dois aspectos do mesmo ato."[46] Na origem, todas as coisas formavam um grande todo, e a vida do Criador pulsava na vida das suas criaturas. É depois da queda que Deus se torna "transcendente".[47]

---

* Identificado com a "sabedoria" de Deus, *Hokhmâ* (a segunda *Sephira*). Na terceira *Sephira*, o "ponto" converte-se em "palácio" ou "construção"; isso indica a Criação do mundo. *Bina*, o nome dessa *Sephira*, designa não apenas "inteligência", mas também "diferenciação"; cf. Scholem, *Major Trends*, p.219s.

Uma das inovações mais significativas dos cabalistas é a ideia da união de Deus com a *Shekhina*; esse *hieròs gámos* efetua a verdadeira unidade de Deus. Segundo o *Zohar*, no início a união era permanente e ininterrupta. Mas o pecado de Adão provocou a interrupção do *hieròs gámos* e, por conseguinte, o "exílio da *Shekhina*". Somente após a restauração da harmonia original no ato da redenção é que "Deus será único e único será o seu nome".*

Como já dissemos, a cabala reintroduz no judaísmo várias ideias e mitos relacionados com a religiosidade de tipo cósmico. À santificação da vida por meio do trabalho e dos ritos prescritos pelo Talmude, os cabalistas acrescentam a valoração mitológica da natureza e do homem, a importância da experiência mística e até certos temas de origem gnóstica. Pode-se descobrir nesse fenômeno de "abertura" e nesse esforço de revaloração a nostalgia de um Universo religioso em que o Antigo Testamento e o Talmude coexistem com a religiosidade cósmica, o gnosticismo e a mística. Fenômeno análogo aparece no ideal "universalista" de certos filósofos hermetistas do Renascimento italiano.

290. Isaac Luria e a nova cabala

Uma das consequências da expulsão dos judeus da Espanha, em 1492, foi a transformação da cabala: de doutrina esotérica, ela acaba por converter-se em doutrina popular. Até a catástrofe de 1492, os cabalistas concentravam seu interesse mais na Criação que na redenção: quem conhecesse a história do mundo e do homem podia eventualmente retornar à perfeição original.** Mas, após a expulsão, o *páthos* do messianismo invade a nova cabala; o "começo" e o "fim" foram atados um ao outro. A catástrofe recebeu um valor redentor: ela significava as dores do parto da era messiânica (cf. §203). Desde então, a vida foi entendida como a existência no exílio, e os sofrimentos do exílio foram explicados por certas teorias audaciosas sobre Deus e o homem.

* Scholem, ibid., p.232. Como observa Scholem (p.235), os cabalistas tentaram descobrir o mistério do sexo no próprio Deus. Outra originalidade do *Zohar* é a interpretação do mal como uma das manifestações – ou *Sephira* – de Deus (Scholem, p.237s., observa o paralelismo com a concepção de Jakob Boehme). Quanto à ideia de transmigração das almas – ideia de origem gnóstica –, é atestada pela primeira vez no livro *Bahir* (ibid., p.241s.), mas se tornará popular com o êxito da "nova cabala" de Safed, no século XVI; cf. Scholem, "The messianic idea in Kabbalism", p.46s.

** Scholem, *Major Trends*, p.244s. Convém, no entanto, esclarecer que, muito tempo antes de 1492, alguns cabalistas haviam proclamado precisamente esse ano catastrófico como o ano da redenção. A expulsão da Espanha revelou que a redenção significava, ao mesmo tempo, libertação e catástrofe; ibid., p.246.

Para a nova cabala, a morte, o arrependimento e o renascimento são os três grandes eventos suscetíveis de elevar o homem até uma união beatífica com Deus. A humanidade está sob a ameaça não apenas de sua própria corrupção, mas também da corrupção do mundo; esta foi provocada pela primeira fenda na Criação, quando o "sujeito" se separou do "objeto". Ao insistir na morte e no renascimento (interpretado como uma reencarnação ou um renascimento espiritual obtido em consequência do arrependimento), a propaganda dos cabalistas – através da qual o novo messianismo se esforçava por abrir um caminho para si – alcançou grande popularidade.*

Cerca de quarenta anos após a expulsão da Espanha, Safed, cidade da Galileia, tornou-se a sede da nova cabala. Entretanto, já antes dessa data, Safed era reputada como notável centro espiritual. Entre os mestres mais famosos, cumpre-nos mencionar o nome de Joseph Karo (1488-1575), autor do mais importante tratado de ortodoxia rabínica, e também de um curioso e apaixonante *Diário*, onde anotava suas experiências extáticas inspiradas por um *maggid*, anjo mensageiro das forças celestiais. O exemplo de Karo é particularmente instrutivo: ele mostra a possibilidade de incorporar a erudição rabínica (*halakha*) e a experiência mística de tipo cabalístico. Com efeito, Karo encontrava na cabala não só os fundamentos teóricos, como também o método prático para alcançar o êxtase, e portanto a presença do *maggid*.[48]

Quanto à nova cabala que triunfou em Safed, seus mais célebres mestres foram Moisés ben Jacob Cordovero (1522-1570) e Isaac Luria. O primeiro, pensador vigoroso e sistemático, elaborou uma interpretação pessoal da cabala, mais particularmente a do *Zohar*. Sua obra é considerável, ao passo que Luria, que morreu em 1572, aos 38 anos, nada deixou escrito. Seu sistema é conhecido por meio das anotações e dos livros de seus discípulos, sobretudo um enorme tratado de Hayym Vital (1543-1620). Segundo todos os testemunhos, Isaac Luria era um visionário dotado de experiência extática riquíssima e singularmente variada. Sua teologia tem por base a doutrina do *Tsimtsum*. Esse termo significava originariamente "concentração" ou "contração", mas os cabalistas o empregavam no sentido de "recolhimento". Segundo Luria, a existência do Universo foi tornada possível por um processo de "contração" de Deus. Pois pode acaso haver um mundo se Deus está em toda parte? "Como pode Deus criar o mundo *ex nihilo* se não existe o nada?" Portanto, "Deus foi obrigado a fazer um lugar para o mundo, abandonando, por assim dizer, uma região no

---

* Os horrores do exílio foram revalorados pela doutrina da metempsicose. O destino mais trágico da alma era ser "rejeitada" ou "posta a nu", estado que excluía a reencarnação ou a admissão no Inferno; cf. Scholem, ibid., p.250.

interior d'Ele mesmo, uma espécie de espaço místico do qual se retirou para retornar no ato da Criação e da revelação".[49] Por conseguinte, o primeiro ato do ser infinito (o *En-Sof*) não foi um movimento *para fora*, mas um ato de recolhimento *ao interior* de Si mesmo. Como observa Gershom Scholem,[50] *Tsimtsum* é o símbolo mais profundo do exílio e pode ser considerado o exílio de Deus em Si mesmo. É somente num segundo movimento que Deus envia um raio de luz e começa sua revelação criadora.*

Antes da "contração", existiam em Deus não somente os atributos do amor e da misericórdia, mas ainda o da severidade divina, que os cabalistas denominam *Din*, "Julgamento". Entretanto, o *Din* torna-se manifesto e identificável em consequência do *Tsimtsum*, pois este último significa não apenas um ato de negação e de limitação, mas também um "Julgamento". No processo da Criação distinguem-se duas tendências: de fluxo e de refluxo ("saída" e "entrada" no léxico cabalístico). Tal como o organismo humano, a Criação constitui um sistema gigantesco de inspiração e de expiração divinas. Seguindo a tradição do *Zohar*, Luria considera o ato cosmogônico como se realizando em Deus; efetivamente, um vestígio da luz divina permanece no espaço primordial criado pelo *Tsimtsum*.[51]

Essa doutrina é completada por duas concepções igualmente profundas e audaciosas: a "Quebra dos vasos" (*Shevirath Ha-Kelim*) e o *Tikkun*, termo que significa a reparação de um defeito ou "reconstituição". As luzes que emanavam progressivamente dos olhos do *En-Sof* eram recebidas e conservadas em "vasos" correspondentes às *Sephiroth*. Mas quando chegou a vez das seis últimas *Sephiroth*, a luz divina projetou-se de uma só vez e os "vasos" partiram-se em pedaços. Assim Luria explica, por um lado, a mistura das luzes das *Sephiroth* com as "conchas" (*kalipoth*) – ou seja, as forças do mal que jaziam no "fundo do grande abismo" – e, por outro, a necessidade de purificar os elementos das *Sephiroth*, eliminando as "conchas" para dar uma entidade separada ao mal.[52]

Quanto ao *Tikkun*, a "restituição" da ordem ideal, a reintegração do todo primordial, é ele o fim secreto da existência humana, vale dizer, a salvação. Como escreve Scholem, "essas seções da cabala de Luria representam a maior vitória que o pensamento antropomórfico jamais obteve na história da mística judaica".[53] Na verdade, o homem é concebido como um *microcosmo*, e o Deus vivo, como um *macrocosmo*. Luria chega de alguma forma a um mito de Deus que dá nascimento a Si mesmo.[54] Mais ainda, o homem desempenha certo

* Segundo Jacob Emden, citado por Scholem (p.262), esse paradoxo do *Tsimtsum* é a única tentativa séria de explicitar a ideia de Criação *ex nihilo*. Ademais, a concepção do *Tsimtsum* pôs cobro às tendências panteístas que começavam a influenciar a cabala, sobretudo a partir do Renascimento.

papel no processo da restauração final; é ele quem consuma a entronização de Deus em seu Reino celeste. O *Tikkun*, apresentado simbolicamente como a emergência da personalidade de Deus, corresponde ao processo evolutivo da história. O aparecimento do Messias é a consumação do *Tikkun*.[55] O elemento místico e o elemento messiânico estão entreligados.

O cumprimento da missão do homem é relacionado por Luria e pelos cabalistas de Safed – sobretudo por Hayym Vital – com a doutrina da metempsicose, o *Gilgul*, o que sublinha a importância atribuída ao papel do homem no Universo. Cada alma guarda sua individualidade até o momento de sua restauração espiritual. As almas que cumpriram os mandamentos aguardam, cada qual em seu lugar abençoado, sua integração em Adão, quando ocorrerá a restauração universal. Em síntese, a verdadeira história do mundo é aquela das migrações e das inter-relações das almas. A metempsicose (*Gilgul*) constitui um momento no processo de restauração, *Tikkun*. A duração desse processo pode ser abreviada por certos atos religiosos (rito, penitência, meditação, prece).[56] É importante assinalar que, depois de 1550, a concepção de *Gilgul* torna-se parte integrante das crenças populares e do folclore religioso dos judeus.

> No judaísmo, a cabala de Luria foi o último movimento religioso cuja influência se tornou preponderante em todos os meios judeus e em todas as regiões da diáspora, sem exceção. Foi o último movimento na história do judaísmo rabínico que exprimiu um mundo de realidade religiosa comum ao conjunto do povo judeu. Para o filósofo da história judaica, pode parecer surpreendente que a doutrina que alcançou tal resultado era profundamente aparentada ao gnosticismo, mas tais são as dialéticas da história.[57]

Convém acrescentar que o êxito considerável da nova cabala ilustra uma vez mais esse traço específico ao gênio religioso judaico: a capacidade de se renovar incorporando elementos de origem exótica, sem com isso perder as estruturas fundamentais do judaísmo rabínico. Além disso, na nova cabala, muitas concepções de ordem esotérica são tornadas acessíveis aos não iniciados e acabam às vezes se popularizando (como ocorreu com a metempsicose).

291. O redentor apóstata

Um movimento messiânico grandioso, embora rapidamente abortado, surgiu em setembro de 1665 em Esmirna: diante de uma multidão delirante, Sabbatai Zwi (1626-1676) proclamou-se Messias de Israel. Já há algum tempo circulavam rumores acerca de sua pessoa e de sua missão divinas, mas foi unicamente graças à ação de seu "discípulo" Nathan de Gaza (1644-1680) que Sabbatai foi reconhecido como Messias. De fato, Sabbatai sofria periodicamente crises de tristeza excessiva, seguidas de grande alegria. Quando soube que um iluminado, Nathan de Gaza, "revelava a cada indivíduo os mistérios que lhe iam na alma", Sabbatai foi ao seu encontro na esperança de se curar. Nathan, que, parece, o "vira" em êxtase, logrou incutir-lhe a ideia de que era realmente o Messias. E foi uma vez mais esse "discípulo" excepcionalmente dotado que organizou a teologia do movimento e assegurou sua propagação. Quanto a Sabbatai, nada escreveu, e não lhe é atribuída nenhuma mensagem original, nenhum dito memorável.

A notícia da vinda do Messias provocou, em todo o mundo judeu, um entusiasmo sem-par. Seis meses depois de sua proclamação, Sabbatai dirigiu-se para Constantinopla, na intenção talvez de converter os muçulmanos. Foi, no entanto, detido e encarcerado por Mustafá Paxá (em 6 de fevereiro de 1666). Para escapar ao martírio, Sabbatai Zwi abjurou o judaísmo e abraçou o islã.[58] Entretanto, nem a apostasia do "Messias", nem sua morte, onze anos depois, deteve o movimento religioso que ele havia deflagrado.[59]

O sabbatianismo representa o primeiro desvio sério no judaísmo desde a Idade Média, a primeira das ideias místicas que levavam diretamente à desintegração da ortodoxia. Por fim, essa heresia estimulou uma espécie de anarquismo religioso. A propaganda em favor do Messias apóstata prosseguiu, a princípio abertamente. Apenas mais tarde, quando o "retorno triunfal de Sabbatai Zwi das esferas da impureza" tardava a acontecer, é que a propaganda se tornou secreta.

A glorificação do redentor apóstata, sacrilégio abominável para o pensamento judaico, foi interpretada e exaltada como o mais profundo e o mais paradoxal dos mistérios. Já em 1667, Nathan de Gaza afirmava que precisamente as "ações estranhas de Sabbatai constituíam uma prova da autenticidade de sua missão messiânica", pois, "não fosse ele o redentor, esses desvios não lhe aconteceriam". Os verdadeiros atos da redenção são aqueles que causam o maior escândalo.[60] Segundo o teólogo sabbatianista Cardozo (m. 1706), só a alma do Messias é forte o bastante para suportar tal sacrifício, ou seja, descer ao fundo do abismo.* Para cumprir sua missão (libertar as últimas centelhas

* Apud Scholem, *Major Trends*, p.310; ver também *Sabbatai Sevi*, p.614s. Nathan de Gaza sustentava que a alma do Messias, desde o princípio, se acha prisioneira no grande abismo; *Major Trends*, p.297-8. A ideia é de estrutura gnóstica (atestada especialmente entre os ofitas), mas o germe se encontra no *Zohar* e nos escritos luriânicos (ibid.).

divinas prisioneiras das forças do mal), o Messias deve condenar a si mesmo por suas próprias ações. É por essa razão que os valores tradicionais da Torá são abolidos desse momento em diante.[61]

Distinguem-se duas tendências entre os adeptos do sabbatianismo: os moderados e os radicais. Os primeiros não duvidavam da autenticidade do Messias, pois Deus não podia enganar tão cruelmente o Seu povo; mas o misterioso paradoxo realizado pelo Messias apóstata não constituía um modelo que cumprisse seguir. Outro era o pensamento dos radicais: tal como o Messias, deve o fiel descer ao Inferno, pois o mal deve ser combatido com o mal. Proclama-se de certa forma o valor – ou a função – soteriológico do mal. Segundo alguns sabbatianistas de tendência radical, todo ato visivelmente impuro e mau realiza o contato com o espírito de santidade. Segundo outros, depois de eliminado o pecado de Adão, aquele que faz o mal é virtuoso aos olhos de Deus. À semelhança da semente depositada na terra, a Torá deve apodrecer para dar seu fruto, especialmente a glória messiânica. Tudo é lícito, e o imoralismo sexual não constitui exceção.[62] O mais sinistro sabbatianista, Jakob Frank (m.1791), realiza o que Scholem designa como *uma mística do niilismo*. Alguns de seus discípulos manifestaram seu niilismo em diversas atividades políticas de tipo revolucionário.

Na história da cabala, observa Scholem, o aparecimento de ideias e interpretações novas é acompanhado da certeza de que a história se aproxima do fim, e de que os mais profundos mistérios da divindade, encobertos durante o período do exílio, vão revelar sua verdadeira significação à véspera da nova era.*

292. O hassidismo

Pode parecer paradoxal que o derradeiro movimento místico, o hassidismo, surgisse na Podólia e na Volínia, regiões onde o Messias apóstata exercera influência profunda. Muito provavelmente, o fundador do movimento, o rabi Israel Baal Shem Tov (o "Mestre de Bom Renome", abreviadamente, o "BeShT" ou "Besht"), estava familiarizado com um sabbatianismo moderado.[63] Contudo, ele neutralizou os elementos messiânicos do sabbatianismo, assim como renunciou ao exclusivismo de confraria iniciatória secreta que caracterizava a cabala tradicional. O "BeShT" (c.1700-60) esforçou-se por tornar acessíveis à

* Ibid., p.320. A apostasia necessária do Messias é uma nova expressão do dualismo de tipo gnóstico, em especial a oposição entre o Deus oculto (transcendente) e o Deus da Criação; ibid., p.322-3.

massa as descobertas espirituais dos cabalistas. Essa popularização da cabala – já iniciada por Isaac Luria – assegurava ao misticismo uma função social.

O êxito do empreendimento foi prodigioso e persistente. Os cinquenta primeiros anos que se seguiram à morte do Baal Shem Tov – de 1760 a 1810 – constituem o período heroico e criador do hassidismo. Um número considerável de místicos e de santos contribuiu para regenerar os valores religiosos cristalizados do judaísmo ortodoxo.[64] Surge, com efeito, um novo tipo de chefe espiritual: o erudito talmudista ou o iniciado da cabala clássica é substituído pelo "pneumático", o iluminado, o profeta. O *tsaddik* (o "Justo"), ou seja, o mestre espiritual, torna-se o modelo exemplar por excelência. A exegese da Torá e o esoterismo da cabala perdem a primazia. São as virtudes e o comportamento do *tsaddik* que inspiram seus discípulos e fiéis: isso explica a importância social do movimento. A *existência* do santo constitui, para toda a comunidade, a prova concreta de que é possível realizar o mais alto ideal religioso de Israel. É a *personalidade* do mestre, e não a doutrina, que importa. Dizia um famoso *tsaddik*: "Não fui ao encontro do Maggid de Metserits (rabi Dov Baer) para aprender a Torá, mas para vê-lo atar os cordões de sua sandália."*

A despeito de certas inovações de ordem ritual, esse movimento revitalizador sempre se manteve no âmbito do judaísmo tradicional. No entanto, a prece pública dos *hassidim* foi enriquecida de elementos emocionais: cantos, danças, entusiasmo, explosões de alegria. Acrescentada ao comportamento às vezes excêntrico de certos mestres, essa emotividade insólita irritava os adversários do hassidismo.** Mas repentinamente, após 1810, os excessos de ordem emocional perdem o prestígio e a popularidade, e os *hassidim* começam a reconhecer a importância da tradição rabínica.

Como demonstrou Gershom Scholem, o hassidismo, mesmo em sua forma tardia e exagerada de "tsaddikismo", não produziu nenhuma ideia mística nova.*** Sua contribuição mais significativa para a história do judaísmo consiste nos meios, ao mesmo tempo simples e audaciosos, pelos quais os santos e os mestres *hassidim* lograram popularizar – e tornar acessível – a experiência de

---

* Apud Scholem, p.344. De fato, a aspiração suprema do *tsaddik* não é interpretar a Torá, com o maior rigor possível, mas tornar-se ele próprio a Torá; ibid.

** O mais célebre foi o rabi Elias, o *gaon* de Vilna, que dirigiu, em 1772, uma perseguição sistemática contra o movimento; Scholem, op.cit., p.346.

*** Ibid., p.338s. A única exceção é a da escola fundada por R. Schneur Zalman de Ladi (na Ucrânia), conhecida pelo nome de *Habad* (forma abreviada de *Hochma-Bina-Daath*, as primeiras três *Sephiroth*); cf. ibid., p.340s. Ver sobretudo *Carta aos hassidim sobre o êxtase*, do filho de R. Schneur, Dov Baer de Lubavitch (1773-1827).

uma renovação interior. As narrativas hassídicas, celebrizadas pela tradução de Martin Buber, representam a mais importante criação do movimento. A recitação dos atos efetuados e das palavras pronunciadas por santos adquire um valor ritual. O relato recupera sua função primitiva, particularmente a de reatualizar o tempo mítico e de tornar presentes as personagens sobrenaturais e lendárias. Ora, as biografias dos santos e dos *tsaddik* também estão cheias de episódios maravilhosos, em que se refletem certas práticas mágicas. No fim da história da mística judaica, essas duas tendências – a mística e a magia – aproximam-se e coexistem como em seus primeiros tempos.[65]

Acrescentemos que fenômenos análogos também são encontrados em outros credos, como, por exemplo, no hinduísmo ou no islamismo, em que a recitação das lendas de ascetas e iogues famosos, ou dos episódios das diferentes epopeias, desempenha um papel capital na religião popular. Também aqui se reconhece a função religiosa da literatura oral, em primeiro lugar da *narração*, isto é, das "histórias" fabulosas e exemplares. Igualmente surpreendente é a analogia entre o *tsaddik* e o *guru*, o mestre espiritual do hinduísmo (às vezes divinizado por seus fiéis: *gurudev*). Em sua forma extrema, o tsaddikismo conheceu certos casos aberrantes, quando o *tsaddik* se convertia em vítima de seu poder. O mesmo fenômeno é atestado na Índia, desde os tempos védicos até a época moderna. Lembremos, por fim, que a coexistência das duas tendências – a mística e a magia – caracteriza igualmente a história religiosa da Índia.

NOTAS

1. Ver Hugo Mantel, *Studies in the History of the Sanhedrin*, esp. p.140s. (a transferência do sinédrio de Jabné para Usha e outros lugares).
2. Um dos grandes méritos do livro de Jacob Neusner, *Judaism: the Evidence of the Mishna*, é ter identificado e analisado documentos referentes aos períodos de antes, durante e após as duas guerras contra Roma.
3. Tratado *Maaser Sheni*, resumido por Neusner, op.cit., p.128.
4. Richard S. Sarason, apud Neusner, op.cit., p.130-2.
5. Cf. Neusner, op.cit., p.132s.
6. Ibid., p.226s.
7. Ibid., p.282-3.
8. Ver, *inter alia*, o velho, mas ainda válido, livro de Solomon Schechter, *Aspects of Rabbinic Theology. Major Concepts of the Talmud*, ou *Geheimnis und Geheimhaltung im rabbinischen Judentum*, de Gerd A. Wewers. Ver também os numerosos textos teológicos traduzidos e comentados por Moore, *Judaism*, I, p.357-442 etc.
9. Algumas de suas obras se perderam; entre outras, a tradução árabe comentada da Bíblia.

10. Cf. *The Book of Beliefs and Opinions* (trad. ingl. S. Rosenblatt), p.21s., 29s. Os argumentos de Saadia para demonstrar a existência de Deus são tirados do *kalâm*; cf. H.A. Wolson, *Kalam Arguments for Creation in Saadia, Averroes* etc., p.197s.
11. *Fons Vitae*, IV, 8s.; o texto abreviado, Munk, IV, 1.
12. Eles conheciam Ibn Gabirol pelo nome de Avicebron. Somente em 1845 Salomon Munk identificou o autor.
13. André Neher, "La philosophie juive médiévale", p.1.021. Ao que tudo indica, Bahya foi influenciado pela mística muçulmana, mas o caráter judaico de sua vida espiritual e de sua teologia é indubitável. Como observa, com razão, A. Neher, Bahya recupera a tradição hassídica judaica, atestada na Bíblia, em Qumran e no Talmude: "a ascese, a vigília noturna em preces e em meditação"; numa palavra, a tradição que "sabe conciliar a experiência religiosa mais universal com o particularismo da religião de Israel" (ibid., p.1.022).
14. Ver alguns exemplos recentes, especialmente as opiniões de Isaac Husik e de Leo Strauss, in David Hartmann, *Maimonides: Torah and Philosophic Quest*, p.20s. Em contrapartida, este último autor empenha-se em demonstrar a unidade do pensamento de Maimônides.
15. Nesse empreendimento, teve ele dois predecessores, mas de pouca monta.
16. A. Neher, "La philosophie juive médiévale", p.1.028-9.
17. *O guia dos perplexos*, III, 51, 54. Cf. Vajda, *Introduction à la pensée juive du Moyen Âge*, p.145. Afinal, somente a soma dos conhecimentos de ordem metafísica, adquirida durante a existência terrena, é "imortal". Essa concepção é atestada em muitas tradições esotéricas.
18. A. Neher, op.cit., p.1.031.
19. Ibid., p.1.032. Ver também os textos traduzidos e comentados por Hartmann, *Maimonides*, p.81s.
20. Idem, p.1.032. Ver também Hartmann, op.cit., p.187, e os textos traduzidos por Twersky, *A Maimonides Reader*, p.83s., 432-3. Para o nosso propósito, podemos deixar de parte os poucos filósofos da época pós-maimonidiana: Gersônides (Levi ben Gerson, 1288-1344), Hasdai Crescas (1340-1410), Joseph Albo (1370-1444) etc.
21. Scholem, *Major Trends*, p.48.
22. Cf. *Les origines de la Kabbale*, p.36. Scholem fala também de "gnosticismo rabínico", ou seja, dessa modalidade do gnosticismo judaico que tentou permanecer fiel à tradição halákhica. Cf. *Major Trends*, p.65.
23. Scholem, *Major Trends*, p.52s. Cf. ibid., nota 49, as referências a imagens análogas na literatura helenística.
24. Scholem, *Les origines de la Kabbale*, p.29.
25. Ibid., p.31.
26. Scholem, *Les origines de la Kabbale*, p.34. Tradução in Guy Casaril, *Rabbi Siméon bar Yochai*, p.41-8.
27. Ibid., p.35s. Ver também *Major Trends*, p.76s.
28. Ibid., p.37-8. Guy Casaril insiste no paralelo com certo gnosticismo cristão, como o das *Homilias clementinas*, op.cit., p.42.
29. Scholem, *Les origines*, p.40.
30. Idem, *Major Trends*, p.91-2.
31. Ibid., p.95.
32. Scholem compara a serenidade dos *hassidim* com a *ataraxia* dos cínicos e dos estoicos, ibid., p.96. Cf. também o comportamento de um al-Hallâj (§277).

33. É nas obras de Eleazer de Worms que se encontra a primeira menção ao Golem, o homúnculo mágico, animado durante o êxtase de seu artífice; cf. Scholem, "The idea of the Golem", p.175s.
34. Scholem, *Major Trends*, p.107s. Trata-se, provavelmente, de uma influência do neoplatonismo através de Scotus Erigena (século IX); ibid., p.109.
35. Scholem, ibid., p.110s., 118. Esclareçamos desde já que não existe continuidade entre esse pietismo judaico do século XIII e o movimento dos *hassidim* que surgirá na Polônia e na Ucrânia no século XVIII (cf. §292).
36. Ver sobretudo G. Scholem, "Kabbala and myth", passim.
37. Cf. Scholem, *Major Trends*, p.75; *Origines de la Kabbale*, p.66s.
38. Scholem, *Origines*, p.78-107, 164-94 etc.
39. Ibid., p.211.
40. Ibid., p.384-5. Sobre os cabalistas de Gerone, pequena cidade catalã situada entre Barcelona e os Pireneus, ver a ampla exposição de Scholem, ibid., p.388-500.
41. Ver G. Scholem, "Devekuth, or communion with God", passim.
42. Cf. Scholem, *Major Trends*, p.139.
43. Scholem traduz a descrição muito elaborada dessa experiência, redigida por um discípulo anônimo, na Palestina, em 1295; ibid., p.143-55.
44. Cf. *Major Trends*, p.157-204.
45. A "sabedoria" de Deus (*Hokhmâ*), a "inteligência" de Deus (*Bina*), o "amor" ou a misericórdia de Deus (*Hessed*) etc. A décima *Sephira* é *Malkhuth*, a "realeza" de Deus, geralmente descrita no *Zohar* como o arquétipo místico da comunidade de Israel, ou como a *Shekhina*; cf. Scholem, *Major Trends*, p.212-3. Sobre as *Sephiroth* no *Sepher Yetsira*, ver acima, p.159s.
46. Scholem, ibid., p.223. Essa doutrina foi elaborada sobretudo por Moisés de León.
47. Ibid., p.224. A ideia já é atestada entre os "primitivos". Cf. Eliade, *Mythes, rêves et mystères*, p.80s.
48. Ver R.J. Zwi Werblowsky, *Joseph Karo, Lawyer and Mystic*, p.165s. Sobre o *maggid*, cf. ibid., p.257s. Ver também o cap. IV ("Spiritual life in Sixteenth-century safed: mystical and magical contemplation").
49. Scholem, *Major Trends*, p.261.
50. Idem.
51. Ideia que lembra o sistema de Basilides; Scholem, p.264. Cf. *História das crenças*, v.II, p.337-8.
52. Scholem destacou o caráter gnóstico e sobretudo maniqueísta (as partículas de luz espalhadas pelo mundo) dessa doutrina, p.239s., 253-4).
53. Scholem, op.cit., p.268.
54. Para Luria, o *En-Sof* tem pouco interesse religioso; cf. Scholem, p.271.
55. Ibid., p.274.
56. Ibid., p.281s. A prece mística revela-se um poderoso instrumento de redenção; a doutrina e a prática da prece mística constituem a parte esotérica da cabala de Luria; ibid., p.276, 278.
57. Ibid., p.285-6.
58. Ver G. Scholem, *Major Trends*, p.286-324, e sobretudo seu *Sabbatai Sevi, the Mystical Messiah*, p.103-460.
59. Ver Scholem, *Sabbatai Sevi*, p.461-929.
60. Cf. *Major Trends*, p.314; *Sabbatai Sevi*, p.800s.

61. Para Abraham Faez, aqueles que permanecem fiéis à Lei são pecadores; *Major Trends*, p.212.
62. Ibid., p.316. Certas práticas orgíacas, análogas àquelas dos carpocratianos, são atestadas nos anos 1700-60.
63. Ver argumentação de Scholem, *Major Trends*, p.331-2.
64. Ibid., p.336s.
65. Scholem, op.cit., p.349.

XXXVII. Movimentos religiosos na Europa: da Baixa Idade Média à véspera da Reforma

293. A heresia dualista no Império Bizantino: o bogomilismo

Desde o século X, os observadores leigos e religiosos de Bizâncio perceberam a eclosão, na Bulgária, de um movimento sectário, o bogomilismo. Seu fundador era um pároco de aldeia, conhecido como Bogomil ("amado de Deus"), a cujo respeito nada se sabe, com exceção do nome. Por volta de 930, ao que tudo indica, ele deu início à sua pregação de pobreza, humildade, penitência e prece; pois, segundo Bogomil, este mundo é mau, tendo sido criado por Satanael (irmão de Cristo e filho de Deus), o "Deus malvado" do Antigo Testamento.* Os sacramentos, os ícones e as cerimônias da Igreja Ortodoxa são inúteis, porquanto obra do diabo. A cruz deve ser abominada, pois foi numa cruz que torturaram e mataram Cristo. A única oração válida é o pai-nosso, pronunciado quatro vezes ao dia e quatro vezes à noite.

Os bogomilos não comiam carne, não bebiam vinho e desaconselhavam o casamento. Sua comunidade não tinha hierarquia. Tanto homens quanto mulheres se confessavam e davam a absolvição uns aos outros. Criticavam os ricos, condenavam os nobres e estimulavam o povo a desobedecer seus senhores pela prática da resistência passiva. O êxito do movimento explica-se pela devoção popular, desiludida com o luxo da Igreja e com a falta de decoro dos sacerdotes, e ainda pelo ódio dos camponeses búlgaros – pobres e reduzidos à servidão – aos proprietários e sobretudo aos agentes bizantinos.**

Após a conquista da Bulgária (1018) por Basileu II, numerosos nobres búlgaros estabelecem-se em Constantinopla. Adotado por algumas famílias

* É provável que Bogomil tivesse conhecido certas ideias dualistas difundidas pelos paulicanos e pelos messalianos, hereges da Ásia Menor (séculos VI-X); ver breve exposição de suas doutrinas e de sua história em Steven Runciman, *Le manichéisme médiéval*, p.30-60.

** Ver, sobretudo, Robert Browning, *Byzantium and Bulgaria*, p.163s. Pode-se encontrar um paralelo na cruzada contra os albigenses, na qual se manifesta a cobiça dos senhores do norte pela riqueza dos nobres meridionais.

da nobreza local e mesmo por certos monges bizantinos, o bogomilismo organiza sua teologia. Mas provavelmente em razão das disputas teológicas ocorre a cisão da seita. Aqueles que defendem a autonomia de Satanás, afirmando que ele é um deus eterno e todo-poderoso, congregam-se na Igreja de Dragovitsa (nome de uma aldeia na fronteira entre a Trácia e a Macedônia). Os antigos bogomilos, que consideravam Satanás o filho decaído de Deus, conservam o velho nome de "búlgaros". Embora os "dragovitsianos" proclamem um dualismo absoluto, e os "búlgaros", um dualismo moderado, as duas Igrejas toleram-se mutuamente. De fato, o bogomilismo passa nessa época por um novo desenvolvimento. Algumas comunidades organizam-se em Bizâncio, na Ásia Menor, na Dalmácia, e aumenta o número de fiéis. Distinguem-se agora duas categorias: os sacerdotes e os crentes. A prece e o jejum adquirem maior importância, as cerimônias multiplicam-se e tornam-se mais longas. "No final do século XII, o movimento camponês do século X transformou-se numa seita de ritos monásticos e de doutrina especulativa na qual a desavença entre o dualismo e o cristianismo é cada vez mais sensível."[1]

Quando a repressão se organiza, já no início do século XII, os bogomilos retrocedem até o norte dos Bálcãs, e seus missionários dirigem-se para a Dalmácia, a Itália e a França. Contudo, em certos momentos, o bogomilismo logra impor-se oficialmente, como, por exemplo, na Bulgária, na primeira metade do século XIII; na Bósnia, torna-se religião do Estado no governo do *Ban* Kulin (1180-1214). Entretanto, a seita perde sua influência no século XIV, e, após a conquista otomana da Bulgária e da Bósnia (1393), a maioria dos bogomilos converte-se ao islã.[2]

Não tardaremos a acompanhar o destino do bogomilismo no Ocidente. Acrescentemos que, no sudeste da Europa, certas concepções bogomilas foram transmitidas pelos *Apócrifos* e sobrevivem ainda no folclore. Na Idade Média, uma série de livros apócrifos circulava na Europa oriental sob o nome de um sacerdote bogomilo, Jeremias.[3] Nenhum desses textos, porém, é obra dele. Por exemplo, *O madeiro da cruz*, cujo assunto era célebre em toda a Europa medieval, deriva do *Evangelho de Nicodemo*, obra de origem gnóstica. O tema de outro apócrifo, *Como Cristo se tornou sacerdote*, era conhecido dos gregos de longa data. Os bogomilos, no entanto, acrescentaram a essas velhas lendas elementos dualistas. A versão eslavônia de *O madeiro da cruz* começa com a seguinte frase: "Quando Deus criou o mundo, somente existiam Ele e Satanael."[4] Ora, como vimos no §251, esse motivo cosmogônico é amplamente difundido, mas as variantes do Sudeste Europeu e eslavas conferem importância ao papel do diabo. Seguindo o modelo de determinadas seitas gnósticas, os bogomilos provavelmente fortaleceram o dualismo, realçando o prestígio do diabo.

Da mesma forma, no apócrifo *Adão e Eva*, os bogomilos introduziram o episódio de um "contrato" assinado por Adão e Satanás, segundo o qual, sendo a Terra uma obra deste último, Adão e seus descendentes lhe pertenciam até o advento de Cristo. Esse tema volta a ser encontrado no folclore balcânico.[5]

O método da reinterpretação dos *Apócrifos* é ilustrado pela *Interrogatio Iohannis*, a única obra bogomila autêntica, traduzida em latim pelos inquisidores do sul da França. Trata-se de um diálogo entre João Evangelista e Cristo, no qual se discutem a Criação do mundo, a queda de Satanás, a ascensão de Enoc e o madeiro da cruz. Nele se encontram passos colhidos em outros *Apócrifos*, e a tradução de uma obra eslavônica do século XII, *Questões de João Evangelista*.

> A teologia é, porém, rigorosamente bogomila. Satanás, antes de sua queda, era o primeiro depois de Deus Pai (Cristo, no entanto, continuava a ocupar o lugar ao lado de Deus Pai); ... mas não podemos dizer se se trata de uma obra bogomila original ou da tradução de um texto grego. A julgar pela doutrina, ela representa provavelmente uma compilação, devida a algum autor bogomilo ou messaliano, de materiais apócrifos mais antigos.[6]

O que interessa ao nosso estudo é que esses *Apócrifos* e principalmente suas variantes orais, durante vários séculos, desempenharam um papel na religiosidade popular. Como veremos no §304, eles não eram as únicas fontes do folclore religioso europeu. Contudo, a persistência dos temas heréticos dualistas no universo imaginário do povo humilde não deixa de ter significação. Um único exemplo: no sudeste da Europa, o mito da Criação do mundo com o auxílio do diabo (que mergulha no fundo do oceano primordial para buscar lama) tem por consequência o cansaço físico e mental de Deus. Em algumas variantes, Deus adormece profundamente; em outras, ele não sabe resolver um problema pós-cosmogônico: não consegue encaixar a Terra sob a abóbada celeste, e é o ouriço que o aconselha a comprimir um pouco a Terra, dando assim nascimento às montanhas e aos vales.[7]

O prestígio do diabo, a passividade de Deus e sua incompreensível queda podem ser considerados uma expressão popular do *deus otiosus* das religiões "primitivas", onde, depois de ter criado o mundo e os homens, Deus se desinteressa da sorte de sua Criação e retira-se para o Céu, deixando a conclusão de sua obra a um ente sobrenatural ou a um demiurgo.

294. Os bogomilos no Ocidente: os cátaros

Nas duas primeiras décadas do século XII, assinala-se a presença dos missionários bogomilos na Itália, na França e na Alemanha ocidental. Em Orléans, eles conseguem converter nobres e até sacerdotes, entre os quais um conselheiro do rei Roberto e o confessor da rainha. É fácil reconhecer os elementos essenciais da heresia: Deus não criou o mundo visível; a matéria é impura; o casamento, o batismo, a eucaristia e a confissão são inúteis; o Espírito Santo, descendo sobre o fiel pela imposição das mãos, purifica-o e santifica-o etc. O rei descobre os hereges, julga-os, condena-os e, em 28 de dezembro de 1022, manda-os para a fogueira; são os primeiros hereges no Ocidente a serem queimados vivos. O movimento, entretanto, continua a propagar-se. A Igreja cátara,* já instalada na Itália, envia missionários à Provença, ao Languedoc, às regiões renanas e até os Pireneus. Cabe sobretudo aos tecelões a difusão da nova doutrina. As comunidades da Provença são agrupadas em quatro bispados. Os arredores de Toulouse parecem ter sido sede de um concílio, em 1167. Foi nessa ocasião que o bispo bogomilo de Constantinopla logrou converter ao dualismo radical os grupos da Lombardia e do sul da França.

Contudo, ao penetrar no Ocidente, o bogomilismo adota certos elementos da tradição protestante local, o que torna ainda mais embaraçosa a falta de unidade doutrinária.[8] Os cátaros não acreditavam no Inferno nem no Purgatório; o domínio de Satanás era o *mundo*; ele criara-o, aliás, para aprisionar o espírito na matéria. Satanás era identificado a Javé, o Deus do Antigo Testamento. O verdadeiro Deus, bom e luminoso, encontra-se longe deste mundo. Foi ele que enviou Cristo para nos ensinar o método da libertação. Sendo puro espírito, o corpo de Cristo não era mais que uma ilusão.** O ódio à vida lembra certas seitas gnósticas e o maniqueísmo (cf. §232s.). Pode-se afirmar que o ideal do cátaro era o desaparecimento da humanidade, por meio do suicídio e da recusa a ter filhos, pois aos cátaros agradava mais a devassidão que o matrimônio.

A cerimônia de ingresso na seita, a *convenza* (*convenientia*), só era celebrada após longo período de aprendizagem por parte do adepto. O segundo rito de iniciação, o *consolamentum*, pelo qual se alcançava a condição de "perfeito", era em geral efetuado antes da morte ou, se o adepto o desejasse, mais

* O nome – cujo étimo é o grego *katharós*, "puro" – impõe-se somente por volta de 1163.

** Seria inútil insistir sobre as divergências doutrinárias; alguns cátaros negavam a divindade de Cristo; outros mencionavam a Trindade em suas cerimônias; outros, ainda, admitiam toda uma série de eões entre Deus e o mundo, cada um deles penetrado da essência divina; etc. Cf. Runciman, *Le manichéisme médiéval*, p.134s.; Borst, *Les cathares*, p.124s.

cedo; mas, nesse caso, as provas eram bastante rigorosas. O *consolamentum* tinha por palco a casa de um fiel e era presidido pelo decano dos perfeitos. A primeira parte, o *servitium*, consistia na confissão geral, feita pela assembleia; enquanto ela se desenrolava, o presidente mantinha aberto à sua frente um exemplar dos Evangelhos.* Em seguida, o catecúmeno recebia ritualmente o Pater Noster e, prosternando-se diante do presidente, pedia-lhe que o abençoasse e rogasse a Deus por ele, pecador. "Que Deus o abençoe", respondia o presidente, "faça de ti um bom cristão, e te conceda uma boa morte!" Em certo momento da cerimônia, o presidente pedia ao catecúmeno que renunciasse à Igreja de Roma e à cruz traçada sobre sua fronte pelo sacerdote romano na hora do batismo. A reincidência no pecado após ter recebido o *consolamentum* anulava o ritual. É por essa razão que alguns perfeitos praticavam a *endura*, deixando-se deliberadamente morrer de fome.[9] Toda cerimônia terminava pela "paz", beijo trocado entre todos os presentes. Os perfeitos – homens e mulheres – gozavam de um prestígio superior ao dos sacerdotes católicos. Levavam uma vida mais ascética do que a dos outros fiéis, e praticavam três prolongados jejuns anuais. A organização da Igreja cátara ainda é malconhecida. Sabe-se que cada bispo era acolitado por um *filius maior* e por um *filius minor*; falecendo o bispo, sucedia-lhe automaticamente o *filius maior*. As semelhanças com a liturgia romana não são uma paródia; explicam-se pela tradição litúrgica da Igreja cristã antiga, das origens ao século V.[10]

Para uma melhor compreensão do êxito da propaganda cátara e, em geral, dos movimentos paramilenaristas que, com muita frequência, se tornaram heréticos, cumpre levar em conta a crise da Igreja romana, e, em primeiro lugar, a decadência da hierarquia eclesiástica. Na abertura do IV Concílio de Latrão, alude Inocêncio III aos bispos que se preocupam exclusivamente com seus "prazeres carnais", sem instrução espiritual e desprovidos de zelo pastoral, "incapazes de divulgar a palavra de Deus e de governar o povo". Por outro lado, a imoralidade e a venalidade do clero afastavam progressivamente os fiéis. Muitos sacerdotes eram casados ou viviam publicamente em concubinato. Alguns possuíam tabernas, de cuja exploração tiravam o sustento para suas esposas e filhos. Como estavam obrigados a remunerar seus patronos, os sacerdotes taxavam qualquer serviço religioso suplementar: casamentos, batismos, missas em intenção de doentes e mortos etc. A recusa de traduzir

* O *servitium* aparentemente não continha nenhuma afirmação herética. "Apenas dois sinais indicam que os recitantes professavam o dualismo: a energia com que se alude aos pecados da carne e esta frase significativa: 'Não ter nenhuma piedade pela carne nascida na corrupção, mas apiedar-se do espírito que se conserva no cárcere.'" Runciman, *Le manichéisme médiéval*, p.139.

a Bíblia[11] (como acontecera no Oriente) tornava impossível toda e qualquer instrução religiosa; o cristianismo não era acessível senão por intermédio dos padres e dos monges.

Nas primeiras décadas do século XII, são Domingos (1170-1221) tenta combater a heresia, mas sem êxito. A seu pedido, Inocêncio III funda a ordem dos Irmãos Pregadores. Mas, tal como acontecera com os legados enviados antes pelo papa, os dominicanos não lograram impedir o progresso do movimento cátaro. Em 1204 travou-se, em Carcassonne, a derradeira discussão pública entre teólogos cátaros e católicos. Em janeiro de 1205, Pedro de Castelmare, a quem Inocêncio III incumbira de exterminar a heresia no sul da França, manifestou intenção de renunciar a seu mandato e recolher-se num mosteiro. O papa, contudo, respondeu-lhe: "A ação prepondera sobre a contemplação."

Por fim, em novembro de 1207, Inocêncio III proclama uma cruzada contra os albigenses, endereçando-se sobretudo aos grã-senhores do norte, o duque de Borgonha, os condes de Bar, de Nevers, da Champagne e de Blois. Seduziu-os com a promessa de que as propriedades dos nobres albigenses passariam a pertencer-lhes depois da vitória. Quanto ao rei da França, atraiu-o a possibilidade de estender seu domínio em direção ao sul. A primeira guerra prolongou-se de 1208-09 a 1229, mas teve de ser reiniciada, persistindo ainda durante muitos anos. Somente por volta do ano 1330 a Igreja cátara da França deixou de existir.

A sinistra "cruzada contra os albigenses" é importante por várias razões. Por uma ironia da história, foi ela *a única* vitoriosa. Suas consequências políticas, culturais e religiosas foram consideráveis. A unificação e a ampliação do reino da França foram obra sua, o mesmo acontecendo com a ruína da civilização meridional (especialmente a destruição da obra de Eleonor e de suas "Cortes de Amor", com a exaltação da mulher e a poesia dos trovadores; cf. §269). No que se refere às consequências de ordem religiosa, a mais grave foi o aumento de poder, cada vez mais ameaçador, da Inquisição. Instalada em Toulouse, durante a guerra, a Inquisição obrigou todas as mulheres com mais de doze anos e todos os homens com mais de quatorze anos a abjurar a heresia. O sínodo de Toulouse, em 1229, proibiu a posse da Bíblia em latim ou em língua vernácula; os únicos textos tolerados eram o breviário, o Saltério e o Livro de Horas da Virgem, todos em latim. Os albigenses que, em pequeno número, se refugiaram na Itália acabaram sendo descobertos pelos agentes da Inquisição, pois, com o tempo, esta conseguiu instalar-se em quase todos os países da Europa ocidental e central. Acrescente-se, porém, que a guerra contra os hereges incitou a Igreja a reformas urgentes e serviu de estímulo às ordens missionárias dos dominicanos e dos franciscanos.

A maneira como os albigenses foram aniquilados constitui uma das páginas mais negras na história da Igreja romana. No entanto, a reação católica era justificada. O ódio contra a vida e o corpo (por exemplo, a proibição do casamento, a negação da ressurreição etc.) e o dualismo absoluto separavam o catarismo ao mesmo tempo da tradição veteritestamentária e do cristianismo. Os albigenses, na verdade, professavam uma religião *sui generis*, de estrutura e origem orientais.

O êxito incomparável dos missionários cátaros representa a primeira penetração maciça das ideias religiosas orientais, não apenas no meio rural, como ainda entre os artesãos, os clérigos e os nobres. Somente no século XX se assistiria a um fenômeno semelhante, ou seja, o acolhimento entusiasta, em quase toda a Europa ocidental, de um milenarismo de origem oriental, o marxismo-leninismo.

295. São Francisco de Assis

Os séculos XII e XIII conheceram uma excepcional valorização religiosa da pobreza. Movimentos heréticos como os humiliati, os valdenses e os cítaros, assim como as beguinas e os begardos, viam na pobreza o primeiro e mais eficaz meio de realizar o ideal proclamado por Jesus e pelos apóstolos. Foi com o propósito de atrair esses movimentos que o papa reconheceu, no começo do século XIII, as duas ordens de monges mendicantes, os dominicanos e os franciscanos. Mas, como veremos, a mística da pobreza suscitou, entre os franciscanos, crises que ameaçaram a existência da ordem. Com efeito, o seu próprio fundador havia enaltecido a pobreza absoluta, a que dera o nome de *Madona Povertà*.

Nascido em 1182, filho de um rico mercador de Assis, fez Francisco sua primeira peregrinação a Roma em 1205 e, durante um dia inteiro, ocupou o lugar de um mendigo diante da igreja de São Pedro. Em outra ocasião, beijou um leproso. Ao regressar a Assis, viveu durante dois anos como eremita, perto de uma igreja. Francisco compreendeu sua verdadeira vocação ao escutar, em 1209, o célebre trecho do Evangelho de Mateus: "Curai enfermos, purificai leprosos. … Não vos provereis de ouro, nem de prata."* Desse momento em diante, segue à letra essas palavras dirigidas por Jesus aos apóstolos. Alguns

* "Curai enfermos, ressuscitai mortos, purificai leprosos, expeli demônios; de graça recebestes, de graça dai. Não vos provereis de ouro, nem de prata, nem de cobre nos vossos cintos; nem de alforje para o caminho, nem de duas túnicas, nem de sandálias, nem de bordão; porque digno é o trabalhador do seu alimento" (Mateus, 10:7-10).

discípulos juntam-se a ele, e Francisco redige uma Regra bastante concisa. Em 1210, faz nova viagem a Roma, com o intuito de submetê-la à aprovação de Inocêncio III. O papa defere-lhe o pedido, contanto que Francisco se torne diretor de uma ordem menor (donde o nome de Irmãos Menores dado aos franciscanos). Os monges dispersam-se e levam sua pregação através da Itália, reunindo-se uma vez por ano, no Pentecostes. Em 1217, Francisco travou conhecimento em Florença com o cardeal Ugolino; grande admirador de seu apostolado, o cardeal tornou-se seu amigo e protetor da ordem. No ano seguinte, o "*Poverello*" encontrou-se com Domingos, que lhe propôs fundir as duas ordens, mas Francisco não aceitou.

No encontro que tiveram em 1219, Ugolino, seguindo a sugestão de alguns monges mais cultos, solicitou a modificação da Regra, mas sem êxito. Durante essa época, missionários franciscanos começaram a penetrar no estrangeiro. Acompanhado de onze irmãos, Francisco desembarcou na Terra Santa e, decidido a pregar diante do sultão, visitou o acampamento dos muçulmanos, onde foi bem-recebido. Algum tempo depois, informado de que os dois vigários que ele designara haviam alterado a Regra e obtido privilégios junto ao papa, Francisco retornou à Itália. Teve a notícia de que certos irmãos menores foram acusados de heresia na França, na Alemanha e na Hungria, e isso o levou a aceitar o patronato oficial do papa. A livre comunidade dos monges converteu-se numa ordem regular, sob a jurisdição do direito canônico. Uma nova Regra foi autorizada por Honório III em 1223, e Francisco renunciou à direção da ordem. No ano seguinte, retirou-se para um eremitério, em Verona, e foi aí que recebeu os estigmas da Paixão. Gravemente enfermo, quase cego, conseguiu, ainda assim, compor os *Laude al Sole*, os *Sermões* endereçados a seus irmãos de ordem, e seu *Testamento*.

É nesse texto comovente que Francisco se esforça, pela última vez, para defender a verdadeira vocação de sua ordem. Evoca seu amor ao trabalho manual e pede aos irmãos que trabalhem e, no caso de não receberem paga, recorram "à mesa do Senhor, esmolando de porta em porta". Ordena expressamente aos irmãos que não aceitem,

> sob nenhum pretexto, nem igrejas, nem moradas, nem qualquer outra coisa que se construa para eles, se isso não estiver de acordo com a santa pobreza que prometemos na Regra; que eles aí assistam sempre como hóspedes, estrangeiros e peregrinos. Proíbo formalmente por obediência a todos os irmãos, seja qual for o lugar onde estejam, que ousem pedir alguma carta na corte de Roma, pessoalmente ou por interposta pessoa, para uma igreja ou para algum outro lugar, sob pretexto de pregação, ou por causa de alguma perseguição corporal.[12]

Francisco morreu em 1226, e menos de dois anos depois foi canonizado por seu amigo, o cardeal Ugolino, que se tornara o papa Gregório IX. Era essa, sem dúvida, a melhor solução para vincular a ordem franciscana à Igreja. As dificuldades não foram, porém, eliminadas. As primeiras biografias apresentavam são Francisco como um enviado de Deus para iniciar as reformas da Igreja. Alguns frades menores reconheciam em seu patrono o representante da Terceira Era anunciada por Gioacchino da Fiore[13] (cf. §271). As histórias populares coligidas e divulgadas pelos franciscanos no século XIII e publicadas no século XIV sob o título de *Fioretti* [*As florezinhas*], comparavam Francisco e seus discípulos a Jesus e seus apóstolos. A despeito da admiração sincera que tinha por Francisco, Gregório IX não aceitou o *Testamento* e ratificou a Regra de 1223. A oposição vinha principalmente dos "observadores" e, mais tarde, dos espirituais, que insistiam sobre a necessidade da pobreza absoluta. Numa série de bulas, Gregório IX e seus sucessores empenharam-se em demonstrar que não se trata de "possessão", mas do "uso" das casas e de outros bens. João de Parma, geral da ordem de 1247 a 1257, tentou conservar o legado de são Francisco, evitando o conflito aberto com o papa, mas a intransigência dos espirituais baldou seus esforços. Felizmente, João de Parma foi substituído por Boaventura, que, com justiça, é considerado o segundo fundador da ordem. Mas a polêmica em torno da pobreza absoluta permaneceu acesa durante a vida e mesmo após a morte (1274) de Boaventura. A controvérsia foi por fim encerrada depois de 1320.

A vitória da Igreja atenuou, decerto, o fervor original da ordem e desencorajou a esperança de uma reforma que determinasse uma volta à austeridade dos apóstolos. No entanto, foi graças a esses compromissos que a ordem franciscana conseguiu sobreviver. É verdade que o único modelo exemplar era constituído pela vida diária de Jesus, dos apóstolos e de são Francisco; isto é, pela pobreza, pela caridade e pelo trabalho manual. Contudo, a obediência ao magistério supremo continuava sendo para os monges o primeiro dever – e o mais difícil.

296. São Boaventura e a teologia mística

Nascido em 1217, perto de Orvieto, Boaventura estudou teologia em Paris, onde lecionou a partir de 1253. Num dos momentos mais críticos da ordem franciscana, em 1257, foi eleito para o cargo de ministro-geral. Esforçou-se por conciliar as duas posições extremas, reconhecendo, ao lado da pobreza e do trabalho manual, a necessidade do estudo e da meditação. Compôs também uma biografia mais moderada de são Francisco (*Legenda maior*, 1263);

três anos depois, foi ela proclamada oficialmente como a única biografia autorizada.

Durante seu magistério em Paris, Boaventura redigiu um comentário das *Sentenças* (de Pedro Lombardo), o *Breviloquium* e as *Quaestiones disputatae*. Mas foi depois de um breve retiro em Verna (1259) que escreveu sua obra-prima: o *Itinerário do espírito para Deus*.* Um ano antes de sua morte, em 1274, Boaventura foi nomeado cardeal-bispo de Albano. Canonizado por Sisto IV em 1482, recebeu de Sisto V, em 1588, o título de *Doctor Seraphicus* da Igreja.

Começa a haver o reconhecimento de que a síntese teológica de Boaventura é a mais completa da Idade Média. Procurou utilizar Platão e Aristóteles, Agostinho e os Padres gregos, o Pseudo-Dionísio e Francisco de Assis.[14] Enquanto Tomás de Aquino constrói seu sistema com base em Aristóteles, Boaventura conserva a tradição agostiniana do neoplatonismo medieval. A significação profunda de sua teologia foi porém eclipsada, durante a Idade Média, depois do êxito da síntese tomisto-aristotélica (tal como o foi, nos tempos modernos, pela emergência triunfante do neotomismo).

Um pesquisador contemporâneo, Ewert H. Cousins, identifica o conceito de *coincidentia oppositorum* como a pedra angular do pensamento boaventuriano.[15] Trata-se, obviamente, de uma concepção atestada, sob uma forma um tanto ou quanto explícita, em toda a história das religiões. Ela é evidente no monoteísmo bíblico: Deus é infinito e pessoal, transcendente e ativo na história, eterno e presente no tempo etc. Esses contrários são ainda mais notáveis na pessoa de Cristo. Entretanto, Boaventura elabora e organiza o sistema da *coincidentia oppositorum* tomando por modelo a Trindade, onde a terceira pessoa representa o princípio mediador e unificador.

A obra-prima de Boaventura é com certeza o *Itinerário do espírito para Deus*. Também dessa vez o autor emprega um símbolo universalmente difundido, e que é encontrado desde os começos da teologia mística cristã: a imagem da escada.[16] "O mundo é uma escada pela qual subimos em direção a Deus", escreve Boaventura.

> Encontramos certos vestígios de Deus. Alguns são materiais, outros espirituais, alguns temporais e outros eternos, alguns estão fora de nós, outros em nosso íntimo. Para chegarmos a compreender o Primeiro Princípio, Deus, que é o mais

* "Enquanto meditava sobre as ascensões da alma até Deus, rememorei, entre outras coisas, o milagre acontecido nesse lugar com o próprio são Francisco: a visão do serafim alado em forma de cruz. Ora, parece-me desde pronto que essa aparição representava o êxtase do bem-aventurado Pai e indicava o itinerário que se teria de seguir para chegar até lá" (*Prólogo*, trad. franc. H. Duméry).

> espiritual e eterno e *superior* a nós, cumpre-nos peregrinar através dos vestígios de Deus que são materiais e temporais e *exteriores* a nós. Entramos assim no caminho que conduz a Deus. Em seguida, devemos penetrar em nosso próprio espírito, onde a imagem eterna e espiritual de Deus está presente *dentro* de nós. Aqui, entramos na verdade de Deus. Por fim, devemos passar pelo que é eterno, mais espiritual e *superior* a nós.[17]

É nesse momento que se encontra Deus como unidade (ou seja, o uno que está para além do tempo) e a Santíssima Trindade.

Nos quatro primeiros capítulos do *Itinerário* são apresentadas as meditações sobre o reflexo de Deus no mundo material e na alma, e sobre a vinda de Deus. Os dois capítulos seguintes são consagrados à contemplação de Deus como ser (cap. V) e como bem (cap. VI). Por fim, no sétimo e último capítulo, a alma é captada pelo êxtase místico e, com o Cristo crucificado, passa da morte à vida. Merece menção especial a audaciosa revaloração do êxtase. Ao contrário da experiência mística de Bernardo de Clairvaux, dominada pelo simbolismo do amor conjugal, para Boaventura a *unio mystica* é uma *morte com Cristo* e, com Ele, a reunião com Deus Pai.

Por outro lado, como bom franciscano, Boaventura incentiva o conhecimento preciso e rigoroso da natureza. A sabedoria de Deus revela-se nas realidades cósmicas; quanto mais se estuda alguma coisa, mais se penetra em sua individualidade, e melhor ela é compreendida na qualidade de ser exemplar situado no espírito de Deus (*Itinerário*, cap. II, seções 4s.). Certos autores viram no interesse dos franciscanos pela natureza uma das fontes do desenvolvimento das ciências empíricas; por exemplo, as descobertas de Rogério Bacon (c.1214-1292) e dos discípulos de Ockham. Pode-se comparar essa solidariedade, defendida por Boaventura, entre a experiência mística e o estudo da natureza, com o papel decisivo do taoismo no progresso das ciências empíricas na China (cf. §134).

297. São Tomás de Aquino e a escolástica

Chama-se em geral "escolástica" aos diversos sistemas teológicos que buscam harmonizar a revelação e a razão, a fé e a compreensão intelectual. Anselmo de Cantuária (1033-1109) retomara a fórmula de santo Agostinho: "Creio para poder compreender." Em outros termos, a razão inicia sua tarefa a partir dos artigos da fé. Mas é Pedro Lombardo (c.1100-1160) quem elabora, na obra *Os quatro livros de sentenças*, a estrutura específica da teologia escolástica.

Sob a forma de questões, análises e respostas, o teólogo escolástico deve apresentar e discutir os seguintes problemas: Deus, a Criação, a encarnação, a redenção e os sacramentos.

No século XII, as obras de Aristóteles e dos grandes filósofos árabes e judeus (sobretudo Averróis, Avicena e Maimônides) tornaram-se parcialmente acessíveis em traduções latinas. Essas descobertas situam numa nova perspectiva as relações entre a razão e a fé. Segundo Aristóteles, o domínio da razão é completamente independente. Alberto Magno (Alberto de Bollstädt, 1206 ou 1207-1280), um dos espíritos mais universais da Idade Média, aceitou com entusiasmo a reconquista, "para a razão, dos direitos que ela mesma deixara cair em desuso".* Mas, por outro lado, tal doutrina não podia deixar de indignar os teólogos tradicionalistas: estes acusavam os escolásticos de terem sacrificado a religião à filosofia, Cristo a Aristóteles.

O pensamento de Alberto Magno foi aprofundado e sistematizado por seu discípulo Tomás de Aquino (1224-1274).** Tomás é ao mesmo tempo teólogo e filósofo; mas, para ele, o problema central é o mesmo: o *Ser*, ou seja, Deus. Tomás faz uma distinção radical entre a natureza e a graça, o domínio da razão e o da fé; no entanto, essa distinção implica uma harmonia, uma conciliação entre elas. A existência de Deus torna-se evidente desde que o homem se dê ao trabalho de refletir sobre o mundo tal como o conhece. Por exemplo: de uma forma ou de outra, este mundo está em movimento; todo movimento deve ter uma causa, mas essa causa é o resultado de outra; entretanto, a série não pode ser infinita e cumpre admitir a intervenção de um primeiro motor, que outro não é senão Deus. Esse argumento é o primeiro de um grupo de cinco, designados por Tomás como as "cinco vias". O raciocínio é sempre o mesmo: partindo de uma realidade evidente, chega-se a Deus. (Toda causa eficiente pressupõe outra, e percorrendo a série em sentido inverso chega-se à primeira, Deus. E assim por diante.)

---

* Étienne Gilson, *La philosophie au Moyen Âge*, p.507. "Se a característica do pensamento moderno é a distinção entre o que é demonstrável e o que não o é, precisamente no século XIII que a filosofia moderna foi fundada, é com Alberto Magno que, limitando a si mesma, ela toma consciência de seu valor e de seus direitos" (ibid., p.508).

** A vida de Tomás foi muito curta e desprovida de acontecimentos dramáticos. Nascido perto de Agni, no fim de 1224 ou início de 1225, veste o hábito dominicano em 1244 e, no ano seguinte, viaja a Paris a fim de estudar sob a orientação de Alberto Magno. Licenciado em teologia em 1256, Tomás ensina em Paris (1256-59) e depois em várias cidades da Itália. Regressa a Paris em 1269, mas torna a deixá-la em 1272, indo exercer o magistério em Nápoles em 1273. Convocado por Gregório X para participar do segundo concílio geral de Lyon, Tomás põe-se a caminho em janeiro de 1274, mas, doente, para em Fossanova, onde morre em 7 de março. De todas as suas numerosas obras, as mais célebres, aquelas em que Tomás revela seu verdadeiro gênio, são a *Suma teológica* e a *Suma contra os gentios*.

Sendo infinito e simples, o Deus assim descoberto pela razão está para além da linguagem humana. Deus é o ato puro de existir (*ipsum esse*), sendo portanto infinito, imutável e eterno. Ao demonstrar sua existência pelo princípio de causalidade, chega-se ao mesmo tempo à conclusão de que Deus é o Criador do mundo. Ele tudo criou livremente, sem nenhuma necessidade. Mas, para Tomás, a razão humana não pode demonstrar se o mundo existiu sempre ou se, ao contrário, a criação se verificou no tempo. A fé, que se funda nas revelações de Deus, nos concita a acreditar que o mundo começou no tempo. Trata-se de uma verdade revelada, como os outros artigos da fé (o pecado original, a Santíssima Trindade, a encarnação de Deus em Jesus Cristo etc.), objeto, pois, da investigação teológica e não mais da filosofia.

Todo conhecimento implica o conceito central do *ser*, em outras palavras, a posse ou a presença da realidade que se quer conhecer. O homem foi criado para desfrutar o conhecimento pleno de Deus, mas, por causa do pecado original, já não é capaz de alcançá-lo sem o auxílio da graça. A fé permite ao fiel, ajudado pela graça, aceitar o conhecimento de Deus tal como foi revelado no decorrer da história santa.

> Apesar das resistências encontradas, a doutrina de são Tomás logo lhe granjeou numerosos discípulos, não somente no interior da ordem dominicana, como ainda em outros meios escolares e religiosos. ... A reforma tomista afetava todo o campo da filosofia e da teologia; não há, portanto, nem uma só questão referente a esses domínios onde a história não possa perceber sua influência e seguir-lhe o rastro, mas ela parece ter tido um efeito sensível sobre os problemas fundamentais da ontologia, cuja solução tinha precedência sobre a de todos os outros.[18]

Para Gilson, o grande mérito de são Tomás foi ter evitado tanto o "teologismo" – que admitia a autossuficiência da fé – quanto o "racionalismo". E, segundo esse mesmo autor, o declínio da escolástica começou com as condenações de certas teses de Aristóteles (sobretudo de seus comentadores árabes) pelo bispo de Paris, Étienne Tempier, em 1270 e 1277.[19] Desde então, vê-se seriamente comprometida a solidariedade estrutural entre a teologia e a filosofia. As críticas de Duns Scot (c.1265-1308) e de Guilherme de Ockham (c.1285-1347) contribuem para demolir a síntese tomista. Quanto ao mais, a distância cada vez mais acentuada entre a teologia e a filosofia antecipa a separação, evidente nas sociedades modernas, entre sagrado e profano.[20]

Devemos acrescentar, porém, que a interpretação de Gilson já não é aceita em seu todo. Tomás de Aquino não foi o único escolástico medieval de gênio.

Nos séculos XIII e XIV, outros pensadores – Scot e Ockham à frente – gozaram de um prestígio igual ou talvez superior. Contudo, a importância do tomismo prende-se ao fato de ter sido proclamado, no século XIX, teologia oficial da Igreja romana. Além disso, o renascimento do neotomismo, no primeiro quartel do século XX, constitui um momento significativo na história da cultura ocidental.

Duns Scot, cognominado *doctor subtilis*, criticou o sistema de Tomás, atacando-o em seus fundamentos, isto é, negando a importância atribuída à razão. Para Duns Scot, à exceção da identidade de Deus com a causa primeira, que se descobre por meio do raciocínio lógico, todo conhecimento religioso é dado pela fé.

Ockham, o *doctor plusquam subtilis*, foi muito mais longe na crítica das teologias racionalistas. Como o homem só pode conhecer os fatos particulares que observa, as leis da lógica e da revelação divina, toda metafísica é impossível. Ockham nega categoricamente a existência dos "universais": trata-se de construções mentais sem realidade autônoma. Visto que Deus só pode ser conhecido intuitivamente e que a razão é incapaz de provar sua existência, o homem deve contentar-se com o que lhe ensinam a fé e a revelação.*

O caráter original e profundo do pensamento religioso de Ockham revela-se sobretudo em sua concepção de Deus. Sendo Deus absolutamente livre e onipotente, ele pode tudo fazer, até mesmo contradizer-se: pode, por exemplo, salvar um criminoso e condenar um santo. Não se deve restringir a liberdade de Deus segundo os limites da razão, da imaginação ou da linguagem humana. Ensina-nos um artigo de fé que Deus assumiu a natureza humana; mas ele poderia ter se manifestado sob a forma (ou seja, com a natureza) do asno, da pedra ou da madeira.[21]

Essas ilustrações paradoxais da liberdade divina não estimularam a imaginação teológica dos séculos posteriores. No entanto, a partir do século XVIII – isto é, depois da descoberta dos "primitivos" –, a teologia de Ockham teria permitido uma compreensão mais adequada daquilo que se chamou "a idolatria dos selvagens", pois o sagrado se manifesta sob qualquer forma, mesmo a mais aberrante. Na perspectiva aberta por Ockham, o pensamento teológico poderia ter justificado as hierofanias, atestadas em toda parte nas religiões arcaicas e tradicionais; na verdade, sabe-se hoje que não eram os

* Segundo Gilson, "o estudo de Ockham permite a comprovação de um fato histórico de importância fundamental, e que costuma passar despercebido: a crítica interna feita contra ele pelo que se denomina, com expressão bastante vaga, filosofia escolástica, provocou sua ruína muito antes que a chamada filosofia moderna tenha logrado constituir-se" (op.cit., p.640).

objetos naturais (pedras, árvores, fontes etc.) os adorados, mas as forças sobrenaturais que eles "encarnavam".

298. Mestre Eckhart: de Deus à deidade

Nascido em 1260, Eckhart estudou com os dominicanos de Colônia e em Paris. Exerceu as funções de professor, pregador e administrador em Paris (1311-13), Estrasburgo (1313-23) e Colônia (1323-27). Nas duas últimas cidades, instruiu e orientou religiosas e beguinas. Entre suas numerosas obras, as mais importantes são o *Comentário* sobre as *Sentenças* de Pedro Lombardo, e o *Opus tripartitum*, uma suma teológica considerável, infelizmente em grande parte perdida. Em compensação, conservaram-se muitos de seus textos em alemão, entre eles as *Instruções espirituais*, vários tratados e muitos sermões. Mas a autenticidade de certos sermões ainda não foi reconhecida.

Mestre Eckhart é um autor original, profundo e difícil.[22] É com razão considerado o mais importante teólogo da mística ocidental. Embora prolongando a tradição, ele inaugura uma nova época na história do misticismo cristão. Lembremos que, desde o século IV e até o XII, a prática contemplativa implicava o abandono do mundo, ou seja, a vida monástica. Era no deserto ou na solidão do claustro que o monge esperava aproximar-se de Deus e desfrutar a presença divina. Essa intimidade com Deus equivalia a um retorno ao Paraíso; o contemplativo reencontrava, de certo modo, a condição de Adão antes da queda.

Naquele que se pode considerar o primeiro exemplo da experiência mística cristã, alude são Paulo à sua ascensão extática ao terceiro céu: "Conheço um homem em Cristo que, há quatorze anos, foi arrebatado até o terceiro Céu. … E sei que o tal homem, se no corpo ou fora do corpo, não sei, Deus o sabe, foi arrebatado ao Paraíso e ouviu palavras inefáveis, as quais não é lícito ao homem referir" (II Epístola aos Coríntios, 12:1-4). A nostalgia do Paraíso faz sentir-se assim desde os começos do cristianismo. Durante a prece, os cristãos voltavam-se para o Oriente, na direção onde se encontrava o Paraíso terrestre. O simbolismo paradisíaco reaparece nas igrejas e nos jardins dos mosteiros. Os antigos padres do monaquismo (como, mais tarde, são Francisco de Assis) eram obedecidos pelas feras; ora, a primeira síndrome da restauração da vida paradisíaca é justamente a recuperação do domínio sobre os animais.[23]

Na teologia mística de Evagro o Pôntico (século IV), o cristão perfeito era o monge; ele constituía o modelo do homem que reencontrou suas origens. O objetivo último do contemplativo solitário era a união com Deus. No entanto, como esclarece, entre outros, são Bernardo, "Deus e o homem estão separados um do outro. Cada qual conserva sua própria vontade e sua própria substância. Tal união é para eles uma comunhão de vontades e uma conformidade no amor".[24]

Essa valorização quase marital da *unio mystica* é abundantemente atestada na história da mística, e não apenas da mística cristã. Afirmemos, desde logo, que ela é completamente estranha a Mestre Eckhart. O fato é tanto mais significativo porquanto, em seus sermões, o dominicano dirigia-se não só aos monges e às religiosas, como também à massa dos fiéis. No século XIII, a perfeição espiritual já não era buscada exclusivamente nos mosteiros. Falou-se da "democratização" e da "secularização" da experiência mística, fenômenos que caracterizam a época de 1200 a 1600. Mestre Eckhart é, por excelência, o teólogo dessa nova fase na história do misticismo cristão; ele proclama e justifica teologicamente a possibilidade de reintegrar a identidade ontológica com Deus, mesmo permanecendo no mundo.* Também para ele, a experiência mística implica a "volta à origem"; mas a uma origem que é anterior a Adão e à Criação do mundo.

Mestre Eckhart elabora essa audaciosa teologia com o auxílio de uma distinção que ele introduz no próprio ser da divindade. Para ele, a palavra "Deus" (*Gott*) designa o Deus Criador, reservando o termo "deidade" (*Gottheit*) para indicar a essência divina. A *Gottheit* é o *Grund*, o princípio e a matriz de "Deus". Certamente não se trata de uma anterioridade ou de uma modificação ontológica que teria ocorrido no tempo, em consequência da Criação. Mas, pela ambiguidade e pelos limites da linguagem humana, essa distinção podia dar lugar a lamentáveis mal-entendidos. Num de seus sermões, afirma Mestre Eckhart: "Deus e a deidade são tão diferentes um do outro quanto o Céu e a Terra. ... Deus faz, a deidade não faz, ela nada tem que fazer. ... Deus e a deidade diferem pelo agir e pelo não agir."[25] Dionísio o Areopagita (cf. §257), definira Deus como "um puro nada". Eckhart prolonga e amplia essa teologia negativa:

> Deus é sem nome, pois ninguém pode dizer ou compreender nada a respeito Dele. ... Se digo, pois: Deus é bom, isso não é verdade; eu sou bom, mas Deus não é bom. ... Se, ademais, eu digo: Deus é sábio, isso não é verdade; eu sou mais sábio do que ele. Se digo ainda: Deus é um ser, isso não é verdade; ele é um ser acima do ser e uma negação superessencial.[26]

* Essa concepção pode ser comparada com a mensagem da *Bhagavadgita* (cf. §193-4).

Por outro lado, Eckhart insiste em que o homem é "da raça e da parentela de Deus", e insta ao fiel que atinja o princípio divino (a *Gottheit*), para além do Deus trinitário, pois, por sua própria natureza, o *Grund* da alma não recebe nada que não seja o ser divino, diretamente e sem mediadores. É em Sua totalidade que Deus penetra a alma humana. Eckhart vê na experiência mística não a *unio mystica* exaltada por são Bernardo e outros autores ilustres, mas o retorno à deidade não manifestada (a *Gottheit*); é então que o fiel descobre sua identidade ontológica com o *Grund* divino.

> Quando eu era pela primeira vez, não tinha Deus e era simplesmente eu mesmo. ... Eu era um ser puro e eu me conhecia pela verdade divina. ... Eu sou minha causa primeira tanto de meu ser eterno quanto de meu ser temporal. ... Por causa de meu nascimento eterno não morrerei nunca. ... Fui a causa de mim mesmo e de todas as outras coisas.[27]

Para Eckhart, esse estado primordial de antes da Criação será também o do fim; a experiência mística antecipa a reintegração da alma na deidade não diferenciada. Não se trata, porém, do panteísmo, nem de um monismo de tipo vedantino. Eckhart compara a união com Deus com a gota de água que, caindo no oceano, identifica-se com ele; mas o oceano não se identifica de nenhum modo com a gota de água. "Da mesma forma, a alma torna-se divina, mas Deus não se torna a alma." Entretanto, na união mística "a alma está em Deus como Deus está em Si mesmo".[28]

Embora não deixasse de considerar a diferença entre a alma e Deus, Eckhart teve o grande mérito de mostrar que essa diferença não é definitiva. Para ele, a vocação predestinada do homem é *estar em Deus*, e não viver no mundo como criatura de Deus. Porque o homem *real* – isto é, a alma – é eterno; a salvação do homem começa com sua retirada do tempo.* Eckhart não cessa de louvar o "desprendimento" (*Abgescheidenheit*), prática religiosa absolutamente necessária para reencontrar Deus.** A salvação é uma operação ontológica tornada possível pelo *verdadeiro conhecimento*. O homem está salvo na medida em que descobre seu próprio *ser*; mas ele não pode alcançar

---

* O tempo é, segundo Eckhart, o maior obstáculo à aproximação de Deus; e não somente o tempo, "mas também as coisas temporais, as afeições temporais e mesmo o aroma do tempo"; cf. texto traduzido por B. Evans, *Meister Eckhart*, I, p.237.

** Em seu tratado sobre o desprendimento, Eckhart considera essa prática superior até à humildade e à caridade; cf. *On Detachment* (trad. ingl. Edmund Colledge), p.285-7. Esclarece, porém, que a caridade é uma das vias que conduzem ao desprendimento (ibid., p.292).

seu *ser* antes de conhecer Deus, a fonte de todo ser.* A experiência religiosa fundamental que assegura a salvação consiste no nascimento do *lógos* na alma do fiel. Como o Pai engendra o Filho na eternidade, e como o *Grund* do Pai é o mesmo que o da alma, Deus engendra o Filho no *Grund* da alma. Mais ainda: "Ele engendra a mim, seu filho [que é] o mesmo Filho." "Ele engendra não só a mim, seu Filho, mas me engendra como Ele mesmo [isto é, o Pai] e a Ele mesmo como eu."[29]

Nada irritou mais os adversários de Eckhart que sua tese sobre o nascimento do Filho na alma do fiel, doutrina que implicava a identidade do "bom e justo" cristão com o Cristo. É verdade que as analogias deduzidas pelo dominicano nem sempre eram felizes. No final do *Sermão nº 6*, Eckhart fala do homem completamente transformado em Cristo, tal como o pão sacramental se converte no corpo do Senhor. "Estou tão plenamente mudado n'Ele que Ele produz Seu ser em mim, o mesmo ser e não alguém similar."[30] Mas, em sua *Defesa*, esclarece Eckhart que fala "enquanto" (*in quantum*), vale dizer, no sentido formal e abstrato.[31]

A importância decisiva atribuída por Eckhart ao desprendimento (*Abgescheidenheit*) de tudo o que não é Deus (isto é, *Gottheit*), em suma, sua desconfiança em relação às obras temporais, diminuía, aos olhos de alguns, a atualidade e a eficácia de sua teologia mística. Acusaram-no injustamente de falta de interesse pela vida sacramental da Igreja e pelos eventos da história da salvação. É verdade que o dominicano não atribuía muita importância ao papel de Deus na história, nem à encarnação de Cristo no tempo. Mas exaltava aquele que interrompia sua contemplação para dar um prato de sopa a um doente, e frisava sempre que se podia encontrar Deus tanto na rua como na igreja. Por outro lado, o objetivo final da contemplação, segundo Eckhart, ou seja, o retorno à deidade não diferenciada, não podia satisfazer os fiéis que buscavam experiências religiosas emocionais. Para ele, a verdadeira beatitude não estava no *raptus*, mas na união intelectual com Deus obtida pela contemplação.

Em 1321, Mestre Eckhart foi acusado de heresia e, durante os últimos anos de sua vida, teve de defender suas teses. Em 1329 (um ano ou dois após sua

---

* Essa interdependência entre ontologia e conhecimento (*intelligere*) reflete de certa maneira um aspecto paradoxal, ou talvez contraditório, da teologia de Mestre Eckhart. Com efeito, ele inicia sua obra sistemática, o *Opus propositionum*, com uma análise da proposição *Esse Deus est*, ao passo que, nas *Questões parisienses*, Eckhart afirma que Deus é corretamente definido como *intelligere*; o ato da compreensão está, portanto, acima do *esse*. Cf. Bernard McGinn, "Theological summary", in Edmund Colledge e Bernard McGinn, *Meister Eckhart*, p.32 e nota 42. Vários outros trechos admitem a prioridade de Deus concebido como puro intelecto ou compreensão; cf. referências, ibid., p.300, nota 45.

morte), o papa João XXII condenou 28 artigos, declarando heréticos dezessete, e os demais "malsoantes, muito temerários e suspeitos de heresia".[32] É provável que as ambiguidades de sua linguagem e o ciúme de certos teólogos tenham contribuído para sua condenação. De qualquer modo, esta última teve consequências consideráveis. A despeito dos esforços de seus discípulos Heinrich Suso e Johann Tauler (cf. §300), e da fidelidade de numerosos dominicanos, a obra de Mestre Eckhart foi, durante séculos, mantida no esquecimento. A teologia e a metafísica do Ocidente cristão não se beneficiaram de suas intuições e interpretações geniais. Sua influência restringiu-se aos países germânicos. A circulação bastante discreta de seus escritos encorajou a redação de textos apócrifos. No entanto, o pensamento audacioso de Mestre Eckhart continuou a fertilizar alguns espíritos criadores; entre os maiores, Nicolau de Cusa (cf. §301).

299. O fervor popular e os riscos da devoção

Desde o fim do século XII, a perfeição espiritual já não era buscada apenas nos mosteiros. Um número crescente de leigos tinha optado por imitar a vida dos apóstolos e dos santos sem abandonar o mundo. Assim, os valdenses de Lyon, discípulos de um rico mercador, Pierre Valdès, que, em 1173, distribuíra seus bens aos pobres e pregava a pobreza voluntária; ou os humiliati, na Itália setentrional.* A maior parte ainda permanecia fiel à Igreja; alguns, exaltando sua experiência direta de Deus, não se julgavam obrigados a praticar o culto, mesmo os sacramentos.

Nas regiões do norte – Flandres, Países Baixos e Alemanha – organizam-se pequenas comunidades leigas de mulheres, conhecidas pelo nome de beguinas.** Elas dividiam a vida entre o trabalho, a prece e a pregação. Menos numerosas, mas igualmente consagradas ao ideal de perfeição cristã e de pobreza, havia as comunidades de homens, os begardos.[33]

Esse movimento de fervor popular, suscitado pela nostalgia de uma *vita apostolica*, evoca o ideal religioso dos valdenses. Ele põe a descoberto, ao mesmo tempo, o desprezo do mundo e a insatisfação com o clero. É provável que certas beguinas preferissem viver nos mosteiros ou pelo menos desfrutar a direção espiritual dos dominicanos. Tal foi o caso de Mechtilde de Magdeburgo (1207-1282), a primeira mística que escreveu em alemão. Ela

* Os dois grupos foram fulminados com anátema pelo papa Lúcio III, em 1184.

** Segundo certos autores, esse nome parece derivar de *albigensiens*; cf. Ozment, *The Age of Reform*, p.91, nota 58; Gordon Leff, *Heresy in Later Middle Ages*, I, p.18s.

chamava são Domingos de "meu amado pai". Em seu livro *A luz da divindade*, Mechtilde utiliza a linguagem místico-erótica da união entre marido e mulher. "Estás em mim, e eu em Ti!"* A união com Deus liberta o homem do pecado, escreveu Mechtilde de Magdeburgo. Para os espíritos avisados e honestos, essa afirmação não encerrava, em si mesma, um conceito herético. Quanto ao mais, alguns papas e muitos teólogos testemunharam em favor da ortodoxia e dos méritos das beguinas.[34] Entretanto, sobretudo a partir do século XIV, outros papas e teólogos acusaram as beguinas e os begardos de heresia** e de orgias realizadas sob a inspiração do diabo, segundo as fórmulas tradicionais. A verdadeira causa da perseguição era o ciúme dos clérigos e monges. Eles não viam na *vita apostolica* das beguinas e dos begardos senão hipocrisia, e acusavam-nos de insubordinação religiosa.***

Acrescente-se, porém, que o fervor religioso conduzia não raro à heterodoxia e mesmo, aos olhos das autoridades eclesiásticas, à heresia. De resto, nos séculos XIII e XIV, as fronteiras entre a ortodoxia e a heterodoxia eram muito vacilantes. Por outro lado, certos grupos de leigos exigiam uma pureza espiritual para além das possibilidades humanas. A Igreja, que não podia tolerar o perigo de tal idealismo, reagiu de modo veemente, perdendo, assim, a ocasião de satisfazer a necessidade de uma espiritualidade cristã mais autêntica e profunda.[35]

Em 1310 foi queimada em Paris Marguerite Poret, a primeira pessoa identificada como pertencente ao movimento dos irmãos e irmãs do Livre Espírito. (Apesar das semelhanças significativas, é importante extremar esse movimento das comunidades das beguinas e dos begardos.) Os adeptos do Livre Espírito[36] tinham rompido todos os vínculos com a Igreja. Praticavam um misticismo radical, buscando a união com o divino. Segundo seus acusadores, os irmãos e as irmãs do Livre Espírito acreditavam que o homem pode atingir, em sua existência na Terra, um grau de perfeição tal que o torna indene ao pecado. Esses hereges dispensavam a intermediação da Igreja, porquanto "onde está o espírito do Senhor aí há liberdade" (II Coríntios, 3:17). Nada prova, no entanto, que eles encorajassem o antinomianismo; ao contrário, era pela

* Disse-lhe Cristo: "Estás tão naturalmente (*genaturt*) em Mim que nada pode haver entre nós!"; apud Robert E. Lerner, *The Heresies of the Free Spirit in the Late Middle Age*, p.19. A mesma experiência do amor (*minne*) inspirou a obra da beguina flamenga Hadewijch, uma dos maiores poetas e místicos do século XIII; cf. Hadewijch, *Complete Works*, p.127-258.

** É verdade, no entanto, que certos grupos eram adeptos das doutrinas cátaras; cf. Denziger, apud Ozment, p.93, nota 63.

*** Essa crítica injusta explica-se pelo fato de que, no fim do século XIII, aproximadamente, os monges haviam perdido muito do seu zelo inicial, e gozavam de privilégios eclesiásticos; cf. Lerner, op.cit., p.44s.

austeridade e pela ascese que preparavam a *unio mystica*. Sentiam-se, enfim, mais separados de Deus e de Cristo. Alguns afirmavam: "Eu sou Cristo, e sou ainda mais!"[37]

Embora ela própria tenha sido queimada como herege, a obra de Marguerite Poret, *Le miroir des simples âmes*, foi profusamente copiada e traduzida em várias línguas. É verdade que não se sabia que era ela a sua autora (a identificação data de 1946), mas isso prova que a heresia não era evidente. *Le miroir* contém um diálogo entre o amor e a razão a propósito da condução de uma alma. A autora descreve sete "estados de graça", que levam à união com Deus. No quinto e sexto "estados", a alma é "aniquilada" ou "liberta", e torna-se semelhante aos anjos. Mas o sétimo estado, a *unio*, somente se realiza após a morte, no Paraíso.*

Outras obras dos autores pertencentes ao movimento do Livre Espírito circularam sob o nome de Mestre Eckhart. As mais célebres são os (pseudo-) *Sermões* n°s 17, 18 e 37.** O tratado *Schwester Katrei* relata as relações de uma beguina com seu confessor, Mestre Eckhart. Ao fim, a irmã Catherine faz-lhe esta confissão: "Alegrai-vos comigo, senhor: tornei-me Deus!" O confessor ordena-lhe que passe três dias solitária na igreja. Tal como em *Le miroir*, a união da alma com Deus não tem consequências anárquicas. A grande inovação trazida pelo movimento do Livre Espírito é a certeza de que a *unio mystica* pode ser alcançada *aqui* na Terra.[38]

300. Desastres e esperanças: dos flagelantes à *devotio moderna*

O século XIV caracteriza-se não apenas pelas grandes crises que abalaram a Igreja ocidental,*** como também por uma série de calamidades e de flagelos cósmicos: cometa, eclipses solares, inundações e, sobretudo a partir de 1347, a terrível epidemia de peste, a "Morte Negra". É com o propósito de comover Deus que se multiplicam as procissões dos flagelantes.**** Trata-se de um

---

* Marguerite Poret é "herege" por passividade; a missa, os sermões, os jejuns, as preces são inúteis, porque "Deus já está presente". Mas *Le miroir* é um texto esotérico; destina-se apenas aos que "compreendem". Ver os textos e as análises em Lerner, op.cit., p.200s.

** Lê-se neste último: "A pessoa que renunciou à Criação visível, e em quem Deus executa plenamente Sua vontade, ... é, a um só tempo, homem e Deus. ... Seu corpo está tão inteiramente penetrado da luz divina ... que ele pode ser chamado um homem divino."

*** A residência dos papas em Avignon (1309-77); o grande cisma (1378-1417), quando dois (ou mesmo três) papas governavam ao mesmo tempo.

**** O fenômeno não era novo. Os flagelantes fazem seu aparecimento em Perúsia, em 1260, ano em que – segundo a profecia de Gioacchino da Fiore – devia iniciar-se a sétima época da Igreja. Nas

movimento popular que segue o trajeto característico: da devoção à heterodoxia. Com efeito, orgulhosos de sua autotortura, e a despeito de sua ignorância teológica, acreditavam os flagelantes que poderiam substituir os poderes carismáticos e taumatúrgicos da Igreja. Foi essa a razão que levou o papa Clemente VI a condená-los como hereges em 1349.

Visando a expiar seus pecados e sobretudo os pecados do mundo, grupos itinerantes de leigos percorriam o país guiados por um "mestre". Ao chegar a uma cidade, a procissão, às vezes bastante numerosa (vários milhares de pessoas), dirigia-se para a catedral, entoando hinos e formando diversos círculos. Em meio a prantos e suspiros, os penitentes invocavam Deus, Cristo e a Virgem, e começavam a flagelar-se com violência tal que seus corpos se convertiam numa massa túrgida de carne azulada.*

Aliás, toda aquela época parece obcecada pela morte e pelos sofrimentos que aguardam o defunto no outro mundo. A morte impressionava os espíritos mais fortemente do que a esperança da ressurreição.[39] As obras de arte (monumentos fúnebres, estátuas, mas sobretudo a pintura) representam com precisão mórbida as diferentes fases de decomposição do corpo.[40] "O cadáver está agora em toda parte, até mesmo sobre a sepultura."** A dança macabra, na qual um dançarino representava o papel da própria morte, arrebatando homens e mulheres de todas as idades, e de todas as classes (reis, mendigos, bispos, burgueses etc.), torna-se tema favorito na pintura e na literatura.[41]

É também a época das hóstias manchadas de sangue, dos manuais sobre a *ars moriendi*, da voga do tema da *Pietà*, da importância atribuída ao Purgatório. Embora a definição pontifícia de Purgatório date de 1259,[42] sua popularidade desenvolve-se posteriormente, graças sobretudo ao prestígio das missas em intenção dos mortos.***

Nesses tempos de crise e desespero, o desejo de uma vida religiosa e mais autêntica intensifica-se e difunde-se, e a busca da experiência mística torna-se por vezes obsessiva. Na Baviera, na Alsácia e na Suíça, os crentes reúnem-se, chamando-se a si mesmos "amigos de Deus". Sua influência fará sentir-se

---

décadas subsequentes, o movimento propaga-se pela Europa central, mas, a não ser por algumas irrupções passageiras, desaparece para voltar a aparecer, com força excepcional, em 1349.

* Ver os documentos analisados por Leff, *Heresy*, II, p.485s. Cada membro do grupo devia flagelar-se em público duas vezes ao dia, e uma vez em particular, durante a noite.

** Jurgis Baltrusaitis, *Le Moyen Âge fantastique*, p.236. "O fim da Idade Média está cheio dessas visões de carnes decompostas e esqueletos. O riso sardônico das caveiras e o chacoalhar dos ossos invadem tudo com a sua bulha" (ibid.).

*** Ver os exemplos citados por Oakley, op.cit., p.117s. Multiplicavam-se também as missas em honra dos santos que operavam curas; são Brás para as moléstias da garganta, são Roque para prevenir a peste etc.; ibid.

em diversos meios leigos, e também em certos claustros. Tauler e Suso, dois discípulos de Mestre Eckhart, procuram transmitir sua doutrina, mas sob uma forma simplificada, com o intuito de torná-la acessível e de colocá-la ao abrigo das suspeitas.

Muito pouco se sabe acerca da vida de Johann Tauler (c.1300, c.1361), e os textos que lhe foram creditados não são de sua lavra.[43] Tauler dá ênfase ao nascimento de Deus na alma do crente: cumpre anular "toda vontade, todo desejo, toda ação individual; só deve subsistir uma simples e pura atenção a Deus". O espírito é conduzido na "treva secreta do Deus sem modo e finalmente na unidade simples e sem modo, onde perde qualquer distinção, onde é sem objeto nem sentimentos".[44] Mas Tauler não encoraja absolutamente a busca das graças outorgadas na experiência mística.

Sobre a vida e a obra de Heinrich Suso (1296-1366) existem informações mais completas. Muito jovem, ingressa no convento dominicano de Constança, e com cerca de dezoito anos conhece o primeiro êxtase. À diferença de Mestre Eckhart (a quem foi enviado em 1320), Suso fala de suas experiências extáticas.* Resume assim as etapas da via mística: "Aquele que renunciou a si mesmo deve ser destacado das formas criadas, formado com Cristo e transformado na divindade."

Talvez por causa do seu *Livro da verdade*, onde defendia a doutrina de Mestre Eckhart, teve Suso de abandonar sua posição de leitor. Viajou à Suíça, à Alsácia e a outros lugares, encontrando-se com Tauler e muitos "amigos de Deus". Como sua pregação lhe tivesse granjeado popularidade não só entre os leigos, mas também nos meios monásticos, Suso despertou ciúmes e foi até maldosamente caluniado. Mas isso não impediu que após sua morte seus livros fossem amplamente divulgados.

Apesar de ter criticado com severidade as beguinas e os adeptos do Livre Espírito, o grande místico flamengo Ruysbroeck (1293-1381) também não escapou às suspeitas do magistério.** A maior parte de seus onze escritos cuja autoria é incontestável diz respeito à orientação espiritual. Ruysbroeck examina detidamente o erro dos "hereges" e dos "falsos místicos", que confundem a

---

* "Eu conhecia um irmão pregador que, no início de sua vida religiosa, e talvez pelo período de dez anos, recebeu geralmente duas vezes ao dia, pela manhã e à tarde, tal graça infundida que durava o tempo de duas vigílias. Durante esse período, estava ele tão absorto em Deus, a sabedoria eterna, que não conseguia falar. Tinha frequentemente a impressão de planar nos ares e de vagar entre o tempo e a eternidade na onda profunda dos prodígios insondáveis de Deus" (trad. franc. Ancelet-Hustache).

** Ordenado padre em 1317, Ruysbroeck recolheu-se, em 1343, com um grupo de contemplativos, a um eremitério, que não tardou a converter-se em mosteiro segundo a regra agostiniana; ele veio a falecer ali aos 88 anos.

vacuidade espiritual com a união em Deus: não se pode conhecer a verdadeira contemplação sem a prática cristã e a obediência à Igreja; a *unio mystica* não se efetua "naturalmente", mas é um dom da graça divina.

Ruysbroeck não ignorava o risco de ser mal-interpretado; por essa razão, não estimulou a circulação de certas obras, redigidas exclusivamente para leitores bastante adiantados na prática da contemplação.* Apesar disso, foi malcompreendido e atacado por Jean Gerson, reitor da Universidade de Paris. E até Gerhart Groote, seu sincero admirador, reconhecia que o pensamento de Ruysbroeck podia suscitar confusões. Na verdade, embora salientando a necessidade da prática, Ruysbroeck afirma que a experiência da contemplação se efetua num plano superior. Esclarece que, mesmo durante essa experiência privilegiada, "não nos podemos tornar plenamente Deus e perder nossa modalidade de um ser criado" (*A pedra cintilante*).[45] Essa experiência, no entanto, realiza "uma unificação na unidade essencial de Deus", a alma do contemplativo "estando contida na Santíssima Trindade".[46] Ruysbroeck lembra, porém, que Deus criou o homem à Sua imagem, "como um espelho vivo no qual Ele imprimiu a imagem da Sua natureza". Acrescenta que, para compreender essa verdade, profunda e misteriosa, o homem "deve morrer para si mesmo e viver em Deus".[47]

Em síntese, o risco da censura eclesiástica aplicava-se tanto aos contemplativos instruídos em teologia quanto aos entusiastas de todo gênero, que buscavam experiências místicas. Alguns religiosos compreenderam a inutilidade de tal risco. Gerhart Groote (1340-1384), iniciador de um novo movimento ascético, os irmãos da Vida Comum, não se interessava absolutamente pelas especulações e experiências místicas. Os membros das comunidades praticavam o que se chamou a *devotio moderna*, um cristianismo simples, generoso e tolerante, que não se afastava da ortodoxia. O fiel era convidado a meditar sobre o mistério da encarnação, tal como o reatualiza a eucaristia, em vez de entregar-se às especulações místicas. No final do século XIV e durante o século XV, o movimento dos irmãos da Vida Comum atraiu grande número de leigos. Trata-se ainda da necessidade geral e profunda de uma devoção acessível a cada um que explica o excepcional êxito da *Imitação de Cristo*, escrita por Tomás de Kempis (1380-1471).

Ainda há divergências quanto ao significado e à importância desse movimento pietista. Certos autores consideram-no uma das fontes das reformas, se-

---

* Ele escreveu mais tarde *O livrinho da iluminação* para tornar acessível o difícil *Reino do amor*. A essência da doutrina de Ruysbroeck está compendiada no extenso tratado *Casamentos espirituais* – sua obra-prima – e num opúsculo: *A pedra cintilante*.

jam elas a humanista, a católica ou a protestante.[48] Embora reconhecendo que, em determinado sentido, a *devotio moderna* antecipou e acompanhou os movimentos de Reforma do século XVI, Steven Ozment observa com justeza que

> a sua principal realização é a renovação do monaquismo tradicional às vésperas da Reforma. A *devotio moderna* demonstrou que o desejo de viver uma vida comunitária simples, de abnegação, imitando Cristo e os apóstolos, estava tão vivo no fim da Idade Média quanto o fora na Igreja primitiva.[49]

301. Nicolau de Cusa e o crepúsculo da Idade Média

Nicolau Krebs, nascido em Cusa em 1401, também iniciou seus estudos num internato dirigido pelos irmãos da Vida Comum. Certos autores reconhecem os sinais dessa primeira experiência no desenvolvimento espiritual do futuro cardeal.[50] Muito cedo Nicolau de Cusa descobriu as obras de Mestre Eckhart e do Pseudo-Areopagita; foram esses dois teólogos místicos que orientaram e alimentaram seu pensamento. Contudo, sua cultura universal (ele domina as matemáticas, o direito, a história, a teologia e a filosofia), a profunda originalidade de sua metafísica e sua excepcional carreira eclesiástica fazem de Nicolau de Cusa uma das figuras mais complexas e atraentes da história do cristianismo.*

Seria inútil pretender dar uma apresentação condensada de seu sistema. Para o que nos propomos, importa sobretudo evocar a perspectiva universalista de sua metafísica religiosa, tal como aparece em seu primeiro livro, *De concordantia catholica* (1433), no *De docta ignorantia* (1440) e no *De pace fidei* (1453). Nicolau de Cusa foi quem primeiro reconheceu a *concordantia* como tema universal, presente tanto na vida da Igreja, no desenvolvimento da história e na estrutura do mundo, quanto na natureza de Deus.[51] Para ele, a *concordantia* pode estabelecer-se não só entre o papa e o concílio, as Igrejas

* Depois de haver frequentado várias universidades célebres (entre outras, a de Pádua, de 1417 a 1423), é consagrado padre e, por volta de 1430, decano da catedral de São Florentino em Coblença. É admitido no colégio conciliar de Basileia em 1432; entretanto, volta a tomar o partido do papa Eugênio IV, e este o envia, como legado, a Constantinopla para convidar o patriarca do Oriente e o imperador João Paleólogo a participarem do concílio de Florença, onde se prepararia a união das Igrejas. No intervalo entre duas de suas obras mais importantes – *De docta ignorantia* (1440) e *De visione Dei* (1453) –, Nicolau de Cusa é elevado ao posto de cardeal (1448) e de bispo de Brixen (1450). Em Brixen, entra em conflito com o duque Sigismundo do Tirol (1457) e retira-se para Roma, dedicando os últimos anos de vida a seus trabalhos. Faleceu em Todi (Úmbria), no ano de 1464.

do Ocidente e do Oriente, como também entre o cristianismo e as religiões históricas. Ele chega a essa audaciosa conclusão com o auxílio da teologia negativa do Pseudo-Areopagita. E é sempre utilizando a *via negativa* que ele constrói sua obra-prima sobre a "douta ignorância".

Nicolau de Cusa teve a intuição da *docta ignorantia* quando atravessava o Mediterrâneo (novembro de 1437), em viagem para Constantinopla. Por tratar-se de uma obra difícil de resumir, vamos assinalar apenas algumas de suas teses centrais. Lembra o Cusano que o conhecimento (relativo, complexo e finito) é incapaz de apreender a verdade (simples e infinita). Sendo toda ciência conjetural, o homem não pode conhecer a Deus (I, 1-3). A verdade – o *maximum* absoluto – está para além da razão, pois a razão é incapaz de resolver as contradições (I, 4). Cumpre, portanto, transcender a razão discursiva e a imaginação, e apreender o *maximum* por meio da intuição. Com efeito, o intelecto pode alçar-se para além das diferenças e diversidades mediante uma simples intuição (I, 10). Mas como o intelecto não pode exprimir-se numa linguagem racional, Nicolau recorre a símbolos, e antes de tudo às figuras geométricas (I, I, 12). Em Deus, o infinitamente grande (*maximum*) coincide com o infinitamente pequeno (*minimum*; I, 4), e a virtualidade coincide com o ato.* Deus não é nem uno, nem triuno, e sim a unidade que coincide com a trindade (I, 19). Em sua infinita simplicidade, Deus envolve (*complicatio*) todas as coisas, mas ao mesmo tempo está em todas elas (*explicatio*); em outros termos, a *complicatio* coincide com a *explicatio* (II, 3). Ao compreender o princípio da *coincidentia oppositorum*, nossa "ignorância" torna-se "douta". A *coincidentia oppositorum* não deve, porém, ser interpretada como uma síntese obtida pela razão, pois ela não pode realizar-se no plano da finitude, mas, de maneira conjetural, no plano do infinito.**

Nicolau de Cusa não tinha nenhuma dúvida de que a *via negativa*, que torna possível a coincidência dos contrários, abre um horizonte completamente distinto para a teologia e a filosofia cristãs, permitindo que se inicie um diálogo coerente e frutífero com as demais religiões. Infelizmente para a cristandade ocidental, suas intuições e descobertas não tiveram prosseguimento. Nicolau Cusano redigiu *De pace fidei* em 1453, ano em que os turcos acabavam de conquistar Constantinopla, pondo termo à existência do Império Bizantino. De fato, a queda da "segunda Roma" ilustra de maneira

* Admite o natural de Cusa que a teologia negativa é superior à teologia positiva, mas esclarece que elas coincidem numa teologia copulativa.

** Convém observar a diferença entre esta concepção – isto é, a *coincidentia oppositorum* efetuada no plano do infinito – e as fórmulas arcaicas e tradicionais relacionadas com a unificação real dos contrários (por exemplo, *samsara* e *nirvana*, cf. §189). Ver também §296.

patética a incapacidade da Europa de manter, ou reintegrar, a unidade no plano religioso e político. A despeito dessa catástrofe, da qual tinha dolorosa consciência, em *De pace fidei* Nicolau retoma seus argumentos em favor da unidade fundamental das religiões. Não se embaraça diante do problema das "particularidades": politeísmo, judaísmo, cristianismo, islã. Seguindo a *via negativa*, ressalta o Cusano não apenas as descontinuidades, mas ainda as continuidades entre os rituais dos politeístas e o verdadeiro culto, porquanto os politeístas "adoram a divindade em todos os deuses".[52] No que tange às diferenças entre o monoteísmo puro dos judeus e dos muçulmanos, e o monoteísmo trinitário dos cristãos, lembra Nicolau de Cusa que,

> na qualidade de Criador, Deus é triuno e uno, mas, enquanto infinidade, Ele não é nem triuno nem uno, nem nenhuma outra coisa que se pudesse dizer, pois os nomes atribuídos a Deus promanam das criaturas; em Si mesmo, Deus é inefável e está acima de tudo o que se pode nomear ou dizer.[53]

Além disso, os não cristãos que creem na imortalidade da alma pressupõem, sem saber, o Cristo que foi executado e que ressuscitou.

Esse livro deslumbrante e audacioso foi quase totalmente esquecido. Como lembra Pelikan, *De pace fidei* foi descoberto, no final do século XVIII, por Lessing. É significativo que a visão universalista de Nicolau de Cusa tenha inspirado o *Nathan der Weise*. Não menos significativo é o fato de que o *De pace fidei* ainda seja ignorado pelos diversos ecumenistas contemporâneos.

Nicolau de Cusa foi o último teólogo-filósofo importante da Igreja romana una e indivisa. Cinquenta anos após sua morte, Martinho Lutero publicou, em 1517, as famosas 95 teses (cf. §309); alguns anos depois, a unidade da cristandade ocidental estava irremediavelmente perdida. E, no entanto, desde os valdenses e os franciscanos (século XII) até Jan Hus* e os adeptos da *devotio moderna* no século XV, muitos foram os esforços no sentido de "reformar" ("purificar") certas práticas e instituições, sem com isso se desvincular da Igreja.

A não ser por algumas raras exceções, esses esforços não produziram frutos. O pregador dominicano Girolamo Savonarola (1452-1498) representa a última tentativa de "reforma" empreendida no interior da Igreja romana; acusado de heresia, Savonarola foi enforcado e teve o corpo queimado em

---

* O padre checo Jan Hus (1369-1415), nomeado reitor da Universidade de Praga em 1400, criticou em seus sermões o clero, os bispos e o papado. Influenciado por John Wycliffe (1325-1384), Hus escreveu sua mais importante obra, *De Ecclesia* (1413). Convocado a Constança para se defender (1414), foi acusado de heresia e condenado à fogueira.

praça pública. Desse momento em diante, as reformas serão efetuadas *contra* a Igreja católica ou *fora* dela.

Sem dúvida, todos esses movimentos espirituais, às vezes à margem da ortodoxia, bem como as reações que provocaram, eram influenciados, mais ou menos diretamente, pelas transformações de ordem política, econômica e social. Mas as reações hostis da Igreja, e sobretudo os excessos da Inquisição, contribuíram para o empobrecimento, e mesmo a esclerose, da experiência cristã. No que se refere às transformações de ordem política – tão importantes para a história da Europa –, basta-nos lembrar a vitória das monarquias e o desenvolvimento da nova força espiritual que as sustentava: o nacionalismo. Mais importante para o nosso propósito: às vésperas da Reforma, a realidade secular – tanto o Estado como a natureza – torna-se independente do domínio da fé.

Talvez os contemporâneos ainda não o percebessem, mas a teologia e a política de Ockham se encontravam validadas pelo próprio curso da história.

302. Bizâncio e Roma. O problema do *filioque*

As diferenças entre as Igrejas do Ocidente e do Oriente, já evidentes no século IV (cf. §251), tornam-se mais precisas durante os séculos seguintes. Suas causas eram múltiplas: tradições culturais distintas (greco-oriental de um lado, romano-germânica do outro); a ignorância mútua, não só das línguas, mas também das respectivas literaturas teológicas; as divergências de ordem cultual ou eclesiástica (o casamento dos padres, proibido no Ocidente; o uso do pão ázimo no Ocidente, e do pão com fermento no Oriente; a água acrescentada ao vinho da eucaristia no Ocidente etc.). O papa Nicolau protesta contra a elevação precipitada de Fócio (um leigo) ao posto de patriarca, "esquecendo-se" do caso de Ambrósio, sagrado bispo de Milão por aclamação popular. Certas iniciativas de Roma desagradam aos bizantinos; como quando, por exemplo, no século VI, o papa proclama a supremacia da Igreja sobre o poder temporal; ou quando, em 800, ratifica a coroação de Carlos Magno como imperador romano, embora esse título continuasse a ser apanágio do imperador bizantino.

Certos desenvolvimentos do culto e das instituições eclesiásticas conferem ao cristianismo oriental uma fisionomia peculiar. Vimos a importância da veneração dos ícones no Império Bizantino (§258) e do "cristianismo cósmico", tal como era vivido pelas populações rurais do sudeste da Europa (cf. §236). A certeza de que a natureza inteira foi resgatada e santificada pela cruz e pela ressurreição justifica a confiança na vida e encoraja certo otimismo religioso. Lembremos também a considerável importância atribuída pela Igreja oriental ao sacramento da crisma – "sinal do dom do Espírito Santo". Esse rito vem imediatamente depois do batismo e transforma todo leigo (isto é, membro do *laós*, do "povo") em portador do espírito; isso explica ao mesmo tempo a responsabilidade religiosa de todos os membros de uma comunidade – e a autonomia dessas comunidades, regidas pelo bispo e agrupadas em metrópoles. Acrescente-se outro traço característico: a certeza de que o verdadeiro cristão pode alcançar ainda na Terra a divinização (*théôsis*, cf. §303).

A ruptura foi provocada pela adição do *filioque* ao Credo de Niceia-Constantinopla; o trecho passava a ter a seguinte leitura: "O Espírito procede do Pai *e* do Filho." O primeiro exemplo conhecido do *filioque* data do segundo concílio de Toledo, convocado em 589, para ratificar a conversão do rei Recaredo do arianismo ao catolicismo.* Analisadas de perto, ambas exprimem duas concepções específicas à divindade. No trinitarismo ocidental, o Espírito Santo é o fiador da unidade divina. Em contrapartida, a Igreja oriental sublinha o fato de que Deus Pai é a fonte, o princípio e a causa da Trindade.[54]

Segundo certos autores, foram os imperadores germânicos que impuseram a nova fórmula do Credo. "Foi a constituição do Império Carolíngio que generalizou no Ocidente o uso do *filioque* e deu contornos precisos a uma teologia propriamente filioquista. Tratava-se de legitimar contra Bizâncio, até então detentora do império cristão, único por definição, a fundação de um novo Estado com pretensões universais."[55] Entretanto, somente em 1014 – a instâncias do imperador Henrique II – o Credo com *filioque* foi cantado em Roma** (pode-se considerar essa data como assinalando o início do cisma).

No entanto, as relações entre as duas Igrejas não são definitivamente rompidas. Em 1053, o papa Leão IX envia a Constantinopla uma embaixada, dirigida por seu principal legado, o cardeal Humberto, com o propósito de reatar as relações canônicas e preparar uma aliança contra os normandos, que acabavam de ocupar a Itália meridional. O patriarca Miguel Cerulário mostra-se, porém, bastante reservado, rejeitando toda e qualquer concessão. Em 15 de julho de 1054, os legados depõem sobre o altar de Santa Sofia uma sentença de excomunhão contra Cerulário, acusando-o de dez heresias, entre as quais a de haver retirado o *filioque* do Credo e de permitir o casamento dos padres.

Desde essa ruptura, não cessou de aumentar a animosidade dos ocidentais contra os gregos. Mas o irreparável só veio a produzir-se em 1204, quando os exércitos da 4ª Cruzada atacaram e saquearam Constantinopla, destruindo

---

* Muito provavelmente, o *filioque* foi acrescentado para ressaltar a diferença entre arianos e católicos, no que tange à segunda pessoa da Trindade.

** A nova fórmula foi dogmatizada, em 1274, no concílio de Lyon.

os ícones e deitando ao lixo as relíquias. Segundo o cronista bizantino Nicetas Choniates, uma prostituta entoou cantigas obscenas no trono do patriarca. Lembra o cronista que os muçulmanos

> não violavam nossas mulheres, ... não reduziam os habitantes à miséria, não os despiam para exibi-los nus pelas ruas, não lhes impunham a morte pela fome e pelo fogo. ... Eis, no entanto, como nos trataram esses povos cristãos que se fazem cruzados em nome do Senhor e compartem nossa religião.[56]

Como lembramos na p.97, Balduíno de Flandres foi proclamado imperador latino de Bizâncio e o veneziano Tomás Morosini, patriarca de Constantinopla.

Os gregos jamais esqueceram esse episódio trágico. A despeito disso, por causa da ameaça turca, a Igreja ortodoxa havia retomado, depois de 1261, as negociações eclesiásticas com Roma; ela pedia insistentemente a convocação de um concílio ecumênico a fim de solucionar a controvérsia do *filioque* e de preparar a união. Por sua vez, os imperadores bizantinos, que contavam com o auxílio militar do Ocidente, estavam impacientes por ver realizada a união com Roma. As negociações arrastaram-se por mais de um século. Finalmente, no concílio de Florença (1438-39), os representantes da ortodoxia, pressionados pelo imperador, aceitaram as condições de Roma, mas a união não demorou a ser invalidada pelo povo e pelo clero. De resto, quatro anos mais tarde, em 1453, Constantinopla foi ocupada pelos turcos, e o Império Bizantino deixou de existir. Suas estruturas espirituais, porém, sobreviveram na Europa oriental e na Rússia pelo menos durante três séculos. Era "Bizâncio depois de Bizâncio", na expressão do historiador romeno N. Iorga.[57] Esse legado oriental permitiu o desenvolvimento de um cristianismo "popular", que não só resistiu ao interminável terror da história, como também criou todo um universo de valores religiosos e artísticos, cujas raízes estão fincadas no neolítico (cf. §304).

303. Os monges hesicastas. São Gregório Palamas

Já aludimos à deificação (*théôsis*)* e aos grandes doutores, Gregório de Nissa e Máximo o Confessor, que sistematizaram essa doutrina da união com Deus (cf. §257). Em sua *Vida de Moisés*, Gregório de Nissa fala da "treva luminosa",

* Ideia baseada nas próprias palavras de Cristo: "Eu lhes tenho transmitido a glória que me tens dado, para que sejam um, como nós o somos; eu neles e Tu em mim, a fim de que sejam aperfeiçoados na unidade"; João, 17: 22-26. Cf. 2 *Pi.*, I: 4.

em que Moisés "declara que vê Deus" (II, 163-4). Para Máximo o Confessor, essa visão de Deus nas trevas efetua a *théôsis*; em outras palavras, o fiel participa em Deus. A deificação é, portanto, um dom gratuito, "um ato do Deus todo-poderoso que emana livremente de sua transcendência, ainda que permanecendo essencialmente incognoscível".[58] Da mesma forma, Simeão o Novo Teólogo (942-1022), único místico da Igreja oriental a falar de suas próprias experiências, descreve nestes termos o mistério da divinização: "Concedeste-me, Senhor, que este templo corruptível – minha carne humana – se unisse a Tua santa carne, que meu sangue se misturasse ao Teu; e agora sou Teu membro transparente e translúcido."[59]

Como já dissemos (p.63), a *théôsis* constitui a doutrina central da teologia ortodoxa. Acrescente-se que ela está intimamente ligada às disciplinas espirituais dos hesicastas (de *hêsukhía*, "tranquilidade", "paz de espírito"), cenobitas que habitavam os mosteiros do monte Sinai. A prática preferida desses monges era a "prece do coração" ou a "prece de Jesus". Este texto curto, "Senhor Jesus Cristo, filho de Deus, tenha piedade de mim", devia ser incansavelmente repetido, meditado e "interiorizado". A partir do século VI, o hesicasmo propaga-se do monte Sinai para o mundo bizantino. João Clímaco (séculos VI-VII), o mais significativo teólogo sinaíta, já havia realçado a importância da *hêsukhía*.[60] Mas é com Nicéforo o Solitário (século XIII) que essa corrente mística se implanta no monte Atos e em outros mosteiros. Lembra Nicéforo que a finalidade da vida espiritual é tomar consciência, através dos sacramentos, do "tesouro escondido no coração"; em outras palavras, juntar o espírito (o *noûs*) ao coração, o "lugar de Deus". Obtém-se essa junção fazendo "descer" o espírito até o coração, tendo por veículo o sopro.

Nicéforo é "a primeira testemunha, de data indiscutível, da prece de Jesus associada a uma técnica respiratória".[61] Em seu tratado *Da guarda do coração*, Nicéforo expõe minuciosamente esse método.

> Tal como te disse, senta-te, recolhe teu espírito, introduze-o nas narinas; é o caminho trilhado pelo sopro para ir ao coração. Empurra-o, obriga-o a descer a teu coração juntamente com o ar inspirado. Verás que, quando ele ali chegar, grande será teu júbilo. ... Assim como o homem que, de volta ao lar depois de um período de ausência, não contém a alegria de poder rever a mulher e os filhos, assim também o espírito, depois de juntar-se à alma, extravasa uma alegria e delícias inefáveis. ... Fica sabendo que, enquanto teu espírito ali se encontra, não deves calar-te nem permanecer ocioso. Mas não tenhas outros cuidados, nem meditações, a não ser bradar: "Senhor Jesus Cristo, Filho de Deus, tenha piedade de mim!" Não esmoreças, qualquer que seja o motivo.[62]

Ainda mais importante para o desenvolvimento do hesicasmo no monte Atos foi Gregório o Sinaíta (1255-1346). Ele sublinha o papel central da "lembrança de Deus" ("Lembra-te do Senhor Teu Deus a todo momento"; Deuteronômio, 8:18), a fim de tomar consciência da graça outorgada pelo batismo, mas depois escondida por causa dos pecados. Gregório prefere a solidão eremítica ao monaquismo comunitário, porque a prece litúrgica lhe parece demasiado exterior para deflagrar a "lembrança de Deus". Chama, porém, a atenção do monge para os perigos das visões suscitadas pela imaginação.*

Foi em grande parte graças às controvérsias levantadas pelos hesicastas que a teologia bizantina deixou de ser uma "teologia de repetição" tal como vinha sendo desde o século IX. Por volta de 1330, um grego da Calábria, Barlaão, chegou a Constantinopla, ganhou a confiança do imperador e dedicou-se à união das Igrejas.** Depois de ter-se avistado com certos monges hesicastas, Barlaão criticou vivamente seu método e acusou-os de heresia, ou, em termos mais precisos, de messalianismo,*** porquanto os hesicastas pretendiam ver Deus em pessoa; ora, a visão direta de Deus, com os olhos do corpo, é impossível. Entre os defensores dos hesicastas ocupa lugar de grande destaque Gregório Palamas. Nascido em 1296, Palamas foi ordenado sacerdote e passou vinte anos num mosteiro do monte Atos, antes de ser sagrado arcebispo de Tessalonica. Respondendo a Barlaão em suas *Tríades para a defesa dos santos hesicastas*, Palamas renovou grande parte da teologia ortodoxa. Sua principal contribuição consiste na distinção por ele introduzida entre a essência divina e as "energias" através das quais Deus se comunica e se revela. "A essência divina e incognoscível, se não possui uma energia distinta de si mesma, será totalmente inexistente e não terá sido mais do que uma visão de espírito."[63] A essência é a "causa" das energias; "cada uma delas significa realmente uma propriedade divina distinta, mas elas não constituem realidades diferentes, porque são todas atos de um único Deus vivo".[64] (A doutrina das energias foi ratificada pelos concílios bizantinos de 1341, 1347 e 1351.)

No que concerne à luz divina vista pelos hesicastas, refere-se Palamas à luz da transfiguração. No monte Tabor não se verificou nenhuma mudança em Jesus – e sim uma transformação nos apóstolos: estes, pela graça divina, recuperaram a faculdade de ver Jesus tal como era, ofuscando-se em sua luz.

---

* Meyendorff lembra que se trata de um "traço essencial da tradição mística ortodoxa: a imaginação sob todas as formas voluntárias e involuntárias é a inimiga mais perigosa da união com Deus" (*Saint Grégoire Pallamas*, p.71).

** Em 1339, foi-lhe confiada uma missão confidencial junto a Bento XII, em Avignon; ver a carta de Barlaão in D.J. Geanakoplos, *Byzantine East and Latin West*, p.90s.

*** Para os messalianos, o objetivo último do fiel era a união extática com o corpo de luz de Cristo.

Essa faculdade, Adão a possuía antes da queda e ela será restituída ao homem no futuro escatológico.* Por outro lado, e desenvolvendo a tradição dos monges egípcios, afirma Palamas que a visão da luz incriada é acompanhada pela luminescência objetiva do santo. "Aquele que participa da energia divina ... torna-se ele próprio, de certa forma, luz; ele está unido à luz, e com a luz ele vê em plena consciência tudo o que permanece oculto àqueles que não tiveram essa graça."[65]

Com efeito, depois da encarnação, nossos corpos tornaram-se "santuários do Espírito Santo que está em nós" (I Coríntios, 6:19); pelo sacramento da eucaristia, Cristo encontra-se dentro em nós. "Carregamos a luz do Pai na pessoa de Jesus Cristo" (Tríades, I, 2, §2). Essa presença divina no interior de nosso corpo "transforma o corpo e o torna espiritual ... de sorte que o homem inteiro se faz espírito".[66] Mas essa "espiritualização" do corpo não implica de nenhum modo a desvinculação da matéria. Ao contrário, o contemplativo, "sem separar-se ou ser separado da matéria que o acompanha desde o começo", conduz a Deus, "através dele, todo o conjunto da Criação".[67] O grande teólogo insurge-se contra o platonismo que, no século XIV, durante o "Renascimento dos paleólogos", fascinava a intelligentsia bizantina e até certos membros da Igreja.[68] Retornando à tradição bíblica, Palamas insiste sobre a importância dos sacramentos, através dos quais a matéria é "transubstanciada" sem ser destruída.

O triunfo do hesicasmo e da teologia palamita provocou uma renovação da vida sacramentária e também a regeneração de certas instituições eclesiásticas. O hesicasmo propagou-se com muita rapidez através da Europa oriental, dos principados romenos, penetrando na Rússia até Novgorod. O "renascimento" do helenismo, com a exaltação da filosofia platônica, não teve sequência; em outras palavras, Bizâncio e os países ortodoxos não conheceram o humanismo. Para certos autores, graças à dupla vitória de Palamas – contra o ockhamismo de Barlaão e contra a filosofia grega –, a ortodoxia não deu origem a nenhum movimento de Reforma.

Acrescente-se que um dos mais audaciosos teólogos depois de Palamas foi um leigo, Nicolau Cabasilas (1320/25-1371), alto funcionário na administração bizantina. Cabasilas não apenas inaugura brilhantemente uma tradição que se perpetuou em todos os povos ortodoxos, como também considera o leigo

* Isso equivale a dizer que a percepção de Deus em sua luz incriada está ligada à perfeição das origens e do fim, ao Paraíso de antes da história e ao *éskhaton* que porá fim à história. Mas aqueles que se tornam dignos do Reino de Deus desfrutam desde agora a visão da luz incriada, como os apóstolos no monte Tabor. Cf. M. Eliade, "Expériences de la lumière mystique" (= *Méphistophélès et l'androgyne*), p.74s.

superior ao monge; o modelo deste último é a vida angélica, ao passo que o leigo é um homem completo. Era, aliás, para os leigos que Nicolau Cabasilas escrevia, para que eles tomassem consciência da dimensão profunda de sua experiência cristã, e, antes de tudo, do mistério dos sacramentos.[69]

NOTAS

1. Arno Borst, *Les cathares*, p.63. Ver também as fontes citadas nas notas.
2. A história do movimento é contada por Runciman, op.cit., p.61s.; Obolensky, *The Bogomils*, p.120s. Sobre a persistência dos núcleos bogomilos nos Bálcãs e na Romênia até o século XVII, ver N. Cartojan, *Cartile populare*, I, p.46s.; Razvan Theodorescu, *Bizant, Balcani, Occident*, p.241s.
3. Ver Runciman, op.cit., p.76s.; E. Turdeanu, "Apocryphes bogomiles et apocryphes pseudo-bogomiles"; etc.
4. Apud Runciman, p.78. Sobre a história e a divulgação dessa lenda, ver N. Cartojan, *Cartile populare*, I, p.115s.; E.C. Quinn, *The Quest of Seth for the Oil of Life*, p.49s.
5. No que se refere às lendas romenas, ver Cartojan, op.cit., p.71s.
6. Runciman, p.80. Ver Edina Bozóky, *Le livre secret des cathares*.
7. Ver fontes citadas in *De Zalmoxis à Gengis-Khan*, p.89s.
8. Acrescente-se que, graças às atas dos processos intentados pela Inquisição, conhecemos melhor as concepções e as cerimônias dos cátaros que as dos bogomilos.
9. Ver as fontes resumidas e analisadas por Runciman, op.cit., p.139s., e Borst, *Les cathares*, p.163s.
10. Runciman, p.147. Sobre o culto e a hierarquia, ver Borst, p.162-81.
11. Friedrich Heer atribui a essa recusa a perda, para o catolicismo, da África do Norte, da Inglaterra e da Alemanha; cf. *The Medieval World*, p.200.
12. Trad. franc. Ivan Gobry, *Saint François d'Assise*, p.139.
13. Ver a excelente exposição de Steven Ozment, *The Age of Reform*, p.110s., com bibliografia recente.
14. Ver Ewert H. Cousins, *Bonaventure and the Coincidence of Opposites*, p.4s., e as referências bibliográficas, p.229s.
15. Op.cit., passim. Cf. sobretudo caps. I, III, V e VII.
16. Para os documentos comparativos, ver Eliade, *Le chamanisme* (2ª ed.), p.378s.; sobre a "escada do Paraíso" na tradição cristã, ver dom Anselme Stolz, *Théologie de la mystique*, p.117-45; acerca da escada nas místicas muçulmana e judaica, ver Alexander Altmann, "The ladder of ascension".
17. *Itinerarium*, cap. I, seção 2; ver também cap. VI. Cf. o comentário de Cousins, op.cit., p.69-97. Acrescentemos que essas três fases da ascensão para Deus – *fora, dentro* e *acima* de nós – comportam, cada uma, duas fases, que se poderiam designar como imanente e transcendente. Trata-se, portanto, de seis etapas, simbolizando as seis asas do serafim que, ao abraçá-lo, provocou os estigmas de são Francisco.
18. E. Gilson, *La philosophie au Moyen Âge*, p.541.
19. Ver a discussão dessas condenações, ibid., p.58s. As teses eram, em grande parte, averroístas; algumas referiam-se ao ensinamento de Tomás.

20. Cf. Steven Ozment, *The Age of Reform*, p.16.
21. *Est articulus fidei quod, Deus assumpsit naturam humanam. Non includit contradictionem, Deus assumere naturam asinam. Pari ratione potest assumere lapidem aut lignum.* Ver a discussão dessa tese em nosso *Traité d'histoire des religions*, §9.
22. Somente agora, aliás, é que suas obras em latim e em língua vernácula estão sendo cuidadosamente editadas.
23. Cf. M. Eliade, *Mythes, rêves et mystères*, p.90s.; dom Anselme Stolz, *Théologie de la mystique*, p.18s. e passim.
24. *Sermones in Cantica Canticorum*, n.70, in *Pat. Lat.*, t.183, p.1.126.
25. Trad. franc. Jeanne Ancelet-Hustache, *Maître Eckhart*, p.55. Uma série de textos sublinha, no entanto, a identidade absoluta entre o Deus trinitário e a *Gottheit*. Ver as referências em Bernard McGinn, "Theological summary" (in *Meister Eckhart, The Essencial Sermons, Commentaries, Treatises and Defense*, trad. ingl. Edmund Colledge e B. McGinn), p.36, notas 71-2. Cf. ibid., p.38, n.81, sobre a interpretação eckhartiana do Pai como *unum*, criando o Filho como *verum* e, ao mesmo tempo, engendrando o Espírito Santo como *bonum*, interpretação fundada no ensinamento de santo Agostinho.
26. Trad. franc. Jeanne Ancelet-Hustache, *Maître Eckhart*, p.55. Apesar disso, Eckhart esclarece em outro sermão: "Quando eu disse que Deus não era um ser e estava acima do ser, não lhe contestei o ser; ao contrário, atribuí-lhe um ser mais elevado" (ibid.).
27. Texto editado por Franz Pfeiffer, trad. ingl. Steven Ozment, *The Age of Reform*, p.128.
28. Texto editado por Josef Quint (*Deutsche Predigten und Traktate*), n.55, p.410, trad. Ozment, op.cit., p.131; ver também as referências citadas por McGinn, op.cit., p.45s.
29. *Sermão nº 6*, trad. ingl. Edmund Colledge, *Meister Eckhart*, p.187. Ver outros trechos citados por McGinn, "Theological summary", p.51s., e por G.J. Kelley, *Meister Eckhart on Divine Knowledge*, p.126s. Essa tese foi condenada em Avignon não como herética, mas "suspeita de heresia".
30. Colledge, op.cit., p.180. Cf. também *In agro dominico*, artigo 10º; trad. ingl. McGinn, ibid., p.78.
31. Ver textos citados por McGinn, p.53s. No *Sermão nº 55*, ele explica tratar-se da unidade com a *Gottheit*, e não com o Deus criador.
32. Sobre o processo e a condenação de Mestre Eckhart, ver Jeanne Ancelet-Hustache, *Maître Eckhart*, p.120s.; B. McGinn, op.cit., p.13s.
33. Ver E.W. McDonnell, *The Beguines and Begards in Mediaeval Culture*, passim.
34. Cf. Lerner, op.cit., p.38s.
35. Ozment, op.cit., p.6; cf. também Leff, op.cit., I, p.29s.
36. Ver Leff, op.cit., I, p.310-407; Lerner, passim.
37. Ver textos reproduzidos por Lerner, p.116s.
38. Cf. Lerner, p.215s., 241s.
39. Francis Oakley, *The Western Church in the Later Middle Age*, p.117.
40. Cf. a excelente documentação ilustrada em *Death in the Middle Ages*, de T.S.R. Boase.
41. Baltrusaitis, p.235s. Embora de origem helenística, essas concepções e imagens foram trazidas da Ásia durante a Idade Média, provavelmente do Tibete; cf. Baltrusaitis, p.244s. Cf. também Boase, *Death in the Middle Ages*, p.104s., e principalmente Norman Cohn, *The Pursuit of the Millenium* (ed. rev.), p.130s.
42. Cf. Jacques Le Goff, *La naissance du Purgatoire*, p.177s., 381s.
43. Somente em 1910 logrou-se provar a autenticidade de certo número de sermões, completos ou fragmentários.

44. Trad. franc. Jeanne Ancelet-Hustache.
45. Ver também Oakley, op.cit., p.279.
46. *Casamentos espirituais*, III, prólogo; ibid., III, 6.
47. Ibid., III, prólogo.
48. Em contrapartida, R.R. Post ressalta a descontinuidade entre a *devotio moderna* e o espírito da Reforma; cf. *The Modern Devotion*, p.675-80.
49. Steven Ozment, *The Age of Reform*, p.98.
50. Ernst Cassirer, *The Individual and the Cosmos in Renaissance Philosophy*, p.33, 49.
51. Cf. Jaroslav Pelikan, "Negative theology and positive religion", p.68.
52. *De pace fidei*, VI, 17, apud Pelikan, "Negative theology", p.72. "És Tu que dás a vida e o ser, Tu que és buscado nos diversos sistemas de culto e que és chamado de diversos nomes, porque, como Tu existes verdadeiramente, permaneces desconhecido de todos e inefável", *De pace*, VII, 21; Pelikan, ibid.
53. *De pace fidei*, VII, 21; Pelikan, p.74.
54. Cf. análise de textos in J. Pelikan, *The Spirit of Eastern Christianity*, p.196-7.
55. Olivier Clément, *L'Essor du christianisme oriental*, p.14.
56. Nicétas Choniatès, *Histoire*, trad. franc. Olivier Clément, op.cit., p.81. Ver as outras fontes citadas por Deno John Geanakoplos, *Interaction of the "Sibling" Byzantine and Western Cultures*, p.10s., 307s. (notas 17-22). Constantinopla foi reconquistada por Miguel Paleólogo em 1261.
57. Ver sobretudo seu livro *Byzance après Byzance* (Bucareste, 1933; reed. 1971).
58. Jean Meyendorff, *Saint Grégoire Palamas et la mystique orthodoxe*, p.45.
59. Trad. apud Meyendorff, p.57.
60. Cf. Kallistos Ware, *Introduccion to John Climacus: the Ladder of Divine Ascent*, p.48s.
61. Jean Gouillard, *Petite Philocalie*, p.185.
62. Trad. franc. J. Gouillard, op.cit., p.204. Sobre as analogias com as práticas ióguicas e o *dhikr*, ver nosso livro *Le yoga*, p.72s.
63. Trad. Meyendorff, *Introduction à l'étude de Grégoire Palamas*, p.297.
64. Texto inédito, resumido por Meyendorff, *Introduction*, p.297.
65. Trad. V. Lossky, "La théologie de la Lumière", p.110.
66. *Tríades*, II, 2, 9; trad. J. Meyendorff.
67. Palamas volta a esse tema pelo menos por três vezes; cf. Meyendorff, *Introduction à l'étude de Grégoire Palamas*, p.218.
68. Cf. D.J. Geanakoplos, *Interaction of the "Sibling" Byzantine and Western Cultures*, p.21 e nota 45. "Ao aprovar o pensamento do doutor hesicasta, a Igreja bizantina voltou decididamente as costas ao espírito do Renascimento" (J. Meyendorff, *Introduction*, p.326).
69. Seus livros, *A vida em Jesus Cristo* e *A explicação da divina liturgia*, ainda são lidos nas comunidades ortodoxas contemporâneas.

XXXVIII. Religião, magia e tradições herméticas antes e depois das Reformas

304. Sobrevivência das tradições religiosas pré-cristãs

Como observamos várias vezes, a cristianização das populações europeias não conseguiu acabar com as diferentes tradições étnicas. A conversão ao cristianismo deu lugar a simbioses e sincretismos religiosos que, com muita frequência, ilustram brilhantemente a criatividade própria das culturas "populares", agrárias ou pastoris. Alguns exemplos de "cristianismo cósmico" já foram evocados no §237. Mostramos em outras obras[1] a continuidade – desde o período neolítico até o século XIX – de certos cultos, mitos e símbolos relacionados com as pedras, as águas e a vegetação. Acrescente-se que, após sua conversão, mesmo superficial, as numerosas tradições étnicas e religiosas, bem como as mitologias locais, foram homologadas, isto é, incorporadas na mesma "história santa" e expressas na mesma linguagem, a da fé e da mitologia cristãs. Assim é que, por exemplo, as lembranças dos deuses da tempestade sobreviveram nas lendas de santo Elias; grande número de heróis matadores de dragões foram assimilados a são Jorge; certos mitos e cultos referentes às deusas passaram a fazer parte do folclore religioso da Virgem Maria. Em suma, as inúmeras formas e variantes do legado pagão foram sistematizadas num mesmo corpus mítico-ritual externamente cristianizado.

Seria inútil mencionar todas as categorias de "sobrevivências pagãs". Basta citar alguns casos particularmente sugestivos; por exemplo, os *kallikantzari*, monstros que assombram as aldeias gregas durante os Doze Dias (entre o Natal e a Epifania) e que prolongam o argumento mítico-ritual dos centauros da Antiguidade clássica;[2] ou o ritual arcaico de caminhar sobre brasas, incorporado à cerimônia dos *anastenaria* da Trácia;[3] ou, finalmente, ainda na Trácia, as festas do carnaval, cuja estrutura lembra a das "dionisíacas campestres" e das antestérias (*Anthestêria*) celebradas em Atenas, no primeiro milênio antes da Era Cristã (cf. §123).[4] Observemos, por outro lado, que uma série de temas e motivos de narrativas atestados nos poemas homéricos são ainda atuais no folclore balcânico e no romeno.[5] E convém acrescentar que, ao analisar as cerimônias agrárias da Europa central e oriental, Leopold Schmidt logrou demonstrar que elas são solidárias de um argumento mítico-ritual desaparecido na Grécia antes de Homero.[6]

Para o nosso propósito, é importante apresentar alguns exemplos de sincretismo pagano-cristão que ilustram ao mesmo tempo a resistência da herança tradicional e o processo de cristianização. Escolhemos, para começar, o complexo ritual dos Doze Dias, visto que suas raízes mergulham na pré-história. Já que não se trata de apresentá-lo em seu conjunto (cerimônias, jogos, canções, danças, cortejos de máscaras de animais), daremos maior ênfase aos cantos rituais de Natal. São encontrados em toda a Europa oriental e até na Polônia. A denominação romena e eslava, *colinde*, deriva de *calendae Januarii*. Durante séculos, as autoridades eclesiásticas tentaram extirpá-los, mas sem êxito. (Em 692, o concílio de Constantinopla renovava a proibição, em termos draconianos.) Por fim, algumas *colinde* foram "cristianizadas", ou seja, passaram a utilizar personagens e temas mitológicos do cristianismo popular.[7]

O ritual inicia-se geralmente na véspera do Natal (24 de dezembro) e estende-se até a manhã do dia seguinte. O grupo de seis a trinta jovens (*colindatori*) designa um chefe que conheça os costumes tradicionais, e, durante quarenta ou dezoito dias, eles se reúnem quatro ou cinco vezes por semana numa casa para receber a instrução necessária. Na noite de 24 de dezembro, trajando roupas novas e ornados de flores e pequenos sinos, os *colindatori* primeiro entoam canções na casa de seu hóspede, depois visitam todas as habitações da aldeia. Saem às ruas gritando, ao som da trombeta e do tambor, para que o alarido afaste os maus espíritos e anuncie a aproximação do grupo aos donos da casa. Eles cantam a primeira *colinda* sob a janela, depois de autorizados, entram na casa e continuam a desfiar seu repertório, dançando com as moças e recitando as bênçãos tradicionais. Os *colindatori* trazem saúde e riqueza, representadas por um raminho verde de pinheiro colocado num vaso cheio de maçãs e de grãos de ervilha. Recebem de presente, salvo nas famílias pobres, coroas de flores, bolos, frutos, carne, bebidas etc. Depois de ter percorrido a aldeia, o grupo organiza uma festa da qual participa a juventude.

O ritual das *colinde* é bastante rico e complexo. As bênçãos (*oratio*) e o banquete cerimonial constituem os elementos mais arcaicos: são solidários das festividades do ano-novo.[8] O chefe, seguido pelos outros *colindatori*, pronuncia alocuções (*urare*) em que enaltece a nobreza, a generosidade e a opulência do dono da casa. Às vezes, os *colindatori* representam um grupo de santos (são João, são Pedro, são Jorge, são Nicolau). Entre os búlgaros, certas *colinde* têm por tema a visita de Deus, acompanhado do menino Jesus, ou de um grupo de santos. Em outros lugares, os *colindatori* são "convidados" (*oaspeti buni*) enviados por Deus para levar sorte e saúde.* Numa variante ucraniana, Deus vem pessoalmente acordar o dono da casa e anunciar-lhe a chegada dos *colindatori*. Entre os romenos da Transilvânia, Deus desce do Céu por uma escada de cera, num esplêndido traje ornado de astros, no qual estão também pintados os *colindatori*.[9]

Uma série de *colinde* reflete o "cristianismo cósmico" específico às populações do sudeste da Europa. Nelas se encontram referências à Criação do mundo, mas sem vínculo com a tradição bíblica. Deus, ou Jesus, criou o mundo em três dias; mas, ao perceber que a Terra era grande demais para ser coberta pelo Céu, Jesus lançou três anéis que se transformaram em anjos, e estes produziram as montanhas.[10] Segundo outras *colinde*, depois de ter dado forma à Terra, Deus colocou debaixo dela, para sustentá-la, quatro pilastras de prata.[11] Várias canções apresentam Deus como um pastor a tocar uma flauta, acompanhado por um grande rebanho de ovelhas conduzido por são Pedro.

Mais numerosas e arcaicas são, porém, as *colinde* que nos introduzem num outro universo imaginário. A ação processa-se no mundo inteiro, entre o zênite e os vales profundos, ou entre as montanhas e o mar Negro. Bem ao longe, no meio do mar, existe uma ilha com uma árvore gigante, em torno da qual dança um grupo de moças.** As personagens dessas *colinde* arcaicas são apresentadas de maneira fabulosa: são belas e invencíveis; trazem sobre as vestes o Sol e a Lua (tal como Deus nas *colinde* cristãs). Um jovem caçador passeia a cavalo no alto do Céu, bem próximo ao Sol. A habitação do dono da casa e sua família é mitificada: ele e os seus são projetados numa paisagem paradisíaca e assemelham-se a reis. Os heróis das mais belas *colinde* são caçadores e zagais, o que confirma o arcaísmo. A pedido do imperador, o jovem herói luta com um leão, subjuga-o e põe-no a ferros. Cinquenta cavaleiros tentam atravessar o mar (Negro), mas apenas um consegue alcançar a ilha, onde desposa a mais bela das moças. Outros heróis perseguem animais ferozes dotados de prestígios mágicos e os vencem.

Os argumentos de muitas *colinde* lembram certos rituais de iniciação. Também já se apontaram neles traços de ritos iniciáticos de meninas.*** Nas *colinde* cantadas por meninas e por mulheres jovens, bem como em outras produções orais, evocam-se as atribulações de uma virgem perdida ou isolada

* Entre os ucranianos, eles são chamados de "pequenos servos de Deus".

** Em certas variantes, a árvore cósmica está situada no meio do mar ou no litoral oposto.

*** Acrescentemos que, sob a direção de uma velha, o grupo cerimonial (ceata) de moças reúne-se periodicamente e recebe a instrução tradicional relativa à sexualidade, ao casamento, aos rituais funerários, aos segredos das plantas medicinais etc.; Monica Bratulescu, "Ceata feminina", passim.

em lugares ermos, os sofrimentos provocados por sua metamorfose sexual e as ameaças de morte iminente. Mas, ao contrário das iniciações masculinas, nenhum ritual preciso foi conservado. As provas iniciatórias femininas sobrevivem apenas nos universos imaginários das *colinde* e de outras canções cerimoniais. Apesar disso, essas produções orais contribuem indiretamente para o conhecimento da espiritualidade feminina arcaica.

305. Símbolos e rituais de uma dança catártica

A instrução iniciatória dos *colindatori*[12] é completada pela iniciação no grupo fechado dos dançarinos catárticos, chamados *calusari*.[13] Desta feita, os jovens não aprendem as tradições e os cantos ligados ao argumento natalino, mas uma série de danças específicas e uma mitologia particular. O nome da dança, *calus*, deriva do romeno *cal*, "cavalo" (latim, *caballus*). O grupo é composto de sete, nove ou onze jovens, escolhidos e instruídos por um chefe mais velho. Trazem como armas maças e sabres e estão também munidos de uma cabeça de cavalo, de madeira, uma "bandeira" e plantas medicinais presas à ponta de uma haste. Como veremos adiante, um dos *calusari*, chamado "Mudo" ou "Mascarado", desempenha papel diferente do resto do grupo.

A instrução vai se desenvolvendo, ao longo de duas ou três semanas, nos bosques ou em lugares ermos. Uma vez aceitos pelo chefe, reúnem-se os *calusari*, na véspera do Pentecostes, num local secreto; mãos sobre a "bandeira", eles juram respeitar as regras e os costumes do grupo, tratar uns aos outros como irmãos, observar a castidade durante os nove (ou doze, ou quatorze) dias subsequentes, nada revelar do que vão ver ou ouvir e obedecer a seu chefe. Ao prestarem juramento, os *calusari* pedem a proteção da rainha das fadas, Herodíade (= *Irodiada*), erguem suas maças para o Céu e depois batem-nas umas contra as outras. Obrigam-se ao silêncio, de medo que as fadas (*zine*) os façam adoecer. Depois do juramento e até a dispersão ritual do grupo, os *calusari* permanecem sempre juntos.

Vários elementos lembram a iniciação numa sociedade de homens (*Männerbund*): o isolamento na floresta, o voto de segredo, o papel da "bandeira", a maça e a espada, o simbolismo da cabeça de cavalo.* O atributo central e

* O príncipe Dimitrie Cantemir acrescenta certas informações significativas, algumas das quais já não eram confirmadas no século XIX. Segundo o autor da *Descriptio moldaviae*, os *calusari* falam com vozes femininas e cobrem o rosto com um corte de linho para não serem reconhecidos; sabem mais de cem danças diferentes, algumas tão extraordinárias que os dançarinos parecem não tocar o chão, "como se estivessem suspensos no ar"; os *calusari* dormem somente

específico dos *calusari* é sua habilidade de acrobatas-coreógrafos, em particular sua capacidade de dar a impressão de que se deslocam no ar. Sem dúvida, a sucessão de saltos, pulos, cambalhotas e cabriolas evoca o galope do cavalo e, ao mesmo tempo, o voo e a dança das fadas (*zine*). De resto, aqueles que se consideravam adoecidos pelas fadas põem-se a saltar e a gritar "como os *calusari*, e parecem não tocar o chão". As relações entre os *calusari* e as *zine* são estranhamente ambivalentes: os dançarinos pedem e aguardam a proteção de Herodíade, ainda que correndo o risco de se tornarem vítimas de seu cortejo de seguidoras, as fadas. Imitam o voo das *zine*, mas, ao mesmo tempo, enaltecem a solidariedade destas com o cavalo, símbolo masculino e "heroico" por excelência. Essas relações ambivalentes manifestam-se também em suas atividades e modo de ser. Durante cerca de quinze dias, os *calusari*, acompanhados de dois ou três rabequistas, vão às aldeias e povoados das vizinhanças, dançando, tocando e tentando curar as vítimas das fadas. Acredita-se que, durante esse período, ou seja, da terceira semana após a Páscoa até o domingo de Pentecostes, as *zine* voam, cantam e dançam, em especial à noite. Podem-se ouvir os seus sinos, tambores e outros instrumentos musicais, pois as fadas têm a seu serviço vários rabequistas, gaiteiros e até um porta-bandeira. A melhor proteção contra as fadas é o alho e a artemísia, essas mesmas plantas mágico-medicinais que os *calusari* metem num saquinho e atam à ponta da haste de sua bandeira. E mascam a maior quantidade de alho possível.

A cura consiste numa série de danças, completadas por alguns atos rituais.* Em determinadas regiões, o paciente é levado para fora da aldeia, perto de um bosque, e colocado no centro do círculo dos *calusari*. Durante a dança, o chefe toca com a "bandeira" um dos dançarinos e este cai ao chão. A síncope, real ou simulada, dura de três a cinco minutos. No momento da queda, cuida-se que o paciente se levanta e foge; seja como for, dois *calusari* pegam-no pelos braços e afastam-se o mais rápido que podem. A intenção terapêutica da síncope é evidente: a doença abandona o paciente e penetra num *calusar*, que "morre" ali mesmo, mas logo ressuscita, pois é um "iniciado".

Várias cenas burlescas são representadas no intervalo entre as danças e no final da cerimônia. O papel mais importante é reservado ao "Mudo": os *calusari* lançam-no para o alto e o deixam bruscamente cair. Considerado

---

nas igrejas, para não serem atormentados pelas fadas (as *zine*). Ver *Descriptio moldaviae* (edição crítica, Bucareste, 1973), p.314.

* O doente é tocado com um feixe de ervas e alguém lhe cospe alho no rosto; quebra-se uma bilha de água; sacrifica-se um frango de cor preta etc.

morto, o "Mudo" é chorado por todo o grupo, que se prepara para enterrá-lo, arrancando-lhe antes a pele etc. Os episódios mais cômicos e mais perfeitos são representados no último dia, quando o grupo retorna à aldeia. Quatro *calusari* personificam de maneira grotesca certas personagens familiares: o Sacerdote, o Turco (ou o Cossaco), o Médico e a Mulher. Cada um deles tenta fazer amor com a Mulher, e a pantomima descamba às vezes para a mais franca licenciosidade. O "Mudo", munido de um falo de madeira, provoca a hilaridade geral com seus gestos grotescos e excêntricos. Finalmente, um dos "atores" é morto e ressuscitado, e a "Mulher" é engravidada.[14]

Qualquer que seja sua origem,[15] o *calus*, em suas formas atestadas nos últimos séculos, é conhecido somente na Romênia, e pode ser considerado uma criação da cultura popular romena. O que o caracteriza é, ao mesmo tempo, seu arcaísmo e sua estrutura aberta (a qual explica a assimilação dos elementos próprios de outros argumentos, como, por exemplo, os episódios grotescos). As eventuais influências de uma sociedade feudal (a "bandeira", o sabre, mais raramente as esporas) superpuseram-se a uma cultura rural bastante arcaica; isso é demonstrado pelo papel ritual da maça, pelo mastro torneado de um pinheiro (árvore específica das cerimônias pré-cristãs), para não aludirmos à própria coreografia. Embora o juramento seja prestado em nome de Deus, o argumento não tem nenhuma relação com o cristianismo. As autoridades eclesiásticas reagiram com violência e algum êxito, porquanto muitos traços arcaicos, atestados no século XVII, desapareceram. Ainda no fim do século XIX, em certas regiões, os *calusari* foram privados da comunhão durante três anos. A Igreja, no entanto, acabou por mostrar-se tolerante com eles.

Assim, a despeito dos dezesseis séculos de cristianismo e de outras influências culturais, era ainda possível, há apenas uma geração, apontar traços de argumentos iniciatórios nas sociedades rurais do sudeste da Europa. Esses argumentos estavam integrados nos sistemas mítico-rituais do ano-novo e do ciclo da primavera. Em certos casos, como, por exemplo, entre os *calusari*, a herança arcaica é evidente sobretudo nas *danças* e nas *estruturas melódicas* que lhes são próprias. Por outro lado, no argumento mítico-ritual das *colinde*, foram os *textos* que mais bem conservaram os elementos da iniciação. Pode-se afirmar que, sob a ação de diferentes influências religiosas e culturais, muitos rituais solidários das iniciações tradicionais desapareceram (ou foram radicalmente camuflados), ao passo que sobreviveram as estruturas coreográficas e mitológicas (isto é, narrativas).

A função religiosa das *danças* e dos *textos mitológicos* é, no entanto, evidente. Uma análise correta do universo imaginário das *colinde* pode, por conseguinte, revelar um tipo de experiência religiosa e de criatividade mitológica característico dos camponeses da Europa central e oriental. Infelizmente, ainda não existe uma hermenêutica adequada das tradições rurais, em outras palavras, uma análise dos *textos orais* mítico-religiosos comparável à interpretação das obras *escritas*. Tal hermenêutica salientaria não apenas o sentido profundo da adesão à herança tradicional, como ainda as reinterpretações criadoras da mensagem cristã. Numa história "completa" do cristianismo, cumpre também levar em conta as criações específicas às populações rurais. Ao lado das diferentes teologias construídas com base no Antigo Testamento e na filosofia grega, é importante considerar os esboços de "teologia popular": encontraremos, reinterpretadas e cristianizadas, muitas tradições arcaicas, desde o neolítico até as religiões orientais e helenísticas.[16]

306. A "caça às feiticeiras" e as vicissitudes da religião popular

A célebre e sinistra "caça às feiticeiras", empreendida nos séculos XVI e XVII, tanto pela Inquisição como pelas Igrejas reformadas, tinha por objetivo acabar com um culto satânico e criminoso que, segundo os teólogos, ameaçava os próprios fundamentos da fé cristã. As investigações recentes[17] ressaltaram o absurdo das principais acusações: relações íntimas com o diabo, orgias, infanticídio, canibalismo, prática de *maleficia*. Sob tortura, um número considerável de feiticeiros e feiticeiras confessaram tais atos abomináveis e criminosos, e foram condenados à fogueira. Isso parece justificar a opinião dos autores contemporâneos, para os quais o argumento mítico-ritual da feitiçaria não passava de uma invenção de teólogos e inquisidores.

Essa opinião, porém, deve ser examinada com cuidado. Com efeito, se as vítimas não eram culpadas dos crimes e heresias que lhes imputavam, algumas admitiram ter realizado cerimônias mágico-religiosas de origem e estrutura "pagã"; tais cerimônias tinham sido havia muito tempo proibidas pela Igreja, ainda que estivessem, às vezes, superficialmente cristianizadas. Essa herança mítico-ritual fazia parte da religião popular europeia. Os exemplos que discutiremos adiante nos permitirão compreender como certos adeptos dessa religião popular foram levados a confessar – e mesmo a crer – que praticavam o culto do diabo.

A "caça às feiticeiras", afinal, dava prosseguimento à eliminação das últimas sobrevivências do "paganismo"; em outras palavras, visava essencialmente a acabar com os cultos da fertilidade e os argumentos iniciatórios. O resultado de tudo isso foi o empobrecimento da religiosidade popular e, em certas regiões, a decadência das sociedades rurais.[18]

Segundo os processos da Inquisição em Milão, nos anos de 1384 e 1390, duas mulheres haviam admitido pertencer a uma sociedade dirigida por Diana Herodias, de cujos quadros faziam parte tanto pessoas vivas quanto mortas. Os animais que elas comiam durante suas refeições cerimoniais eram ressuscitados (a partir dos ossos) pela deusa. Diana ("*Signora Oriente*") ensinava a seus fiéis o uso de ervas medicinais para curar diversas doenças, descobrir os autores de roubos e identificar os feiticeiros.[19] É evidente que esses adeptos de Diana nada tinham em comum com os criadores de *maleficia* satânicos. Muito provavelmente, seus rituais e suas visões eram solidários de um culto arcaico da fertilidade. Mas, como veremos adiante, as devassas da Inquisição modificaram a situação de maneira radical. Em Lorena, nos séculos XVI e XVII, os "magos" chamados a prestar declarações perante as autoridades reconheciam imediatamente que eram "adivinhos-curandeiros", mas não feiticeiros; só depois de torturados acabavam por admitir que eram "escravos de Satanás".[20]

O caso dos *benandanti* ("aqueles que viajam", "vagabundos") ilustra de maneira patética a transformação, por pressão da Inquisição, de um culto secreto da fertilidade numa prática de magia negra. Em 31 de março de 1575, o *vicario generale* e o inquisidor de Aquileia e de Concórdia foram informados da presença, em certas aldeias, de magos que, sob o nome de *benandanti*, proclamavam-se "bons" magos porque combatiam os feiticeiros (*stregoni*). A investigação sobre os primeiros *benandanti* apurou os seguintes fatos: reuniam-se eles, na calada da noite, quatro vezes por ano (vale dizer, nas semanas das têmporas); chegavam ao lugar de suas reuniões montados numa lebre, num gato ou em outro animal; essas reuniões não apresentavam nenhuma das características "satânicas" bem-conhecidas, próprias das assembleias de feiticeiros; nelas não havia abjuração, nem vituperação dos sacramentos ou da cruz, nem culto ao diabo. A natureza do rito ainda é um mistério. Munidos de ramos de funcho, os *benandanti* enfrentavam os feiticeiros (*strighe* e *stregoni*), que, por sua vez, estavam armados de uma espécie de junco usado em vassouras. Pretendiam combater as más ações dos feiticeiros e curar suas vítimas. Se os *benandanti* saíssem vitoriosos desses combates das têmporas, as colheitas seriam abundantes naquele ano; caso contrário, haveria fome e penúria.[21]

Investigações posteriores trouxeram mais informações acerca do recrutamento dos *benandanti* e da estrutura de suas assembleias noturnas. Eles afirmavam que um "anjo do Céu" pedira-lhes que se filiassem à associação e fossem iniciados nos segredos do grupo entre a idade de 20 e 28 anos. A associação, organizada em moldes militares sob o comando de um capitão, reunia-se quando este a convocava a toques de tambor. Seus membros estavam ligados pelo juramento de segredo. Suas assembleias congregavam às vezes até cinco mil *benandanti*, alguns da mesma região, mas a maior parte deles não se conhecia. Tinham por bandeira uma pele de arminho branco-dourada, enquanto a dos feiticeiros era amarela e exibia a figura de quatro diabos. Todos os *benandanti* tinham uma característica em comum: nasciam "com o âmnio", ou seja, empelicados, com a cabeça envolvida em membranas fetais.

Quando, fiel à sua noção estereotipada do sabá das feiticeiras, a Inquisição perguntou-lhes se o "anjo" lhes prometera iguarias requintadas, mulheres e outros prazeres salazes, negaram firmemente as insinuações. Somente os feiticeiros (*stregoni*), disseram eles, dançavam e divertiam-se em suas assembleias. O ponto mais enigmático em relação aos *benandanti* continua a ser sua "viagem" para o local onde se reuniam. Para lá se dirigiam *in spirito*, enquanto dormiam, era o que afirmavam. Antes da "viagem", caíam num estado de grande prostração, de letargia quase cataléptica, durante a qual sua alma estava em condições de deixar o corpo. Não recorriam a unguentos para preparar essa "viagem", a qual, a despeito de ser realizada *in spirito*, a seus olhos era real.

Em 1581, dois *benandanti* foram condenados a seis meses de prisão por heresia e à abjuração de seus erros. Outros processos foram instaurados nos sessenta anos seguintes, com consequências que ainda examinaremos. Tentemos, por enquanto, reconstituir, com base em documentos da época, a estrutura desse culto popular secreto. O rito central consistia visivelmente num combate cerimonial contra os feiticeiros para garantir a abundância das colheitas, dos vinhedos e de "todos os frutos da terra".[22] O fato de o combate se realizar nas quatro noites críticas do calendário agrícola não deixa dúvida quanto a seu objeto. É provável que o duelo entre *benandanti* e *stregoni* desse continuidade ao argumento de um rito arcaico de provas e competições entre dois grupos rivais, com o propósito de estimular as forças criadoras da natureza e de regenerar a sociedade humana.[23] Embora os *benandanti* afirmassem que lutavam pela cruz e "pela fé em Cristo", seus combates cerimoniais só eram superficialmente cristianizados.[24] Por outro lado, os *stregoni* não eram acusados dos crimes habituais contra a doutrina da Igreja; somente eram responsabilizados pelo fracasso das colheitas e pelo enfeitiçamento de crianças. Apenas em 1634 (após 850 processos e denúncias instruídos pela Inquisição de Aquileia e de Concórdia) se encontra pela primeira vez uma acusação em que os *stregoni* são indiciados pelo crime de celebrar o sabá diabólico tradicional. Na verdade, as acusações de feitiçaria atestadas na Itália setentrional não falam em adoração ao diabo, mas em culto prestado a Diana.*

* Somente em 1532 alguns desses adeptos de Diana confessaram, sob tortura, ter profanado a cruz e os sacramentos. Ver documentação citada por C. Ginzburg, *I Benandanti*, p.36.

No entanto, em consequência de numerosos processos, os *benandanti* começaram a conformar-se ao modelo demonológico que a Inquisição com persistência lhes atribuía. Em determinado momento, já não estava em causa o que constituía o ponto fundamental: *o rito da fertilidade*. Depois de 1600, os *benandanti* reconheceram que sua única culpa era buscar uma cura para as vítimas dos feiticeiros. Essa confissão não era isenta de perigo, porquanto a Inquisição considerava prova evidente de feitiçaria a capacidade de afastar a má sorte.[25] Com o passar do tempo, os *benandanti* tornaram-se mais conscientes de sua importância e multiplicaram as denúncias contra pessoas a quem inculpavam de feitiçaria. Não obstante esse aumento de antagonismo, eles sentiam-se inconscientemente atraídos para os *strighe* e os *stregoni*. Em 1618, uma *benandante* confessou que havia comparecido a um sabá noturno presidido pelo diabo, acrescentando, porém, que o fizera para ser dotada por este com o poder de curar.[26]

Finalmente, em 1634, depois de meio século de processos inquisitoriais, os *benandanti* admitiram sua identidade com os feiticeiros (*strighe* e *stregoni*).[27] Um dos acusados confessou que, depois de ter aplicado ao corpo um unguento especial, fora a um sabá, onde assistira à celebração de ritos por parte de muitos feiticeiros, que dançavam e se entregavam à prática de atos sexuais desenfreados, ressalvando, porém, que os *benandanti* não tinham participado da orgia. Alguns anos mais tarde, um *benandante* reconheceu ter firmado um pacto com o diabo, abjurado Cristo e a fé cristã, e matado três crianças. Processos ulteriores puseram a nu os inevitáveis elementos da agora clássica imagística do sabá dos feiticeiros, com os *benandanti* confessando que frequentavam os seus bailes, rendiam homenagem ao diabo e beijavam-lhe o traseiro. Uma das confissões mais dramáticas verificou-se em 1644. O réu fez uma minuciosa descrição do diabo, relatou como lhe dera sua alma e admitiu ter assassinado quatro crianças, a poder de sortilégios. Mas, quando se viu a sós em sua cela com o vigário episcopal, o prisioneiro declarou que sua confissão era falsa e que não era nem *benandante* nem *stregone*. Convieram os juízes em que tal preso "confessa tudo quanto se lhe sugere". Ignoramos qual foi o veredicto, pois o réu enforcou-se na prisão. Foi esse, de resto, o último grande processo intentado contra os *benandanti*.[28]

Convém não esquecer o caráter militar do grupo, tão importante *antes* dos processos da Inquisição. Não se trata de um exemplo isolado. Citamos antes (p.37) o caso de um velho lituano do século XVII, que, com seus companheiros, todos transformados em lobos, desceram ao Inferno e lutaram com o diabo e os feiticeiros para recuperar os bens roubados (gado, trigo e outros frutos da terra). Carlo Ginzburg compara com toda a razão os *benandanti* e os lobisomens lituanos aos xamãs que descem, em êxtase, ao mundo subterrâneo para assegurar a proteção de sua comunidade.[29] Por outro lado, não se deve esquecer a crença – comum no norte da Europa – segundo a qual os guerreiros mortos e os deuses combatiam as forças demoníacas.[30]

As tradições populares romenas permitem-nos compreender melhor a origem e a função desse argumento mítico-ritual. Lembremos que a Igreja romena, bem como as demais Igrejas ortodoxas, não teve uma instituição semelhante à Inquisição. Assim, embora as heresias existissem, a perseguição contra os feiticeiros não foi intensa nem sistemática. Vou limitar-me a analisar dois termos de importância decisiva para o nosso problema: *striga*, vocábulo latino para "feiticeiro", e "Diana", deusa romana transformada em padroeira dos feiticeiros na Europa ocidental. *Striga* deu *strigoi* em romeno, "feiticeiros" vivos ou mortos (no último caso, vampiros). Os *strigoi* nascem com o âmnio; quando chegam à idade madura, vestem-se com essa membrana e tornam-se invisíveis. Gozam da fama de possuir poderes sobrenaturais: podem, por exemplo, entrar nas casas, mesmo com as portas trancadas, brincar impunemente com lobos e ursos. Praticam todas as malfeitorias próprias dos feiticeiros; provocam epidemias nos homens e no gado, "subjugam" e deformam as pessoas, trazem a seca "subjugando" a chuva, secam o úbere das vacas, e principalmente fazem bruxarias. Podem transformar-se em cães, gatos, lobos, cavalos, porcos, sapos e outros animais. Suas aparições verificam-se em determinadas noites, especialmente no dia de são Jorge e no de santo André. Ao voltarem para casa, executam três piruetas e recuperam a forma humana. Suas almas deixam o corpo, montadas em cavalos, vassouras ou num carro de duas rodas. Os *strigoi* reúnem-se longe das aldeias, num terreno determinado ou "nos confins do mundo, num local onde não medra nenhuma planta". Uma vez instalados, assumem a forma humana e *começam a lutar entre si* armados de porretes, machados, foices e outros instrumentos. A batalha estende-se por toda a noite, até terminar em pranto e na reconciliação geral. Voltam para casa, exaustos, pálidos, sem se lembrar do que lhes aconteceu, e depois entram em sono profundo.*

* Sobre os *strigoi*, ver rica documentação levantada por Ion Muslea e Ovidiu Birlea, *Tipologia folclorului: Din raspunsurile la chestionarele lui B.P. Hasdeu* (Bucareste, 1970), p.224-70. Menos frequente é a crença de que os *strigoi* friccionavam o corpo com um unguento especial e saíam pela chaminé (p.248, 256). Os *strigoi* mortos também se reúnem por volta da meia-noite e lutam entre si com as mesmas armas que quando estão vivos (ibid., p.267s.). Tal como em muitas outras crenças populares da Europa, o alho é considerado a melhor defesa contra os *strigoi*, vivos ou mortos (ibid., p.254s., 268s.). No *Corrector* de Burchard de Worms (século XI) figura uma proibição de acreditar no que dizem certas mulheres: "Que saem à noite através das portas fechadas e voam em direção às nuvens para travar batalha" (J.B. Russell, *Witchcraft*, p.82). Ignora-se, no entanto, contra quem lutavam essas mulheres.

Infelizmente, nada se sabe acerca do sentido e da finalidade dessas batalhas noturnas. Pensa-se nos *benandanti* e também nos *Wilde Heer*, o cortejo de mortos, tão comum na Europa central e oriental. Mas, enquanto o alvo dos ataques dos *benandanti* eram precisamente os *striga*, os *strigoi* romenos batiam-se entre si e terminavam sempre as lutas em lágrimas e na reconciliação geral. Quanto à analogia com os *Wilde Heer*, falta o traço mais característico: o terrível alarido que aterrorizava os aldeões. De qualquer modo, o exemplo dos feiticeiros romenos ilustra a autenticidade de um esquema pré-cristão baseado em viagens oníricas e num combate ritual extático, esquema atestado em muitas regiões da Europa.

A história de Diana, deusa da antiga Dácia, é igualmente significativa. É muito provável que o nome de Diana tenha substituído a denominação local de uma deusa autóctone geto-trácia. O arcaísmo das crenças e dos ritos relativos à Diana romena é, porém, indubitável. De fato, pode-se sempre suspeitar de que, entre os povos de língua românica – italiano, francês, espanhol, português –, as referências medievais relativas ao culto e à mitologia de "Diana" refletiam, de um modo geral, a opinião dos monges doutos, versados nos textos latinos. Uma hipótese dessa ordem seria inadmissível para a história de Diana entre os romenos. O nome da deusa passou a ser *zina* (< *dziana*), em romeno, com a acepção de "fada". Observe-se ainda que, com base nessa mesma raiz, existe outro vocábulo: *zinatec*, cujo sentido é "aquele que está atordoado, tresnoitado ou louco", ou seja, "dominado", possuído por Diana ou pelas fadas.* Ora, acabamos de ver, no §304, as relações, sobretudo ambivalentes, entre as *zine* e os *calusari*. As *zine* podem ser cruéis, e é imprudente pronunciar seu nome. Diz-se: "as santas", "as pródigas", "as rosálias", ou simplesmente "elas" (*iele*). As fadas, que são imortais, têm a aparência de belas jovens, alegres e fascinantes. Vestidas de branco, seios desnudos, são invisíveis à luz do dia. Guarnecidas de asas, deslocam-se no ar, sobretudo à noite. Apreciam o canto e a dança, e, nos locais onde dançaram, a vegetação fica como que crestada pelo fogo. Ferem com doenças aqueles que as veem dançar ou que transgridem certas interdições, e essas enfermidades só podem ser curadas pelos *calusari*.**

* O nome de um grupo especial de *zine*, as *sinziene*, deriva provavelmente do latim *sanctae Dianae*. As *sinziene*, fadas quase sempre benfazejas, deram seu nome à festa de são João Batista.

** Em última análise, o argumento atualizado pelos *calusari* implica *a fusão de ideias e de técnicas mágico-religiosas, ao mesmo tempo opostas e complementares*. A admirável persistência desse argumento arcaico tem como explicação mais provável o fato de que, conciliados e aproximados, os "princípios" antagônicos (doença e morte, saúde e fertilidade) são personificados numa das mais apaixonantes expressões da díade primordial do feminino-masculino: a fada e o herói catártico em seu cavalo.

Graças a seu arcaísmo, os documentos romenos são de grande valor para a compreensão da feitiçaria europeia. Em primeiro lugar, já não paira dúvida quanto à continuidade de certas crenças e ritos arcaicos, relativos principalmente à fertilidade e à saúde. Em segundo lugar, esses argumentos mítico-rituais implicavam uma luta entre dois grupos de forças opostas, embora complementares, grupos ritualmente personificados por rapazes e moças (*benandanti, striga, calusari*). Em terceiro lugar, a luta cerimonial era às vezes seguida de uma reconciliação entre grupos antitéticos. Em quarto lugar, essa bipartição ritual da coletividade implicava certa ambivalência, porquanto, ainda que exprimindo o processo da vida e da fertilidade cósmicas, um dos dois grupos rivais personificava sempre os seus aspectos negativos. Além disso, a personificação do princípio negativo podia, conforme o momento e as circunstâncias históricas, ser interpretada como uma manifestação do *mal*.[31] É o que parece ter se produzido no caso dos *strigoi* romenos e, em menor escala, das *zine*, as fadas que correspondem ao "cortejo de Diana". Interpretação similar foi imposta pela Inquisição aos *benandanti*. Esse processo, por causa da identificação secular das sobrevivências mítico-rituais pré-cristãs com procedimentos satânicos e, finalmente, com a heresia, foi muito mais complexo na Europa ocidental.

307. Martinho Lutero e a Reforma na Alemanha

Na história religiosa e cultural da Europa ocidental, o século que antecedeu a intensificação da caça às feiticeiras alinha-se entre os mais criadores. Isso se deve não apenas às Reformas realizadas, a despeito de numerosos obstáculos, por Martinho Lutero e João Calvino, mas também ao fato de que a época – que vai aproximadamente desde Marsílio Ficino (1433-1499) até Giordano Bruno (1548-1600) – caracteriza-se por uma série de descobertas (culturais, científicas, tecnológicas e geográficas) que, sem exceção, tiveram um significado religioso. Teremos oportunidade de discutir funções ou valores religiosos do neoplatonismo reatualizado pelos humanistas italianos, da nova alquimia, da medicina alquímica de Paracelso, e do heliocentrismo de Copérnico e Giordano Bruno. Contudo, mesmo uma descoberta tecnológica como a da imprensa teve importantes consequências religiosas; de fato, ela desempenhou papel essencial na propagação e no triunfo da Reforma. O luteranismo foi, "desde o início, filho do livro impresso": graças a esse veículo, Lutero pôde transmitir, com força e precisão, sua mensagem de um extremo a outro da Europa.*

* A.G. Dickens, *Reformation and Society in Sixteenth Century Europe*, p.51. "Pela primeira vez na história, grande número de leitores julgou o valor das ideias revolucionárias através de um

Igualmente conhecidas são as controvérsias de ordem teológica suscitadas pelo descobrimento da América. Mas Cristóvão Colombo não ignorava o caráter escatológico de sua viagem. Em "circunstâncias maravilhosas" (que desconhecemos), "Deus mostrara sua mão". Colombo considera sua viagem "um evidente milagre", já que não se trata apenas do descobrimento das "Índias", mas de um mundo transfigurado. "Deus escolhera-me para seu mensageiro, mostrando-me de que lado se encontravam o novo Céu e a terra nova de que falara o Senhor pela boca de são João, em seu Apocalipse, e que já fora antes mencionada por Isaías."[32] Segundo os cálculos de Colombo, faltavam 155 anos para o fim do mundo. Mas, até lá, graças ao ouro trazido das "Índias", Jerusalém terá sido reconquistada e "a Casa Santa" poderá ser entregue à "Santa Igreja".[33]

Como todos os seus contemporâneos, Martinho Lutero também compartilhava muitas ideias e crenças comuns à época; por exemplo, não tinha nenhuma dúvida sobre o terrível poder do diabo, nem sobre a necessidade de queimar as feiticeiras, e aceitava a função religiosa da alquimia.* À semelhança de grande número de teólogos, religiosos e leigos que praticavam uma disciplina espiritual (cf. §299-300), Martinho Lutero encontrou sua consolação "mística" na *Theologia deutsch*, texto que ele situa imediatamente após a Bíblia e santo Agostinho.[34] Muitos eram os livros que tinham sido objeto de sua leitura e meditação, e bem cedo sofrera ele a influência de Guilherme de Ockham. Entretanto, seu gênio religioso não pode ser explicado pelo espírito de seu século. Ao contrário, foram as experiências pessoais de Martinho Lutero que contribuíram, em grande parte, para modificar radicalmente a orientação espiritual da época. Tal como no caso de Maomé, sua biografia ajuda-nos a compreender as fontes de sua criatividade religiosa.

---

mass-medium que utilizava a linguagem vernacular, juntamente com a arte do jornalista e do caricaturista" (ibid.).

* Acerca do diabo, ver os fragmentos de seu *Comentário sobre a Epístola de são Paulo aos Gálatas*, reproduzidos na antologia de A.C. Kors e Edward Peters, *Witchcraft in Europe*, p.195-201 (cf. ibid., p.202-12, alguns excertos da *Instituição da religião cristã*, de Calvino). Numa de suas *Conversas à mesa*, dissera Lutero: "Não terei nenhuma compaixão por essas feiticeiras: queimá-las-ei a todas!" Quanto à alquimia, ainda em suas *Conversas à mesa*, Lutero admitia que ela "lhe agrada muito". "Agrada-me não apenas pelas numerosas possibilidades de utilização que há na decocção dos metais, na destilação e sublimação das ervas e licores, mas também por causa da alegoria e de sua significação secreta, extremamente sedutora, a propósito da ressurreição dos mortos no dia do juízo. Pois, do mesmo modo que, num forno, o fogo extrai e separa de uma substância as demais partes, e retira o espírito, a vida, a seiva, a força, enquanto as matérias impuras, a borra, permanecem no fundo, como um corpo morto e sem valor, assim também Deus, no dia do juízo, separará todas as coisas com fogo, os justos dos ímpios" (*Tischreden*, apud Montgomery, "L'astrologie et l'alchimie luthérienne à l'époque de la Réforme", p.337).

Nascido em 10 de novembro de 1483, em Eisleben (Turíngia), Martinho Lutero inscreveu-se em 1501 na Universidade de Erfurt e diplomou-se em 1505. Alguns meses mais tarde, durante uma terrível tempestade, ele quase foi colhido por um raio e formulou o voto de tornar-se monge. No mesmo ano, entrou para o mosteiro dos agostinianos, em Erfurt. Apesar da oposição de seu pai, Martinho não renuncia à sua decisão. Ao ordenar-se sacerdote em abril de 1507, passa a ensinar filosofia moral nas Universidades de Wittenberg e Erfurt. Em novembro de 1510, durante uma viagem a Roma, é tomado de profundo desgosto ao verificar a decadência da Igreja. Dois anos mais tarde, após doutorar-se em teologia, recebe a cátedra de escritura santa em Wittenberg e abre suas aulas com um comentário sobre o livro do Gênese.

Contudo, sua inquietação religiosa aumentava à medida que ele refletia sobre a cólera e a justiça de Deus Pai, o Javé do Antigo Testamento. Somente em 1513 ou 1514 foi que descobriu o verdadeiro sentido da expressão "a justiça de Deus": é o ato pelo qual Deus torna um homem justo; em outros termos, o ato pelo qual o crente recebe, graças à sua fé, a justiça obtida pelo sacrifício de Cristo. Essa interpretação de são Paulo – "o justo viverá da fé" (Rom., I: 12) – constitui o fundamento da teologia de Martinho Lutero. "Eu me senti renascer", dizia ele mais tarde, "e percebi que havia penetrado no Paraíso pelas suas portas abertas." Ao meditar sobre a Epístola aos romanos – segundo ele, "o documento mais importante do Novo Testamento" –, Lutero compreendeu a impossibilidade de obter a justificação (isto é, uma relação adequada com Deus) por meio de seus próprios atos. Ao contrário, o homem é justificado e salvo apenas pela fé em Cristo. Tal como a fé, a salvação é concedida gratuitamente por Deus. Lutero elaborou essa descoberta em seu curso de 1515, desenvolvendo o que ele chamava de uma "teologia da cruz".

Sua atividade de reformador inicia-se em 31 de outubro de 1517; nesse dia Martinho Lutero afixa à porta da igreja do castelo de Wittenberg suas 95 teses contra as indulgências,* atacando os desvios doutrinários e cultuais da Igreja. Em abril de 1518, escreveu ele respeitosamente ao papa Leão X, mas foi convocado a Roma para desculpar-se. Lutero pediu a Frederico III o Sábio, eleitor da Saxônia, permissão para ser julgado na Alemanha. O confronto deu-se em Augsburgo, em outubro de 1518, diante do cardeal Cajettan, mas o monge agos-

* A Igreja podia conceder indulgências servindo-se do "tesouro dos méritos" acumulado por Cristo, pela Virgem e pelos santos. A prática alcança popularidade a partir da 1ª Cruzada, quando, em 1095, o papa Urbano II anunciou que os cruzados se beneficiariam da remissão temporal dos seus pecados. Mas foi sobretudo na época de Lutero que certos eclesiásticos sem escrúpulos abusaram dessa prática, induzindo a crer que com as indulgências o cristão comprava a permissão para pecar.

tiniano não quis retratar-se; para ele, como aliás para um grande número de prelados e de teólogos,* a questão das indulgências não tinha nenhuma justificação dogmática. O conflito aumentou perigosamente nos meses seguintes. Em Leipzig, em 1519, Lutero contestou o primado papal, sustentando que o sumo pontífice também devia submeter-se à autoridade da Bíblia. A resposta veio em 15 de junho de 1520, pela bula *Exsurge Domine*; Lutero era intimado a retratar-se em dois meses, sob pena de excomunhão. O réu jogou publicamente ao fogo um exemplar da bula e publicou, um atrás do outro, quatro livros que contam entre os mais brilhantes e importantes de sua obra. No manifesto *À nobreza cristã da nação alemã* (agosto de 1520), ele rejeita a supremacia do papa sobre os concílios, a distinção entre clérigos e leigos, e o monopólio do clero no estudo da Escritura; a esse propósito lembra que, graças ao batismo, todos os cristãos são sacerdotes. Dois meses mais tarde, tendo como destinatários os teólogos, publicava ele o tratado *De captivitate babylonica Ecclesiae praeludium* (*Prelúdio sobre o cativeiro babilônico da Igreja*), no qual atacava o clero e o abuso dos sacramentos. Lutero aceita apenas três sacramentos – o batismo, a eucaristia e a confissão; mais tarde, deixa de lado também a confissão. Graças à proteção do eleitor da Saxônia, permaneceu escondido no castelo de Wartburg (1521), retornando a Wittenberg só no ano seguinte.**

O rompimento definitivo com Roma estava consumado. Poderia ter sido evitado se o imperador Carlos V tivesse insistido com a cúria para que ela efetuasse as reformas reclamadas por toda parte. Na verdade, os leigos, bem como grande número de monges, compartilhavam, segundo a expressão de Steven Ozment, o "mesmo sentimento comum de uma opressão religiosa hesitante". A monografia apresentada em março de 1521 – *As queixas do Sacro Império Romano e, em especial, de toda a nação alemã* –, que expressava os ressentimentos da classe aristocrática e da burguesia, repetia as críticas de Lutero contra o papa, os altos prelados alemães, a Igreja e o clero em geral.[35]

Depois de sua volta a Wittenberg, o reformador teve de pregar contra um movimento "profético" e algumas inovações efetuadas durante sua ausência. Nos anos seguintes, enfrentou outras dificuldades. As revoltas camponesas que haviam explodido em 1524 no sul da Alemanha e, em menos de um ano, tinham se alastrado por todo o país levaram Lutero a publicar o panfleto *Contra as hordas criminosas e saqueadoras dos camponeses* (1525),

---

* Inocêncio III já havia tentado reduzir severamente essa prática. Mas foi Pio V quem, em 1567, pôs fim aos abusos das indulgências.

** Durante essa estada, Lutero traduziu para o alemão o Novo Testamento (a tradução completa da Bíblia só ficou pronta em 1534) e escreveu *Sobre os votos monásticos*, em que pedia o casamento dos sacerdotes e liberdade para os monges renunciarem a seus votos.

que foi – e ainda é – objeto de muitas críticas.* Foi no período dessas revoltas que Lutero desposou uma ex-freira, Katherine van Bora, com quem teve seis filhos. Também dessa época data a polêmica com Erasmo (cf. §308). A organização da Reforma prosseguia, com o auxílio de Melanchton (1497-1560) e de outros colaboradores. Lutero destacou a importância dos hinos cantados durante o serviço religioso, tendo se dedicado à composição de alguns deles. Sua interpretação da missa, na qual reconhecia a presença real de Cristo, suscitou uma polêmica com o reformador suíço Zwingli, visto que este só aceitava uma presença simbólica.

Seus últimos anos de vida foram bastante difíceis, sobretudo em razão dos acontecimentos políticos. Martinho Lutero viu-se obrigado a aceitar a proteção do poder temporal, por preferir a força à anarquia e ao caos. Jamais deixava de atacar os adeptos de uma Reforma radical. Acabou por elaborar de um modo cada vez mais dogmático a teologia e o culto em seu movimento evangélico, que se transformaria na Igreja luterana. Veio a falecer em 18 de fevereiro de 1546.

308. A teologia de Lutero. A polêmica com Erasmo

Numa carta de junho de 1522, Martinho Lutero escrevia: "Não admito que minha doutrina possa ser julgada pelos homens, ou mesmo pelos anjos. Aquele que não aceita minha doutrina não pode alcançar a salvação." Jacques Maritain cita esse texto[36] como prova de orgulho e egocentrismo. Ora, trata-se de uma reação própria de alguém *que não se atreve a duvidar* de sua eleição divina nem de sua missão profética. Tendo recebido a revelação que é a liberdade absoluta do Deus Pai, que julga, condena e salva segundo sua própria decisão, Lutero não pode mais suportar nenhuma outra interpretação. Sua violenta intolerância é um reflexo do zelo de Javé e de seu ciúme em relação aos homens. A revelação concedida a Lutero – a justificação, e portanto a salvação, exclusivamente pela fé, *sola fide* – é definitiva e inalterável; nem os anjos podem pronunciar-se sobre ela.

Essa revelação, que mudou sua vida, Lutero explicou-a e defendeu-a continuamente em sua teologia. E ele era um teólogo brilhante e erudito.** Às vésperas de suas teses contra as indulgências, atacou a teologia do final da

* As revoltas camponesas foram reprimidas com extrema crueldade pela aliança dos príncipes.
** Entre 1509 e 1517, ele estudou detidamente Aristóteles, santo Agostinho, os Santos Padres e as obras dos grandes teólogos da Idade Média.

Idade Média em seus *Argumentos contra a teologia escolástica* (4 de setembro de 1517). Segundo o ensinamento da Igreja medieval, ilustrado sobretudo por Tomás de Aquino, o fiel que praticava o bem num estado de graça contribuía para sua própria salvação. Por outro lado, cuidavam os numerosos discípulos de Ockham que a razão e a consciência, *dons de Deus*, não foram anulados pelo pecado original; por conseguinte, aquele que faz o bem segundo sua tendência moral natural recebe a graça como recompensa. Para os ockhamianos, tal crença não implica de modo algum o pelagianismo (cf. p.56s.), porquanto, em última análise, é sempre Deus que quer a salvação do homem.

Nos *Argumentos contra a teologia escolástica*, Lutero atacou vigorosamente essa doutrina. A vontade humana, por sua própria natureza, não é livre para fazer o bem. Depois da queda, já não se pode falar em "livre-arbítrio", pois o que desse momento em diante domina o homem é seu egocentrismo absoluto e a busca furiosa de suas próprias satisfações. Nem sempre se trata de tendências ou de ações imorais; o homem, às vezes, busca o que é bom e nobre, pratica a religião e tenta aproximar-se de Deus. Essas ações, no entanto, também estão carregadas de culpa, porque sua fonte é a mesma egolatria que Lutero considera modelo fundamental de toda e qualquer atividade humana (com exclusão da graça).[37]

Lutero condenou igualmente a *Ética* de Aristóteles, segundo a qual as virtudes morais são obtidas pela educação. Em suma, ele via na teologia escolástica um novo pelagianismo. Em sua opinião, o bem, mesmo que fosse realizado em estado de graça, ou fora dele, jamais contribuíra para a salvação da alma. Desde o outono de 1517, data dos *Argumentos*, a explicitação da *sola fide* passa a constituir uma preocupação permanente de Lutero. Ele já não insiste tanto no conteúdo dogmático da fé; o que importa é *a experiência da fé* por si mesma, uma *fiducia* ingênua e integral, como a das crianças.

Quanto à célebre harmonia entre a razão e a fé, Lutero considerava-a impossível, e tachava de pagãos os que a afirmavam. A razão nada tinha em comum com o domínio da fé. Os artigos da fé, escrevia ele mais tarde, "não são contrários à verdade dialética (ou seja, a lógica de Aristóteles), mas estão fora, abaixo, acima, ao redor e além dela".[38]

Lutero ainda voltava ao tema fundamental de sua teologia – a justificação pela fé – respondendo às críticas formuladas por Erasmo em *De libero arbitrio*. O confronto entre esses dois grandes espíritos é, ao mesmo tempo, significativo, doloroso e exemplar. Erasmo (1469-1536) já há muito tempo atacara os abusos e a corrupção da Igreja, insistindo na urgência das reformas. Além disso, ele reagira com simpatia aos primeiros pronunciamentos de Lutero.[39] Mas, como bom cristão e humanista sincero, Erasmo recusava-se a contribuir para a fragmentação da comunidade cristã; abominava a guerra, a violência verbal e a intolerância religiosa. Clamava por uma reforma radical do cristianismo ocidental e pronunciara-se não só contra as indulgências, a indignidade dos sacerdotes, a imoralidade dos bispos e cardeais e a impostura dos monges, como também contra o método escolástico e o obscurantismo dos teólogos. Acreditava na necessidade de uma educação mais racional e lembrava sempre o grande proveito que o cristianismo pode tirar da assimilação da cultura clássica.[40] Seu ideal era a paz, tal como havia sido pregada por Cristo: somente ela podia assegurar a colaboração entre as nações europeias.

Em 31 de agosto de 1523, Erasmo escrevia a Ulrich Zwingli: "Creio ter ensinado quase tudo o que ensina Lutero, mas não de maneira tão dura, e evitei certos paradoxos e enigmas."[41] Embora não aceitasse certas ideias de Lutero, Erasmo escrevera cartas em favor deste, mesmo sabendo que essas cartas seriam publicadas.[42] Quando as teses de Lutero foram declaradas heréticas, Erasmo replicou que um erro não é necessariamente uma heresia,[43] e pediu aos teólogos católicos que respondessem às interpretações de Lutero, em vez de condená-lo. Por ter proclamado a necessidade do diálogo, Erasmo foi acusado – primeiro por Lutero, depois por Roma – de "neutralismo", e até de falta de coragem. Essa acusação podia ser verdadeira às vésperas de uma nova e terrível guerra religiosa, ao passo que a sinceridade da adesão a um artigo de fé era publicamente posta à prova pelo martírio. Mas o ideal de Erasmo – a tolerância recíproca e o diálogo para que se compreenda e reencontre uma fonte carismática comum – volta a adquirir atualidade quase patética no movimento ecumênico do último quartel do século XX.

Depois de muitas tergiversações, Erasmo cedeu diante das pressões de Roma e aceitou criticar Lutero. Ele se sentia, aliás, cada vez mais afastado da nova teologia de Wittenberg. Contudo, não se mostrava muito apressado. Terminado em 1523, o *De libero arbitrio* somente é enviado ao prelo em agosto de 1524 (os primeiros exemplares saem em setembro). A crítica é, antes de tudo, moderada. Erasmo concentra-se na afirmação de Lutero de que o livre-arbítrio é de fato *uma ficção*. Com efeito, ao defender suas teses contra a bula *Exsurge Domine*, Lutero havia escrito:

> Não me exprimi bem quando afirmei que a vontade, antes de obter a graça, é apenas um nome vazio. Cumpria, sobretudo, dizer sem rodeios que a livre vontade é de fato uma ficção ou um nome sem realidade, já que o homem não tem poderes para realizar o mal ou o bem. Tal como é corretamente explicado pelo artigo de Wycliff, condenado em Constança: tudo o que sucede obedece a uma necessidade absoluta.[44]

Erasmo define claramente sua posição: "Por livre escolha entendemos uma força da vontade humana pela qual um homem pode dedicar-se às coisas que conduzem à salvação eterna, ou (pode) afastar-se delas."[45] Para Erasmo, a liberdade de escolher entre o bem e o mal era a condição *sine qua non* da responsabilidade humana. "Se a vontade não é livre, o pecado não pode ser imputado (aos homens), porquanto ele só existe se é voluntário."[46] Além disso, se o homem não fosse livre para escolher, Deus seria responsável tanto pelas más como pelas boas ações.[47] Erasmo sublinha reiteradas vezes a importância decisiva da graça divina. O homem não colabora para sua salvação, mas, tal como uma criancinha, ajudada pelo pai, aprende a andar, o fiel aprende a escolher o bem e a evitar o mal.

A resposta de Lutero veio com o seu *De servo arbitrio* (1525), obra pela qual conservou durante toda a vida grande afeição. Ele reconhece desde o início "a aversão, a raiva e o desprezo" que lhe inspirou o opúsculo de Erasmo.[48] A resposta, quatro vezes mais longa que o *De libero arbitrio*, é escrita com talento e veemência, e, teologicamente, ultrapassa o horizonte de Erasmo. Lutero censura-lhe a preocupação com a paz universal. "Vós desejais, como um pacificador, pôr fim à *nossa* batalha." Mas, para Lutero, trata-se de uma "verdade séria, vital, eterna, tão fundamental que deve ser conservada e defendida à custa da própria vida, mesmo que o mundo inteiro não só seja lançado no tumulto e na luta, mas nela se veja despedaçado e aniquilado".[49] Ele retoma em seguida, com grande açodamento, mas com humor e sarcasmo, a defesa de sua teologia.

Erasmo replicou-lhe numa obra volumosa, *Hyperaspites*, na qual não dissimula a irritação e o ressentimento. O reformador, porém, já não se dá ao trabalho de refutá-lo. Ele não se enganara: o tumulto crescia à sua volta; as guerras de religião haviam começado de fato.

309. Zwingli, Calvino, a Reforma católica

Em 11 de outubro de 1531, o reformador suíço Ulrich Zwingli* tombou, mortalmente ferido, ao lado de numerosos companheiros, na batalha de Kappel. Fa-

---

* Nascido em 1489, perto de Zurique, Zwingli estudou em Basileia, Berna e Viena, antes de ser ordenado sacerdote em 1506. Ele admirava Lutero, mas não se considerava um luterano, porque defendia uma Reforma ainda mais radical. Em 1522, desposou secretamente uma viúva que lhe deu quatro filhos. No ano seguinte, publicou suas Sessenta e sete teses (*Schlussreden*), proclamando o Evangelho a única fonte teologicamente válida; em 1525, veio a lume o primeiro manifesto protestante, *Comentário sobre a verdadeira e a falsa religião*. O concílio de Zurique aceitou a Reforma: a missa latina foi substituída pelo serviço da eucaristia em alemão; as imagens desapareceram das igrejas; e os mosteiros foram secularizados.

zia já alguns anos que ele implantara a Reforma em Zurique e outras cidades. Graças a Zwingli, Zurique passou a desfrutar um prestígio semelhante ao de Wittenberg. Mas, sob a ameaça de ficarem completamente isolados, os cantões católicos puseram-se em campo contra a gente de Zurique; sua superioridade numérica e militar assegurou a vitória. A morte de Zwingli deteve a expansão da Reforma na Suíça e fixou, até o início do século XIX, as fronteiras confessionais do país. No entanto, graças a seu sucessor, Heinrich Bullinger, a obra de Zwingli foi mantida e consolidada.

Zwingli é autor de vários tratados, como aqueles sobre a providência, o batismo e a eucaristia. É sobretudo a interpretação da eucaristia que mostra a originalidade do reformador suíço. Foi também por causa dessa interpretação que a união com o movimento de Lutero não pôde ser efetuada.[50] Zwingli insiste na *presença espiritual* de Cristo no coração do fiel que recebe o sacramento. Sem a fé, a eucaristia não tem valor algum. A fórmula "Este é meu corpo" deve ser compreendida simbolicamente, como uma comemoração do sacrifício de Cristo, que fortalece a fé na redenção.

Lutero tinha bons motivos para invejar as liberdades políticas da Suíça. No entanto, também neste país a Reforma religiosa não podia ignorar a autoridade política. Zwingli considerava-se, com razão, mais "radical" que Lutero. Mas em Zurique, como em Wittenberg, a liberdade religiosa era um estímulo às tendências radicais extremistas. Para Zwingli, a confrontação mais dura e patética foi a que teve com Conrad Grebel, o fundador do movimento denominado (pelos seus adversários) *anabatista*. Grebel negava a validade do batismo das crianças.* Segundo ele, esse sacramento só podia ser administrado aos adultos. Em termos mais precisos, àqueles que tinham livremente escolhido imitar a vida de Cristo. Os convertidos, portanto, deviam ser rebatizados.** Zwingli atacou essa doutrina em quatro tratados, mas sem grande êxito. O primeiro "rebatismo" foi efetuado em 21 de janeiro de 1528. Em março, as autoridades civis proibiram a prática dessa heresia, e quatro anabatistas foram executados. Posto na prisão em 1526, Grebel morreu no ano seguinte.

A despeito das perseguições sofridas,*** o anabatismo propagou-se amplamente na Suíça e no sul da Alemanha depois de 1530. Com o passar do tempo,

* Esse batismo, aliás, não tinha amparo nos Evangelhos. Ora, o respeito à autoridade – única e absoluta – da Bíblia era agora geral nas comunidades reformadas.

** Por isso o termo anabatista, aliás impróprio, pois os convertidos não reconheciam o valor sacramental do primeiro batismo.

*** Os historiadores estimaram entre 850 e cinco mil o número de anabatistas executados de 1525 a 1618. Eles eram queimados, decapitados ou afogados; cf. Ozment, op.cit., p.332.

essa "Reforma radical" dividiu-se em vários grupos, entre os quais os "espiritualistas", tais como Paracelso, Sebastian Franck e Valentin Weigel.

Como Lutero e Zwingli, João Calvino também teve de defender sua teologia contra os anabatistas.[51] Nascido em 1509 em Noyon, ele estudou em Paris, no Colégio Montaigu (1523-28), e publicou seu primeiro livro em 1532 (um comentário sobre o *De Clementia* de Sêneca). Depois de ter conhecido os escritos de Lutero, sua paixão pelo humanismo cedeu lugar à teologia. Calvino converteu-se provavelmente em 1533, e em 1536 refugiou-se em Genebra. Nomeado pastor, dedicou-se fervorosamente à organização da Reforma. Entretanto, dois anos depois foi expulso pelo conselho da cidade. Fixou-se então em Estrasburgo, atendendo a um convite do grande humanista e teólogo Martin Bucer (1491-1551). Foi aí que Calvino conheceu a melhor época de sua vida. Ele muito aprendeu, graças à amizade de Bucer, e publicou, em 1539, uma edição revista da *Instituição da religião cristã*,* e, em 1540, um comentário à *Epístola aos romanos*. Ainda em 1540, casou-se com Idelette de Bure, viúva de um anabatista convertido. A situação, no entanto, agravava-se em Genebra, e o Conselho dos Cantões rogou-lhe que retornasse. Após dez meses de hesitação, Calvino aceitou finalmente regressar, em setembro de 1541, permanecendo em Genebra até sua morte, em maio de 1564.

Apesar de certas resistências, Calvino logrou impor, em Genebra, sua concepção da Reforma: a Bíblia é a única autoridade para decidir em todos os problemas de fé e de organização da Igreja. Embora ele estivesse constantemente envolvido em controvérsias políticas, eclesiásticas e teológicas, sua produção literária é prodigiosa. Além de uma volumosa correspondência, Calvino redigiu comentários sobre o Antigo e o Novo Testamento, um grande número de tratados e opúsculos relacionados aos diferentes aspectos da Reforma, sermões sobre as epístolas de são Paulo etc. Sua obra-prima é a *Instituição da religião cristã*, igualmente notável por sua perfeição literária. A edição definitiva do texto latino veio a lume em 1559.**

A teologia de Calvino não constitui um sistema. É antes uma súmula comentada do pensamento bíblico. Calvino explora e estuda os dois Testamentos, lidos e entendidos muitas vezes à luz de santo Agostinho. Reconhece-se

---

* Terminada na França, em 1535, a *Instituição* foi permanentemente revista e ampliada por Calvino nas várias edições posteriores.

** Um episódio doloroso foi a execução, em 1553, de Miguel Servet, médico espanhol competente, mas teólogo amador, que criticara violentamente Calvino; cf. Williams, The *Radical Reformation*, p.605s. "Para muitos, o papel de Calvino na morte de Servet marcou com um estigma reacionário o protestantismo, tal como o tratamento imposto a Galileu pela Inquisição marcou a Igreja católica"; Ozment, op.cit., p.369.

da mesma forma a influência de Lutero, ainda que ele não seja citado. Calvino debate, numa ordem bastante pessoal, os problemas essenciais de sua teologia: o conhecimento de Deus como criador e Senhor, o decálogo e a fé (segundo o símbolo dos apóstolos), a justificação pela fé e pelos méritos das obras, a predestinação e a providência de Deus, os dois sacramentos válidos (o batismo e a eucaristia), sem esquecer-se da prece, dos poderes eclesiásticos e do governo civil. Para Calvino, o homem não deixa nunca de ser pecador: suas "boas obras" só podem ser aceitas pela graça divina. A distância entre o Deus transcendente e a criatura pode ser abolida pela revelação conservada nas Escrituras. O homem, no entanto, não pode conhecer Deus n'Ele mesmo, mas apenas como Senhor *que se revela aos seres humanos*. Os dois sacramentos constituem o meio pelo qual Cristo se comunica com o crente.

Calvino é geralmente considerado o menos original dos grandes teólogos da Reforma, pois já, desde o enrijecimento dogmático do Lutero da última fase, a criatividade teológica perde sua primazia nas Igrejas reformadas. O que importa é a organização da liberdade individual e a reforma das instituições sociais, a começar pela instrução pública. Lutero havia revelado – e ilustrara esse princípio com sua própria vida – a importância do indivíduo criador. Mais do que a "dignidade do homem" exaltada pelos humanistas, a liberdade do indivíduo de rejeitar qualquer outra autoridade a não ser Deus tornou possível – mediante um lento processo de dessacralização – o "mundo moderno", tal como aparece na época das Luzes e ganha contornos precisos com a Revolução Francesa e o triunfo da ciência e da tecnologia.

Quanto a Calvino, não somente contribuiu, mais que Lutero, para o progresso social e político de sua Igreja, como também demonstrou, com seu exemplo, a função e a importância teológicas da atividade política. Na verdade, ele antecipou a série de teologias políticas em voga na segunda metade do século XX: teologia do trabalho, teologia da libertação, teologia do anticolonialismo etc. Nessa perspectiva, a história religiosa da Europa ocidental depois do século XVI passa a ser parte integrante da história política, social, econômica e cultural do continente.

A última Reforma importante, a efetuada no concílio de Trento (1545-63),* é bastante ambígua. Iniciada tarde demais, e atormentada pela expansão dos movimentos evangélicos, a Reforma de Trento desenvolve-se sob a pressão da história contemporânea e dá prosseguimento sobretudo à consolidação do poder político da Santa Sé. Contudo, uma série de teólogos e altos membros

* A primeira sessão estende-se de março de 1545 ao inverno de 1547; a segunda, de maio de 1551 a maio de 1552; a última, de abril de 1561 a dezembro de 1563.

da hierarquia já clamavam, há muito tempo, por verdadeiras reformas, antes de mais nada, pela limitação dos poderes do papa e pela restauração da autoridade dos bispos. Alguns anos antes da abertura do concílio de Trento, e por insistência do imperador Carlos V, travaram-se em Regensburg, em abril de 1541, debates entre teólogos protestantes (entre os quais Bucer e Melanchton) e católicos (John Eck, Johann Groper etc.). Em algumas semanas, as duas partes chegaram a um acordo sobre certos problemas essenciais (por exemplo, a natureza da salvação como "dupla justificação").

Infelizmente, o concílio tornou inútil essa aproximação. O papa e seus conselheiros jesuítas estavam preocupados com reformas suscetíveis de impedir, nos países católicos, o aparecimento de novos Lutero, Zwingli ou Calvino. A constituição do concílio era de tal ordem que somente as proposições do papa eram aceitáveis. Como era de esperar, o triunfo coube à tendência reacionária. O concílio restabeleceu, no entanto, a autoridade dos bispos (desde que continuassem habitando suas dioceses), reagiu com vigor contra a imoralidade e o concubinato dos sacerdotes, tomou decisões importantes no que tange à instrução teológica do clero etc. Encorajou, além disso, as correções de ordem cultural, suscetíveis de satisfazer a necessidade dos leigos de uma vida religiosa mais autêntica.

O que se conhece como catolicismo pós-tridentino é em parte resultado de tais medidas de saneamento, mas também da obra de alguns grandes místicos e apóstolos. As tradições da mística medieval e da *devotio moderna* conheceram novo impulso com santa Teresa de Ávila (1515-1582) e são João da Cruz (1542-1591). A experiência da *unio mystica* expressa por santa Teresa em termos de casamento entre a alma e Jesus adquire prestígio excepcional,[52] apesar das suspeitas da Inquisição. Mas foi sobretudo Inácio de Loiola (1491-1556), o fundador da Companhia de Jesus, quem contribuiu para o sucesso moral, religioso e político da Contrarreforma.* Embora ele tenha tido experiências místicas, que descreveu, era o apostolado, "a contemplação na

* Nascido em Loiola, em 1491, Inácio teve uma juventude romântica e aventurosa. Gravemente ferido durante a guerra franco-espanhola de 1521, leu alguns livros religiosos, entre os quais a *Imitação de Cristo* e as biografias de são Francisco e são Domingos. Decidiu-se a imitá-los. Durante sua primeira peregrinação a Monserrate, em março de 1522, jurou, sobre o altar da Virgem, consagrar-se ao serviço de Deus. Desde esse momento, Inácio levou uma vida de extremo ascetismo, jejuando por vezes durante toda uma semana, viajando sempre a pé, coberto por andrajos, e dedicando à oração um total de sete horas diárias. Depois de ter aprendido latim numa escola elementar de Barcelona, ele chega a Paris, em fevereiro de 1528, e inscreve-se no colégio Montaigu; obtém o diploma em 1534. Inácio consegue permissão para constituir, com nove companheiros, uma nova ordem, confirmada pela cúria em 1540. Limitada inicialmente a sessenta, contava a Companhia de Jesus, em 1556, ano da morte de Inácio, mais de mil membros.

ação", segundo um dito célebre, a verdadeira vocação de Inácio de Loiola. E é sobretudo por suas obras – orfanatos, lares para prostitutas reabilitadas, escolas secundárias e colégios, missões aos três continentes etc. – que ele foi admirado.

A essência da doutrina de Inácio de Loiola pode ser assim resumida: obediência absoluta a Deus, e portanto a Seu representante na Terra, o sumo pontífice, e ao geral da Companhia; a certeza de que as preces, as meditações e a faculdade de discernimento que daí resulta podem modificar a condição humana; a confiança em que Deus encoraja todo e qualquer esforço no sentido de converter os homens, e portanto também o esforço para melhorar a si próprio; a certeza de que as boas obras – sobretudo as ações realizadas para ajudar os necessitados – são aprovadas por Deus.

Em comparação com as teologias de Lutero e de Calvino, a de Inácio de Loiola mostra-se muito mais otimista, o que poderia explicar-se pelas experiências místicas de Inácio, que orientaram não apenas seu método de contemplação, como também a função e o valor atribuídos à ação. A obediência cega ao representante de Deus na Terra revela sua origem mística; podemos compará-la à veneração do imã (§273) e do mestre espiritual (*gurudev*) no hinduísmo; também aí essa veneração é justificada por uma teologia mística.

O gênio religioso de Inácio de Loiola exprime-se principalmente em seus *Exercícios espirituais*, curto tratado que começou a redigir após sua primeira visão mística, em Manresa, nos arredores de Monserrate. Trata-se de um manual prático, que indica, dia após dia, as preces e as meditações úteis àquele (não necessariamente um membro da Companhia) que empreende um retiro de quatro semanas. A obra continua e prolonga uma velha tradição contemplativa cristã. Mesmo o célebre exercício da primeira semana, o esforço da imaginação para compor de maneira concreta e viva uma paisagem ou um episódio histórico, tem precedentes no século XII. Mas Inácio desenvolve o método dessa visualização com um rigor que lembra certas técnicas meditativas indianas. O retirante aprende a sacralizar o espaço no qual se encontra, projetando-o, pela força da imaginação, no espaço onde *se desenvolve* (no presente!) a história santa. Ele deve *ver* a velha Jerusalém de Jesus, *seguir com seus olhos* a Virgem e José a caminho de Belém, e assim sucessivamente. Mesmo quando come, ele pode imaginar-se a comer com os apóstolos.

Cabe sublinhar a precisão e a severidade dos *Exercícios espirituais*; todo impulso devocional é cuidadosamente controlado. A purificação progressiva do retirante não prepara absolutamente uma *unio mystica*. O objetivo do retiro é formar atletas espirituais – e devolvê-los ao mundo.

310. Humanismo, neoplatonismo e hermetismo durante o Renascimento

Cosme de Médicis confiara ao grande humanista florentino Marsílio Ficino (1433-1499) a tradução de manuscritos de Platão e de Plotino que ele havia reunido ao longo de muitos anos. No entanto, na altura de 1460, Cosme comprou um manuscrito do *Corpus hermeticum* e solicitou a Ficino que o traduzisse imediatamente para o latim. Nessa época, Ficino não tinha ainda iniciado sua tradução de Platão, ou pelo menos abandonou temporariamente os *Diálogos* e dedicou-se intensamente aos tratados herméticos. Em 1463, um ano antes da morte de Cosme, as traduções estavam terminadas. O *Corpus hermeticum* foi, assim, o primeiro texto grego traduzido e publicado por Marsílio Ficino.[53] Isso demonstra o prestígio de Hermes Trismegisto, considerado autor dos tratados herméticos (cf. §209).

As traduções latinas de Ficino – sobretudo o *Corpus hermeticum*, Platão e Plotino – tiveram papel importante na história religiosa do Renascimento: foram responsáveis pelo triunfo do neoplatonismo em Florença e suscitaram um interesse apaixonado pelo hermetismo em quase toda a Europa. Os primeiros humanistas italianos – desde Petrarca (1304-1374) até Lourenço Valla (c.1405-1457) – já haviam inaugurado uma nova orientação religiosa ao rejeitarem a teologia escolástica e se voltarem para os Padres da Igreja. Acreditavam os humanistas que, como cristãos leigos e bons classicistas, podiam estudar e compreender melhor que o clero as relações entre, de um lado, o cristianismo e, de outro, as concepções pré-cristãs relativas à divindade e à natureza humana. Como observou Charles Trinkaus, essa nova valorização do *Homo triumphans* não é necessariamente de origem pagã, inspirando-se antes na tradição patrística.[54]

Com o neoplatonismo popularizado por Ficino, Pico della Mirandola (1463-1494) e Egídio de Viterbo (1469-1532), a exaltação da condição humana adquire uma nova dimensão, sem com isso renunciar ao contexto cristão. Ao criar o mundo, Deus concedeu ao homem o domínio da Terra, e era "através das ações do homem como deus sobre a Terra que a obra criadora da história e da civilização devia ser efetuada".[55] Contudo, a apoteose do homem, tendência característica dos humanistas, passa agora a inspirar-se cada vez mais no neoplatonismo paracristão e no hermetismo.

Evidentemente, Marsílio Ficino e Pico della Mirandola não tinham dúvida quanto à ortodoxia da sua fé. Já no século II, o apologista Lactâncio considerava Hermes Trismegisto um sábio inspirado por Deus, e interpretava certas profecias herméticas cumpridas pelo nascimento de Jesus Cristo. Marsílio

Ficino reafirmava essa harmonia entre, de um lado, o hermetismo e a magia hermética[56] e, de outro, o cristianismo. Pico della Mirandola considerava que *magia* e *cabala* eram confirmações da divindade de Cristo.[57] A crença universal numa venerável *prisca theologia*[58] e nos famosos "velhos teólogos" – Zoroastro, Moisés, Hermes Trismegisto, Davi, Orfeu, Pitágoras, Platão – conhece agora uma voga excepcional.

Pode-se identificar nesse fenômeno a insatisfação profunda deixada pela escolástica e pelas concepções medievais do homem e do Universo, uma reação contra o que se poderia chamar de cristianismo "provinciano", vale dizer, puramente *ocidental*, bem como a aspiração a uma religião universalista, transistórica, "primordial". Pico aprende o hebraico para iniciar-se na cabala, revelação que, segundo ele, precede e explica o Antigo Testamento. O papa Alexandre VI manda pintar, no Vaticano, um afresco repleto de imagens e de símbolos herméticos, ou seja, "egípcios". O Egito antigo, a Pérsia mítica de Zoroastro, a "doutrina secreta" de Orfeu revelam "mistérios" que ultrapassam as fronteiras do judeo-cristianismo e do mundo clássico recentemente redescoberto pelos humanistas. Trata-se, na verdade, da certeza de que se podem reencontrar as revelações primordiais do Egito e da Ásia, e de que é possível demonstrar sua solidariedade e sua fonte única. (Encontramos o mesmo entusiasmo e a mesma esperança, ainda que em proporções mais modestas, no século XIX, após a "descoberta" do sânscrito e da "primordialidade" dos Vedas e dos Upanixades.)

Durante cerca de dois séculos, o hermetismo constituiu uma obsessão para inúmeros teólogos e filósofos, crentes e incréus. Se Giordano Bruno (1548-1600) acolhe com tanto entusiasmo as descobertas de Copérnico, é que ele pensava que o heliocentrismo tinha profunda significação mágica e religiosa. Em sua estada na Inglaterra, Bruno profetizou o retorno iminente da religião mágica dos antigos egípcios tal como era descrita no *Asclepius*. Giordano Bruno sentia-se superior a Copérnico porque, enquanto este não compreendia sua própria teoria senão como matemático, Bruno, por sua vez, podia interpretar o esquema copernicano como o hieróglifo dos mistérios divinos.[59]

Giordano Bruno, porém, colimava um objetivo diferente: ele havia identificado Hermes com a religião egípcia, considerada a mais antiga, e portanto assentava seu universalismo religioso no papel da magia egípcia. Ao contrário, muitos autores do século XVI hesitavam em recorrer à magia hermética, agora proclamada heresia. É o caso de Lefèvre d'Étaples (1460-1537), que havia introduzido o hermetismo na França: ele separava o grosso do *Corpus hermeticum* do tratado *Asclepius*. O neoplatônico Symphorien Champier (1472-1539) tentou mesmo demonstrar que o autor dos trechos mágicos do *Asclepius* não era Hermes, mas Apuleio.[60] No século XVI, tanto na França como em outros países da Europa, o valor exemplar do hermetismo derivava, em primeiro lugar e sobretudo, do seu universalismo religioso, suscetível de restaurar a paz e a concórdia. Um autor protestante, Philippe de Mornay, procura no hermetismo um meio de escapar aos horrores das guerras religiosas. Em sua obra *Da verdade da religião cristã* (1581), lembra Mornay que, segundo Hermes, "Deus é uno ... e só a Ele cabe o nome de Pai e de Bom. ... Só Ele é tudo; sem Nome, e melhor que todo e qualquer Nome".[61]

Como escreve J. Dagens, "essa influência do hermetismo atingiu protestantes e católicos, favorecendo, em uns e em outros, as tendências mais irênicas".[62] A venerável religião revelada por Hermes e compartilhada no início por toda a humanidade poderia, em nossos dias, restabelecer a paz universal e a harmonia entre os diversos credos. No centro dessa revelação encontra-se a "divindade" do homem, o microcosmo que é a síntese de toda a Criação. "O microcosmo é o objetivo último do macrocosmo, ao passo que o macrocosmo é a morada do microcosmo. ... Macrocosmo e microcosmo estão de tal forma ligados entre si, que um está sempre presente no outro."[63]

A correspondência microcosmo-macrocosmo era conhecida na China, na Índia antiga e na Grécia. Mas foi sobretudo em Paracelso e seus discípulos que ela readquiriu novo vigor.[64] O homem torna possível a comunicação entre a região celeste e o mundo sublunar. No século XVI, o interesse pela *magia naturalis* representou um novo esforço no sentido de aproximar a natureza e a religião. O estudo da natureza constituía de fato uma tentativa para melhor compreender Deus. Veremos, mais adiante, o grandioso desenvolvimento dessa concepção.

311. Novas valorizações da alquimia: de Paracelso a Newton

Como já lembramos na p.145, as primeiras traduções latinas de obras alquímicas conservadas, ou redigidas, em árabe, datam do século XII. Entre as mais célebres, a *Tabula smaragdina*, atribuída a Hermes, goza de considerável prestígio. É nesse livro que se encontram as famosas palavras que ilustram a solidariedade entre o hermetismo e a alquimia: "Tudo o que está em cima é como tudo o que está embaixo, tudo o que está embaixo é como tudo o que está em cima, para que se cumpra o milagre da Unidade."

Os alquimistas ocidentais seguem o argumento, conhecido já na época helenística (cf. §211), das quatro fases do processo da transmutação, vale dizer, da obtenção da pedra filosofal. A primeira fase (a *nigredo*) - a regressão ao estado fluido da matéria - corresponde à "morte" do alquimista. Segundo Paracelso, "aquele que quer entrar no Reino de Deus deve primeiramente entrar com o seu corpo em sua mãe e ali morrer". A "mãe" é a *prima materia*, a *massa confusa*, o *abyssus*.[65] Certos textos destacam o sincronismo entre o *opus alchymicum* e a experiência íntima do adepto. "As coisas são tornadas perfeitas pelos seus semelhantes, e é por esse motivo que o operador deve participar da operação."[66] "De pedras mortas, transformai-vos em vivas pedras filosofais", escreve Dorn. Segundo Gichtel, "com essa regeneração, não recebemos apenas uma nova alma; recebemos também um novo corpo. Esse corpo é extraído do Verbo divino ou da *Sophía* celeste". Que não se trata apenas de operações de laboratório, bem o demonstra a insistência nas virtudes e qualidades do alquimista: este deve ser sadio, humilde, paciente e casto; deve ter o espírito livre e harmonizado com a obra; deve, ao mesmo tempo, obrar e meditar etc.

Não nos interessa aqui resumir as outras fases do *opus*. Salientemos, porém, o caráter paradoxal da *materia prima* e da pedra filosofal. Segundo os alquimistas, ambas são encontradas em toda parte e com todas as formas, e são designadas por centenas de termos. Para citarmos apenas um texto de 1526, a pedra "é familiar a todos os homens, jovens e velhos, encontra-se no campo, na aldeia, na cidade, em todas as coisas criadas por Deus; e, no entanto, é desprezada por todos. Ricos e pobres nela tocam todos os dias. Ela é atirada às ruas pelos empregados domésticos. As crianças com ela brincam. E, contudo, ninguém a aprecia, embora seja, depois da alma humana, a coisa mais maravilhosa e mais preciosa que há na Terra".[67] Trata-se provavelmente de uma "linguagem secreta" que é, ao mesmo tempo, expressão de experiências que não podem ser transmitidas através da linguagem cotidiana, e comunicação críptica do sentido oculto dos símbolos.

A pedra torna possível a identificação dos contrários.* Ela purifica e "completa a evolução" dos metais. Foram os alquimistas árabes que atribuíram à pedra virtudes terapêuticas, e foi por intermédio da alquimia árabe que o conceito do *Elixir vitae* chegou ao Ocidente.[68] Roger Bacon fala em seu *Opus majus* de um "remédio que faz desaparecer as impurezas e todas as corrupções do mais vil metal", e que pode prolongar a vida humana por vários séculos. Segundo Arnaldo de Villanova, a pedra filosofal cura todas as enfermidades e devolve a juventude aos velhos.

---

* Segundo Basílio Valentim, "o mal deve converter-se em bem". Starkey descreve a pedra como "a reconciliação dos contrários, restabelecendo a amizade entre os inimigos"; cf. Forgerons, p.142.

No que se refere ao processo de transmutação dos metais em ouro, já atestado na alquimia chinesa (§134), ele precipita o ritmo temporal e auxilia, portanto, a obra da natureza. Conforme se lê na *Summa perfectionis*, obra alquímica do século XIV, "aquilo que a natureza não é capaz de aperfeiçoar num grande espaço de tempo, nós podemos, com a nossa arte, levar a termo em pouco tempo". A mesma ideia é exposta por Ben Jonson, em sua peça *The Alchemist* (ato II, cena 2). O alquimista afirma que "o chumbo e outros metais seriam ouro se tivessem tido tempo para se transformar", e outra personagem acrescenta: "E é isso que a nossa arte realiza."[69] Em outros termos, o alquimista substitui o tempo...[70]

Os princípios da alquimia tradicional, a saber, o crescimento dos minérios, a transmutação dos metais, o elixir e o dever do segredo não foram contestados na época do Renascimento e da Reforma.* No entanto, o horizonte da alquimia medieval modificou-se sob o impacto do neoplatonismo e do hermetismo. A certeza de que a alquimia é capaz de auxiliar a obra da natureza recebeu significação cristológica. Os alquimistas passaram a afirmar que, assim como Cristo havia resgatado a humanidade com sua morte e sua ressurreição, assim também o *opus alchymicum* podia assegurar a redenção da natureza. Um célebre hermetista do século XVI, Heinrich Khunrath, identificava a pedra filosofal com Jesus Cristo, o "Filho do macrocosmo"; ele cuidava, além do mais, que a descoberta da pedra revelaria a verdadeira natureza do macrocosmo, da mesma forma que Cristo havia concedido a plenitude espiritual ao homem, isto é, ao microcosmo. A convicção de que o *opus alchymicum* pode salvar ao mesmo tempo o homem e a natureza prolongava a nostalgia de uma *renovatio* radical, nostalgia essa que era uma obsessão para o cristianismo ocidental desde Gioacchino da Fiore.

John Dee (nascido em 1527), o famoso alquimista, matemático e enciclopedista, que assegurara ao imperador Rodolfo II possuir o segredo da transmutação, acreditava que uma reforma espiritual de âmbito universal podia ser efetuada graças às forças desencadeadas pelas "operações ocultas", em primeiro lugar pelas operações alquímicas.[71] Da mesma forma, o alquimista inglês Elias Ashmole via na alquimia, na astrologia e na *magia naturalis* o

* Mesmo no século XVIII, os homens de ciência não questionavam o crescimento dos minérios. Eles não sabiam, porém, se a alquimia podia auxiliar a natureza nessa evolução e, sobretudo, se "aqueles que pretendiam já a ter realizado eram pessoas honestas, tolos ou impostores" (Betty J.T. Dobbs, *The Foundations of Newton's Alchemy*, p.44). Herman Boerhaave (1664-1739), considerado o maior químico "racionalista" do seu tempo, famoso por seus experimentos estritamente empíricos, ainda acreditava na transmutação dos metais. E ainda veremos a importância da alquimia na revolução científica efetuada por Newton.

"redentor" de todas as ciências. Com efeito, para os adeptos de Paracelso e Van Helmont, a natureza podia ser compreendida apenas pelo estudo da "filosofia química" (ou seja, da nova alquimia) ou da "verdadeira medicina".[72] Era a *química*, e não a *astronomia*, que representava a chave capaz de decifrar os segredos do Céu e da Terra. Já que a Criação era explicada como um processo químico, os fenômenos celestes e terrestres podiam ser interpretados em termos químicos. Levando-se em conta as relações macrocosmo-microcosmo, o "filósofo-químico" podia desvendar os segredos da Terra e também os dos corpos celestes. Dessa maneira, Robert Fludd apresentou uma descrição química da circulação do sangue, calcada no movimento circular do Sol.[73]

Como muitos de seus contemporâneos, os hermetistas e os "filósofos-químicos" estavam à espera – e alguns deles a preparavam fervorosamente – de uma reforma geral e radical de todas as instituições religiosas, sociais e culturais. A primeira, e a indispensável, fase dessa *renovatio* universal era a reforma do conhecimento. Um livrinho anônimo, *Fama fraternitatis*, publicado em 1614, exigia um novo modelo de educação. O autor revelava a existência de uma sociedade secreta, a dos rosa-cruzes. Seu fundador, o incrível Christian Rosenkreuz, tinha penetrado os "verdadeiros segredos da medicina" e, portanto, de todas as demais ciências. Escrevera posteriormente certo número de livros, mas essas obras só eram acessíveis aos membros da ordem rosacruciana.[74] O autor da *Fama fraternitatis* dirigia-se a todos os sábios da Europa, pedindo-lhes que se unissem fraternalmente, para realizar a reforma do conhecimento; em outros termos, para acelerar a *renovatio* do mundo ocidental. Esse apelo teve repercussão incomparável. Em menos de dez anos, o programa proposto pela misteriosa sociedade dos rosa-cruzes foi discutido em várias centenas de livros e opúsculos.

Johann Valentin Andreae, considerado por alguns historiadores o autor da *Fama fraternitatis*, publicou em 1619 *Christianopolis*; a obra provavelmente influenciou a *New Atlantis* de Bacon.[75] Andreae sugeriu a constituição de uma comunidade de cientistas, a fim de elaborar um novo método de educação fundado na "filosofia química". Na utópica *Christianopolis*, o centro de estudos era o laboratório: ali "estão consorciados o Céu e a Terra" e "são desvendados os mistérios divinos de que está juncada a superfície do país".[76] Entre os numerosos admiradores da reforma do conhecimento exigida pela *Fama fraternitatis* encontrava-se Robert Fludd, membro do Royal College of Physicians; tratava-se também de um fervoroso adepto da alquimia mística. Fludd sustentava que não é possível compreender a filosofia natural sem um estudo aprofundado das ciências ocultas. Para Fludd, a "verdadeira medicina" era o próprio fundamento da filosofia natural. O conhecimento do microcosmo – isto é, do corpo humano – revela-nos a estrutura do Universo e acaba por aproximar-nos do Criador. Além disso, quanto maior nosso conhecimento sobre o Universo, mais avançamos no conhecimento de nós mesmos.[77]

Até pouco tempo atrás, não se suspeitava do papel de Newton nesse movimento geral que visava à *renovatio* da religião e da cultura europeias, por meio de uma síntese audaciosa das tradições ocultas e das ciências naturais. É verdade que Newton jamais publicou os resultados de seus experimentos alquímicos, não obstante haver declarado que alguns foram coroados de êxito. Seus inúmeros manuscritos alquímicos, ignorados até 1940, foram minuciosamente analisados pela professora Betty Teeter Dobbs, em *The Foundations of Newton Alchemy* (1975). Afirma a professora Dobbs que Newton experimentou em seu laboratório as operações descritas pela imensa literatura alquímica, "numa proporção que nunca foi igualada nem antes nem depois dele".[78] Com o auxílio da alquimia, Newton esperava descobrir a estrutura do microuniverso, a fim de homologá-lo ao seu sistema cosmológico. A descoberta da gravidade, a força que mantinha os planetas presos a suas órbitas, não o satisfazia inteiramente. Mas, embora ele prosseguisse infatigavelmente os experimentos de 1669 a 1696, não logrou identificar as forças que governavam os corpúsculos. No entanto, quando em 1679-80 começou a estudar a dinâmica do movimento orbital, aplicou ao Universo suas concepções "químicas" da atração.[79]

Como demonstraram McGuire e Rattansi, Newton estava convencido de que, nos primórdios, "Deus comunicou a alguns privilegiados os segredos da filosofia natural e da religião. Esse conhecimento perdeu-se com o passar do tempo; foi, entretanto, recuperado numa época posterior, sendo então incorporado às fábulas e formulações míticas, onde permaneceu oculto aos não iniciados. Mas, em nossos dias, esse conhecimento pode ser recuperado pela experimentação, e de um modo ainda mais rigoroso".[80] Por essa razão, Newton examinou sobretudo as seções mais esotéricas da literatura alquímica, esperando que nelas estivessem contidos os verdadeiros segredos. É significativo que o fundador da mecânica moderna não tenha rejeitado a tradição de uma revelação primordial e secreta, da mesma forma como não rejeitou o princípio da transmutação. Tal como escreveu em *Opticks* (1704), "a transformação dos corpos em luz e da luz em corpos está inteiramente de acordo com as leis da natureza, porquanto a esta parece deslumbrada com a transmutação". Segundo Dobbs, "o pensamento alquímico de Newton estava tão firmemente alicerçado que ele jamais negou sua validade geral. Num certo sentido, toda a carreira de Newton após 1675 pode ser interpretada como um longo esforço com o objetivo de integrar a alquimia e a filosofia mecânica".[81]

Depois da publicação dos *Principia*, os adversários tinham declarado que as "forças" de Newton eram na realidade "qualidades ocultas". A professora Dobbs reconhece que, num certo sentido, esses críticos tinham razão:

> As forças de Newton assemelhavam-se muito às simpatias e antipatias escondidas de que falava a literatura ocultista do Renascimento. Newton, no entanto, dera às forças um regime ontológico equivalente àquele da matéria e do movimento. Graças a essa equivalência, reforçada pela quantificação das forças, ele possibilitou às filosofias mecânicas elevarem-se acima do nível do imaginário *impact mechanism*.[82]

Ao analisar a concepção newtoniana de força, Richard Westfall chega à conclusão de que a ciência moderna é *o resultado do consórcio entre a tradição hermética e a filosofia mecânica*.[83]

Em seu desenvolvimento espetacular, a "ciência moderna" ignorou, ou rejeitou, a herança do hermetismo. Em outras palavras, o triunfo da mecânica de Newton acabou por destruir o seu próprio ideal científico. Efetivamente, Newton e seus contemporâneos estavam à espera de outro tipo de revolução científica. Ao prolongar e ao desenvolver as esperanças e os objetivos do neoalquimista do Renascimento, em primeiro lugar a redenção da natureza, espíritos tão diferentes como Paracelso, John Dee, Comenius, J.V. Andreae, Fludd ou Newton consideravam a alquimia o modelo de um empreendimento não menos ambicioso, nomeadamente a perfeição do homem por meio de um novo método do conhecimento. Na perspectiva desses autores, um método como esse devia incorporar a um cristianismo não confessional a tradição hermética e as ciências naturais, vale dizer, a medicina, a astronomia e a mecânica. Essa síntese, na verdade, constituía uma nova criação cristã, comparável aos resultados brilhantes obtidos pelas integrações anteriores do platonismo, do aristotelismo e do neoplatonismo. Esse tipo de "conhecimento" sonhado, e parcialmente elaborado no século XVIII, representa a última tentativa feita na Europa cristã para chegar ao "conhecimento integral".

NOTAS

1. Principalmente *Traité d'histoire des religions*, caps. VI, VIII e IX.
2. Ver J.-C. Lawson, *Modern Greek Folklore and Ancient Greek Religion*, p.190-255. Seu nome deriva de *Kéntauroi*, ibid., p.233s. Ver também G. Dumézil, *Le problème des centaures*, p.165s.

3. Cf. C.A. Romaios, *Cultes populaires de la Thrace*, p.17-123.
4. Ibid., p.125-200.
5. Cf. C. Poghirc, "Homère et la ballade populaire roumaine"; M. Eliade, "History of religions and 'popular' cultures", p.7.
6. Ver L. Schmidt, *Gestaltheiligkeit im bäuerlichen Arbeitsmythos.*
7. Utilizamos sobretudo os documentos folclóricos romenos, mas, com algumas variantes, o mesmo argumento reaparece em toda a Europa oriental. Ver M. Eliade, "History of religions and 'popular' cultures", p.11s.
8. Cf. *Le mythe de l'éternel retour*, p.67s.
9. Cf. Monica Bratulescu, "Colinda românîneasca", p.62s.
10. Sobre esse motivo folclórico, ver M. Eliade, *De Zalmoxis à Gengis-Khan*, p.89s.
11. Al. Rosetti, *Colindele religioase la Români*, p.68s.; Monica Bratulescu, op.cit., p.48.
12. Cf. "History of religions and 'popular' cultures", p.17.
13. Ver M. Eliade, "Notes on the *calusari*", passim; Gail Kligman, *Calus.*
14. Ver "Notes on the *calusari*" e "History of religions and 'popular' cultures", p.17s.
15. A qual, aliás, ainda não foi esclarecida; cf. "Notes", p.120s.
16. Cf. "History of religions and 'popular' cultures", p.24s.
17. A bibliografia é imensa. Ver algumas indicações em nossa obra *Occultisme, sorcellerie et modes culturelles*, p.93-4, notas 1-2, e bibliografia citada por Richard A. Horsley, "Further reflexions on witchcraft and European folk culture". As publicações mais recentes estão registradas nas "Bibliografias críticas", §306.
18. Para melhor ressaltar a complexidade do fenômeno, vou me limitar à análise de alguns exemplos, alguns dos quais (os documentos folclóricos romenos) são muito pouco conhecidos.
19. B. Bonomo, *Caccia alle streghe* (Palermo, 1959), p.15-7, 59-60; Richard A. Horsley, "Further reflexions on witchcraft and European folk religion", p.89.
20. Etienne Delcambre, apud Horsley, op.cit., p.93.
21. Carlo Ginzburg, *I Benandanti*, p.8s.
22. Ibid., p.28.
23. Sobre esse argumento mítico-ritual, ver M. Eliade, *La nostalgie des origines*, p.320s.
24. Ginzburg, op.cit., p.34.
25. Ver Ginzburg, op.cit., p.87s.
26. Ibid., p.110.
27. Ibid., p.115s.
28. Ibid., p.148s. Entretanto, numa data tão recente quanto 1661, alguns *benandanti* ainda tiveram a coragem de proclamar que combatiam pela fé cristã contra os *stregoni* (ibid., p.155). J.B. Russell, *Witchcraft in the Middle Ages*, p.212, volta a encontrar em dois casos de *maleficium* julgados em Milão, entre 1384 e 1390, certos traços de crenças comparáveis às dos *benandanti.*
29. Ginzburg, op.cit., p.40.
30. Cf., *inter alia*, Otto Höfler, *Verwandlungskulte, Volkssagen und Mythen* (Viena, 1973), p.15, 234 e passim.
31. Sobre a transformação das dicotomias e das polaridades num dualismo religioso que implica a ideia do *mal*, ver M. Eliade, *La nostalgie des origines*, p.345s.
32. Carta à nutriz, apud Claude Kappler, *Monstres, démons et merveilles à la fin du Moyen Âge*, p.108.
33. Carta ao papa Alexandre VI, fev 1502, trad. franc. Claude Kappler, op.cit., p.109.

34. A edição dessa obra anônima, redigida em alemão em torno de 1350, foi aliás o seu primeiro livro impresso.
35. Ozment, *The Age of Reform*, p.223.
36. *Sämtliche Werke* (Erlangen, 1826-57), v.26, p.144; J. Maritain, *Trois réformateurs* (1925), p.20. Ver, ibid., um fragmento de Moehler segundo o qual "o ego de Lutero era a seu ver o centro em redor do qual devia gravitar toda a humanidade; ele fez de si mesmo o homem universal, em quem todos tinham de encontrar o seu modelo".
37. Ver os textos reunidos por B.A. Gerrish, *De libero arbitrio*, p.188 e nota 10.
38. Apud Ozment, op.cit., p.238.
39. Ver algumas referências e citações in Roland H. Bainton, *Erasmus of Christendom*, p.153s. Erasmo confessava sua adesão tanto em suas *Cartas* como nas obras em fase de preparação ou reimpressão.
40. Ver textos resumidos e comentados por Bainton, op.cit., p.113-4.
41. Gerrish, op.cit., p.191. Os "enigmas" eram as famosas afirmações de Lutero de que as obras dos santos pertencem à esfera do pecado, de que a liberdade de escolha é um nome vazio, de que o homem pode ser justificado unicamente pela fé (ibid.).
42. Ver textos citados por Bainton, op.cit., p.156s. Erasmo chegara mesmo a introduzir trechos que refletiam certas críticas de Lutero nas novas edições do Novo Testamento e da *Ratio*; cf. ibid.
43. Cf. Gerrish, op.cit., p.191, nota 38.
44. Apud Erasmo, *De libero arbitrio* (*On the Freedom of the Will*, p.64). Utilizamos a última tradução comentada por E. Gordon Rupp, *Luther and Erasmus: Free Will and Salvation*.
45. *On the Freedom of the Will*, p.47.
46. Ibid., p.50.
47. Ibid., p.53.
48. *De servo arbitrio*, trad. e comentário Philip S. Watson, *Luther and Erasmus: Free Will and Salvation*, p.103.
49. Ibid., p.112s.
50. Sobre essa controvérsia, ver Ozment, op.cit., p.334s.
51. Toda a documentação foi coligida e analisada pela primeira vez por Willem Balke, *Calvin and the Anabaptist Radicals*.
52. Voltaremos a tratar desses problemas num capítulo reservado à morfologia e à comparação das experiências místicas arcaicas, orientais e ocidentais.
53. Frances A. Yates, *Giordano Bruno and the Hermetic Tradition*, p.12-3. Até essa época, somente um tratado hermético, o *Asclepius*, era acessível em latim.
54. Cf. Charles Trinkaus, *In Our Image and Likeness*, I, p.xix, 41s. (Petrarca), 150s. (Lourenço Valla); ver sobretudo textos reproduzidos p.341s. e 381s. A realização plena da personalidade nem sempre implica um ideal tomado de empréstimo ao paganismo; explica-se principalmente pela renovação de uma teologia da graça; cf. ibid., p.xx, 46s.
55. Ibid., p.xxii.
56. Ver, *inter alia*, D.P. Walker, *Spiritual and Demonic Magic. From Ficino to Campanella*, p.30s.
57. Entre as teses de Pico della Mirandola condenadas por Inocêncio VII figura a célebre afirmação: *Nulla est scientia que non magis certificet de divinitate Christi quam magia et cabala*. Cf. Yates, *Giordano Bruno and the Hermetic Tradition*, p.84s.
58. Cf. D.P. Walker, *The Ancient Theology*, esp. p.22s. ("Orpheus the theologian").

59. Ver Yates, *Giordano Bruno*, p.154s. e passim. Helenista erudito, Isaac Casaubon demonstrou em 1614 que o *Corpus hermeticum* era uma coleção de textos de época bastante recente – não anteriores ao segundo ou terceiro século antes de nossa era (cf. §209). Mas o prestígio fabuloso dos "mistérios egípcios" continuou a visitar a imaginação da intelligentsia europeia sob uma nova forma: o "mistério dos hieróglifos".
60. Yates, op.cit., p.172s. Sobre o hermetismo no século XVI, na França, ver também Walker, *The Ancient Theology*, cap. III.
61. Apud Yates, op.cit., p.177. Ver também Walker, op.cit., p.31-3, 64-7 etc. O católico Francesco Patrizi acreditava que o estudo do *Corpus hermeticum* poderia persuadir os protestantes alemães a retornarem ao seio da Igreja; Yates, p.182s.
62. "Hermétisme et cabale en France, de Lefèvre d'Étaples à Bossuet", p.8; Yates, op.cit., p.180.
63. Charles de Bouelles, apud E. Garin, "Note sull'ermetismo del Rinascimento", p.14.
64. Cf., *inter alia*, Alex Wayman, "The human body as microcosm in India. Greek cosmology and Sixteenth Century Europe"; Allen G. Debus, *Man and Nature in the Renaissance*, p.12s., 26s.
65. Cf. *Forgerons et alchimistes*, p.131. Ver ibid., p.132, outras citações acerca do "incesto filosófico". O acróstico construído por Basílio Valentim com o termo *vitriol* [vitríolo] sublinha a implacável necessidade do *descensus ad inferos: Visita Interiora Terrae Rectificando Invenies Occultum Lapidem* ("Visita o interior da Terra, e pela purificação encontrarás a pedra secreta").
66. *Liber Platonis quartorum* (cujo original árabe não pode ser posterior ao século X), *Forgerons*, p.135. A mesma doutrina volta a ser encontrada entre os alquimistas chineses, cf. *História das crenças*, v.II, p.54.
67. *Forgerons et alchimistes*, p.139-40.
68. Cf. R.P. Multhauf, *The Origins of Chemistry*, p.135s.
69. Cf. Forgerons, p.43.
70. As consequências desse gesto prometeico foram por nós discutidas em *Forgerons et alchimistes*, p.138s.
71. Cf. Peter French, *John Dee: The World of an Elizabethan Magus*; R.J.W. Evans, *Rudolf II and His World: a Study of Intellectual History*, p.218-28. Acerca da influência de John Dee sobre Khunrath, ver Frances Yates, *The Rosicrucian Enlightment*, p.37-8.
72. A.C. Debus, "Alchemy and the historian of science", p.134.
73. Idem, *The Chemical Dream of Renaissance*, p.7, 14-5.
74. Ver, *inter alia*, Debus, *The Chemical Dream of Renaissance*, p.17-8. Observe-se de passagem que, no início do século XVII, volta a ser encontrado o velho argumento caro aos textos chineses, tântricos e helenísticos: uma revelação primordial, redescoberta recentemente, mas reservada apenas aos iniciados.
75. Cf. *Christianopolis, and Ideal State of the Seventeenth Century*, trad. ing. Felix Emil Held (Nova York e Londres, 1916). Ver também F. Yates, *The Rosicrucian Enlightment*, p.145- 6; Debus, *The Chemical Dream*, p.19-20.
76. *Christianopolis* (trad. Helm), p.196-7.
77. Robert Fludd, *Apologia Compendiaris Fraternitatem de Rosea Cruce Suspicionis et Infamiae Maculis Aspersam, Veritatis quasi Fluctibus abluens et abstergens* (Leiden, 1616), p.88-93, 100-3, apud Debus, *The Chemical Dream*, p.22-3.
78. Betty Teeter Dobbs, *The Foundations of Newton Alchemy*, p.88.

79. Richard S. Westfall, "Newton and the hermetic tradition", esp. p.193-4; cf. Dobbs, op.cit., p.211.
80. Dobbs, p.90, apud E. McGuire e P.M. Rattansi, "Newton and the 'Pipes of Pan'", p.108-43.
81. Ibid., p.230.
82. Ibid., p.211.
83. Richard S. Westfall, *Force in Newton's Physics, The Science of Dynamics in the Seventeenth Century*, p.377-91; Dobbs, p.211.

XXXIX. As religiões tibetanas

312. A "religião dos homens"

Tal como o hinduísmo e o cristianismo antigo e medieval, também a religião tibetana representa, no seu apogeu, uma síntese notável, fruto de um longo processo de assimilação e sincretismo. Até algumas décadas atrás, os estudiosos ocidentais, de resto acompanhando, neste ponto, os autores tibetanos, interpretavam a história religiosa do Tibete como o conflito entre a religião autóctone, o *bon*, e o budismo indiano, que acabou por se impor sob a forma do lamaísmo. Pesquisas recentes, e em primeiro lugar a análise dos documentos encontrados na gruta de Tuen-huang (séculos VIII-X), revelaram uma situação mais complexa. Por um lado, percebe-se agora a importância e a coerência da religião autóctone, anterior ao *bon* e à primeira propagação do budismo; ora, essa religião tradicional (chamada "a religião dos homens") não foi mencionada tanto pelos autores *bon* como pelos budistas.

Por outro lado, já se começa a conhecer melhor o caráter exótico e sincretista do *bon*, e, em especial, suas fontes iranianas e indianas. Os documentos de que dispomos são sem dúvida mais recentes (a criação do alfabeto tibetano data do século VII) e refletem as consequências das polêmicas e das contribuições recíprocas entre o budismo e o *bon*. No entanto, sob o invólucro lamaico ou *bon*, é possível distinguir os traços específicos da religião tradicional. Os historiadores tibetanos discriminavam a "religião dos deuses" (*lha-chos*) da "religião dos homens" (*mi-chos*); a primeira designava sucessivamente ora o *bon*, ora o budismo; a segunda designava a religião tradicional.

Uma fonte importante para o conhecimento da "religião dos homens" – denominada *gcug* (ou *chos*, "tradição, costume") – é constituída pelos "contos", isto é, por mitos cosmogônicos e genealógicos. Esses "contos" eram ritualmente narrados nas cerimônias nupciais, nas festas do ano-novo, nas diversas competições em honra dos deuses do solo etc. Como em muitas religiões arcaicas, a recitação do mito da origem de uma sociedade, de uma instituição ou de um ritual, reatualizava a continuidade com o tempo mítico dos "primórdios" e, consequentemente, assegurava o êxito da operação empreendida.[1] A narração correta dos mitos de origem era "um ato religioso necessário à manutenção da ordem do mundo e da sociedade".*

Como em toda parte, aliás, os mitos de origem começam com a evocação da cosmogonia. O mundo foi criado pelos deuses celestes Phyva, imaginados como as montanhas do Céu. (Voltaremos a examinar, mais adiante, a importância religiosa e o simbolismo das montanhas.) Alguns desses deuses-montanhas desceram à Terra, trazendo consigo os animais, as plantas e, provavelmente, os primeiros seres humanos. Essa época paradisíaca, quando os homens viviam ao lado dos deuses, teria durado dez milênios. Um demônio, preso na nona camada subterrânea, conseguiu escapar e disseminou o mal sobre a Terra. Os deuses retiraram-se para o Céu, e o mundo continuou a degenerar durante centenas de milhares de anos. Contudo, alguns homens ainda praticam o *gcug*, enquanto aguardam a "era das impiedades", depois da qual aparecerá um mundo novo, em que os deuses retornarão à Terra e os mortos ressuscitarão.

Trata-se, sem dúvida, do conhecido mito da "perfeição das origens", a que se segue a degenerescência progressiva e universal. Mas são também admissíveis influências indianas (os ciclos cósmicos compreendendo centenas de milhares de anos) e iranianas (o demônio que corrompe a Criação).

O mundo tem uma estrutura tripartite: os deuses Phyva habitam a parte de cima, as divindades aquáticas e subterrâneas (*Klu*) a de baixo, e os homens, o meio. O primeiro rei era um deus descido do Céu que se unira a uma divindade-montanha; ele instaurava, assim, o modelo para os sete soberanos míticos seguintes. Os mitos sobre a origem do sítio habitado – variantes menores do mito cosmogônico – falam quer de um demônio vencido ou de um animal despedaçado, quer da hierogamia entre um deus (montanha, rocha ou árvore) e uma deusa (lago, fonte ou rio). Esse casal divino é às vezes confundido com os pais sobrenaturais do rei ou do herói. "Cada comunidade que habita determinada área se reconhece assim em seu antepassado e em seu lugar santo."[2]

Na religião tradicional, o papel do rei era fundamental.[3] A natureza divina do soberano manifestava-se por seu "brilho" e por seus poderes mágicos. Os primeiros reis só permaneciam na Terra durante o dia; à noite, retornavam ao Céu. Não conheciam a morte propriamente dita, mas em certo momento

* R.A. Stein, *La civilisation tibétaine*, p.163-5. "Quando se quer dar autenticidade à ligação do grupo com os deuses e os antepassados, é imprescindível remontar em cada relato à origem de tal ou qual instituição, e esse relato deve ser autêntico e verídico. Isso também acontece com os rituais lamaicos, que sempre evocam a origem, o precedente mítico, que justifica esse rito" (ibid., p.165).

tornavam a subir definitivamente ao Céu por sua corda mágica, *mu* (ou *dmu*). Esses primeiros reis, refere-nos uma crônica *bon-po*,

> tinham todos, na parte superior do crânio, uma corda *mu* de luz, corda distante (ou estendida), de cor amarelo-pálida (ou escura). No momento de sua morte, eles se dissipavam (como um arco-íris) a partir dos pés e fundiam-se na corda *mu* do sincipúcio. A corda *mu* de luz, por sua vez, fundia-se no Céu.[4]

É por essa razão que não havia túmulos reais antes do último soberano de origem divina, Digun; entregue ao orgulho e à cólera, este, por ocasião de um duelo, cortou sem querer sua própria corda *mu*. Desde então, os cadáveres dos reis passaram a ser inumados; seus túmulos foram descobertos, e são conhecidas algumas cerimônias efetuadas durante os funerais.[5] No entanto, alguns seres privilegiados – em primeiro lugar os santos e os magos – ainda conseguem subir ao Céu graças à sua corda *mu*.

313. Concepções tradicionais: cosmo, homens, deuses

O mito da corda *mu* cortada por Digun retoma, em outro contexto, a história da separação dos homens e dos deuses Phyva após a irrupção do mal no mundo. Muito maior, porém, é sua importância para a história do pensamento religioso tibetano: por um lado, a corda *mu* exerce uma função cosmológica – une a Terra ao Céu como um *axis mundi*. Por outro lado, ela desempenha um papel central no sistema de homologia cosmo-habitação-corpo humano. Por fim, a partir de certo momento, difícil de precisar, a corda *mu* volta a ser encontrada na fisiologia sutil e nos rituais que asseguram a libertação e a ascensão celeste da alma do morto.

As influências indianas e *bon* são, por certo, evidentes. Entretanto, o caráter original desse complexo mítico-ritual e seu simbolismo não podem ser postos em dúvida. A homologia cosmo-casa-corpo humano é uma concepção arcaica, abundantemente difundida na Ásia. Embora conhecesse essa homologia, o budismo não lhe atribuía valor salvífico (cf. §160).

As montanhas são assimiladas à escada ou à corda *mu* do primeiro antepassado descido à Terra. Os túmulos dos reis são denominados "montanhas".* Por outro lado, as montanhas sagradas – autênticos "deuses da região" ou

---

* Os túmulos e os palácios dos reis antigos teriam sido construídos "à maneira *mu*", mesmo após o corte da corda por Digun; Stein, ibid., p.169.

"senhores do lugar" – são consideradas "pilares do Céu" ou "pregos da Terra", e "a mesma função pode ser assumida pelos pilares erigidos perto dos túmulos ou dos templos".* O deus do terreno onde se ergue a casa é, também ele, designado "pilar do Céu" ou "prego de fixação da Terra". O Céu e o mundo subterrâneo contêm pavimentos cujo acesso é tornado possível por uma "porta do Céu" e por uma "porta da Terra". Os pavimentos internos da casa são ligados por uma escada construída com um tronco de árvore. À "porta do Céu" corresponde a abertura do telhado por onde penetra a luz e sai a fumaça; à "porta da Terra" corresponde a lareira.**

Tal como a montanha sagrada – "deus da região" – se confunde com a escada *mu* que liga o Céu à Terra, no corpo humano um dos deuses protetores, e precisamente aquele chamado o "deus da região", encontra-se no topo da cabeça de onde parte a corda *mu* (nos ombros residem o "deus guerreiro" e o "deus do homem"). A escada *mu* é igualmente denominada "escada do vento". Ora, o "cavalo do vento" representa a vitalidade de um homem. O "vento" é o princípio de vida análogo ao *prana* dos indianos. "É ao mesmo tempo o ar que se respira e um fluido sutil no corpo."[6] O "crescimento para o alto" faz-se por meio da corda *mu*. Essas concepções foram muito provavelmente elaboradas pelo sincretismo lamaísta. Seja como for, o processo utilizado pelos lamas para a libertação final da alma lembra a maneira dos reis míticos de se dissiparem na corda *mu*.*** Em outros termos, o santo é suscetível, no momento de sua morte, de repetir, *em espírito*, o que os reis míticos efetuavam *in concreto* antes da desdita de Digun (concepção que lembra os mitos norte-asiáticos sobre a "decadência" do xamanismo atual: os primeiros xamãs subiam ao Céu em carne e osso; cf. §246).

Voltaremos a estudar, adiante, o papel da luz nas tradições religiosas tibetanas. Acrescentemos, por enquanto, que ao lado da homologia cosmo-casa-corpo humano, de que acabamos de falar, a religião tradicional implica ainda certa simetria entre homens e deuses. Por vezes, as "almas" (*bla*) não se distinguem dos "deuses" (*lha*); por serem pronunciados da mesma forma, os tibetanos confundem frequentemente esses dois termos. Conhecem-se várias "almas" ou "vidas" exteriores, que residem nas árvores, nos rochedos ou objetos habitados pelos deuses.[7] Por outro lado, como vimos, os "deuses da região" e os deuses guerreiros habitam não só os locais naturais, como também o corpo humano.

---

* Stein, p.170. As montanhas sagradas são também deuses guerreiros: são chamadas "chefes" ou "rei" e prendem-se à origem da linhagem do clã; ibid., p.164.

** Sobre o telhado da casa encontram-se os "deuses do topo" (representados por dois altares de pedra e uma bandeira); seu culto é idêntico àquele efetuado nas montanhas; cf. Stein, p.188.

*** O sincretismo já é atestado no século XI. Milarepa fala do "corte da corda de escalada da libertação (do santo)"; Stein, p.189.

Em outros termos, *como ser espiritual*, o homem partilha uma condição divina, e notadamente a função e o destino dos deuses de estrutura cósmica. Isso explica a importância das inúmeras competições rituais, desde as corridas de cavalos, os jogos atléticos e lutas diversas até o concurso de beleza, as provas de arco e flecha, de ordenha de vacas e justas oratórias. As competições são realizadas sobretudo com a chegada do ano-novo. O tema essencial do argumento do ano-novo é constituído pela luta entre os deuses do Céu e os demônios, representados por duas montanhas. Como em outros argumentos análogos, o triunfo dos deuses assegurava a vitória da vida nova do ano que se inaugurava.

> Os deuses assistem ao espetáculo e riem com os homens. Os jogos de enigmas e o relato de contos, bem como as narrativas épicas, têm um efeito sobre a colheita e o gado. Estando os deuses e os homens reunidos por ocasião das grandes festas, as oposições sociais se manifestam, mas ao mesmo tempo se resolvem. E o grupo, voltando a ligar-se a seu passado (origem do mundo, dos ancestrais) e a seu *habitat* (antepassados-montanhas sagradas), sente-se revigorado.[8]

As influências iranianas no festival tibetano do ano-novo são evidentes, mas o argumento mítico-ritual é arcaico: voltamos a encontrá-lo em numerosas religiões tradicionais. Trata-se, em suma, de uma concepção amplamente atestada no mundo,[9] segundo a qual o cosmo e a vida, bem como a função dos deuses e a condição humana, são governados pelo mesmo ritmo cíclico, constituído de polaridades alternantes e complementares que se implicam mutuamente, mas que se resolvem de maneira periódica numa união-totalidade do tipo *coincidentia oppositorum*. Pode-se comparar a concepção tibetana com a oposição entre o yang e o yin, e sua reintegração rítmica no tao (cf. §132). De qualquer modo, a religião tradicional que os primeiros budistas encontraram no Tibete não era "um amálgama de noções mágico-religiosas anárquicas e dispersas, ... mas uma religião cujas práticas e ritos estavam enraizados num sistema estruturado, assente em conceitos básicos radicalmente opostos àqueles em que se firma o budismo".[10]

314. O *bon*: confrontações e sincretismo

Tem-se inquirido, com razão, "sobre os motivos que levaram os historiadores (tibetanos) mais recentes a obliterarem a religião antiga, cujo próprio nome (*gcug*) desapareceu, e a substituírem-na por uma religião, o *bon*, cuja formação como religião constituída deve remontar ao século XI. No que se refere aos *bon-po*, o fenômeno é compreensível: eles estavam talvez inclinados a fazer uma versão toda deles que realçasse o seu prestígio, atribuindo-lhes a mais recuada antiguidade".* Quanto aos historiadores budistas, os sacrifícios cruentos e as concepções escatológicas da religião autóctone lhes causavam repulsa; em consequência, assimilaram-nos às crenças e às práticas "mágicas" *bon*.

É difícil descrever o *bon* antes de apresentar a propagação do budismo no Tibete. Essas duas religiões entraram em choque desde o início, embora se influenciassem reciprocamente; cada uma delas foi alternadamente protegida ou perseguida pelos soberanos; por fim, a partir do século XI, o "*bon* modificado" (*agyur bon*) utilizou a doutrina, o vocabulário e as instituições do lamaísmo. É certo, no entanto, que os ritualistas, os adivinhos e os "feiticeiros" *bon-po* operavam no Tibete antes da penetração dos missionários budistas. Por outro lado, apresentar o *bon* neste ponto de nossa exposição permite-nos apreciar a multiplicidade e a importância dos elementos estranhos que contribuíram para o sincretismo religioso tibetano. Com efeito, pelo menos certas categorias de *bon-po* revelam uma origem exótica. Segundo a tradição, o "*bon* estrangeiro" fora introduzido desde Zhangshung (sudoeste do Tibete) ou desde Tazig (Irã), o que, por um lado, explica os elementos iranianos contidos em certas concepções *bon* e, por outro, torna verossímeis as influências indianas (particularmente xivaítas) antes da penetração do budismo.

Os mais antigos documentos mencionam diferentes classes de *bon-po*: ritualistas, sacrificantes, adivinhos, exorcistas, mágicos etc. Não se trata, antes do século XI, de uma organização unitária e bem-articulada de todos esses "especialistas do sagrado". Entre os seus instrumentos rituais, notemos as armações destinadas a capturar os demônios e, sobretudo, o tamborim de tipo xamânico, porquanto permitia aos mágicos subirem ao Céu. O turbante de lã, distintivo específico dos *bon-po*, servia, segundo a tradição, para esconder as orelhas de asno do fundador lendário do *bon*, Shenrab ni bo (detalhe valioso, pois denuncia sua origem ocidental; trata-se, na verdade, do tema de Midas).[11] Ao lado de outros especialistas do sagrado, os *bon-po* protegiam os soberanos

* A.M. Blondeau, "Les religions du Tibet", p.245. De fato, o budismo "não podia admitir os sacrifícios animais, *a fortiori* humanos. Mas, sobretudo, a concepção de um rei-deus que mantém a ordem do Universo, a crença na imortalidade, numa vida bem-aventurada após a morte, concebida à imagem da vida terrena e valorizando, portanto, esta última, não deixava a menor margem aos princípios fundamentais do budismo: o caráter não permanente de toda existência, e também a do Universo, o sofrimento ligado à existência, a transmigração (*samsara*), a retribuição inevitável dos atos, nesta vida ou em outra (*karman*). Por outra parte, o ideal apresentado pelo *gcug* era um ideal de justiça social, de felicidade humana, e não de aperfeiçoamento moral" (ibid.).

e os chefes de clãs. Eles desempenhavam papel importante nos funerais (em primeiro lugar, os funerais reais), guiavam as almas dos defuntos no além, eram tidos como capazes de evocar os mortos e de exorcizá-los.

Outros documentos, mais tardios, apresentam ainda diferentes cosmogonias e teologias, e até especulações metafísicas, mais ou menos sistematizadas. As influências indianas, particularmente budistas, são manifestas, o que não implica a inexistência prévia de toda "teoria"; é bem provável que os *bon-po* "especulativos" (genealogistas, mitógrafos e teólogos) coexistissem há muito tempo com os ritualistas e os "feiticeiros".

Os autores *bon-po* tardios referem da seguinte maneira a sua "história santa": o fundador do *bon* seria Shenrab ni bo ("o homem-sacerdote-*shen* excelente"). Seu nascimento e biografia têm por modelo os de Sakyamuni e de Padmasambhava (este último voltará a ser estudado adiante, p.255s.). Shenrab decidiu nascer num país ocidental (Zhangshung ou Irã). Um raio de luz branca penetrou, sob a forma de flecha (imagem do *semen virile*), na parte superior do crânio do pai, enquanto um raio de luz vermelha (representando o elemento feminino, o sangue) entrou na cabeça da mãe. Em outra versão, mais antiga, é o próprio Shenrab que desce do palácio celeste sob a forma de cinco cores (ou seja, como um arco-íris). Metamorfoseado em pássaro, ele pousa sobre a cabeça de sua futura mãe, e dois raios, um branco, o outro vermelho, oriundos de sua *genitalia*, penetram pelo crânio no corpo da mulher.* Já em terra, Shenrab enfrenta o príncipe dos demônios, persegue-o e domina com seus poderes mágicos os demônios que encontra. Como penhor de sua submissão, estes oferecem-lhe objetos e fórmulas que contêm a essência de seus poderes; os demônios tornam-se, assim, guardiães da doutrina e das técnicas *bon*.[12] Isso equivale a dizer que Shenrab revela aos *bon-po* as preces que estes deviam dirigir aos deuses e os meios mágicos para exorcizar os demônios. Depois de ter estabelecido o *bon* no Tibete e na China, Shenrab retira-se do mundo, pratica a ascese e, tal como Buda, alcança o nirvana. Deixa, porém, um filho que, durante três anos, divulga o conjunto da doutrina.

Há um consenso em considerar a personagem lendária que se esconde sob o nome de Shenrab como o criador do sistema doutrinário *bon*, no sentido de que reuniu e organizou uma quantidade apreciável e contraditória de costumes, rituais, tradições mitológicas, encantamentos e fórmulas mágicas –

* Stein, *Civ. tib.*, p.205-6. Segundo os tibetanos, no momento da procriação, a alma da criança entra pela *sutura frontalis* na cabeça da mãe, e é por esse mesmo orifício que a alma deixa o corpo no instante da morte; cf. nosso estudo "Esprit, lumière et semence" (*Occultisme, sorcellerie et modes culturelles*, p.125-66), p.137.

"não tanto de textos literários, pois estes, antes de sua época, só existiam em pequeno número".[13] O cânone *bon* constitui-se a partir do século XI, agrupando os textos que se julga terem sido ocultados, durante as perseguições dos reis budistas, e "redescobertos" mais tarde.* Sua forma definitiva data do século XV, quando se reuniram os textos atribuídos a Shenrab (que se acreditava terem sido traduzidos da língua do Zhangshung) nos 75 volumes do *Kanjur*, e seus comentários nos 131 volumes do *Tanjur*. A classificação e os títulos dessas obras são, evidentemente, tirados do cânone lamaísta. A doutrina segue de perto a do budismo: "lei da impermanência, do encadeamento dos atos que engendram o ciclo do *samsara*. Também para o *bon*, o objetivo que se colima é o despertar, o estado de Buda, ou antes, sua forma mahayânica, a vacuidade."** Tal como entre os monges budistas "antigos", isto é, os discípulos de Padmasambhava (ver adiante, §315), a doutrina *bon* é articulada em nove "veículos" (ou "caminhos"). Os três últimos veículos são idênticos nas duas religiões; os seis primeiros apresentam muitos elementos comuns, mas, entre os *bon-po*, eles comportam ainda uma série de crenças e práticas mágicas que lhes são específicas.[14]

Várias cosmogonias são atestadas nos escritos *bon*. Citemos, entre as mais importantes, a Criação a partir de um ovo primordial, ou dos membros de um gigante antropomorfo, de tipo *Purusa* (tema conservado na epopeia de Gesar), ou, finalmente, como a obra indireta de um *deus otiosus* do qual emergem dois princípios radicalmente opostos. A influência indiana é evidente nas duas primeiras cosmogonias. Para a terceira, não havia no começo senão uma pura potencialidade entre ser e não ser, que confere, porém, a si mesma o nome de "criado, mestre do ser". Desse "mestre" emanam duas luzes, branca e negra, que geram dois "homens", um branco e o outro, negro. Este último, o "Inferno negro", semelhante a uma lança, é a encarnação do não ser, princípio da negação, autor de todos os males e de todas as calamidades. O homem branco, que se autoproclama "mestre que ama a existência", é a encarnação do ser e princípio de tudo o que é bom e criador no mundo. Graças a ele, os deuses são venerados pelos homens e combatem os demônios e os representantes do mal.[15] Concepção que lembra a teologia zurvanita (cf. §213), transmitida provavelmente pelos maniqueístas da Ásia central.

---

* Tema mítico abundantemente atestado no Oriente Próximo e no mundo greco-romano durante a época helenística, na Índia e na China. O que, aliás, não elimina a possibilidade de que certo número de textos tenha sido de fato escondido e redescoberto após as perseguições.

** A.M. Blondeau, op.cit., p.310. Além disso, o *bon* utiliza a teoria dos boddhisatva e a dos três corpos de Buda. No panteão, a despeito da diferença de nomes, "muitas classes de deuses e demônios são comuns a ambas as religiões"; ibid.

Salientemos uma vez mais o caráter sincretista do *bon*, não só tradicional como "modificado". Como veremos, o lamaísmo retoma e desenvolve o mesmo processo. Na época histórica, o sincretismo parece caracterizar a criatividade religiosa do gênio tibetano.

315. Formação e desenvolvimento do lamaísmo

Segundo a tradição, o budismo teria sido estabelecido no Tibete pelo rei Srong-bstan sgam-po (620?-641), considerado ulteriormente uma emanação do Buda Avalokiteshvara. Mas a eventual contribuição desse soberano para a propagação da lei é difícil de determinar. Sabe-se que ele seguia, pelo menos em parte, as antigas práticas religiosas. Por outro lado, parece certo que a mensagem budista era conhecida em certas regiões do Tibete antes do século VII.

Como religião de Estado, o budismo é atestado pela primeira vez nos documentos oficiais pertencentes à época do rei Khri-ston lde-bcan (755-797?). Esse soberano, proclamado como a emanação de Manjusri, convidou ao Tibete os grandes mestres indianos Santarakshita, Kamalashila e Padmasambhava.* Duas tendências digladiavam-se pela proteção do rei: a "escola indiana", que ensinava um caminho gradual da libertação, e a "escola chinesa", que propunha técnicas cuja meta era a iluminação instantânea (*chang*; japonês, zen). Após assistir à apresentação e à defesa dos respectivos métodos (792-794), o rei escolheu a tese indiana. Essa famosa controvérsia teve como palco o mosteiro Bsam-yas, fundado por Khri-ston no início de seu reinado; foi o primeiro de uma longa série de estabelecimentos monásticos que viriam a ser construídos durante muitos séculos. Foi ainda Khri-ston quem concedeu propriedades aos mosteiros, inaugurando assim a evolução que culminará na teocracia lamaísta.

Seus sucessores consolidaram o budismo como religião oficial. No século IX, os monges desfrutam uma posição privilegiada na hierarquia política e recebem propriedades cada vez mais importantes. O rei Ral-pa-can (815-838) provocou, com seu excesso de zelo em favor dos monges, a oposição dos nobres. Foi assassinado, e seu irmão, que lhe sucedeu (838-842), deflagrou uma violenta perseguição aos budistas: segundo os cronistas tardios, era ele um vigoroso defensor do *bon*. Entretanto, também foi assassinado, e após sua

* Em torno deste último desenvolveu-se toda uma mitologia; foi-lhe atribuída a conversão do Tibete, e alguns o consideravam como o segundo Buda; cf. a biografia fabulosa traduzida por C. Ch. Toussaint, *Le dict de Padma*.

morte o país, repartido em principados que se guerreavam continuamente, mergulhou na anarquia. Durante mais de um século, o budismo permaneceu na ilegalidade. Os templos foram profanados, os monges ameaçados de morte e compelidos a se casar ou a abraçar o *bon*. As instituições eclesiásticas são postas por terra e as bibliotecas destruídas. Sobrevive, porém, certo número de monges solitários, sobretudo nas províncias marginais. Esse período de perseguição e anarquia favorece a difusão da magia e das práticas tântricas de tipo orgiástico.

Por volta de 970, um rei budista do Tibete ocidental, Ye-çes'od, envia Rin c'en bzan po (958-1055) à Caxemira, em busca dos mestres indianos. Com ele tem início a segunda difusão do budismo. Rin c'en organiza uma escola e realiza a tradução dos textos canônicos e a revisão das antigas traduções.[16] Em 1042, um grande mestre tantrista, Atisa, chega ao Tibete ocidental. Procede à iniciação de Rin c'en, já idoso, e de seus discípulos; entre estes últimos, Broms-ton, que se torna o representante mais autorizado da tradição ensinada por Atisa. Trata-se de uma autêntica reforma que visa a restaurar as estruturas originais do budismo: uma rigorosa conduta moral dos monges, o celibato, a ascese, os métodos tradicionais de meditação etc. O papel do guru, em tibetano lama (*bla-ma*), adquire importância considerável. Essa reforma de Atisa e seus sucessores estabelece as bases do que se tornará mais tarde a escola dos "virtuosos", *gelugpa* (*Dgelugs-pa*). Mas um número de religiosos que invocam a autoridade de Padmasambhava não aceita essa reforma. Com o tempo, eles se definirão como os "antigos", *nyingmapa* (*Rnin-ma-pa*).

Entre os séculos XI e XIV intervém uma série de grandes mestres espirituais, criadores de novas "escolas" e fundadores de mosteiros que adquiriram notoriedade. Os monges tibetanos viajam à Índia, à Caxemira, ao Nepal em busca dos renomados gurus, na esperança de serem iniciados nos mistérios (sobretudo tântricos) da libertação. É a época dos famosos iogues, místicos e mágicos Naropa, Marpa, Milarepa. Eles inspiram e organizam diferentes "escolas", algumas das quais, com o passar do tempo, vão cindir-se em vários ramos. Não é preciso enumerá-las; basta-nos citar o nome de Tsong-kha-pa (1359-1419), vigoroso reformador na linha de Atisa e fundador da escola do grande futuro, cujos adeptos recebem o nome de "novos" ou "virtuosos" (*gelugpa*). O terceiro sucessor de Tsong-kha-pa adotou o título de dalai-lama (1578). Sob o quinto dalai-lama (1617-1682), os *gelugpa* conseguiram um triunfo definitivo. Desde então, e até nossos dias, o dalai-lama é reconhecido como o único chefe religioso e político do país. Os recursos dos mosteiros e o grande número de monges, ao mesmo tempo letrados e guias espirituais, asseguraram a força e a estabilidade da teocracia lamaica.

Quanto aos "antigos", os *nyingmapa*, reconhecem, além da transmissão oral ininterrupta da doutrina, as revelações obtidas pela inspiração extática de um religioso eminente, ou conservadas em livros que se acredita terem sido "escondidos" durante as perseguições e "descobertos" posteriormente. Como entre os *bon-po*, a grande época das "descobertas" de textos estende-se, entre os "antigos", do século XI ao XIV. Um monge extremamente dotado e empreendedor, Klon-'chen (século XIV), organizou o conjunto das tradições *nyingmapa* num sistema teórico bem-articulado. Paradoxalmente, o verdadeiro renascimento dos "antigos" começa a partir do século XVII. No entanto, apesar das diferenças de ordem filosófica e, sobretudo, da variedade dos rituais, não houve uma legítima ruptura entre os "antigos" e os "novos". No século XIX configura-se um movimento de tipo eclético, que almeja a integração de todas as "escolas" budistas tradicionais.

316. Doutrinas e práticas lamaicas

Os tibetanos não se consideram inovadores em relação à doutrina. Cumpre, porém, ter em conta que, "enquanto o budismo desaparecia na Índia no início do século XIII, não deixando mais do que textos atrás de si, continuou a florescer no Tibete, mantendo viva sua tradição".[17] Os primeiros missionários budistas chegaram após o triunfo na Índia do grande veículo (*Mahayana*; cf. §§187s.). As escolas dominantes eram o Madhyamika, a "via média" fundada por Nagarjuna (século III), a Yogacara ou Vijnanaváda estabelecida por Asanga (séculos IV-V), e finalmente o Tantra ou Vajrayana (o "Veículo de Diamante"). Durante os cinco séculos seguintes, todas essas escolas enviaram seus representantes ao Tibete, e concorreram para a formação do lamaísmo.

Simplificando, pode-se dizer que os "reformados" *gelugpa* seguem o ensinamento de Nagarjuna, utilizando a lógica e a dialética como meio de realizar a vacuidade e, portanto, de obter a salvação (cf. v. II, p.199s.), enquanto os "antigos" seguem em primeiro lugar a tradição fundada por Asanga, que atribuía uma importância decisiva às técnicas ióguicas de meditação. Esclareçamos, no entanto, que essa distinção não implica o menosprezo da dialética entre os "antigos" nem a ausência da ioga no ensinamento dos "reformados". Quanto aos rituais tântricos, embora praticados sobretudo pelos *nyingmapa*, não eram ignorados pelos *gelugpa*.

Em suma, os religiosos tinham a opção entre uma via imediata e uma via progressiva. Mas uma e outra pressupõem que o absoluto (= a vacuidade) só pode ser apreendido pela supressão das "dualidades": sujeito (pensante)-

objeto (pensamento), mundo fenomenal-realidade última, *samsara*-nirvana. Segundo Nagarjuna, há duas espécies de verdade: a verdade relativa, convencional (*samvrtti*), e a verdade absoluta (*paramantha*). Na perspectiva da primeira, o mundo fenomenal, ainda que ontologicamente irreal, *existe* de um modo inteiramente convincente na experiência do homem comum. Na perspectiva da verdade absoluta, o espírito descobre a irrealidade de tudo o que parece existir, mas essa revelação é verbalmente inexprimível. Tal distinção entre as duas verdades - convencional e absoluta - permite preservar o valor da conduta moral e da atividade religiosa dos fiéis leigos.

As duas espécies de verdade estão relacionadas com as diferentes categorias de seres humanos. Sem dúvida, cada indivíduo possui, em estado virtual, a natureza de *budaha*, mas a realização da *budeidade* depende da equação cármica de cada um, resultado de suas inúmeras existências anteriores. Os fiéis leigos, condenados à verdade convencional, envidam esforços para acumular méritos por meio de dádivas aos monges e aos pobres, de muitos rituais e peregrinações, da recitação das palavras *om mani padme hum*. Para eles, "é sobretudo o ato de fé que conta na recitação, e essa fé permite uma espécie de concentração e destruição do ego".* Quanto aos religiosos, sua situação difere de acordo com o grau de sua perfeição espiritual. Certo número de monges compartilha ainda a perspectiva da verdade convencional. Outros, ao escolherem o método rápido da iluminação, esforçam-se por realizar a identificação do relativo e do absoluto, do *samsara* e do nirvana, ou seja, empenham-se em apreender de maneira experimental a realidade última, a vacuidade. Alguns proclamam através de seu comportamento excêntrico, e até aberrante, que transcenderam as "dualidades" falaciosas da verdade convencional.

Tal como na Índia (cf. §332), são sobretudo as diversas escolas tântricas que aplicam, e transmitem no maior segredo, as técnicas de meditação e os rituais que visam à realização da *coincidentia oppositorum* em todos os níveis da existência. Entretanto, todas as escolas tibetanas aceitam os conceitos fundamentais do budismo *mahayana*, em primeiro lugar a ideia de que a alta ciência (*prajna*), princípio feminino e passivo, está intimamente ligada à prática, ou "meio" (*upaya*), princípio masculino e ativo; é graças à "prática" que a "sapiência" pode manifestar-se. Sua união, obtida pelo monge após rituais e meditações específicas, concede a grande felicidade (*mahasukha*).

Um dos traços característicos do lamaísmo é a importância capital do guru. Sem dúvida, tanto na Índia bramânica e hinduísta como no budismo

* Stein, *Civ. tib.*, p.143. Graças aos méritos acumulados durante esta vida, os leigos esperam uma reencarnação num estado superior.

primitivo, o mestre era considerado pai espiritual do discípulo. Mas o budismo tibetano eleva o guru a uma posição quase divina: é ele que confere a iniciação ao discípulo, explica-lhe o sentido esotérico dos textos, comunica-lhe um mantra secreto e todo-poderoso. O mestre trata de saber, em primeiro lugar, qual é a "paixão dominante" do neófito, para descobrir qual sua divindade tutelar e, portanto, a espécie de tantra que lhe convém.

Quanto ao discípulo, a fé em seu guru deve ser absoluta. "Venerar um único pelo do mestre é um mérito maior que venerar todos os *buddha* dos três tempos (passado, presente e futuro)."[18] Durante a meditação, o discípulo identifica-se com seu mestre, ele próprio identificado com a divindade suprema. O mestre submete o discípulo a numerosas provas, a fim de descobrir a qualidade e os limites de sua fé. Marpa leva ao desespero seu discípulo Milarepa, humilhando-o, insultando-o e espancando-o; não logra, porém, abalar sua fé. Colérico, injusto e violento, Marpa comove-se de tal forma diante da fé de seu discípulo que chora frequentemente às escondidas.[19]

A atividade religiosa dos monges consiste essencialmente numa série de exercícios espirituais de tipo ióguico-tântrico, o mais importante dos quais é a meditação.* O religioso pode utilizar certos objetos exteriores como suporte da meditação: imagens das divindades, mandalas etc. Mas, tal como na Índia, sobretudo no tantrismo (§333), as divindades representadas devem ser interiorizadas, isto é, "criadas" e projetadas como que numa tela pelo monge. Obtém-se primeiro o "vazio", de onde, a partir de uma sílaba mística, emerge a divindade. O monge identifica-se, em seguida, com essa divindade. "Tem-se então um corpo divino, luminoso e vazio; indissoluvelmente fundido na divindade, participa-se – através dela – da vacuidade." É nesse momento que a divindade está realmente presente.

> Para prová-lo, relata-se, por exemplo, que depois de tal evocação pela meditação, as divindades representadas na pintura saíram dela, deram uma volta e regressaram: pôde-se, então, verificar que suas vestes e seus acessórios estavam em desordem na pintura. A contemplação do mestre Bodhisattva em Samye foi tão intensa que tornou as divindades "objetivamente" presentes aos olhos de todo o mundo: as estátuas saíram do templo, deram uma volta em torno dele e regressaram a seus lugares.[20]

Certas meditações requerem o domínio das técnicas do hataioga (§143); por exemplo, a produção do calor (*gtum-mo*), que permite aos ascetas se-

* Cada mosteiro é munido de pequenas celas especiais para o retiro e a meditação dos monges.

carem sobre seus corpos nus e em plena neve, durante uma noite de inverno, uma grande quantidade de lençóis ensopados.[21] Outras meditações do monge visam à obtenção dos poderes ióguicos (*siddhi*, cf. §195) de tipo faquírico; por exemplo, a transferência do seu "espírito" no corpo de um morto, em outras palavras, a animação do cadáver. A mais aterradora meditação, o *gcod* ("cortar"), consiste em oferecer a própria carne para ser devorada pelos demônios.

> A força da meditação faz surgir em plena luz uma deusa sabre; ela salta sobre a cabeça daquele que oferece o sacrifício, decapita-o e esquarteja-o; então os demônios e os animais ferozes precipitam-se sobre esses restos palpitantes, devoram-lhes a carne e bebem-lhes o sangue. As palavras pronunciadas fazem alusão a certos *jatakas*, que narram como Buda, em outras encarnações, entregou a própria carne para servir de pasto a animais esfaimados e demônios antropófagos.[22]

Essa meditação lembra o esquartejamento iniciatório do futuro xamã por demônios e pelas almas dos antepassados. Não é esse, aliás, o único exemplo de integração, no lamaísmo, das crenças e técnicas xamanistas. Certos lamas-feiticeiros lutam entre si recorrendo a seus poderes mágicos, tal como o fazem os xamãs siberianos. Os lamas dominam a atmosfera exatamente como os xamãs, voam através dos ares etc.[23] Entretanto, apesar da sua estrutura xamanista, as meditações aterradoras dos monges tibetanos são dotadas de sentidos e valores espirituais de nível inteiramente distinto. A "contemplação do seu próprio esqueleto", exercício especificamente xamânico, visa, no lamaísmo, à experiência extática da irrealidade do mundo e do eu. Para citarmos apenas um exemplo, o monge deve ver-se como um "esqueleto branco, brilhante e enorme, de onde saem chamas tão grandes que preenchem o vazio do Universo".[24]

317. Ontologia e fisiologia mística da luz

Essa capacidade de assimilar e revalorizar diversas tradições, ainda que indígenas e arcaicas, ou estrangeiras e recentes, é uma característica do gênio religioso tibetano. Apreciaremos os resultados de tal sincretismo examinando algumas concepções e rituais relacionados com a luz. Já observamos o papel da luz quando apresentamos o mito da corda *mu* e certas cosmogonias autóctones ou *bon*. Giuseppe Tucci considera a importância atribuída à luz ("quer como princípio gerador, quer como símbolo da realidade suprema ou como revelação visível, perceptiva, dessa luz, de onde tudo provém e que está presente em nós mesmos")[25] a característica fundamental da experiência religiosa tibetana. Para todas as escolas lamaístas, o espírito (*sems*) é luz, e essa identidade constitui a base da soteriologia tibetana.[26]

Lembremos, porém, que na Índia a luz era considerada a epifania do espírito e da energia criadora em todos os níveis cósmicos, e isso desde o Rig Veda (cf. §81). A homologia: divindade, espírito, luz, *semen virile*, acha-se claramente articulada nos *Brahmanas* e nos Upanixades.[27] A aparição dos deuses, bem como o nascimento ou a iluminação de um salvador (Buda, Mahavira), manifesta-se por um derrame de luz sobrenatural. Para o budismo Mahayana, o espírito (= o pensamento) é "naturalmente luminoso". Por outro lado, já se conhece o papel da luz nas teologias iranianas (cf. §215). Pode-se, portanto, presumir que a identidade espírito (*sems*)-luz, tão importante no lamaísmo, seria a consequência das ideias oriundas da Índia e, indiretamente, do Irã. Convém examinar, contudo, o processo de reinterpretação e revaloração, no interior do lamaísmo, de um mito pré-budista sobre a origem do homem a partir da luz.

Segundo uma tradição antiga, a luz branca deu origem a um ovo, do qual saiu o homem primordial. Uma segunda versão relata que o ser primordial nasceu do vazio e resplandecia de luz. Outra tradição, por fim, explica como se efetuou a passagem do homem-luz para os seres humanos atuais. No começo, os homens eram assexuados e desprovidos de desejos sexuais; tinham a luz em si mesmos, e a irradiavam. O Sol e a Lua não existiam. Com o despertar do instinto sexual, surgiram os órgãos genitais – e então o Sol e a Lua apareceram no Céu. No início, os homens multiplicavam-se da seguinte maneira: a luz que emanava do corpo do macho penetrava, iluminava e fecundava o útero da mulher. O instinto sexual satisfazia-se tão somente com a visão. No entanto, os homens degeneraram e começaram a se tocar com as mãos, até que por fim descobriram a união sexual.[28]

Segundo tais crenças, a luz e a sexualidade são dois princípios antagônicos: quando uma delas predomina, a outra não pode manifestar-se, e vice-versa. Isso equivale a dizer que a luz está contida (ou melhor, aprisionada) no *semen virile*. Como acabamos de lembrar, a consubstancialidade do espírito (divino), da luz e do *semen virile* é, sem dúvida, uma concepção indo-iraniana. Mas a importância da luz na mitologia e teologia tibetanas (a corda *mu* etc.) sugere uma origem autóctone para esse tema antropogônico, o que não invalida sua reinterpretação ulterior, decorrente, tudo indica, de influências maniqueístas.

Na verdade, segundo o maniqueísmo, o homem primordial, formado de cinco luzes, foi vencido e devorado pelos demônios das trevas. Desde esse momento, as cinco luzes se acham presas nos homens, criações demoníacas, e particularmente no esperma (cf. §233). Voltamos a encontrar a luz quíntupla numa interpretação indo-tibetana do *maithuna*, união ritual que imita o "jogo" divino, pois não deve terminar por uma emissão de sêmen (§334). Ao comentarem o *Guhyasamaja Tantra*, Candrakirti e Ts'on Kapa insistem neste detalhe: durante o *maithuna*, efetua-se uma união de ordem mística, graças à qual o casal obtém a consciência nirvânica. No homem, essa consciência nirvânica, denominada *bodhicitta*, "pensamento de despertar", manifesta-se por – e de certo modo é idêntica a – uma gota (*bindu*), que desce do topo da cabeça e enche os órgãos sexuais com um jato de quíntupla luz. Candrakirti prescreve: "Durante a união, cumpre meditar sobre o *vajra* (*membrum virile*) e o *padma* (útero) como estando internamente repletos de quíntupla luz."* A influência maniqueísta parece evidente na imagem da quíntupla luz. Observa-se outra analogia (mas que não implica necessariamente o empréstimo) entre a injunção tântrica de não emitir o esperma e a proibição maniqueísta de engravidar a mulher.

No momento da morte, a "alma" dos santos e dos iogues sai voando pelo sincipúcio, como uma flecha de luz, e desaparece pela "abertura de fumaça do Céu".[29] Para o comum dos mortais, o lama abre um orifício no topo da cabeça do moribundo, a fim de facilitar o voo da "alma". Na fase final da agonia e durante vários dias após o óbito, o lama lê o *Bardo Thödol* (*O livro tibetano da morte*) em intenção do falecido. O lama adverte-o de que será bruscamente despertado por uma luz ofuscante: é o encontro com seu próprio eu que é, ao mesmo tempo, a realidade última. O texto prescreve ao morto: "Não se deixe intimidar, nem aterrorizar, é o esplendor de sua própria natureza." Da mesma forma, o fragor do trovão e outros fenômenos aterradores "não têm como lhe causar mal. Você é incapaz de morrer. Basta reconhecer que essas aparições são suas próprias formas de pensamento. Reconheça tudo isso como sendo o *bardo* (ou seja, o estado intermediário)".[30] Mas, condicionado por sua situação cármica, o morto não sabe pôr em prática esses conselhos. Embora perceba uma sucessão de luzes puras representando a libertação, a identificação com a essência do Buda –, o defunto deixa-se atrair pelas luzes impuras, que simbolizam uma forma qualquer de pós-existência, em outras palavras, o retorno à terra.**

* Textos citados por Tucci, "Some glosses upon Guhyasamāja", p.349. Lembremos que, para o Mahayana, os elementos cósmicos – os *skandha* ou os *dhatu* – são identificados com os Tathagatas. Ora, a realidade última dos Tathagatas é a luz diferentemente colorida. "Todos os Tathagatas são as cinco luzes", escreve Candrakirti (Tucci, p.348). Cf., sobre essa questão, *Méphistophélès et l'Androgyne*, p.45s.; *Occultisme, sorcellerie et modes culturelles*, p.133s.

** Após as luzes branca e azul, ele verá as luzes amarela, vermelha e verde, e por fim todas as luzes juntas; ibid., p.110-30; cf. também p.173-7 e *Tibetan Yoga and Secret Doctrines*, p.237s.

Cada homem tem oportunidade de alcançar a libertação no momento de sua morte: basta reconhecer-se na clara luz que ele experimenta nessa ocasião. A leitura em voz alta do *Livro da morte* constitui um último apelo; mas é sempre o defunto que decide de sua sorte. Cabe-lhe ter ânimo para escolher a clara luz e força para resistir às tentações da pós-existência. Em outros termos, a morte oferece uma nova possibilidade de ser iniciado, mas essa iniciação, como qualquer outra, contém uma série de provas que o neófito é obrigado a enfrentar e vencer. A experiência da luz *post mortem* constitui a última, e talvez a mais difícil, prova iniciatória.

318. Atualidade de certas criações religiosas tibetanas

O *Bardo Thödol* é, sem dúvida, o texto religioso tibetano mais conhecido no mundo ocidental. Traduzido e publicado em inglês em 1928, foi sobretudo depois de 1960 que ele se tornou de certo modo o livro de cabeceira de um número considerável de jovens. O fenômeno é significativo para a história da espiritualidade ocidental contemporânea. Trata-se de um texto profundo e difícil, sem similar em nenhuma outra literatura religiosa. O interesse que ele desperta, não apenas entre psicólogos, historiadores e artistas, mas principalmente entre os jovens, é sintomático: indica ao mesmo tempo a dessacralização quase total da morte nas sociedades ocidentais contemporâneas, e o desejo exasperado de revalorizar – religiosa ou filosoficamente – o ato que, ao mesmo tempo em que a questiona, põe termo à existência humana.*

De proporções mais modestas, mas igualmente significativa, é a popularidade crescente do Shambala, região misteriosa onde, segundo a tradição, foram conservados os textos do *Kalacakra*.** Existem vários *Guias* para o Shambala, redigidos pelos lamas, mas trata-se primordialmente de uma geografia mítica. De fato, os obstáculos descritos nos *Guias* (montes, rios, lagos, desertos, monstros diversos) lembram os itinerários para as regiões fabulosas mencionadas em tantas mitologias e folclores. E mais: afirmam

---

* Esse êxito de uma "tanatologia" exótica no mundo ocidental contemporâneo poderia ser comparado à rápida difusão da dança dos esqueletos, a qual, segundo B. Laufer, seria de origem tibetana.

** Essa escola tântrica, ainda insuficientemente estudada, penetrou, por volta de 960, partindo da Ásia central, em Bengala e na Caxemira. Sessenta anos depois, o *Kalacakra* – literalmente: "a roda do tempo" – foi introduzido no Tibete juntamente com seu sistema específico de medir o tempo e suas implicações astrológicas. Cf. H. Hoffmann, *The Religions of Tibet*, p.126s.; id., "Kalacakra Studies I", passim.

alguns autores tibetanos que é possível chegar ao Shambala após uma viagem efetuada em sonho ou em êxtase.[31] Também dessa vez, o fascínio do velho mito de uma região *paradisíaca* e no entanto *real* revela uma nostalgia característica das sociedades ocidentais dessacralizadas. Lembre-se o êxito espetacular do medíocre romance *Horizonte perdido* e, sobretudo, do filme que ele inspirou.

Depois do *Bardo Thödol*, a única obra tibetana que teve certo sucesso no Ocidente foi a *Vida de Milarepa*, escrita aproximadamente no final do século XII e traduzida para o francês por J. Bacot (1925) e para o inglês por Ewans-Wentz (1938). Infelizmente, a obra poética de Milarepa (1052-1135) apenas começa a ser conhecida. A primeira tradução completa foi publicada em 1962.[32] Tanto a vida como os poemas de Milarepa apresentam um interesse excepcional. Esse mágico, místico e poeta revela admiravelmente o gênio religioso tibetano. Milarepa começa por dominar a magia para vingar-se de seu tio; após um árduo e longo aprendizado sob a orientação de Marpa, retira-se para uma gruta, alcança a santidade e conhece as beatitudes de um "liberto em vida". Em seus poemas – que adquirirão celebridade quando forem traduzidos por poetas –, ele renova a técnica dos cantos (*doha*) dos tantristas indianos, adaptando-a aos cantos indígenas. "Ele fez isso certamente por prazer, mas também com o intuito de vulgarizar, desse modo, o pensamento budista e de torná-lo mais familiar, introduzindo-o nos cantos populares."[33]

Por fim, é provável que a *Epopeia de Gesar* venha a ser proximamente descoberta, não só pelos comparatistas, como ainda pelo público letrado. Embora a redação definitiva pareça datar mais ou menos do final do século XIV, o mais antigo ciclo épico é atestado três séculos antes. O tema central é constituído pela transformação do herói. Através de numerosas provas, o rapaz feio e mau transforma-se num guerreiro invencível e, afinal, no glorioso soberano Gesar, vencedor dos demônios e dos reis dos quatro quadrantes do mundo.[34]

Se evocamos as ressonâncias no Ocidente de algumas criações religiosas tibetanas foi porque, após a ocupação chinesa, grande número de monges e eruditos tibetanos se acha espalhado por todo o mundo. Essa diáspora poderia, com o tempo, modificar radicalmente, ou mesmo apagar, a tradição religiosa tibetana. Mas, por outro lado, o ensinamento oral dos lamas poderia ter, no Ocidente, um efeito comparável ao êxodo dos sábios bizantinos carregados de valiosos manuscritos, depois da queda de Constantinopla.

A síntese religiosa tibetana apresenta certa analogia com o hinduísmo medieval e o cristianismo. Nos três casos, trata-se de um encontro entre uma *religião tradicional* (isto é, a sacralidade de estrutura cósmica), uma *religião de salvação* (o budismo, a mensagem cristã, o vixenuísmo) e uma tradição *esotérica* (tantrismo, gnosticismo, técnicas mágicas). A correspondência é ainda mais notável entre o Ocidente medieval dominado pela Igreja romana e a teocracia lamaica.

NOTAS

1. Ver Eliade, *Aspects du mythe*, esp. p.33s. Ver também G. Tucci, *Les religions du Tibet*, p.296s.
2. R. Stein, op.cit., p.176.
3. Ver sobretudo A. Macdonald, "Une lecture des Pelliot tibétains", p.339s.
4. Trad. franc. R. Stein, op.cit., p.189-90. Cf. G. Tucci, *Les religions du Tibet*, p.286s. Ver a análise comparativa desse motivo mítico em nosso estudo "Cordes et marionnettes" (reproduzido in *Mephistophélès et l'Androgyne*, p.200-37), esp. p.208s.
5. Ver G. Tucci, *The Tombs of the Tibetan Kings*. Cf. Stein, op.cit., p.168s.
6. Stein, op.cit., p.189.
7. Ibid., p.193.
8. R.A. Stein, *Recherches sur l'épopée et le barde au Tibet*, p.440-1.
9. Cf. nosso estudo: "Remarques sur le dualisme religieux: dyades et polarités" (reproduzido in *La nostalgie des origines*, p.231-311).
10. Cf. A. Macdonald, p.367.
11. Cf. R. Stein, *Recherches sur l'épopée et le barde au Tibet*, p.381s.
12. Ver os textos resumidos por Tucci, *Les religions du Tibet*, p.304. O mesmo motivo é encontrado na biografia lendária de Padmasambhava; desta feita, o mestre budista submete as divindades *bon*.
13. Tucci, p.305.
14. A análise mais completa foi feita por D.L. Snellgrove, *The Nine Ways of* Bon. Ver também Tucci, p.291s.; Blondeau, p.310s.
15. Ver as fontes resumidas por Stein, *Civ. tib.*, p.209; Tucci, p.273; cf. também p.280-8.
16. Ele lançou, assim, as bases do grande corpus: os cem volumes do *Kanjur* (que contêm os discursos de Buda) e os 225 volumes do *Tanjur* (traduções dos comentários e dos tratados sistemáticos redigidos pelos autores indianos).
17. A.M. Blondeau, op.cit., p.271.
18. Apud Stein, op.cit., p.145.
19. Ver a admirável biografia traduzida para o francês por J. Bacot, *Le poète tibétain Milarepa*.
20. Stein, op.cit., p.151.
21. Trata-se de técnicas arcaicas, já atestadas na Índia antiga (cf. *tapas*, §78) e específicas aos xamãs; cf. Eliade, *Le chamanisme*, p.370s., 412s.; *Mythes, rêves et mystères*, p.124s., 196s.
22. R. Bleichsteiner, *L'Église jaune*, p.194-5; Eliade, *Le chamanisme*, p.385. "A prática do *gcod* só pode ser o resultado de uma prolongada preparação espiritual; ele é reservado ao discípulo particularmente forte, sob o aspecto psíquico, pois do contrário, sucumbindo às alucinações que ele próprio provocou, perderia a razão. Não obstante as precauções tomadas pelos mestres, isso parece acontecer às vezes"; A.M. Blondeau, op.cit., p.284.

23. Ver Bleichsteiner, op.cit., p.187s., 224s.; *Le chamanisme*, p.387. A biografia de Padmasambhava está repleta de traços xamânicos; cf. ibid., p.383.
24. Lama Kasi Dawa Samdup e W.Y. Evans-Wentz, *Le yoga tibétain et les doctrines secrètes*, p.315s.
25. Tucci, *Les religions du Tibet*, p.97.
26. Ibid., p.98; ver também p.110s., 125s.
27. Ver nosso estudo "Expérience de la lumière mystique" (reproduzido in *Méphistophélès et l'Androgyne*), p.27s.
28. Ibid., p.47s.
29. Esse rito do lançamento da "alma" através do sincipúcio é também conhecido como a "abertura da porta do Céu"; Stein, "Architecture et pensée religieuse en Extrême-Orient", p.184. Cf. Eliade, "Briser le toit de la maison", p.136s.
30. Evans-Wentz, *The Tibetan Book of the Dead*, p.106.
31. Cf. Edwin Bernbaum, *The Way of Shambala*, p.205s.
32. *The Hundred Thousand Songs of Milarepa*, tradução e notas de Garma C.C. Chang.
33. R. Stein, *Civilisation tibétaine*, p.223.
34. Cf. Stein, ibid., p.239s.; idem, *L'Épopée et le barde*, p.543 e passim.

Estado das questões: bibliografia crítica

241. Uma boa introdução geral à pré-história e à proto-história das religiões da Eurásia setentrional foi escrita por Karl Jettmar, in I. Paulson, A. Hultkrantz e K. Jettmar, *Les religions arctiques et finnoises* (trad. franc., Payot, 1965; ed. alemã, Stuttgart, 1962), p.289-340. Para uma apresentação histórica das culturas da Ásia central, ver Mario Bussagli, *Cultura e civiltà dell'Asia Centrale* (Roma, 1970), sobretudo p.27s. (as origens das culturas nômades), p.64s. (origens e características das culturas sedentárias), p.86s. (da época dos citas ao período "huno-sarmático"); essa obra contém excelente bibliografia crítica. Ver também: K. Jettmar, *Die frühen Steppenvölker* (Kunst der Welt, Baden-Baden, 1964); idem, "Mittelasien und Sibirien in vortürkischer Zeit", in *Handbuch der Orientalistik*, 1, parte V, v.5 (Leiden-Colônia, 1966), p.1-105; Sergei I. Rudenko, *Frozen Tombs of Siberia: The Pazyryk Burial of Iron Age Horsemen* (Los Angeles, 1970; a edição russa foi publicada em 1953); E. Tryjarski, "On the archaeological traces of Old Turks in Mongolia", in *East and West* (Roma, 1971), p.121-35; L.I. Albaum e R. Brentjes, *Wächter des Goldes. Zur Geschichte und Kultur mittelasiatischer Völker vor dem Islam* (Berlim, 1972).

A síntese de René Grousset, *L'Empire des Steppes: Attila, Gengis-Khan, Tamerlan* (Paris, 1948), continua sendo imprescindível. *Ver também*: F. Altheim e R. Stiehl, *Geschichte Mittelasien in Altertum* (Berlim, 1970); F. Altheim, *Attila und die Hunnen* (Baden-Baden, 1951; trad. franc., 1953); idem, *Geschichte der Hunnen*, I-IV (Berlim, 1959-62); E.A. Thompson, *A History of Attila and the Huns* (Oxford, 1948); Otto J. Maenchen-Helfen, *The World of the Huns. Studies in their History and Culture* (Berkeley, 1973; obra importante sobretudo pela utilização dos documentos arqueológicos; bibliografia exaustiva, p.486-578).

Sobre o simbolismo religioso e os argumentos mítico-rituais do lobo (transformação ritual em fera, mito da descendência de um povo nômade de um carnívoro etc.), ver nosso estudo "Les Daces et les loups" (1959: republicado in *De Zalmoxis à Gengis-Khan*, Payot, 1970, p.13-30). "O primeiro ancestral de Gêngis-Khan era um lobo cinzento enviado do Céu, escolhido pelo destino; sua esposa era uma corça branca." Assim começa a *Histoire secrète des Mongols*. Os T'ou Kiue e os uigures afirmam que seus antepassados eram uma loba (T'ou-Kiue) ou um lobo. Segundo as fontes chinesas, os Hsiung-nu descendem de uma princesa e de um lobo sobrenatural. Mito similar é atestado entre os Kara-quirguizes. (Outras versões – tonguses, altaicas etc. – aludem à união entre uma princesa e um cão.) Ver as fontes citadas por Freda Kretschmar, *Hundestammvater und Kerberos*, I (Stuttgart, 1938), p.3s., 192s. Cf. também sir G. Clauson, "Turks and wolfes", *Studia Orientalia* (Helsinque, 1964), p.1-22; J.-P. Roux, *Faune et flore sacrées dans les sociétés altaïques* (Paris, 1966), p.310s.

Parece paradoxal que um lobo se una a uma corça, a caça por excelência dos carnívoros. Contudo, os mitos da fundação de um povo, de um Estado ou de uma dinastia utilizam o simbolismo da *coincidentia oppositorum* (portanto, de uma totalidade semelhante à unidade original) para frisar que se trata de uma nova Criação.

242. O livro do estudioso finlandês Uno Harva, *Die religiösen Vorstellungen der altaischen Völker* (FF Communication, n.125, Helsinque, 1938) constitui a melhor exposição de conjunto (trad. franc., 1959). Sobre os deuses do Céu, ver p.140-53; cf. também Eliade, *Traité d'histoire des religions*, §§17-8. Uma documentação etnográfica considerável foi reunida por Wilhelm Schmidt nos quatro últimos volumes de sua obra *Der Ursprung der Gottesidee*: v.IX (1949: turcos e tártaros), X (1952: mongóis, tonguses, iucajires), XI (1954: iacutos, sojotes, caragasses, jenisseis); XII (1955: visão sintética das religiões dos pastores da Ásia central, p.1-613; comparação com os pastoralistas da África, p.761-899). Ao utilizar esses documentos, deve-se ter sempre em conta a ideia central do Rev.mo P.e Schmidt: a existência de um *Urmonotheismus*. Ver, do mesmo autor, "Das Himmelsopfer bei den asiatischen Pferdezüchtren", in *Ethnos*, 7, 1942, p.127-48.

Sobre Tangri, consultar a monografia de Jean-Paul Roux, "Tängri. Essai sur le Ciel-Dieu des peuples altaïques", in *RHR*, t.149 (1956), p.49-82, 197-230; t.150 (1957), p.27-54, 173-212; "Notes additionnelles à Tängri, le Dieu-Ciel des peuples altaïques", ibid., t.154 (1958), p.32-66. Ver também, do mesmo autor, "La religion des Turcs de l'Orkhon des VIIe et VIIIe siècles", ibid., t.160 (jan-mar 1962), p.1-24.

Sobre a religião dos mongóis, convém consultar sobretudo N. Pallisen, *Die alte Religion der Mongolischen Völker*, diss. Marburg, 1949 ("Micro-Bibliotheca Anthropos", n.7, Freiburg, 1953). Walther Heissig, *La religion de la Mongolie* (in G. Tucci e W. Heissig, *Les religions du Tibet et de la Mongolie*, trad. franc., Payot, 1973, p.340-490), apresenta a religião popular e o lamaísmo entre os mongóis. O autor faz abundante citação de textos editados e traduzidos em sua importante obra *Mongolische volksreligiöse und folkloristisches Texte* (Wiesbaden, 1966).

Acerca da religião dos hunos, ver sobretudo Otto J. Maenchen-Helfen, *The World of the Huns*, p.259-96, esp. p.267s. (xamãs e visionários), 280s. (máscaras e amuletos).

243. Sobre a cosmologia, ver Uno Harva, *Die religiösen Vorstellungen*, p.20-88; M. Eliade, *Le chamanisme et les techniques archaïques de l'extase* (2ª ed., 1968), p.211-22; I. Paulson, in *Les religions arctiques et finnoises*, p.37-46, 202-29; J.-P. Roux, "Les astres chez les Turcs et les Mongols", *RHR*, 1979, p.153-92 (preces endereçadas ao Sol, p.163s.).

A Terra como divindade não parece ter desempenhado papel importante: ela não era representada por ídolos e não lhe dedicavam sacrifícios (cf. Harva, p.242-49). Entre os mongóis, Otugen, a deusa da Terra, designava primitivamente a pátria originária dos mongóis (ibid., p.43). Ver também E. Lot-Falck, "A propos d'Atüngän, déesse mongole de la Terre", *RHR*, t.149 (1956), p.157-96; W. Heissig, "Les religions de la Mongolie", p.470-80 ("Culte de la Terre et culte des hauteurs").

244. Sobre o mito do "mergulho cosmogônico", ver nosso estudo "Le diable et le bon Dieu: la préhistoire de la cosmogonie populaire roumaine" (in *De Zalmoxis à Gengis-Khan*, p.80-130). As versões dos povos euro-asiáticos foram apresentadas e analisadas por W. Schmidt nos volumes IX-XII de *Ursprung der Gottesidee*; cf. ensaio de síntese, v.XII, p.115-73. (Convém aduzir que nem sempre estamos de acordo com a análise histórica e as conclusões do autor.)

Acerca de Erlik, deus da morte nas inscrições paleoturcas, ver Annemarie v. Gabain, "Inhalt und magische Bedeutung der alttürkischen Inschriften", in *Anthropos*, 48, 1953, p.537-56, esp. p.540s.

245. Sobre os diferentes xamanismos – na Ásia setentrional e central, na América do Sul e do Norte, no sudeste da Ásia e na Oceania, no Tibete, na China e entre os indo-europeus –, ver nosso livro *Le chamanisme* (2ª ed., rev. e ampl., Payot, 1968). Os primeiros seis capítulos (p.21-210) são dedicados aos xamanismos centro-asiáticos e siberianos. Entre as obras importantes publicadas depois do aparecimento de nosso livro, devemos assinalar: V. Dioszegi (org.), *Glaubenswelt und Folklore der sibirischen Völker* (Budapeste, 1963; nove estudos sobre o xamanismo); Carl-Martin Edsman (org.), *Studies in Shamanism* (Estocolmo, 1967); Anna-Leena Siikala, *The Rite Technique of the Siberian Shaman* (FF Communication, n.220, Helsinque, 1978).

Para uma exposição de conjunto, ver U. Harva, *Rel. Vorstellungen*, p.449-561. Wilhelm Schmidt resumiu suas concepções sobre o xamanismo dos pastores centro-asiáticos in *Ursprung d. Gottesidee*, XII (1955), p.615-759. Ver também J.-P. Roux, "Le nom du chaman dans les textes turco-mongols", in *Anthropos*, 53 (1958), p.133-42; idem, "Éléments chamaniques dans les textes pré-mongols", ibid., p.440-56; Walther Heissig, *Zur Frage der Homogenität des ostmongolischen Schamanismus* (Collectanea Mongolica, Wiesbaden, 1966); idem, "Chamanisme des Mongols", in *Les religions de la Mongolie*, p.351-72; "La répression lamaïque du chamanisme", ibid., p.387-400.

Sobre as doenças e os sonhos iniciatórios dos futuros xamãs, ver *Le chamanisme*, p.44s.; *Mythes, rêves et mystères* (Paris, 1957), p.101s. Em vez de serem neuropatas (como haviam sustentado muitos estudiosos, desde Krivushapkin, em 1861, até Ohlmarks, em 1939), os xamãs mostram-se, sob o vínculo intelectual, superiores a seu meio. "São os principais guardiães da rica literatura oral: o vocabulário poético de um xamã compreende doze mil palavras, enquanto a linguagem corrente – a única conhecida pelo resto da comunidade – não apresenta mais que quatro mil. Os xamãs demonstram possuir uma memória e um autocontrole claramente superiores à média. São capazes de executar sua dança extática no interior de uma iurta repleta de assistentes, num espaço rigorosamente limitado, com trajes que contêm mais de quinze quilos de ferro sob a forma de rodelas e vários outros objetos, sem jamais tocar ou ferir alguém" (*Mythes, rêves et mystères*, p.105).

O livro de G.V. Ksenofontov foi traduzido para o alemão por A. Friedrich e G. Buddruss, *Schamanengeschichten aus Sibirien* (Munique, 1956).

Sobre a iniciação pública dos xamãs buriatas, ver as fontes citadas e resumidas in *Le chamanisme*, p.106-11 (p.106, nota 1, bibliografia).

246. Sobre os mitos acerca da origem dos xamãs, ver L. Steinberg, "Divine election in primitive religions", Congresso Internacional dos Americanistas, relatório da XXI sessão, parte 2 (1924), Goteburgo, 1925, p.472-512, sobretudo p.474s.; M. Eliade, *Le chamanisme*, p.70s.

Sobre o sacrifício altaico do cavalo, ver W. Radlov, *Aus Sibirien: lose Blätter aus dem Tagebuche eines reisenden Linguisten* (Leipzig, 1884), v.II, p.20-50, sintetizado in *Le chamanisme*, p.160-5. Ver ibid., p.166-7, a análise histórica das relações entre Tengere Kaira kan, Bai Ulgan e o sacrifício xamânico do cavalo.

Sobre as descidas extáticas ao Inferno, ver *Le chamanisme*, p.167-78, 181s. Cf. J.-P. Roux, *La mort chez les peuples altaïques anciens et médiévaux* (Paris, 1963); idem, "Les chiffres symboliques 7 et 9 chez les Turcs non musulmans", *RHR*, 1965, t.168, p.29-53.

Em algumas populações conhece-se a divisão entre xamãs "brancos" e "negros", ainda que nem sempre seja fácil definir a oposição. Entre os buriatas, a numerosíssima classe dos semideuses subdivide-se em Cãs negros, servidos por "xamãs negros", e Cãs brancos, protetores dos "xamãs brancos". Essa situação, contudo, não é primitiva; segundo os mitos, o primeiro xamã era "branco"; o "negro" só apareceu mais tarde; cf. Garma Sandschejew, "Weltanschauung und Schamanismus der Alaren-Burjaten" (*Anthropos*, XXVII, 1927-28, p.935-55; XXVIII, 1928, p.538-60, 967-86), p.976. Sobre a morfologia e a origem dessa divisão dualista, ver *Le chamanisme*, p.157-60. Ver também J.-P. Roux, "Les êtres intermédiaires chez les peuples altaïques", in *Génies, anges et démons* (Sources Orientales, VIII, Paris, 1971), p.215-56; idem, "La danse chamanique de l'Asie centrale", in *Les danses sacrées* (Sources Orientales, VI, 1963), p.281-314.

247. Sobre o simbolismo do vestuário e do tambor xamânico, *Le chamanisme*, p.128-53.

Sobre a formação do xamanismo norte-asiático, ibid., p.385-94. Sobre o papel do xamanismo na religião e na cultura, ibid., p.395-7.

248. Ao grupo linguístico paleossiberiano pertencem os iucajires, os tchukutches, os coriaques e os giliacos. As línguas urálias são faladas pelos samoiedos, pelos ostiacos e pelos voguis. Os fino-úgricos compreendem os fineses, os cheremissos, os votiacos, os húngaros etc.

O livro de Uno Harva, *Die Religion der Tscheremissen* (FF Communication, n.61, Poorvo, 1926) merece menção especial. Uma apresentação geral das "Religions des asiates septentrionaux (tribus de Sibérie)" e das "Religions des peuples finnois" foi elaborada por Ivan Paulson, in *Les religions arctiques et finnoises*, p.15-136, 147-261 (excelentes referências bibliográficas).

Sobre o deus celeste Num, ver M. Castrén, *Reiseerinnerung aus den Jahren 1838-44*, I (São Petersburgo, 1853), p.250s.; Paulson, "Les religions des asiates septentrionaux", p.61s.; R. Pettazzoni, *L'onniscienza di Dio* (Turim, 1955), p.379s.

Sobre os mitos do mergulho cosmogônico, ver M. Eliade, *De Zalmoxis à Gengis-Khan*, p.100s.

Sobre o xamanismo dos úgricos, ver *Le chamanisme*, p.182s.; entre os estonianos, cf. Oskar Loorits, *Grundzüge des estnischen Volksglauben*, I (Lund, 1949), p.259s.; II (1951), p.459s. Sobre o xamanismo lapão, ver Louise Backman e Ake Hultkrantz, *Studies in Lapp Shamanism* (Estocolmo, 1978).

Acerca da origem "xamânica" de Vainamoinen e outros heróis do *Kalevala*, ver Martti Haavio, *Vänämöinen, Eternal Sage* (FF Communication, n.144, Helsinque, 1952).

Sobre o senhor das feras e os gênios guardiães, protetores da caça, consultar: Ivan Paulson, *Schutzgeister und Gottheiten des Wildes (der Jagdiere und Fische) in Nordeurasien. Eine religionsethnographische und religionsphänomenologische Untersuchung jägerischer Glaubensvorstellungen* (Estocolmo, 1961). Ver, idem: "Les religions des asiates septentrionaux (tribus de Sibérie)", p.70-102; "Les religions des peuples finnois", p.170-87; "The animal guardian: a critical and synthetic review", *HR*, III, 1964, p.202-19. Voltam a deparar-se as mesmas concepções entre os caçadores primitivos da América do Sul e do Norte, da África, do Cáucaso etc.; cf. bibliografia registrada por Paulson, "The animal guardian", notas 1-12.

249. As fontes escritas foram organizadas por C. Clemen, *Fontes historiae religionum primitivarum, praeindogermanicarum, indogermanicarum minus notarum* (Bonn, 1936), p.92-114; ver também W. Mannhardt, *Letto-Prussische Götterlehre* (Riga, 1936); A. Mierzynski, *Mythologiae lituanicae monumenta*, I-II (Varsóvia, 1892-95), apresenta e estuda as fontes até o meado do século XV. Sobre o estado das questões até 1952: Haralds Biezais, "Die Religionsquellen der baltischen Völker und die Ergebnisse der bisherigen Forschungen", *Arv*, 9 (1953), p.65-128.

Uma obra de conjunto sobre a religião dos bálticos é a de Haralds Biezais, in Ake V. Ström e H. Biezais, *Germanische und baltische Religion* (Stuttgart, 1975). Encontram-se apresentações gerais, redigidas com perspectivas distintas, in V. Pisani, "La religione dei Balti", in Tacchi Venturi, *Storia delle Religioni* (6ª ed., Turim, 1971), v.II, p.407-61; Marija Gimbutas, *The Balts* (Londres-Nova York, 1963), p.179-204; Jonas Balys e Haralds Biezais, "Baltische Mythologie", in *W.d.M.*, I (1965), p.375-454.

Documentação considerável, principalmente folclórica e etnográfica, com bibliografias exaustivas, encontra-se nas obras de Haralds Biezais, *Die Gottesgestalt der Lettischen Volksreligion* (Estocolmo, 1961) e *Die himmlische Götterfamilie der alten Letten* (Uppsala, 1972). Ver também H. Usener, *Götternamen* (Frankfurt do Meno, 3ª ed., 1948), p.79-122, 280-3; W.C. Jaskiewicz, "A study in Lithuanian mythology. Juan Lasicki's Samogitian gods", *Studi Baltici*, 9, 1952, p.65-106.

Sobre Dievs, cf. H. Biezais, *W.d.M.*, I, p.403-5; idem, "Gott der Götter", in *Acta Academia Aboensis*, Ser. A., Humaniora, v.40, n.2 (1971).

Perkunas, letão Perkuons, antigo prussiano Percunis, deriva de uma forma balto-eslava *Perqunos (cf. o antigo eslavo Perunu) e aproxima-se do védico Parjanya, do albanês Perën-di e do germânico Fjorgyn. Sobre Perkunas, ver J. Balys in *W.d.M.*, I, p.431-4 e a bibliografia citada ibid., p.434. Sobre Perkons, ver H. Biezais, *Die himmliche Götterfamilie der alten Letten*, p.92-179 (p.169s., estudo comparativo dos deuses indo-europeus da tempestade).

Não se conhecem os mitos cosmogônicos bálticos. Existe uma árvore do Sol (= árvore cósmica) no meio do oceano ou na direção do oeste; o Sol poente aí ata o seu cinto antes de repousar.

Sobre Saule, deusa do sol, e sobre seus filhos e filhas, e as núpcias celestes, ver H. Biezais, *Die himmlische Götterfamilie der alten Letten*, p.183-538. As filhas de Saule são semelhantes aos deuses indo-europeus da aurora.

Sobre Laima, ver H. Biezais, *Die Hauptgöttinen der alten Letten* (Uppsala, 1955), p.119s. (suas relações com a sorte e o azar), p.139s. (relações com Deus), p.158s. (com o Sol). Como deusa do destino, Laima rege o nascimento, o matrimônio, a fartura das colheitas, o bem-estar do gado (p.179-275). A interpretação de Biezais foi aceita por muitos baltólogos (cf. o relatório de Alfred Gaters, in *Deutsche Literaturzeitung*, 78, 9, set 1957), mas foi rejeitada pelo estudioso estoniano Oskar Loorits; cf. "Zum Problem der lettischen Schicksalgöttinen", in *Zeitschrift für slavische Philologie*, 26, 1957, p.78-103. O problema central é o seguinte: em que medida as canções populares (*daina*) representam documentos autênticos do antigo paganismo letão? Segundo Peteris Smits, as *daina* teriam florescido entre os séculos XII e XVI. Em compensação, cuida Biezais que as *daina* conservaram tradições religiosas muito mais antigas; a "floração" do século XVI é apenas o reflexo de uma nova época da criação poética popular (op.cit., p.31s., 48s.). Outros estudiosos insistiram igualmente no fato de que as *daina* são suscetíveis de uma renovação permanente (cf. Antanas Maceina, nas *Commentationes Balticae*,

II, 1955). Oskar Loorits pensa, porém, que as *daina* são relativamente muito recentes para que Laima possa ser uma antiga divindade de origem indo-europeia; sua função de divindade do destino é secundária (op.cit., p.82); Laima é uma "divindade inferior", limitando-se seu papel, segundo Loorits: auxiliar o parto e abençoar o recém-nascido (p.93); em síntese, Laima é uma manifestação secundária, de tipo sincretista, tal como a figura da Virgem Maria no folclore religioso letão (p.90s.).

Lembremos, no entanto, que o critério cronológico já não se impõe quando se trata de avaliar não a idade da *expressão literária oral de uma crença, mas seu conteúdo religioso.* As deusas padroeiras do parto e do recém-nascido têm uma estrutura arcaica; ver, *inter alia*, Momolina Marconi, *Riflessi mediterranei nella più antica religione laziale* (Milão, 1939); G. Rank, "Lappe female deities of the Madder-akka group" (*Studia Septentrionalia*, 6, Oslo, 1955, p.7-79). É difícil acreditar que as divindades ou semidivindades femininas populares bálticas – Laima etc. – tenham sido fabricadas segundo o modelo da Virgem Maria. Mais provavelmente, Maria substituiu as antigas divindades pagãs; ou ainda, estas últimas, após a cristianização dos bálticos, receberam alguns traços da mitologia e do culto da Virgem.

Sobre a licantropia com fins "positivos", afirmada por um velho letão, no século XVIII, ver o texto do processo publicado por Otto Höfler, *Kultische Geheimbünde der Germanen*, I (Frankfurt do Meno, 1934), p.345-51, e resumido in Eliade, *Occultisme, sorcellerie et modes culturelles* (Paris, 1978), p.103-4. Cf. ibid., p.99s., 105s., a análise de alguns fenômenos análogos (os *benandanti* de Aquileia, os *strigoi* romenos etc.).

Sobre o arcaísmo do folclore báltico, ver também Marija Gimbutas, "The ancient religion of the Balts", *Lituanus*, 4, 1962, p.97-108. Foram também destacadas outras sobrevivências indo-europeias; cf. Jaan Puhvel, "Indo-European structure of the Baltic Pantheon", in *Myth in Indo-European Antiquity* (Berkeley, 1974), p.75-85; Marija Gimbutas, "The Lituanian god Velnias" (ibid., p.87-92). Ver também Robert L. Fischer, Jr., "Indo-European elements in Baltic and Slavic chronicles", in *Myth and Law among the Indo-Europeans* (org. Jaan Puhvel, Berkeley, 1970), p.147-58.

250. Para uma apresentação clara e concisa da origem e da história antiga dos eslavos, ver Marija Gimbutas, *The Slavs* (Londres-Nova York, 1971); cf. também V. Pisani, "Baltico, slavo, iranico", in *Ricerche Slavistiche*, 15, 1967, 3-24.

Os textos gregos e latinos sobre a religião dos eslavos foram editados por C.H. Meyer, *Fontes historiae religionis slavicae* (Berlim, 1931). No mesmo volume, encontram-se o texto islandês e a tradução latina de *Knytlingasaga* e os documentos árabes em tradução alemã. As fontes mais importantes foram traduzidas por A. Brückner, *Die Slawen* (Religionsgeschichtliches Lesebuch, Heft 3, Tübingen, 1926), p.1-17. As fontes relativas aos eslavos orientais foram publicadas e copiosamente anotadas por V.J. Mansikka, *Die Religion der Ostslaven*, I (Helsinque, 1922).

Não existe obra de conjunto sobre a história religiosa dos eslavos. Para uma apresentação geral, ver: L. Niederle, *Manuel de l'antiquité slave*, v.II (Paris, 1926), p.126-68; B.O. Unbegaun, *La religion des anciens slaves* (*Mana*, v.III, Paris, 1948), p.389-445 (rica bibliografia); Marija Gimbutas, op.cit., p.151-70.

Sobre a mitologia, ver Aleksander Brückner, *La mitologia slava* (trad. polonesa Julia Dicksteinówna, Bolonha, 1923); R. Jakobson, "Slavic mythology", in Funk e Wagnalls, *Dictionary of Folclore, Mythology and Legend* (Nova York, 1950), II, p.1.025-8; N. Reiter, "Mythologie der alten Slaven", in *W.d.M.*, I, 6 (Stuttgart, 1964), p.165-208 (com bibliografia).

Sobre a religião dos eslavos ocidentais, ver: Th. Palm, *Wendische Kultstätten* (Lund, 1937); E. Wienecke, *Untersuchungen zur Religion der Westslawen* (Leipzig, 1940); R. Pettazzoni, *L'onniscienza di Dio*, p.334-72 ("Divinità policefale").

Sobre a ideia da divindade entre os eslavos, ver: Bruno Merriggi, "Il concetto del Dio nelle religioni dei popoli slavi", *Ricerche Slavistiche*, I, 1952, p.148-76; cf. também Alois Schmaus, "Zur altslawischen Religionsgeschichte", in *Saeculum*, 4, 1953, p.206-30.

Um riquíssimo estudo comparativo sobre a etnologia e o folclore eslavos foi feito por Evel Gasparini, *Il matriarcato slavo. Antropologia dei Protoslavi* (Florença, 1973), com bibliografia exaustiva (p.710-46). Certas conclusões do autor devem ser olhadas com cautela, mas sua documentação é inestimável; cf. nossas observações in *HR*, 14, 1974, p.74-8. A obra de F. Haase, *Volksglaube und Brauchtum der Ostslawen* (Breslau, 1939), ainda é de grande utilidade. Ver também Vladimir Propp, *Feste agrarie russe* (Bari, 1978).

A *Chronica Slavorum* de Helmond (1108-1177, aproximadamente) foi editada in *Monumenta Germaniae historica*, t.XXI, Hanôver, 1869. Os passos referentes à religião foram transcritos por V.J. Mansikka, *Die Religion der Ostslaven*, I, e por Aleksander Brückner, *Mitologia Slava*, p.250-5 e traduzidos para o alemão por A. Brückner, *Die Slawen*, p.4-7. Sobre a *Crônica de Nestor*, ver Brückner, *Mitologia Slava*, p.242-3; idem, *Die Slawen*, p.16-7.

Da rica bibliografia sobre Perun, basta mencionar Brückner, *Mitologia Slava*, p.58-80 (obra excessivamente crítica), R. Jakobson, "Slavic mythology", p.1.026, Gasparini, *Il matriarcato slavo*, p.537-42. Certos autores consideraram Perun "o Deus supremo, senhor do raio", de quem fala o historiador bizantino Procópio. Mas o deus celeste, distante e indiferente, evocado por Helmond é, por sua própria estrutura, distinto dos deuses da tempestade. Sobre o valor do testemunho de Procópio, ver R. Benedicty, "Prokopios Berichte über die slawische Vorzeit", *Jahrbuch der Oesterreichischen Byzantinischen Gesellschaft*, 1965, p.51-78.

Sobre Volos/Veles, ver Brückner, op.cit., p.119-40; R. Jakobson, "Slavic mythology", p.1.027; idem, "The Slavic god 'Veles' and his Indo-European cognates", in *Studi Linguistici in Onore di Vittore Pisani* (Brescia, 1969), p.579-99; Jaan Puhvel, "Indo-European structures of the Baltic Pantheon", in *Myth in Indo-European Antiquity* (org. G.I. Larson, Berkeley-Los Angeles, 1974), p.75-89, esp. p.88-9; Marija Gimbutas, "The Lithuanian God Veles", ibid., p.87-92.

A respeito de Simarglu, ver R. Jakobson, "Slavic mythology", p.1.027. Sobre Mokosh, ver Brückner, *Mitologia Slava*, p.141s. Sobre Dajbog, ver Brückner, *Mitologia Slava*, p.96s.; Jakobson, "Slavic mythology", p.1.027 (ambos os trabalhos contêm rica bibliografia).

Sobre Rod e *rojenitsa*, ver Brückner, op.cit., p.166s. Sobre *Matisyra zemlja*, ver Marija Gimbutas, p.168. Sua principal festa, *Kupala* (de *kupati*, "banhar-se"), era comemorada no solstício de verão, comportava a queima ritual dos fogos e um banho coletivo. Confeccionava-se um ídolo de palha, *kupala*, vestido com roupas de mulher, o qual era colocado sob o tronco de uma árvore, cortada, despojada dos ramos e fincada na terra. Entre os eslavos do Báltico, as mulheres cortavam e preparavam sozinhas a árvore sagrada (uma bétula), a que se ofereciam sacrifícios. A bétula representava a árvore cósmica que religava a Terra ao Céu (Gimbutas, p. 169).

Sobre os deuses do Báltico, ver as obras de Th. Palm e E. Wienecke citadas anteriormente, e as observações críticas de Pettazzoni, op.cit., p.562s.

As fontes germânicas e a *Knytlinga Saga* (redigidas em antigo islandês no século XIII) dão certas informações importantes sobre os santuários e o culto de Rüggen. Os ídolos de madeira, ornados de metal, tinham três, quatro ou várias cabeças. Em Stettin, havia um templo consagrado a Triglav, o "*Summus Deus*" tricéfalo. A estátua de Svantovit em Arkona era tetracéfala. Outros ídolos apresentavam um número ainda maior de cabeças; Rugevit tinha sete rostos numa só cabeça.

Sobre Svantovit, ver R. Reiter, op.cit., p.195-6; V. Machek, "Die Stellung des Gottes Svantovit in der altslavischen Religion", in *Orbis Scriptus* (Munique, 1966), p.491-7.

251. Para os espíritos da floresta (*leshy* etc.), ver documentação in Gasparini, *Il matriarcato slavo*, p.494s. Sobre os *demovoi*, ver ibid., p.503s.

Para as diferentes versões do mito do mergulho cosmogônico, ver cap.III de nosso livro *De Zalmoxis à Gengis-Khan*, p.81-130.

Sobre o bogomilismo, ver mais adiante, §293 e bibliografia citada, p.299-300.

Sobre o "dualismo" eslavo, ver a bibliografia registrada in *De Zalmoxis*..., p.95, notas 34-6.

252. Assinalemos algumas sínteses recentes sobre o fim da Antiguidade: S. Mazzarino, *The End of the Ancient World* (Londres, 1966; apresenta e analisa as hipóteses aventadas pelos historiadores modernos); Peter Brown, *The World of Late Antiquity* (Londres, 1971; a melhor introdução até hoje feita sobre o assunto); Hugh-Trevor Roper, *The Rise of Christian Europe* (Nova York, 1965; esp. p.9-70). O livro de Johannes Geffcken, *Der Ausgang des griechisch-römischen Heidentums* (2ª ed., Heidelberg, 1929), ainda não foi ultrapassado. Entre as obras mais elaboradas, citemos Ferdinand Lot, *La fin du monde antique et le début du Moyen Âge* (Paris, 1951); Michael Rostovtzeff, *Social and Economic History of the Roman Empire* (2ª ed., I-II, Oxford, 1957); Ernst Stein, *Histoire du Bas Empire*, I-II (Bruxelas, 1949, 1959); Lucien Musset, *Les invasions: les vagues germaniques* (Paris, 1965; 2ª ed., 1969); idem, *Les invasions: le second assaut contre l'Europe chrétienne: VII-XIe siècles* (1966). Ver também os estudos de diversos especialistas enfeixados no volume *The Conflict between Paganism and Christianity in the Fourth Century*, ibid., p.79-99. Cf. Peter Brown, *The Making of Late Antiquity* (Cambridge, Massachusetts, 1978).

Sobre a reação das elites do paganismo, ver P. de Labriolle, *La réaction païenne; étude sur la polémique anti-chrétienne du Ier au VIe siècle* (nova ed., 1950), e sobretudo Walter Emil Kaegi, *Byzantium and the Decline of Rome* (Princeton, 1968), esp. p.59-145.

A melhor edição e tradução comentada da *Cidade de Deus* é a dos *Études augustiniennes*, 5v. (Paris, 1959-1960).

Sobre a preparação e a estrutura da *Cidade de Deus*, ver Peter Brown, *Augustine of Hippo. A Biography* (Berkeley e Los Angeles, 1967), p.299-329. Ver também J. Claude Guy, *Unité et structure logique de la "Cité de Dieu" de saint Augustin* (Paris, 1961). Pode parecer paradoxal que santo Agostinho não discuta as manifestações da religiosidade contemporânea (os mistérios, as religiões orientais, o mitraísmo etc.), mas um paganismo arcaico que, segundo a expressão de Peter Brown, "existia apenas nas bibliotecas". Entretanto, no século V, as elites do paganismo estavam apaixonadas por *litterata vetustas* – a tradição imemorial conservada pelos autores clássicos (Brown, op.cit., p.305).

Sobre a concepção cíclica na historiografia grega e romana, bem como no judaísmo e no cristianismo, ver G.W. Trompf, *The Idea of Historical Recurrence in Western Thought: From Antiquity to the Reformation* (Berkeley e Los Angeles, 1979), esp. p.185s.

253. Da imensa literatura crítica sobre santo Agostinho, citemos: H.-I. Marrou, *Saint Augustin et la fin de la culture antique* (1938; 2ª ed., 1949) e Peter Brown, *Augustine of Hippo* (as duas obras contêm ricas bibliografias). Ver também Étienne Gilson, *Introduction à l'étude de saint Augustin* (2ª ed., 1943); idem, *La philosophie au Moyen Âge* (Paris, 1944), p.125s.; P. Borgomes, *L'Église de ce temps dans la prédication de saint Augustin* (Paris, 1972); E. Lamirande, *L'Église céleste selon saint Augustin* (1963); *A Companion to the Study of St. Augustin*, org. Roy W. Battenhouse (Grand Rapids House, 1955).

254. Sobre os Padres da Igreja, ver J. Quasten, *The Golden Age of Greek Patristic Literature, from the Council of Nicaea to the Council of Chalcedon* (Utrecht, 1960); H.A. Wolfson, *The Philosophy of the Church Fathers*, I-II (Cambridge, Massachusetts, 1956); J. Plegnieux, *Saint Grégoire de Nazianze théologien* (Paris, 1952); J. Daniélou, *Platonisme et théologie mystique, essai sur la doctrine spirituelle de saint Grégoire de Nysse* (2ª ed., Paris, 1954); O. Chadwick, *John Cassian, a Study in Primitive Monasticism* (Cambridge, 1950); J.R. Palanque, *Saint Ambroise et l'Empire Romain* (Paris, 1933); P. Autin, *Essai sur saint Jerôme* (Paris, 1951).

Sobre Orígenes, ver Eugène de Faye, *Origène, sa vie, son oeuvre, sa pensée*, I-II (Paris, 1923-28) e, sobretudo, Pierre Nautin, *grigène. Sa vie et son oeuvre* (Paris, 1977). O autor analisa com propriedade todas as fontes acessíveis para estabelecer a biografia e reconstituir, pelo menos em suas linhas gerais, o pensamento de Orígenes. Sobre a biografia redigida por Eusébio, in *História eclesiástica* (Nautin, p.19-98), ver também Robert Grant, *Eusebius as Church Historian* (Oxford, 1980), p.77-83.

Com razão, observa Nautin que Orígenes "não conseguira tirar partido de sua morte. Se ele houvesse expirado na prisão, o título de mártir teria protegido sua memória dos ataques de que ela foi alvo durante vários séculos. O martírio, no entanto, ele o havia desejado durante toda a vida; queria atirar-se a ele tal como seu pai no reinado de Septímio Severo; ainda estava pronto a fazê-lo sob Maximino o Trácio, à época em que redigia a *Exortação ao martírio*; foi submetido a torturas durante o reinado de Décio, mas estas não lhe renderam glória aos olhos da posteridade" (p.441).

O tratado *Sobre os princípios*, cujo texto completo só é encontrado na versão latina de Rufino, foi traduzido em inglês por G.W. Butterworth (Londres, 1936), em francês por Henri Crouzel e Manlio Simonetti: *Traité des principes* ("Sources chrétiennes", 4 v., 1978-80). O quarto livro do *De principiis*, juntamente com a *Exortação ao martírio, A prece*, o prólogo ao comentário sobre o *Cântico dos cânticos* e a *Homilia XXVII sobre os mártires*, foi traduzido por Rowan A. Greer, *Origen* (Nova York, 1979). Ver também: *Commentaire sur saint Jean* ("Sources chrétiennes", 3 v., 1966-75; org. e trad. Cécile Blanc); *Contre Celse* (5 v., 1967-76, org. e trad. Marcel Borret); *Commentaire sur l'Evangile selon Matthieu* (1970, org. e trad. Marcel Girot); *Les Homélies sur les Nombres* (trad. franc. A. Méhat, 1951) e as *Homélies sur Jérémie* (org. e trad. P. Nautin, Paris, 1976-77).

Sobre a formação dos *Hexaplos*, ver P. Nautin, *Origène*, p.333-61.

Acerca da teologia de Orígenes, ver: H. de Lubac, *Histoire et esprit. L'intelligence de l'Écriture d'après Origène* (Paris, 1950); H. Crouzel, *Théologie de l'image de Dieu chez Origène* (Paris, 1956); B. Drewery, *Origen on the Doctrine of Grace* (Londres, 1960); M. Harl, *Origène et la fonction révélatrice du Verbe Incarné* (Paris, 1958).

Os adversários de Orígenes acusaram-no frequentemente de defender a metempsicose em seu tratado *De principiis* (*Perì arkhôn*). Ver a análise crítica de Claude Tresmontant, *La métaphysique du christianisme et la naissance de la philosophie chrétienne*

(Paris, 1961, p.395-518). Entretanto, observa Pierre Nautin, o próprio Orígenes "sempre refutou energicamente essa acusação. Sua hipótese só admitia uma única encarnação da alma em cada mundo: não havia metensomatose (= metempsicose), mas simples ensomatose" (op.cit., p.126).

255. A melhor edição e tradução das *Confissões* é a de A. Solignac, E. Tréhord e G. Bouisson (*Oeuvres de saint Augustin*, v.13-4, 1961-62). Ver P. Courcelle, *Les "Confessions" de saint Augustin dans la tradition littéraire. Antécédents et postérité* (Paris, 1963).

Sobre o maniqueísmo na África romana e santo Agostinho, ver F. Decret, *L'Afrique manichéenne (IV-Ve siècles). Étude historique et doctrinale*, 2 v. (1978); idem, *Aspects du manichéisme dans l'Afrique romaine. Les controverses de Fortunatus, Faustus et Felix avec saint Augustin* (1970).

Alguns fragmentos dos tratados antimaniqueístas de Agostinho (*Acta contra Fortunatum Manichaeum*, redigido em 392, *De Genesi contra Manichaeos*, 388, e *De natura boni contra Manichaeos*, 398-99) são reproduzidos e comentados por Claude Tresmontant, *La métaphysique du christianisme*, p.528-49.

Sobre Donato e o donatismo, ver: W.H.C. Frend, *The Donatist Church* (Oxford, 1952); G. Willis, *Saint Augustine and the Donatist Controversy* (Londres, 1950).

Sobre Pelágio e o pelagianismo, ver: G. de Plinval, *Pélage: ses écrits, sa vie et sa reforme* (Lausanne, 1943); J. Fergusson, *Pelagius* (Cambridge, 1956); S. Prese, *Pelagio e pelageanesimo* (1961). Cf. também P. Brown, op.cit., p.340-75.

Os textos de Agostinho sobre a origem da alma, o pecado original e a predestinação são citados e comentados por Claude Tresmontant, op.cit., p.588-612.

Sobre a teologia da natureza e da graça, especialmente em santo Agostinho, ver A. Mandouze, *Saint Augustin. L'aventure de la raison et de la grâce* (Paris, 1968) e, finalmente, Jaroslav Pelikan, *The Emergence of the Catholic Tradition, 100-600* (Chicago, 1971), p.278-331.

256. Sobre a evolução das opiniões de santo Agostinho no que tange ao culto dos mártires, ver sobretudo Victor Saxer, *Morts, martyrs, reliques en Afrique chrétienne aux premiers siècles* (Paris, 1980), p.191-280.

Sobre o culto dos santos e a exaltação religiosa das relíquias na Igreja ocidental, ver as obras fundamentais de H. Delahaye, *"Sanctus", essai sur le culte des saints dans l'antiquité* (Bruxelas, 1927); *Les origines du culte des martyrs* (2ª ed., Bruxelas, 1933); *Les légendes hagiographiques* (4ª ed., Bruxelas, 1955). O livrinho de Peter Brown, *The Cult of the Saints. Its Rise and Function in Latin Christianity* (Chicago, 1980), renova o enfoque do problema e substitui em boa parte a literatura anterior.

Acerca dos *martyria*, a obra de André Grabar, *Martyrium, recherches sur le culte des reliques et l'art chrétien antique*, I-II (Paris, 1946), continua a ser fundamental. Cf. também E. Baldwin Smith, *The Dome. A Study in the History of Ideas* (Princeton, 1950).

Sobre o comércio das relíquias na Alta Idade Média, ver sobretudo Patrick J. Geary, "The Ninth-Century relic trade. A response to popular piety?", in James Obelkevich (org.), *Religion and the People, 800-1700* (Chapel Hill, 1979), p.8-19.

Sobre a peregrinação, ver B. Kötting, *Peregrinatio religiosa. Wallfahrten in der Antiken und das Pilgerwesen in der alten Kirche* (Münster i.W., 1950).

Uma monografia exemplar sobre a gênese e o desenvolvimento das lendas de são Nicolau, talvez o santo mais popular, foi escrita por Charles W. Jones, *Saint Nicolas of Myra, Bari, and Manhattan. Biography of a Legend* (Chicago, 1978).

257. Para uma introdução geral, ver: J. Daniélou, *Message évangélique et culture hellénistique* (Paris, 1961); Jaroslav Pelikan, *The Spirit of Eastern Christendom* (Chicago, 1974); Hans-George Beck, *Kirche und theologische Literatur im byzantinischen Reich* (Munique, 1959); D. Obolensky, *The Byzantine Commonwealth: Eastern Europe, 500-1454* (Londres, 1971); Francis Dvornik, *The Idea of Apostolicity in Byzantium and the Legend of the Apostle Andrew* (Cambridge, Massachusetts, 1958); Olivier Clément, *L'Essor du christianisme oriental* (Paris, 1967).

A história e as consequências do Concílio de Calcedônia foram apresentadas por R.V. Sellers, *The Council of Chalcedon* (Londres, 1953) e, de maneira minuciosa, nos estudos coligidos por Alcys Grillmeier e Heinrich Bacht, *Das Konzil von Chalkedon: Geschichte und Gegenwart*, 3 v. (Würzburg, 1951-52).

Sobre o monofisismo, ver W.H.C. Prend, *The Rise of the Monophysite Movement: Chapters in the History of the Church in the Fifth and Sixth Centuries* (Cambridge, 1972).

A respeito da liturgia bizantina, ver: N.M.D.R. Boulet, *Eucharistie ou la Messe dans ses variétés, son histoire et ses origines* (Paris, 1953); Jean Hani, *La divine liturgie. Aperçus sur la Messe* (Paris; 1981). Sobre Romano o Melódico, ver: E. Wellecz, *A History of Byzantine Music and Himnography* (Oxford, 1949).

Sobre o simbolismo da Igreja bizantina, ver: H. Seldmayr, *Die Entsehung der Kathedrale* (Zurique, 1950); Jean Hani, *Le symbolisme du temple chrétien* (2ª ed., Paris, 1978).

Sobre a *théôsis* ("deificação"), ver: Jules Cross, *La divinisation du chrétien d'après les Pères grecs: contribution historique à la doctrine de la grâce* (Paris, 1938); J. Pelikan, *The Spirit of Eastern Christendom*, p.10-36.

Sobre Máximo o Confessor, ver: Hans Urs von Balthasar, *Kosmische Liturgie* (Freiburg, 1941); Lars Thunberg, *Microcosm and Mediator: The Theological Anthropology of Maximus the Confessor* (Lund, 1965); Irénée Hausherr, *Philantie: De la tendresse pour soi à la charité, selon saint Maxime le Confesseur* (Roma, 1952).

A melhor tradução francesa de Dionísio, o (Pseudo)-Areopagita, é a de Maurice de Gandillac (Paris, 1942). Sobre a influência de Máximo o Confessor no Ocidente através da tradução latina de Dionísio, ver Deno John Geanakoplos, *Interaction of the 'Sibling' Byzantine and Western Cultures in the Middle Ages and Italian Renaissance, 330-1600* (Yale, 1976), p.133-45.

258. O movimento iconoclasta teve duas fases: a primeira desde 726 até 787, a segunda entre 813 e 843. Em 726, o imperador Leão III promulgou um édito contra o uso dos ícones, e seu filho, Constantino V (745-775), continuou a mesma política. Constantino V rejeitou igualmente o culto dos santos e até o da Virgem; proscreveu os termos "santos" e *theotókos*. "Aquele que faz uma imagem de Cristo, afirma o imperador iconoclasta, demonstra que não penetrou as profundidades do dogma da união indissolúvel das duas naturezas de Cristo" (apud Pelikan, *The Spirit of Eastern Christendom*, p.117).

O Concílio de Hiereia, em 754, condenou por unanimidade o culto das imagens. No entanto, em 787, a viúva de Leão IV e o patriarca de Constantinopla convocaram o VII Concílio Ecumênico em Niceia. O iconoclasmo foi declarado anátema, mas foi reintroduzido em 815 pelo imperador Leão V. Somente em 843 é que o Sínodo convocado pela imperatriz Teodora restabeleceu definitivamente o culto dos ícones.

Acrescentemos que os iconoclastas destruíram todos os ícones que conseguiram encontrar, e que o II Sínodo de Niceia (783) ordenou o confisco de toda a literatura iconoclasta; nenhum texto original chegou até nós.

Sobre a origem do culto dos ícones, ver: A. Grabar, *L'Iconoclasme byzantin, dossier archéologique* (Paris, 1957), p.13-91; E. Kitzinger, "The cult of images in the age before iconoclasm", in *Dumbarton Oaks Papers*, 8, 1954, p.83-159.

Para um estudo comparativo, ver Edwin Bevan, *Holy Images: An Inquiry into Idolatry and Image-Worship in Ancient Paganism and Christianity* (Londres, 1940).

Sobre a história da controvérsia, ver: N. Iorga, *Histoire de la vie byzantine: empire et civilisation d'après les sources* (Bucareste, 1934), II, p.30s., 65s.; E.I. Matin, *A History of the Iconoclastic Controversy* (Nova York, s.d.); Stephen Gero, *Byzantine Iconoclasm during the Reign of Constantine V* (Louvain, 1977); Paul J. Alexander, *The Patriarch Nicephoros of Constantinople: Ecclesiastical Policy and Image Worship in the Byzantine Empire* (Oxford, 1958); Norman Baynes, "The icons before iconoclasm", in *Harvard Theological Review*, 44, 1955, p.93-106; idem, "Idolatry and the early Church", in *Byzantine Studies and Other Essays* (Londres, 1960), p.116-43; Gerhart B. Ladner, "The concept of the image in the Greek Fathers and the Byzantine iconoclastic controversy", in *Dumbarton Oaks Papers*, 7, 1953, p.1-34; Milton Anastos, "The argument for iconoclasm as presented by the iconoclasts in 754 and 815", in *Dumbarton Oaks Papers*, 7, 1953, p.35-54. Ver também George Florovsky, "Origen, Eusebius and the iconoclastic controversy", in *Church History*, 19, 1956, p.77-96; Peter Brown, "A dark-age crisis: aspects of the iconoclastic controversy", in *English Review*, 88, 1973, p.1-34.

Sobre a estética dos ícones e suas pressuposições teologais, ver: Gervase Mathew, *Bizantine Aesthetics* (Nova York, 1963), esp. p.98-107; E. Kissinger, "Byzantine art in the period between Justinian and iconoclasm", in *Berichte zum XI Internationalen Byzantinisten-Kongress* (Munique, 1958), p.1-56; Cyril Mango, *The Art of the Byzantine Empire 312-1453* (Englewood Cliffs, 1972), p.21-148.

A hipótese das influências islâmicas foi reexaminada por G.E. von Grunebaum, "Byzantine iconoclasm and the influence of the Islamic environment", in *HR*, 2, 1962, p.1-10.

259. Sobre a história e as culturas da Arábia antes do islã, há uma exposição concisa e clara escrita por Irfan Shahid in *The Cambridge History of Islam*, I (1970), p.3-29. Ver também H. Lammens, *Le berceau de l'Islam* (Roma, 1914); idem, *L'Arabie occidentale avant l'Hégire* (Beirute, 1928); W. Coskel, *Die Bedeutung der Beduinen in der Geschichte der Araber* (Colônia, 1953); F. Gabrielli (org.), *L'antica società beduina* (Roma, 1959); F. Altheim e R. Stiehl, *Die Araber in der alten Welt*, I-V (Berlim, 1964-68); M. Guidi, *Storia e cultura degli Arabi fino alla morte di Maometto* (Florença, 1951); J. Ryckmann, *L'Institution monarchique en Arabie méridionale avant l'Islam* (Louvain, 1951).

Sobre as religiões da Arábia pré-islâmica, ver J. Wellhausen, *Reste arabischen Heidentums* (3ª ed., Berlim, 1961); G. Ryckmans, *Les religions arabes préislamiques* (2ª ed., Louvain, 1951); A. Jamme, "Le panthéon sud-arabe préislamique d'après les sources épigraphiques", in *Le Muséon*, 60, 1947, p.57-147; J. Henninger, "La religion bédouine préislamique", in *L'antica società beduina*, p.115-40; Maria Höfner, "Die vorislamischen Religionen Arabiens", in H. Gese, M. Höfner, K. Rudolph, *Die Religionen Altsyriens, Altarabiens und der Mandäer* (Stuttgart, 1970), p.233-402. As inscrições e os monumentos da Arábia meridional foram editados e analisados no *Corpus des inscriptions et antiquités sud-arabes*: Académie des Inscriptions et des Belles-Lettres (Louvain, 1977).

Acerca das crenças nos espíritos, cf. J. Henninger, "Geisterglaube bei den vorislamischen Araben", in *Festschrift für P.J. Schebesta* (Freiburg, 1963), p.279-316.

Sobre as três deusas – Allât, Manât e al-Uzza –, ver M. Höfner, "Die vorislamischen Religionen", p.361s., 370s., e J. Henninger, "Ueber Sternkunde und Sternkult in Nord- und Zentralarabien", in *Zeit. f. Ethnologie*, 79, 1954, p.82-117, particularmente p.99s.

Sobre a estrutura e o culto pré-islâmico de Alá, ver *Shorter Encyclopaedia of Islam* (org. H.A.R. Gibb e J.H. Kramers, Leiden, 1961), p.33; M. Höfner, op.cit., p.357s.; idem, in *W.d.M.*, I, p.420s. J. Chelhoud deu duas contribuições importantes sobre a religiosidade dos árabes, antes e depois do islã: *Le sacrifice chez les Arabes* (Paris, 1955); *Les structures du sacré chez les Arabes* (1965).

A respeito dos sacrifícios das primícias, ver J. Henninger, *Les fêtes de printemps chez les Sémites et la Pâque israélite* (Paris, 1975), p.37-50, com bibliografia exaustiva. Ver, do mesmo autor: "Zum Verbot des Knochenzerbrechens bei den Semiten", in *Studi ... Giorgio Levi de la Vita* (Roma, 1956), p.448-59; idem, "Menschenopfer bei den Araber", in *Anthropos*, 53, 1958, p.721-805. A teoria geral do sacrifício entre os antigos semitas, elaborada por W. Robertson Smith, e ilustrada por um relato de são Nilo a respeito dos árabes pré-islâmicos, foi discutida por Karl Heussi, *Das Nilusproblem* (Leipzig, 1921), e por J. Henninger, "Ist der sogenante Nilus-Bericht eine Brauchbare religionsgeschtliche Quelle?", in *Anthropos*, 50, 1955, p.81-148.

Sobre o culto da Lua na antiga Arábia e no islã, ver Maxime Rodinson: *La Lune. Mythes et rites* (Sources Orientales, 5, Paris, 1962), p.153-214 (rica bibliografia).

Sobre a peregrinação a Meca na Antiguidade pré-islâmica e no islã, ver J. Gaudefroy-Demombynes, *Le pèlerinage à la Mecque* (Paris, 1923); Muhammad Hamidullah, in *Les pèlerinages* (Sources Orientales, 3, 1960), p.87s.; J. Henninger, "Pèlerinages dans l'ancien Orient", in *Suppl. au Dictionnaire de la Bible*, t.VII, fasc.38, col.567-84, Paris, 1963.

Sobre a *ka'ba*, ver a exposição sucinta de M. Höfner, "Die vorislamischen Religionen", p.360s., e o verbete *s.v.* in *Shorter Encyclopaedia of Islam*, p.192-8. Ver também a bibliografia registrada no §263.

O interesse desses cultos, símbolos e mitologias da Arábia antiga reside sobretudo nas suas revalorações posteriores pelo sentimento religioso e pela imaginação mitificante do povo.

As fontes sobre a vida e a atividade de Maomé são, antes de tudo, o Corão e as mais antigas biografias redigidas com base nas tradições orais por Ibn-Ishaq (m.768), *Shirah* ("Vida"), resumido e org. por Ibn-Hisham (m.822), e *Maghazi* ("Expedições"), por al-Waqidi (m.822). A primeira, que é a mais importante, foi traduzida por Alfred Guillaume, *The Life of Muhammad: a Translation of (Ibn) Ishâq's Sirat Rasul Allâh* (Londres, 1955). Contudo, é importante esclarecer que muitos episódios biográficos parecem lendários; por exemplo, as viagens de Maomé à Síria, em caravana, seus encontros com os monges cristãos etc.

Entre as mais recentes e as melhores biografias de Maomé, merecem menção especial: Tor Andrae, *Muhammad, The Man and his Faith* (Londres, 1936; reimpr., Nova York, 1960; insiste no elemento escatológico na pregação do Profeta); Régis Blachère, *Le problème de Mahomet. Essai de biographie critique du fondateur de l'Islam* (1952; mostra as lacunas de nossa informação); W. Montgomery Watt, *Muhammad at Mecca* (Oxford, 1953) e *Muhammad at Medina* (1956; examina minuciosamente as implicações sociais e políticas da pregação de Maomé e destaca o seu gênio político); idem, *Muhammad, Prophet and Statesman* (Oxford, 1961: condensa os dois volumes mencionados); Maurice Gaudefroy-Demombynes, *Mahomet* (Paris, 1957; obra erudita, que reflete a historiografia positivista do final do século XIX); Maxime Rodinson, *Mahomet* (1965;

2ª ed. rev. e ampl., 1969); idem, "The life of Muhammad and the sociological problem of the beginnings of Islam", in *Diogenes*, n.20, 1957, p.28-51 (enfoque sociológico). Os dois volumes de Muhammad Hamidullah, *Le Prophète de l'Islam*. I: *Sa vie*. II: *Son oeuvre* (Paris, 1959), a despeito de sua rica documentação, são inutilizáveis.

O Corão foi diversas vezes traduzido nas mais importantes línguas europeias. Consultamos: Arthur J. Arberry, *The Koran Interpreted*, 2 v. (Londres, 1955), considerada a tradução mais benfeita do ponto de vista literário, ainda que abuse dos arcaísmos; Richard Bell, *The Qur'ân*, 2 v. (Edimburgo), dá uma versão mais exata, mas sua leitura oferece alguma dificuldade; *Le Coran: traduction selon un essai de reclassement des sourates*, 2 v. (Paris 1947-50), por Régis Blachère; o primeiro volume foi reeditado com o título de *Introduction au Coran* (1959) e a tradução republicada, com um número reduzido de notas, em 1957: *Le Coran*. A obra em sua totalidade foi acolhida com entusiasmo por grande número de orientalistas, franceses e estrangeiros. Nossas citações do Corão são extraídas da tradução de D. Masson (Bibliothèque de la Pléiade, 1967), mas consultamos sempre as versões de R. Blachère, de Bell e de Arberry.

As revelações, aprendidas de cor pelos primeiros crentes, foram fixadas por escrito durante a vida de Maomé. Entretanto, a reunião das suras num "Livro" foi efetuada por ordem do terceiro califa, Uthman, genro do Profeta (644-655). A ordem das suras não é cronológica; as mais longas foram colocadas no início e as mais curtas no fim.

Sobre a elaboração do texto corânico, ver: A. Jeffery, *Materials for the History of the Text of the Qur'ân* (Leiden, 1937); R. Blachère, *Introduction au Coran*, passim; John Burton, *The Collection of the Quran* (Cambridge University Press, 1977); John Wansbrough, *Quranic Studies: Sources and Methods of Scriptural Interpretation* (Oxford University Press, 1977).

Sobre as primeiras experiências extáticas de Maomé, ver os textos citados e analisados por Tor Andrae, *Mohammed*, p.34s.; Watt, *Muhammad at Mecca*, p.39s.; Arthur Jeffery, *Islam. Muhammad and his Religion* (Nova York, 1958), p.15-21.

O arcanjo Gabriel não é mencionado nas suras compostas antes de Medina. É possível que Maomé acreditasse a princípio ter tido uma visão do próprio Deus; cf. Watt, p.42. As experiências extáticas de Maomé eram distintas daquelas dos "videntes" (*kâhin*). Entretanto, tal como os *kâhin*, Maomé cobria a própria cabeça com um manto quando esperava a revelação; cf. Corão, 73:1-74:1. Trata-se, aliás, de um comportamento ritual peculiar a vários tipos de mântica oriental e mediterrânea.

Sobre os *hanîfs*, ver Tor Andrae, *Les origines de l'Islam et le christianisme* (trad. al., Paris, 1955), p.39-65; N.A. Faris e H.W. Glidden, "The development of the meaning of the Koranic Hânif", *Journal of the Palestine Oriental Society*, 19, 1930, p.1-13; Watt, *Muhammad at Mecca*, p.28s., 96, 162-4.

260. Sobre as tendências monoteístas dos árabes, ver J. Wellhausen, *Reste arabischen Heidentums*, p.215s.

Acerca das diferentes fases do monoteísmo de Maomé, ver C. Brockelmann, "Allah und die Götzen, der Ursprung des islamischen Monotheismus", *ARW*, 21, 1922, p.99s.; W. Montgomery Watt, *Muhammad at Mecca*, p.63s.

Sobre a ordem de tornar públicas as suas revelações, ver as suras citadas e comentadas por Watt, *Muhammad at Mecca*, p.48s.

Quanto ao cristianismo na Arábia e às eventuais influências sobre Maomé, ver: Richard Bell, *The Origin of Islam in its Christian Environment* (Londres, 1926); Tor Andrae, *Les origines de l'Islam et le christianisme*, p.15-38, 105-12, 201-11; Joseph Henninger, *Spuren christlicher Glaubenswahrheiten im Koran* (Schöneck, 1951); J. Ryckmann, "Le christianisme en Arabie du Sud préislamique", in *Atti del Convegno Internazionale sul tema: L'Oriente cristiano nella storia della civiltà* (Roma, 1964).

Sobre a escatologia pregada por Maomé, ver: Paul Casanova, *Mohammed et la fin du monde. Étude critique sur l'Islam primitif* (Paris, 1911-21; útil pela rica documentação; a tese do autor, porém, não foi aceita); Tor Andrae, *Mohammed*, esp. p.53s. Sobre sua concepção da morte, a pós-existência e a ressurreição, ver: Thomas O'Shaughnessy, *Muhammad's Thoughts on Death: A Thematic Study of the Qur'anic Data* (Leiden, 1969); Ragnar Eklund, *Life between Death and Resurrection according to Islam* (Diss. Uppsala, 1941); M. Gaudefroy-Demombynes, *Mahomet*, p.443s.; Alford T. Welch, "Death and dying in the Qur'an", in Frank E. Reynolds e Earle H. Waugh (orgs.), *Religious Encounters with Death* (University Park e Londres, 1977), p.183-99.

Sobre a ab-rogação dos versículos referentes às três deusas, cf. Watt, *Muhammad at Mecca*, p.103s. A ab-rogação deu lugar mais tarde a uma doutrina especial da teologia dogmática; ver alguns textos in Jeffery, *Islam*, p.66-8.

261. Sobre o argumento mítico-ritual da ascensão celeste de um mensageiro (= apóstolo) para buscar o "livro sagrado", ver: G. Widengren, *The Ascension of the Apostle and the Heavenly Book* (Uppsala, 1950); idem, *Muhammad, the Apostle of God, and his Ascension* (Uppsala, 1955).

Sobre o *mî'râj* (termo que significava inicialmente "escada", e depois "ascensão", e mais particularmente a ascensão de Maomé), ver, *s.v.*, in *Shorter Encyclopaedia of Islam*, p.381-4; G. Widengren, *Muhammad, the Apostle of God*, p.76s.; Alexander Altman, *Studies in Religious Philosophy and Mysticism* (Ithaca-Nova York, 1969), p.41-72 ("The ladder of ascension").

Sobre a escatologia muçulmana e suas eventuais influências em Dante, ver: Miguel Asín Palacios, *La escatología musulmana e la* Divina commedia (Madri, 2ª ed., 1941); E. Cerulli, *Il "Libro della scala" e la questione delle fonte arabo-spagnole della* Divina commedia (Studi e Testi 150, Vaticano, 1949); idem, *Nuove ricerche sul "Livro della scala" e la conoscenza dell'Islam in Occidente* (Studi e Testi 271, Vaticano, 1972).

Seguindo os passos de Geo Widengren, Alessandro Bausani destacou outros elementos iranianos no Corão: ver *Persia religiosa* (Milão, 1959), p.136s. Lembremos os mais importantes: os dois anjos corânicos da magia, Harut e Marut (Corão, 2:102), derivam dos dois Amesha Spenta masdeístas, Haurvatât e Ameretât (a hipótese, aventada por Lagarde, foi confirmada por G. Dumézil, *Naissances d'archanges*, Paris, 1945, p.158s.); o argumento sobre a ressurreição dos corpos (29:19-20) reaparece nos textos pálavis (por exemplo, *Zâtspram*, cap.XXXIV); a imagem das estrelas cadentes lançadas contra os demônios que tentam penetrar à força no Céu (Corão, 15:17-18; 37:79 etc.) tem paralelos no *Mênôkê Khrat* (cap.XLIX); a expressão "a unção (tintura) de Deus" (2:138) evoca um passo do *Dênkart*: "O Criador Ohrmazd tingiu o tempo com cores" etc. Esses elementos iranianos foram difundidos por meio das gnoses e mitologias sincretistas do judaísmo, do cristianismo tardio e do maniqueísmo (ibid., p.144).

262-263. Sobre a perseguição dos fiéis em Meca, ver Watt, *Muhammad at Mecca*, p.117s.; sobre as causas da emigração de um grupo de muçulmanos para a Abissínia, ver ibid., p.115s.

Sobre as relações do Profeta com os judeus de Medina, ver Gaudefroy-Demombynes, op.cit., p.119s., 152s.; Watt, *Muhammad at Medina*, p.192s. (com bibliografia); idem, *Muhammad, Prophet and Statesman*, p.166s. Sobre as influências judaicas, ver A.J. Wensinck, *Mohamed en de Joden te Medina* (Leiden, 1928; parcialmente traduzido para o francês por G.H. Bousquet e G.W. Bousquet-Mirandolle, com o título "L'influence juive sur les origines du culte musulman", *Revue Africaine*, 98, 1954, p.85-112); Tor Andrae, *Les origines de l'Islam*, p.100s.; Abraham I. Katsh, *Judaism in Islam* (Nova York, 1954).

Acerca da atividade do Profeta em Medina, ver: Gaudefroy-Demombynes, op.cit., p.110-226; Watt, *Muhammad at Medina*, passim; *Shorter Encyclopaedia of Islam, s.v.: al-Madina*, p.291-8.

Sobre a *ummah*, ver *Shorter Encyclopaedia of Islam*, *s.v.*, p.603-4; Marshall Hodgson, *The Venture of Islam*, I, p.172-93; F.M. Denny, "The meaning of *Ummah* in the Qur'ân", *HR*, 15, 1975, p.34-70. Acrescente-se porém que, apesar de sua estrutura religiosa, a *ummah* conservou certos costumes tribais.

Sobre Abraão no Corão, ver *Shorter Encycl.*, *s.v.*, *Ibrahim*, p.254-5 (bibliografia); Yonakim Moubarac, *Abraham dans le Coran. L'histoire d'Abraham dans le Coran et la naissance de l'Islam* (Paris, 1957).

A *ka'ba* era um antiquíssimo centro cerimonial; Maomé afirma que ela foi erigida por Abraão e por seu filho Ismael; ver: *Shorter Encycl.*, *s.v.*, p.181-9 (rica bibliografia). O simbolismo do "centro do mundo", implícito em todo centro cerimonial arcaico, é desenvolvido mais tarde segundo o modelo judaico de Jerusalém; cf. A.J. Wensinck, *The Ideas of the Western Semites concerning the Navel of the Earth* (Amsterdam, 1916; reed., Nova York, 1978), p.11-20, 48s., 52s. A *ka'ba* foi criada dois mil anos antes da Criação do mundo; Adão foi moldado perto de Meca; a substância do corpo de Maomé foi amontoada no "umbigo da Terra" que se encontra em Meca etc. (p.18s.). O simbolismo da *ka'ba* foi profusamente reinterpretado pelos místicos e pelos teósofos muçulmanos: ver, *inter alia*, Henry Corbin, "La configuration du Temple de la Ka'ba comme secret de la vie spirituelle", *Eranos-Jahrbuch*, 34, 1965, p.79-166.

264. Durante muito tempo, Maomé mostrou certa simpatia com os cristãos: "Verás que os homens mais próximos dos crentes pela amizade são os que dizem: 'Sim, somos cristãos!'; isso porque, entre eles, há monges e sacerdotes, e porque não se enchem de soberba. Quando ouvem o que foi revelado ao Profeta, vês os seus olhos ficarem rasos de lágrimas por haverem reconhecido a verdade. Dizem: 'Senhor nosso! Cremos! Inscreve-nos, pois, entre tuas testemunhas!'" (5:82-3). Somente após a conquista de Meca, quando esbarrou na resistência dos cristãos da Síria, é que Maomé mudou de atitude; cf. 9:29-35 ("Tomaram seus doutores e monges, bem como o Messias, filho de Maria, por senhores, em vez de Deus" etc., 9:31).

Sobre as relações entre as crenças dos cristãos (sobretudo as dos nestorianos e certas seitas gnósticas judeo-cristãs) e a teologia de Maomé, ver: Tor Andrae, *Les origines de l'Islam et le christianisme*, esp. p.105s.; D. Masson, *Le Coran et la révélation judéo-chrétienne. Études comparées* (Paris, 1958) e a bibliografia registrada no §260.

É significativo que certas doutrinas gnósticas – em primeiro lugar a ideia de que Jesus não foi crucificado e não conheceu a morte, doutrinas que, depois das polêmicas e perseguições da Grande Igreja, apenas sobreviviam no século VII – recuperaram a atualidade graças a Maomé e ao florescimento do islã. Por outro lado, é provável que certos grupos cristãos antitrinitários tenham sido atraídos pelo monoteísmo absoluto pregado por Maomé e tenham estado entre os que primeiro abraçaram o islã.

É imensa a literatura existente sobre a teologia corânica. As melhores introduções são os artigos sobre Alá de D.B. Macdonald (*Shorter Encyclopaedia of Islam*) e de Louis Gardet (*Encyclopédie de l'Islam*, nova ed., 1956). Ver também: A.J. Wensinck, *The Muslim Creed* (Cambridge, 1932); A.S. Triton, *Muslim Theology* (Londres, 1947); L. Gardet e M.M. Anawati, *Introduction à la théologie musulmane* (Paris, 1948); Gaudefroy-Demombynes, *Mahomet*, p.261-497; Fazlur Rahman, *Islam* (Londres-Nova York, 1966), p.30-66, 85-116; F.M. Pareja, *Islamologia*, p.374-91, 445-92 (com bibliografias).

Sobre a evolução da lenda de Maomé e a veneração do Profeta como ser sobre-humano, ver Pareja, op.cit., p.533-54 (p.554, bibliografia).

Para uma exposição analítica de algumas interpretações do islã pelos orientalistas ocidentais – notadamente I. Goldziher, C. Snouck Hurgronje, C.H. Becker, B.D. Macdonald, Louis Massignon –, ver Jean-Jacques Waardenburg, *L'Islam dans le miroir de l'Occident* (Paris-Haia, 1963), com importante bibliografia, p.331-51.

265. A história dos primeiros quarenta anos depois da Hégira é minuciosamente apresentada (com tradução das fontes principais) por Leone Caetani, *Annali dell'Islam*, 10 v. (Milão-Roma, 1905-1926); mas suas interpretações devem muitas vezes ser vistas com cautela.

Marshall G.S. Hodgson apresentou uma história geral do islã nos três volumes de sua obra póstuma, *The Venture of Islam. Conscience and History of a World Civilization* (Chicago, 1974); v.I: *The Classical Age of Islam*, v.II: *The Expansion of Islam in the Middle Periods*, v.III: *The Gunpowder Empire and the Modern Times*. Somente o primeiro volume diz respeito aos problemas discutidos neste capítulo; ver mais detidamente p.146-280.

A obra enciclopédica *Islamologia*, de F.M. Pareja, com a colaboração de A. Bausani e L. Hertling (Roma, 1951), contém vários capítulos sobre as instituições religiosas e o califado (p.73s., 392s.).

Sobre a história dos primeiros califas e da dinastia dos omíadas, ver, na *Cambridge History of Islam*, v.I (1970), as exposições de conjunto de Laura Veccia Vaglieri e de D. Sourdel, p.57-139, e as bibliografias registradas nas p.739-40; ver também F. Gabrielli, *Muhammad and the Conquests of Islam* (Londres, 1968); H. Lammens, *Études sur le siècle des Omayyades* (Beirute, 1930); A.A. Vasiliev, *Byzance et les Arabes*, v.I-III (Bruxelas, 1935-68); B. Spuler, *The Muslim World, a Historical Survey. I: The Age of the Caliphs* (Leiden, 1960; traduzido do alemão).

Sobre a dinastia dos abássidas, ver sobretudo M.A. Shaban, *The Abbasid Revolution* (Cambridge, 1978).

Acerca das relações entre Mu'âwiya e 'Ali, ver E.L. Petersen, e *'Ali and Mu'âwiya in Early Arabic Tradition* (Copenhague, 1964).

Sobre o xiismo e o ismaelismo, ver cap.XXXV e bibliografias dos §273-4.

Sobre as cerimônias religiosas que comemoram o assassínio de Husayn, ver sobretudo Earle H. Waugh, "Muharram rites: community death and rebirth", in Frank Reynolds e Earle Waugh (orgs.), *Religious Encounters with Death* (University Park e Londres, 1977), p.200-13.

Sobre as influências da arquitetura religiosa cristã, ver E. Baldwin Smith, *The Dome: a Study in the History of Ideas* (Princeton, 1950), p.41s. e passim.

Sobre a continuidade das ideias e das técnicas artísticas orientais e mediterrâneas na cultura islâmica, ver Ugo Monneret de Villard, *Introduzione allo studio dell'archaeologia islamica* (Veneza, 1960), p.89s. e passim.

Sobre a fundação de Bagdá pelo califa al-Mansûr, e o seu simbolismo ao mesmo tempo cosmológico e imperial (simbolismo de origem sassânida), ver Charles Wendell, "Baghdad: *Imago Mundi*, and other foundation-lore", *International Journal of Middle East Studies*, 2, 1971, p.99-128.

266. Para uma história universal da Idade Média, que englobe igualmente o Oriente Próximo e a Ásia, ver a obra organizada por Edouard Perroy, *Le Moyen Âge, l'expansion de l'Orient et la naissance de la civilisation occidentale* (Paris, 1955; 5ª ed. rev., 1967). Uma apresentação viva e pessoal da história e da cultura ocidental na Idade Média foi feita por Friedrich Heer, *The Medieval World: Europe 1100-1350* (Londres, 1962; o original alemão, *Mittelalter*, foi publicado em 1961). Ver também R. Morghen, *Medioevo cristiano* (2ª ed., Bari, 1958).

Sobre a transição entre a Antiguidade e a Idade Média, ver: Hugh Trevor-Roper, *The Rise of Christian Europe* (Londres-Nova York, 1965); William Carroll Park, *Origins of the Medieval World* (Stanford, 1958); H.-I. Marrou, *Décadence romaine ou antiquité tardive? IIIe-VIe siècles* (Paris, 1977); e a obra coletiva *Il passaggio dell'antichità al medioevo in Occidente* (Spoletto, 1962).

A bibliografia crítica em torno de *Mahomet et Charlemagne* (1937) de Henri Pirenne foi coligida por Bark, op.cit., p.114-24.

Sobre o cristianismo no período carolíngio, ver: K.F. Morrison, *The Two Kingdoms: Ecclesiology in Carolingian Political Thought* (Princeton, 1964); E. Patzelt, *Die Karolingische Renaissance* (Graz, 1965).

Sobre o papa Gregório VII e sua reforma da Igreja, ver A. Fliche, *La réforme grégorienne*, I-III (Paris, 1924-37). Um ano depois de sua eleição, em 1074, decreta Gregório VII a degradação dos sacerdotes simoníacos, casados ou vivendo em concubinato. Em 1075, publicou uma coleção de 27 proposições, os *Dictatus Papae*, onde proclama a independência do papado e da Igreja em face dos poderes leigos, com a intenção "de instaurar uma teocracia pontifícia" (Jacques Le Goff, *Histoire des religions*, v.II; 1972, p.813). Citemos as proposições mais audaciosas: "I: A Igreja romana foi fundada pelo Senhor sem qualquer outro auxílio. II: Somente o pontífice romano é, com razão, chamado universal. … XII: É prerrogativa sua depor os imperadores. … XIX: A ninguém assiste o direito de julgá-lo" (ibid., p.814). O alto clero, os príncipes e sobretudo o imperador Henrique IV acolheram mal os *Dictatus Papae*. No entanto, em 1076, Gregório VII "excomungou o imperador, apeou-o do trono e desobrigou seus súditos do juramento de fidelidade. O imperador conseguiu a revogação dessa sentença com a penitência de Canossa (1077), que apaziguou o papa" (ibid.). Canossa "contém ao mesmo tempo as origens da secularização e do enfraquecimento do Império humilhado e a demonstração da impossibilidade fundamental de pôr em prática a teocracia pontifícia" (J. Chelini, citado por Le Goff, p.814).

Ver também R. Folz, *L'Idée d'Empire en Occident du Ve au XIVe siècle* (Paris, 1953); M.D. Chenu, *La théologie au douzième siècle* (Paris, 1957).

Sobre os temas apocalípticos na Idade Média, ver: Norman Cohn, *The Pursuit of Millenium* (nova ed. rev. e ampl., Oxford, 1970), p.29s. e passim. Bernard McGinn, *Visions of the End. Apocaliptic Traditions in Middle Ages* (Nova, York, 1979). Sobre o tema do "Imperador dos últimos dias", ver Marjorie Reeves, *The Influence of Prophecy in the Later Middle Age* (Oxford, 1969), p.293s.

Em seu livro *l'An Mil* (Paris, 1980), Georges Duby apresentou e analisou com brilhantismo uma seleção de textos sobre os horrores e os prodígios do milênio.

267. Sobre a realeza sagrada entre os antigos germanos, ver a bibliografia registrada no v.II, p.402s. Acerca da sobrevivência dessa concepção após a conversão ao cristianismo, ver: Marc Bloch, *Les rois thaumaturges* (Estrasburgo, 1922); William A. Chaney, *The Cult of Kingship in Anglo-Saxon England. The Transition from Paganism to Christianity* (Berkeley e Los Angeles, 1970). Cf. também Gale R. Owen, *Rites and Religions of the Anglo-Saxons* (Londres, 1981).

Sobre a cavalaria e o feudalismo, ver: S. Painter, *French Chivalry* (Baltimore, 1940); Carl Stephenson, *Mediaeval Feudalism* (Cornell University Press, 1942; excelente introdução; ver sobretudo p.40s.); Gustave Cohen, *Histoire de la chevalerie en France au Moyen Âge* (Paris, 1949). A cerimônia da sagração ou investidura é analisada com pertinência por Philippe du Puy de Clinchamps, *La chevalerie* (Paris, 1961), p.37s.

268. Da rica bibliografia recente sobre as Cruzadas, ver sobretudo: René Grousset, *L'Épopée des Croisades* (Paris, 1939); Steven Runciman, *A History of the Crusades*, I-III (Cambridge, 1951-1954); Adolf Waas, *Geschichte der Kreuzzüge*, I-II (Freiburg im Breisgau, 1956); Paul Alphandéry e Alphonse Dupront, *La chrétienté et l'idée de Croisade*, I-II (Paris, 1958-59); K. Setton, *A History of the Crusades*, I-II (Filadélfia, 1958, 1962); J.A. Brundage, *The Crusades* (Milwaukee, 1962). Ver também os estudos reunidos no volume *L'Idée de Croisade* (= X Congresso Internazionale di Scienze Storiche, Roma, 1955, Relazzioni III, Florença, 1955); em especial: P. Lemerle, "Byzance et la Croisade", e A. Cohen, "L'Islam et la Croisade".

Uma seleção das fontes árabes foi traduzida para o italiano por Francesco Gabrielli, *Storici arabi delle Crociate* (Turim, 1957; há também uma tradução inglesa, *Arab Historians of the Crusades*, Berkeley e Los Angeles, 1969).

Sobre os elementos escatológicos e milenaristas, ver A. Dupront, "Croisades et eschatologie", in E. Castelli (org.), *Umanesimo e esoterismo* (Pádua, 1960), p.175-98; Norman Cohn, *The Pursuit of the Millenium* (ed. rev. e ampl., Oxford, 1970), p.61s., 98s.

Ver também F. Cardini, *Le Crociate fra il mito e la storia* (Roma, 1971).

269. Sobre as primeiras ordens monásticas fundadas no final do século XI, ver: J.B. Mahn, *L'ordre cistercien* (Paris, 2ª ed., 1951); J. Leclercq, *Saint Bernard et l'esprit cistercien* (Paris, 1966).

Sobre as três classes da sociedade ocidental medieval, ver J. Le Goff, *Pour un autre Moyen Âge. Travail et culture en Occident: 18 essais* (Paris, 1977), p.80-90; G. Duby, *Les trois ordres ou l'imaginaire du féodalisme* (Paris, 1978).

Acerca do simbolismo das catedrais, ver Hans Sedlmayr, *Die Entstehung der Kathedrale* (Zurique, 1950); Otto von Simpson, *The Gothic Cathedral* (Nova York, 1956); Marie-Madeleine Davy, *Initiation à la symbolique romane* (Paris, 1964); Aurelia Stappert, *L'Ange roman, dans la pensée et dans l'art* (Paris, 1975), esp. p.149s., 440s. (rica bibliografia; excelente iconografia); Erwin Panofsky, *Gothic Architecture and Scholasticism* (Nova York, 1976).

Sobre Eleonor da Aquitânia e sua influência, ver F. Heer, *The Medieval World*, p.157s.; cf. também A. Kelly, *Eleanor of Aquitaine and the Four Kings* (Cambridge, Massachusetts, 1952).

Sobre a literatura cortês, ver A. Jeanroy, *La poésie lyrique des troubadours* (Toulouse-Paris, 1934); R.R. Bezzola, *Les origines et la formation de la littérature courtoise en Occident, 500-1200* (Paris, 1944); P. Zumthor, *Histoire littéraire de la France médiévale, VIe-XIVe siècle* (Paris, 1954); J. Lafite-Houssat, *Troubadours et cours d'amour* (Paris, 1960; excelente visão de conjunto; contém uma tradução dos "julgamentos" efetuados pelos tribunais das senhoras, p.49-63); Moshé Lazar, *Amour courtois et "fin amors" dans la littérature du XIIe siècle* (Paris, 1964).

270. Sobre a valoração religiosa do princípio feminino, ver os textos citados por Elaine Pagels, *The Gnostic Gospels* (Nova York, 1979), p.57s. O tratado *Le tonnerre, esprit parfait* foi traduzido por George W. MacRae, *The Nag Hammadi Library* (organizado por James M. Robinson, Nova York-San Francisco, 1977), p.271-7. Cf. ibid., p.461-70, a tradução de outro tratado importante, feita por John Turner, o *Trimorphic Protennoia*.

O problema da influência da poesia lírica e hispano-árabe sobre a poesia espanhola e provençal deu lugar a uma copiosa literatura crítica. Ver Menéndez Pidal, *Poesía árabe y poesía europea* (Madri, 1950); Emilio García Gómez, *Poemas arábigo-andaluces* (nova ed., Madri, 1940); idem, "La lírica hispano-árabe y la aparición de la lírica romance", *Al Andalus*, 21, 1956, p.310s.; Claudio Sánchez Albornoz, "El Islam de Espania y el Occidente", in *L'Occidente e l'Islam, Atti delta XIIa settimana di studio di Spoletto*, 2-8 abr 1964 (Spoletto, 1965, I), p.149-308, esp. p.177s.; S.M. Stern, "Esistono dei rapporti letterari tra il mondo islamico e l'Europa occidentale nell'alto medio evo?", ibid., II, p.631-65.

Sobre a linguagem secreta dos *Fedeli d'amore*, ver R. Ricolfi, *Studi su i "Fedeli d'amore"*, v.I (Milão, 1933): cf. M. Eliade, *Initiation, rites, sociétés secretes* (= *Naissances mystiques*, Paris, 1959), p.267s.

Entre a copiosa literatura crítica sobre os romances do ciclo arturiano, assinalemos: Roger S. Loomis (org.), *Arthurian Literature in the Middle Ages* (Oxford, 1959); idem, *The Development of Arthurian Romance* (Londres, 1963); Jean Marx, *La légende arthurienne et le graal* (Paris, 1952); idem, *Nouvelles recherches sur la légende arthurienne* (Paris, 1965); R.W. Barber, *Arthur of Albion. An Introduction to the Arthurian Literature and Legends in England* (Londres, 1961). Ver também a obra coletiva *Lumière du graal* ("Cahiers du Sud", 1951, esp. artigo de J. Vendryès, "Le graal dans le cycle breton", p.73s.) e os trabalhos do Colóquio Internacional: *Les Romans du Graal aux XIIe et XIIIe siècles* (Paris, 1956; ed. CNRS).

Quanto aos elementos iniciatórios nos romances do ciclo arturiano, ver M. Eliade, *Initiations, rites, sociétés secrètes*, p.264s.; cf. também Antoinette Fiers-Monnier, *Initiation und Wandlung. Zur Geschichte des altfranzösischen Romans im XII. Jahrhundert* (Studiorum Romanorum, v.V, Berna, 1951).

Sobre os elementos orientais no *Parzival*, ver Hermann Goetz, "Der Orient der Kreuzzüge in Wolframs *Parzival*", *Archiv für Kulturgeschichte*, II, p.1-42. Cf. também a erudita e sugestiva obra de Helen Adolf, *Visio Pacis: Holy City and Grail* (Pennsylvania State University Press, 1960; excelente documentação, p.179-207).

Sobre a influência hermetista no *Parzival* de Wolfram von Eschenbach, ver. H. e R. Kahane, *The Krater and the Grail. Hermetic Sources of the Parzival* (Urbana, 1965), interpretação aceita por H. Corbin, *En Islam iranien*, II (1971), p.143-54. A etimologia das três personagens enigmáticas é significativa: Kyot seria o cultíssimo conde Guillaume de Tudèle, Flegetanis parece referir-se a uma obra cabalística do século XII, *Falak-ath Thani*, "o segundo Céu", cujo título foi interpretado como o nome de um filósofo (H. Colb, apud Goetz, p.2s.); Trevrizent, segundo Henry e Renée Kahane, deriva de *Trible Escient* (tripla sabedoria), isto é, Hermes Trismegisto (cf. *The Krater and the Grail*, p.59s.). Ver também Paulette Duval, *La pensée alchimique et le conte du Graal* (Paris, 1979).

Sobre as relações entre a cavalaria e o argumento mítico-ritual do graal, ver J. Frappier, "Le graal et la chevalerie", *Romania*, 75, 1954, p.165-210.

Sobre as analogias com o Irã, ver: Sir Jahangir C. Coyajee, "The legend of the Holy Grail: its Iranian and Indian analogous" (*Journal of the K.R. Cama Oriental Institute*, Bombaim, 1939, p.37-126), "The Round Table of King Kai Khusraun", ibid., p.127-94; H. Corbin, *En Islam iranien*, v.II, p.155-88.

271. Aos três tratados de Gioacchino da Fiore citados na nota 50 convém acrescentar *Tractatus super Quatuor Evangelia*, organizado por Ernesto Buonaiuti (Roma, 1930), e *Liber Figurarum*, organizado por L. Tondelli (*Il Libro delle Figure dell'abate Gioacchino da Fiore*, 2ª ed., Turim, 1954); sobre essa obra, ver também Marjorie Reeves e Beatrice Hirsch-Reich, *The Figurae of Joachim of Fiore* (Oxford, 1972). Os escritos pseudojoaquimitas são registrados por Marjorie Reeves, *The Influence of Prophecy in the Later Middle Ages: A Study in Joachimism* (Oxford, 1969), p.512-8, 541-2. Uma seleção de textos, traduzidos e comentados, de Gioacchino figura in B. McGinn, *Apocalyptic Spirituality* (Nova York, 1979), p.97-148, 289-97.

Sobre Gioacchino da Fiore, ver sobretudo: H. Grundmann, *Studien über Joachim von Floris* (Leipzig, 1927); idem, *Neue Forschungen über Joachim von Floris* (Freiburg im Breisgau, 1950); idem, "Zur Biographie Joachims von Fiore und Rainers von Ponza" (*Deutsches Archiv für Erforschung des Mittelalters*, 16, 1960, p.437-546); E. Buonaiuti, *Gioacchino da Fiore, i tempi, la vita, il messaggio* (Roma, 1931); A. Crocco, *Gioacchino da Fiore* (Nápoles, 1960); Marjorie Reeves, *The Influence of Prophecy*; H. Mottu, *La manifestation de l'Esprit selon Joachim de Fiore* (Neuchâtel-Paris, 1977); Bernard McGinn, *Visions of the End. Apocalyptic Traditions in the Middle Ages* (Nova York, 1979), p.126-41, 313-8. McGinn fez uma excelente recensão crítica das investigações recentes sobre Gioacchino da Fiore e o joaquimismo in "Apocalypticism in the Middle Ages: an historiographical approach", *Mediaeval Studien*, XXXVII, 1975, p.252-86.

Sobre a casa de Corazzo, ver F. Russo, *Gioacchino da Fiore e la fondazioni florensi in Calabria* (Nápoles, 1958).

Sobre as origens bíblicas do simbolismo de Gioacchino, ver B. McGinn, "Symbolism in the thought of Joachim of Fiore", in *Prophecy and Millenarism: Essays in Honour of Marjorie Reeves* (Londres, 1980), p.143-64.

272. Assinalemos, em primeiro lugar, algumas apresentações gerais: H.A.R. Gibb, *Mohammedanism: an Historical Survey* (Oxford, 1942; 2ª ed., 1961); Fazlur Rahman, *Islam* (Chicago, 1966; 2ª ed., 1979); Toufic Fahd, "L'Islam et les sectes islamiques", *Histoire des religions* (dir. Henri-Charles Puech), v.III (Paris, 1977), p.3-177; A. Bausani, *L'Islam* (Milão, 1980). Ver também bibliografias registradas nos §264-5.

Indispensável pela sua riqueza, e por ser, ao mesmo tempo, uma introdução geral à história do islã e uma obra de referência, é Henri Laoust, *Les schismes dans l'Islam* (Payot, 1965).

Gustave E. von Grunebaum fez uma apresentação da cultura e da espiritualidade medieval in *Medieval Islam* (Chicago, 1946; 2ª ed. rev. e ampl., 1953). Ver também a obra coletiva: *Islam and Cultural Change in the Middle Age* (Wiesbaden, 1975) e os artigos de A.H. Hourani, S.M. Stern, S.A. El-Ali e N. Elisséeff, in *The Islamic City* (org. A.H. Hourani e S.M. Stern), Oxford, 1970.

Sobre o *kalâm* sunita, ver a clara exposição de Henry Corbin, *Histoire de la philosophie islamique,* I (Paris, 1964), p.125-78; L. Gardet e M.M. Anawati, *Introduction à la théologie musulmane* (Paris, 1948); A.N. Nader, *Le système philosophique des Mo'tazilites* (Beirute, 1956); A.J. Arberry, *Revelation and Reason in Islam* (Londres, 1957); H.A. Wolfson, *The Philosophy of the Kalam* (Harvard, 1976; obra fundamental). Ver também F. Rahman, *Prophecy in Islam: Philosophy and Orthodoxy* (Londres, 1958); S.H. Nasr, *An Introduction to Muslim Cosmological Doctrines* (Cambridge, Massachusetts, 1964); Daniel Gimaret, *Théories de l'acte humain en théologie musulmane* (Louvain, 1980).

Sobre al-Ash'arî e o acharismo, ver: W.C. Klein, *The Elucidation of Islam's Foundation* (New Haven, 1940; trad. inglesa do *Kitab al-Ibâna* de al-Ash'arî); W.W. Watt, *Free Will and Predestination in Early Islam* (Londres, 1948).

273. Sobre a história do xiismo, ver Henri Laoust, *Les schismes dans l'Islam*, p.25s., 98s., 181s. A interpretação exaustiva do pensamento e das técnicas espirituais xiitas foi apresentada pela primeira vez por Henry Corbin, num grande número de estudos publicados nos *Eranos-Jahrbücher* e em diversos livros. Pode-se encontrar uma útil síntese em sua *Histoire de la philosophie islamique*, I, p.41-150 (cf. p.350, a bibliografia de seus artigos, até 1964). Ver também *Terre céleste et corps de résurrection: de l'Iran mazdéen à l'Iran shî'ite* (Paris, 1961; trad. de onze autores) e *En Islam iranien,* I-II (Paris, 1971-72), *s.v.,* shî'isme, shî'ites.

274. Sobre o ismaelismo, ver W. Ivanow, *Studies in Early Persian Ismaelism* (Bombaim, 1955); H. Corbin, "Epiphanie divine et naissance spirituelle dans la gnose ismaélienne", *Eranos-Jahrbuch*, XXIII, 1955; idem, *Trilogie ismaélienne* (trad. comentada de três tratados), Paris, 1961; idem, *Histoire de la philosophie islamique*, p.110-48, 351 (bibliografia).

Na mais antiga obra ismaelita conservada, observam-se reminiscências do apócrifo *Evangelho da infância*, certos temas da ciência mística dos números (de origem gnóstica), as pêntades que desempenham papel na cosmologia e denunciam influência maniqueísta (por exemplo, os sete combates de Salman contra o antagonista etc.); cf. Corbin, *Histoire*, p.111.

Sobre o mito de Mahdî, ver *Shorter Encyclopaedia of Islam*, p.310-3; Ibn Khaldûn, *The Muqaddimah, an Introduction to History*, v.I-III, com tradução inglesa de Franz Rosenthal (Nova York, 1958), p.156-200 (ver também, p.186s., as opiniões dos sufis sobre o Mahdî).

Sobre o ismaelismo reformado de Alamût, ver G.S. Hodgson, *The Order of the Assassins: the Struggle of the Early Isma'îlîs against the Islamic World* (Haia, 1955).

Sobre o "Velho da Montanha", ver C.E. Nowell, "The Old Man of the Mountain", *Speculum*, v.22, 1947, p.497s.; idem, "The sources of the history of the syrian assassins", ibid., v.27, 1952, p.875s.; W. Fleischhauer, "The Old Man of the Mountain: the growth of a legend", *Symposium*, 9, 1955, p.79s. Sobre o relato de Marco Polo, ver Leonardo Olschki, *Marco Polo's Asia* (Berkeley-Los Angeles, 1960), p.362-81.

275. Há ampla literatura sobre o sufismo nas principais línguas europeias. Assinalemos algumas obras importantes: Reynold A. Nicholson, *Studies in Islamic Mysticism* (Cambridge, 1921; reed., 1967); A.J. Arberry, *Sufism: an Account of the Mystics of Islam* (Londres, 1950); Marijan Molé, *Les mystiques musulmans* (Paris, 1965; excelente introdução); G.C. Anawati e Louis Gardet, *Mystique musulmane. Aspects et tendances, expériences et techniques* (Paris, 1961; contém grande número de textos traduzidos e comentados); Fritz Meier, *Vom Wesen der islamischen Mystik* (Basileia, 1943; insiste na iniciação dos discípulos); Seyyed H. Nasr, *Sufi Essais* (Londres, 1972); Anne-Marie Schimmel, *Mystical Dimensions of Islam* (Chapel Hill, 1975; uma das melhores obras sobre o sufismo, com referências bibliográficas).

Para a história dos estudos sufistas no Ocidente, ver A.J. Arberry, *An Introduction to the History of Sufism* (Londres, 1942). Entre as antologias dos textos traduzidos: Margaret Smith, *Readings from the Mystics of Islam* (Londres, 1950); idem, *The Sufi Path of Love* (Londres, 1954); Martino Mario Moreno, *Antologia della mistica arabo-persiana* (Bari, 1951).

Para a análise da linguagem sufista, ver: Louis Massignon, *Essai sur les origines du lexique technique de la mystique musulmane* (Paris, 1922; nova edição, 1968); Paul Nwyia, *Exégèse coranique et langage mystique* (Beirute, 1970).

Sobre os primeiros místicos, ver: L. Massignon, "Salmân Pâk et les prémices spirituelles de l'Islam iranien" (*Société des Études Iraniennes*, 7, 1934); Margaret Smith, *Râbi'a the Mystic and her Fellow Saints in Islam* (Cambridge, 1928).

Sobre as relações entre xiismo e sufismo, ver H. Corbin, *Histoire de la philosophie islamique*, p.262s.; S.H. Nasr, *Sufi Essais*, p.97-103; John B. Taylor, "Ja'far al Sâdiq, spiritual forebear of the Sufis", *Islamic Culture*, v.40, n. 2, p.97s., Nasr, *Sufi Essais*, p.104s.

Citemos o seguinte passo de al-Qushairî sobre as diferenças radicais entre a lei e a realidade divina buscada pelos sufis: "A *Shari'a* ocupa-se da observância dos ritos e atos de devoção, enquanto a realidade (*Haqiqa*) se preocupa com a visão interior do poder divino. Todo rito não animado pelo espírito da realidade não tem valor, e todo espírito da realidade não estruturado pela lei é incompleto. A lei existe para reger a humanidade, ao passo que a realidade nos faz conhecer as disposições de Deus. A lei existe para o serviço de Deus, enquanto a realidade existe para a Sua contemplação. A lei existe para obedecer ao que Ele prescreveu, enquanto a realidade é compreender o Seu mandamento: uma é exterior, a outra, interior" (*Risâlat*, trad. franc. Eva de Vitray-Meyerovitch, *Rumi et le soufisme*, Paris, 1977, p.80).

276. Sobre Dhu'l-Nun, ver Margaret Smith, *Readings from the Mystics of Islam*, n.20; A.M. Schimmel, *Mystical Dimensions*, p.42s.

Sobre Bistâmî, ver M. Molé, *Les mystiques musulmans*, p.53s.; A.M. Schimmel, p.47s.; cf. as referências citadas nas notas 32-4.

Sobre Junayd, ver A.H. Abdel Kader, *The Life, Personality and Writings of al-Junayd* (Londres, 1962); Zaehner, *Hindu and Muslim Mysticism*, p.135-61; M. Molé, op.cit., p.61s.; Schimmel, op.cit., p.57s.

Sobre Tirmidhi, ver: Schimmel, op.cit., p.56-7, e a bibliografia citada nas notas 35-6; H. Corbin, op.cit., p.273-5.

Sobre a doutrina sufista do *qotb*, ver M. Molé, op.cit., p.79s.

277. Sobre al-Hallâj basta-nos lembrar as obras de Louis Massignon, sobretudo *La passion d'al-Husayn-ibn-Mansur al-Hallâj, martyr mystique de l'Islam, exécuté à Bagdad* *le 26 mars 922*, 2 v. (Paris, 1922; nova ed. rev. e ampl., 4 v., Paris, 1975. Os trabalhos de Massignon dedicados a Hallâj estão registrados na bibliografia, v.IV, p.101-8.)

A vida e o martírio de Hallâj são admiravelmente apresentados e interpretados por Massignon no primeiro tomo de *La passion*. Sobre as obras de Hallâj (o catálogo de seus escritos, redigido sessenta anos depois de sua morte, continha 46 títulos), ver ibid., v.III, p.286s. Massignon esclarece que mais de 350 citações isoladas das obras de Hallâj entraram no repertório clássico da mística muçulmana no decorrer do século IV/IX; cf. ibid., p.294. Sobre o *Diwan* (poemas e preces extáticas), ver ibid., p.296s. Cf. tradução, p.300-34, e tradução dos *Riwayat*, p.344-52. Ver também nova tradução do *Diwan*, feita por Massignon ("Documents spirituels", v.10, Paris, 1955).

Sobre os *malâmatiya*, ver Alessandro Bausani, "Note sul 'Pazzo sacro' nell'Islam", *SMSR*, 29, 1958, p.93-107; M. Molé, op.cit., p.72s., e a bibliografia registrada por A.M. Schimmel, op.cit., p.86, n.59.

Sobre os "loucos-por-Cristo", análogos aos *malâmatîya*, ver V. Roshcau, "Saint Siméon Salos, ermite palestinien et prototype des 'Fous-pour-le-Christ'" (*Proche-Orient Chrétien*, t.28, 1978, p.209-19); idem, "Que savons-nous des Fous-pour-le-Christ?" (*Irénikon*, t.53, 1980, p.341-53, 501-12).

278. Sobre Shiblî e Niffarî, ver A.M. Schimmel, op.cit., p.77-82, e a n.46 (bibliografia).

Sobre as teorias e práticas do sufismo clássico, ver G.C. Anawati e L. Gardet, *Mystique musulmane*, p.41s., 77s., 147s.; A.M. Schimmel, p.89s. (com referências bibliográficas).

Acerca de Ghazzali, ver Miguel Asín Palacios, *Espiritualidad de Algazel y su sentido cristiano*, I-IV (Madri-Granada, 1934-1941); W. Montgomery Watt, *Muslim Intellectual: a Study of Al-Ghazzali* (Edimburgo, 1963) e a bibliografia anotada por Schimmel, p.92, n.66.

Sobre as traduções das obras de Ghazzali, ver a bibliografia in Schimmel, p.92-5, notas 67, 71, 72. Mencionemos as que se relacionam diretamente com nosso propósito: W.H. Temple Gairdner, *Al-Ghazzâlî's the Niche for Lights* (Londres, 1915); W.M. Watt, *The Faith and Practice of Al-Ghazzâlî* (Londres, 1952; trad. do tratado *O libertador dos erros*); G.H. Bousquet, *Ih'yâ'oulum al-dîn' ou Vivification des Sciences de la Foi* (Paris, 1955; contém o resumo dos quarenta capítulos).

279. A melhor exposição de conjunto é a *Histoire de la philosophie islamique* (Paris, 1964), de Henry Corbin. Ver ibid., p.348s. (elementos de bibliografia).

Sobre al-Kindi, cf. Corbin, op.cit., p.217-22, 355 (bibliografia).

Sobre Alfarabi, ver Corbin, *Histoire*, p.222s.; D.M. Dunlop, *The Fusul al-Madanî. Aphorisms of the Statesman of Alfarabi* (texto e trad., Cambridge, 1961); Muhsin Mahdi (trad.), *Alfarabi's Philosophy of Plato and Aristotle* (Glencoe, Illinois, 1962). Sobre a doutrina da profecia em Alfarabi, ver F. Rahman, *Prophecy in Islam. Philosophy and Orthodoxy* (Londres, 1958), p.11-29.

Sobre Avicena, ver A.M. Goichon, *La distinction de l'essence et de l'existence d'après Ibn Sina* (Paris, 1937); Louis Gardet, *La pensée religieuse d'Avicenne* (Paris, 1951); F. Rahman, *Avicenna's Psychology* (Londres, 1952); S.M. Afnan, *Avicenna, his Life and Works* (Londres, 1958); Henry Corbin, *Avicenne et le récit visionnaire. Étude sur le cycle des récits avicenniens* (Paris-Teerã, 1954; 2ª ed., Paris, 1979); S.H. Nasr, *Three Muslim Sages* (Harvard, 1963), p.9-51.

Assinalemos algumas traduções recentes: *Livre des directives et remarques* (trad. A.M. Goichon, Paris, 1952); *La métaphysique du Shifâ* (trad. M. Anawati, Québec, 1952);

Le livre de science, 2 v. (trad. M. Achena e H. Massé, Paris, 1955); cf. a bibliografia registrada por Corbin, p.357-8.

Sobre a filosofia e a teosofia muçulmanas na Espanha, ver a exposição de conjunto in Corbin, *Histoire*, p.305-42, 361-3 (bibliografia).

Sobre Ibn Massara, ver Miguel Asín Palacios, *Ibn Massara y su escuela; orígenes de la filosofía hispano-musulmana* (Madri, 2ª ed., 1946).

Sobre Ibn Hazm, ver A.R. Nykl, *A Book containing the Risâla known as "The Dove's Neck-Ring about Love and Lovers"* (Paris, 1932); idem, *Hispano-arabic Poetry and its Relations with the Old Provençal Troubadours* (Baltimore, 1946).

Sobre Avempácio, ver M. Asín Palacios, *Avempace. El régimen del solitario* (org. e trad., Madri-Granada, 1946).

Sobre Ibn Tofail, ver Léon Gauthier, *Ibn Thofail, sa vie, ses oeuvres* (Paris, 1909); idem, *Hayy Ibn Yaqdhan, roman philosophique d'Ibn Thofail* (texto e trad., Paris, 2ª ed., 1936).

280. Assinalemos algumas traduções recentes de Averróis: L. Gauthier, *Traité décisif (Façî al-maqâl) sur l'accord de la religion et de la philosophie* (Argel, 3ª ed., 1948); S. van der Bergh, *Averroes' Tahâfut al-Tahâfut (The Incoherence of the Incoherence)*, 2 v. (Oxford, 1954); G.F. Hourani, *On the Harmony of Religion and Philosophy* (Londres, 1954).

A literatura crítica é vasta. Mencionemos L. Gauthier, *Ibn Rochd (Averroes)*, Paris, 1948; M. Horten, *Die Metaphysick des Averroes* (Halle, 1912); ver também as apresentações sintéticas nas *Histoires* da filosofia medieval de Étienne Gilson, H. Corbin e Julius R. Weinberg.

Sobre as obras de Ibn Arabî acessíveis em tradução, ver R.W.J. Austin, *Ibn al'Arabî: The Bezels of Wisdom* (Nova York, 1980), p.12. Assinalemos: Titus Burckardt, *La sagesse des prophètes* (Paris, 1956), tradução parcial de *O colar de pérolas*, e Austin, *The Bezels of Wisdom*, tradução integral, com muitos comentários. As obras autobiográficas de Ibn Arabî foram traduzidas por Austin, *Sufis of Andalusia* (Londres, 1971).

O essencial da bibliografia crítica é registrado por Austin, *The Bezels*, p.13. Cabe menção especial a Izutsu, *Comparative Study of Key Philosophical Concepts in Sufism and Taoism* (Parte I, Tóquio, 1966), Henry Corbin, *L'Imagination créatrice dans le soufisme d'Ibn Arabî* (Paris, 1958), S.A.Q. Husaini, *The Pantheistic Monism of Ibn al-Arabî* (Lahore, 1970).

281. Henry Corbin editou os dois primeiros volumes das *Oeuvres philosophiques et mystiques de Sohrawardî* (Istambul-Leipzig, 1945; Teerã-Paris, 1952). Henry Corbin elaborou também a exegese mais penetrante do pensamento de Sohrawardî; ver esp. *En Islam iranien*, t.II; *Sohrawardî et les platoniciens de Perse* (Paris, 1971); *Histoire de la philosophie islamique*, p.285-304; *L'Archange empourpré. Quinze traités et récits mystiques traduits du persan et de l'arabe* (Paris, 1976).

É difícil precisar em que medida Sohrawardî conhecia, por fontes orais ou escritas, a tradição masdeísta. (Além das contribuições de Corbin, destaquemos A. Bausani, *Persia religiosa*, p.181s., e J. Duchesne-Guillemin, *La religion de l'Iran ancien*, p.363s.) Em todo caso, Sohrawardî intitulou-se representante tanto da tradição persa quanto da teosofia neoplatônica. Lembremos que, sob a dinastia dos sassânidas (226-635), o masdeísmo tornou-se a Igreja oficial do Império, ainda que o zurvanismo (§213) não tenha perdido seus fiéis. O grande sacerdote Kartêr, que conseguiu a condenação de Mani (§231) foi o artífice da ortodoxia masdeísta. Foi também no reinado dos sassânidas que a mitologia e a ideologia da realeza tiveram um novo florescimento (cf. G. Widengren, *Les religions de l'Iran*, p.343).

No plano religioso e político, o único acontecimento importante até a conquista muçulmana foi a revolução de Mazdak, apadrinhada pelo rei Kavad (488-531). Mazdak afirmava que a desigualdade social é a responsável pelo mal e pelos sofrimentos; por conseguinte, propunha que se repartissem os bens e as mulheres. Mas a aristocracia leiga e religiosa conseguiu convencer o rei Kavad, e, em 528-29, este organizou uma grande matança de seguidores de Mazdak. É significativo que sejam as desordens provocadas pela revolução de Mazdak "que tenham acarretado a última redação do Avesta e a vitória da Igreja zoroastriana de Estado" (Widengren, p.343). Pouco tempo depois (em 635), a Pérsia foi conquistada pelos muçulmanos. Contudo, o masdeísmo, isolado no sul do país, conheceu um autêntico renascimento no século IX (época da relação das principais obras em pálavi, *Bundahishn*, *Dênkart* etc.; Duchesne-Guillemin, p.356s.). No entanto, a esperança de sacudir o jugo dos califas e de restaurar um Estado zoroastriano foi destruída pelos turcos das dinastias gasnávida e seljúcida, inimigos irredutíveis da tradição religiosa e da autonomia política do povo iraniano.

É em tal contexto ideológico, infelizmente ainda mal conhecido, que se deve situar a nostalgia da Pérsia antiga de Sohrawardî e de tantos outros místicos e poetas iranianos.

282. O *Mathnawî* foi editado e traduzido em inglês por Reynold A. Nicholson, 8 v. (Londres, 1925-40); ver a lista das outras traduções, parciais, in A.M. Schimmel, *Mystical Dimensions of Islam*, p.310, n.24. Alguns excertos do *Dîvân-i Shams-i Tabriz* foram traduzidos para o inglês por R.A. Nicholson (1898; reed., Cambridge, 1961) e para o francês (*Odes mystiques*) por E. de Vitray-Meyerovitch (Paris, 1973); para as demais traduções em línguas europeias, cf. A.M. Schimmel, p.310, n. 25.

Sobre Rûmî, ver A.M. Schimmel, *The Triumphal Sun. A Study of Mewlana Rumiâs Life and Work*, Londres-Haia, 1978; idem, *Mystical Dimensions*, p.309-28; E. de Vitray-Meyerovitch, *Rûmî et le soufisme* (1977); idem, *Mystique et poésie en Islam: Djalâlud-Dîn Rûmî et les derviches tourneurs* (Paris, 2ª ed., 1973); R.A. Nicholson, *Rûmî, Poet and Mystic* (Londres, 1950); cf. também as bibliografias registradas por E. de Vitray-Meyerovitch, *Rûmî*, p.188, e A.M. Schimmel, *Mystical Dimensions*, p.311, n.25, 26; 316, notas 28-31.

Sobre a música e a dança religiosas, ver Marijan Molé, "La danse extatique en Islam", in *Les danses sacrées* ("Sources Orientales", v.4, Paris, 1963), p.145-280. Acerca da dança dos dervixes, ver Fritz Meier, "Der Derwischtanz: Versuch eines Ueberblicks" (*Asiatische Studien*, 8, 1954, p.107-36). Sobre a dança *mawlawie*, ver Hellmut Ritter, "Der Reigen der tanzenden Derwische" (*Zeitschrift für vergleichende Musikwissenschaft*, 1, 1933, p.28-42).

283. Sobre o *dhikr*, ver Louis Gardet, "La mention du nom divin (*dhikr*) en mystique musulmane", *Revue Thomiste*, 1952, p.642-79; 1953, p.197-216; idem, *Mystique musulmane*, p.187-258; M. Eliade, *Le yoga*, p.218-20; 396-7 (bibliografia).

Sobre a origem da alquimia, ver a bibliografia registrada no v.II da presente obra; cf. também *Forgerons et alchimistes* (2ª ed., rev. e ampl., 1977), p.173s.

Para a história da alquimia árabe, cf. bibliografia in *Forgerons et alchimistes*, p.175s. Ver sobretudo: Paul Kraus, *Jabir ibn Hayyân, contribution à l'histoire des idées scientifiques dans l'lslam*, I-II (Cairo, 1942-43); H. Corbin, "Le livre du Glorieux de Jabîr ibn Hayyân, alchimie et archétypes", *Eranos-Jahrbuch*, 18, Zurique, 1950, p.47-114. Cf. também, tradução de Stéphane Ruspoli, um pequeno tratado de Ibn Arabi, *L'Alchimie du bonheur parfait* (Paris, 1981).

284. Sobre R. Jokhanan ben Zaccai e as consequências da destruição do Templo, ver a bibliografia citada no §224.

A história dos judeus desde o fim da Antiguidade até a Idade Média foi apresentada de maneira magistral por Salo W. Baron, *A Social and Religious History of the Jews*, v.III-VI (Nova York, nova edição, 1950-58).

Sobre o sinédrio, ver Hugo Mantel, *Studies in the History of the Sanhedrin* (Cambridge, Mass., 1961).

O livro de George Foot Moore, *Judaism in the First Centuries of the Christian Era. The Age of the Tannaim*, I-II (Cambridge, Mass., 1927; várias reimpressões), ainda conserva todo o seu valor (devem-se, porém, levar em conta as observações de Porter, lembradas e comentadas por Jacob Neusner, *Judaism*, p.5-14).

Sobre a *Michna*, atualmente se dispõe da clara e vigorosa exposição de Jacob Neusner, *Judaism. The Evidence of the Mishnah* (Chicago, 1981), síntese das numerosas publicações anteriores do autor. Citemos as mais importantes para a compreensão da *Michna*: *The Idea of Purity in Ancient Judaism* (Leiden, 1973); *A History of the Mishnaic Law of Purities*, v.1-22 (Leiden, 1974-77); *The Modern Study of the Mishnah* (Leiden, 1973); *A History of the Mishnaic Law of Holy Things*, v.1-6 (Leiden, 1978-79); *Form-Analysis and Exegesis: A Fresh Approach to the Interpretation of Mishnah* (Mineápolis, 1980).

Encontra-se bibliografia essencial in *Judaism*, p.381-403.

285. Entre as traduções do Talmude de Babilônia, pode-se consultar (reed. rev. por I.M. Weiss, Boston, 1918) a versão de M.L. Rodkinson (Nova York, 1896-1910; 10 v.). A tradução realizada por diversos estudiosos, sob a direção de I. Epstein e J.H. Hertz, publicada em Londres (1935 em diante), 35 v. Destaquemos também algumas antologias: A. Cohen, *Everyman's Talmud* (Londres, 1932; reimpr., 1949); C. Montefiore e C.G. Loewe, *Rabbinic Anthology, Selected and Arranged with Comments and Introduction* (Londres, 1938; reimpr., Nova York, 1960); G. Goldin, *The Living Talmud* (Chicago e Londres, 1958).

Dentre a rica literatura crítica, assinalemos: Solomon Schechter, *Aspects of Rabbinic Theology* (Nova York, 1909; reimpr., 1961, introdução de Louis Finkelstein); G.F. Moore, *Judaism in the First Centuries of the Christian Era*, v.I, p.173s.; David Goodblatt, "The Babylonian Talmud", *Aufstieg und Niedergang der römischen Welt* (Berlim, 1972), I, p.257-336; J. Neusner (org.), *Understanding Rabbinic Judaism: From Talmudic to Modern Times* (Nova York, 1974; cf. David Goodblatt, "Bibliography on rabbinic Judaism", ibid., p.383-402); Joseph Heinemann, *Prayer in Talmud: Forms and Patterns* (trad. ingl. Richard S. Sarason, Berlim, 1977); Jacob Neusner, *The Formation of the Babylonian Talmud* (Leiden, 1970); Gerd A. Wewers, *Geheimnis und Geheimhaltung im rabbinischen Judentum* (Berlim-Nova York, 1975); J. Neusner, "The history of earlier rabbinic Judaism: some new approaches" (*HR*, 16, 1977, p.216-36).

Sobre os caraítas, ver: L. Nemoy, *Karaite Anthology* (New Haven, 1952); D. Sidersky, "Le caraïsme et ses doctrines", *RHR*, 1936, t.114, p.197-221; Z. Cahn, *The Rise of the Karaite Sect. A New Light on the Halakah and Origin of the Karaites* (Filadélfia, 1937); A. Paul, *Recherches sur l'origine du qaraïsme* (Paris, 1970).

Sobre as relações com os membros da seita de Qumrân, ver N. Wieder, *The Judaen Scrolls and Karaites* (Londres, 1962).

286. Sobre a filosofia judaica medieval, ver G. Vajda, *Introduction à la pensée juive du Moyen Âge* (Paris, 1947); Isaac Husik, *A History of Medieval Jewish Philosophy* (Nova York, 1916; reimpr., 1958); Julius Guttmann, *Die Philosophie des Judentums* (Munique, 1933; trad. ingl., *Philosophies of Judaism*, Nova York, 1964). André Neher é autor de uma brilhante e original exposição de conjunto: "Philosophie juive médiévale", *Histoire de la Philosophie* (Encyclopédie de la Pléiade, v.I, Paris, 1969), p.1.006-47.

Uma seleção anotada dos textos de Fílon foi publicada por Nahum Glatzer, *The Essential Philo* (1971), e David Winston, *Philo of Alexandria: The Contemplative Life, The Giants and Selections* (Nova York, 1981). As obras completas estão sendo traduzidas por R. Arnaldez, J. Pouilloux e Mondésert (Paris, 1961s.; 36 v. publicados até 1980). A melhor obra sobre Fílon é a de V. Nikiprowetzky, *Le commentaire de l'Écriture chez Philon d'Alexandrie* (Leiden, 1977).

Sobre a influência, direta e indireta, de Fílon sobre o pensamento medieval cristão, ver a obra de H.A. Wolfson, *Philo*, I-II (Cambridge, Mass., 1947); cf. ibid., II, p.158s., o estado da questão.

O primeiro filósofo judeu é Isaac Israeli (855-955, aproximadamente), nascido e morto no Egito. Suas obras são uma compilação de diferentes fontes, mas, traduzidas em latim, foram utilizadas pelos escolásticos cristãos do século XIII. Alguns fragmentos foram traduzidos e comentados na obra de A. Altmann e S. Stern, *Isaac Israeli* (Londres, 1959).

A tradução completa da obra de Saadia foi realizada por S. Rosenblatt, *The Book of Beliefs and Opinions* (New Haven, 1948). Ver também M. Ventura, *La Philosophie de Saadia Gaon* (Paris, 1934); H.A. Wolfson, *Kalam Arguments for Creation in Saadia, Averroes, Maimonides and St. Thomas* (Saadia Anniversary Volume, Nova York, 1943, p.197s.).

O texto hebreu abreviado de *Les sources de vie* foi traduzido por S. Munk, *Mélanges de philosophie juive et arabe* (Paris, 1859; reed., 1927), p.3-148; existe também tradução completa do livro terceiro, feita por F. Brunner, *La source de vie*, livro III (Paris, 1950). Uma tradução inglesa completa foi realizada por H.E. Wedeck, *The Fountain of Life* (Nova York, 1962).

Sobre Ibn Gabirol, ver sobretudo S. Munk, *Mélanges*, p.151-306; J. Guttmann, *Die Philosophie des Judentums*, p.102-19; Isaac Husik, *A History of Medieval Jewish Philosophy* (Nova York, 1916), p.59-80; Julius R. Weinberg, *A Short History of Medieval Philosophy* (Princeton, 1964), p.146-9.

O tratado de Bahya ibn Paqûda, *Introduction aux devoirs des coeurs*, foi traduzido por A. Chouraqui (Paris, 1950). Existe também tradução inglesa de Edwin Collins, *The Duties of the Heart* (1904).

A obra de Judah Halevi foi traduzida e anotada por Hartwig Hirschfeld, *The Kuzari* (1946). Ver também Isaac Husik, *Three Jewish Philosophers: Philo, Saadia Gaon, Jehuda Halevi*, tradução hebraica Hans Lewy, A. Altmann e I. Heinemann (1965; seleção comentada).

287. Uma excelente antologia de textos de Maimônides foi organizada por Isadore Twenski, *A Maimonides Reader. Edited with Introduction and Notes* (Nova York, 1972). Ela contém longos extratos do tratado *Mishneh Torah* (p.35-227), uma seleção importante do *Guide des égarés* (p.231-358) e vários opúsculos e cartas de acesso difícil em tradução (p.361-482). Ver também Arthur Cohen, *Teachings of Maimonides* (prefácio de Marvin Fox, Nova York, 1968). De todas as traduções do *Moreh Nevukhim*, utilizamos a de *The Guide of the Perplexed*, tradução de Shlomo Pines (Chicago University Press, 1963). As traduções do *Mishneh Torah* figuram in *Maimonides Reader*, p.484, e in David Hartmann, *Maimonides: Torah and Philosophic Quest* (Filadélfia, 1976), p.269-72. Essas duas obras contêm ricas bibliografias: Shlomo Pines, p.484-90; David Hartmann, p.272-88.

Entre as apresentações mais exaustivas, destacaremos: Salo W. Baron, *A Social and Religious History of the Jews*, VIII (Nova York, 1958), p.55-138; Joseph Sarachek, *Faith and Reason: The Conflict over the Rationalism of Maimonides* (Nova York, 1970). Ver também: Daniel Y. Silver, *Maimonidean Criticism and the Maimonidean Controversy: 1180-1240* (Leiden, 1965); Harry A. Wolfson, "Maimonides on the unity and incorporeality of God", *Jewish Quarterly Review*, 56, 1965, p.112-36; Alexander Altmann, "Essence and existence in Maimonides", in *Studies in Religious Philosophy and Mysticism* (Ithaca, 1969), p.108-27; "Free will and predestination in Saadia, Bahya, and Maimonides", in *Essays in Jewish Intellectual History*, Hanôver-Londres, 1981, p.35-64; "Maimonides's 'Four Perfections'", ibid., p.65-76; "Maimonides and Thomas Aquinas: natural or divine prophecy?", ibid., p.77-96.

O trabalho de David Hartmann é valioso sobretudo pelos numerosos textos que ilustram a continuidade entre o *Mishneh Torah* e o *Moreh Nevukhim*; ver p.102s. Isaac Husik sustentou opiniões contrárias, *A History of Medieval Jewish Philosophy* (reimpr., Nova York, 1958), p.5, e Leo Strauss, *Persecution and the Art of Writing* (Chicago, 1952), p.38-95: "The literary character of the *Guide for the Perplex*"; idem, "Notes on Maimonides' Book of Knowledge" (*Studies... presented to Gershom Scholem*, Jerusalém, 1967, p.269-85).

288. A única obra essencial e exclusiva sobre a história da mística judaica, desde as origens até o hassidismo, é a de Gershom Scholem, *Major Trends in Jewish Mysticism* (Nova York, 1946; utilizamos a 4ª ed., 1960, rev. e acrescida de bibliografias suplementares). Ver também tradução francesa, *Les grands courants de la mystique juive* (Paris, 1950). Citemos, também do mesmo autor, *Les origines de la Kabbale* (Paris, 1966; ed. al., *Ursprung und Anfänge der Kabbala*, Berlim, 1962); *On the Kabbalah and its Symbolism* (Nova York, 1965; ed. al., Zurique, 1960); *The Messianic Idea in Judaism and Other Essays on Jewish Spirituality* (Nova York, 1971; seleção de artigos publicados entre 1937 e 1970).

Uma breve introdução geral, com a tradução de alguns textos significativos, foi publicada por Guy Casaril, *Rabbi Siméon bar Yochaî et la Kabbale* (Paris, 1961, col. Maîtres Spirituels). O livro de Paul Vulliaud *La Kabbale juive. Histoire et doctrine. Essai critique*, 2 v. (Paris, 1923), foi duramente criticado por G. Scholem. Ainda útil, sobretudo para os cabalistas cristãos do pós-Renascimento, é a obra de A.E. Waite, *The Holy Kabbalah, A Study of the Secret Tradition of Israel* (Londres, 1929). Sobre o esoterismo judaico e a cabala, ver G. Vajda, "Recherches récentes sur l'ésotérisme juif (1947-53)", *RHR*, 1955, t.147, p.62-92; idem, "Recherches récentes... (1954-62)", ibid., 1963, t.164, p.39-86, 191-212; 1964, t.165, p.49-78; idem, *L'Amour de Dieu dans la théologie juive du Moyen Âge* (Paris, 1957); idem, *Recherches sur la philosophie et la Kabbale dans la pensée juive du Moyen Âge* (Paris-Haia, 1962); C. Sirat, *Les théories des visions surnaturelles dans la pensée juive du Moyen Âge* (Leiden, 1969).

Sobre a *Merkabah*, ver G. Scholem, *Major Trends*, p.40-79; idem, *Jewish Gnosticism, Merkabah Mysticism and Talmudic Tradition* (Nova York, 1960), passim; idem, *Les origines de la Kabbale*, p.27-33, 118-22, 128-38, 153-60 etc. Ver também Ithamar Gruenwald, *Apocalyptic and Merkabah Mysticism* (Leiden-Colônia, 1980).

Sobre *Shi'ur Qoma*, ver também Alexander Altmann, "Moses Narboni's 'Epistle on *Shi'ur Qoma*', in *Studies in Religious Philosophy and Mysticism* (Ithaca, 1969), p.180-209.

Sobre o *Sepher Yetsira*, ver Scholem, *Major Trends*, p.84s., 126s., 367s.; *Les origines de la Kabbale*, p.31s. A última tradução foi feita por Guy Casaril, op.cit., p.41-8. Ver também G. Vajda, "Le commentaire de Saadia sur le *Sepher Yetsira*", *Revue des Études Juives*, v.56, 1945, p.64-86.

Sobre os *hassidim* da Alemanha, ver Scholem, *Major Trends*, p.80-118. Sobre a mitologia do *golem* e suas origens, cf. Scholem, "The idea of the Golem", in *On the Kabbalah and its Symbolism*, p.158-204.

289. Sobre a reatualização de alguns temas mitológicos na cabala, ver G. Scholem, "Kabbalah and Myrh", in *On the Kabbalah and its Symbolism*, p.87-117.

O *Bahir* foi traduzido para o alemão e comentado por G. Scholem, *Das Buch Bahir* (Leipzig, 1923); ver também *Major Trends*, p.74s., 229s.; *Origines de la Kabbale*, p.78-107, 164-94, 211s.

Sobre a *devekuth*, ver G. Scholem, "*Devekut*, or communion with God", in *The Messianic Idea in Judaism*, p.203-26 (artigo publicado em 1950).

Sobre Abraham Abulafia, ver Scholem, *Major Trends*, p.119-55 (e as notas bibliográficas, p.398s.). Cf. Guy Casaril, op.cit., p.66s. Uma tradução quase completa do *Zohar* foi feita por Sperling e Maurice Simon, *The Zohar*, 5 v. (Londres; 1931-34; reed., 1955). Ver sobretudo G. Scholem, *Die Geheimnisse Sohar* (Berlim, 1935) e *Zohar: The Book of Splendor* (Nova York, 1949; seleção e comentário). A melhor apresentação continua sendo a de Scholem, *Major Trends*, p.156-243 (e as notas críticas, p.385-407). Ver também Ariel Bension, *The Zohar in Moslem and Christian Spain* (Londres, 1932); F. Secret, *Le Zohar chez les kabbalistes chrétiens de la Renaissance* (Paris-Haia, 1958).

Sobre a história do conceito da *Shekbina*, ver G. Scholem, "Zur Entwicklungsgeschichte der kabbalistischen Konzeption der Schekinah", *Eranos-Jahrbuch*, XXI (Zurique, 1952), p.45-107. Sobre a transmigração das almas, ver Scholem, *Major Trends*, p.241s.; idem, "The messianic idea in Kabbalism" (*The Messianic Idea in Judaism*, p.37-48), p.46s.; idem, "Seelenwanderung und Sympathie der Seelen in der jüdischen Mystik", *Eranos-Jahrbuch*, XXIV (1955), p.55-118.

290. Uma excelente apresentação da vida espiritual em Safed no século XVI foi realizada por R.J. Zwi Werblowsky, *Joseph Karo, Lawyer and Mystic* (Oxford, 1962; reimpr., Filadélfia, 1977), p.38-83. Ver ibid., p.84-168, a biografia de R. Joseph Karo, p.169-286, a análise das experiências místicas e da teologia de Karo.

Sobre Isaac Luria e sua escola, ver Scholem, *Major Trends*, p.244-86, 407-15.

Quando um de seus alunos lhe perguntou por que não expunha suas ideias num livro, Luria respondeu-lhe: "É impossível, porque todas as coisas têm relação umas com as outras. Mal abro a boca para falar, tenho a impressão de que o mar rompe seus diques e transborda. Como poderia eu então exprimir o que minha alma recebeu, e como poderia transcrevê-lo num livro?" Apud Scholem, *Major Trends*, p.254.

Isaac Luria pretendia ser o único cabalista que, após Nahmanides, recebeu a doutrina secreta diretamente do profeta Elias.

A difusão de suas ideias foi quase inteiramente obra de Israel Sarug, que, entre 1592 e 1598, as propagou entre os cabalistas da Itália. Entretanto, Sarug só conhecia as ideias de Luria por intermédio dos escritos de Vital. Em certos aspectos, ele reinterpretou radicalmente a doutrina do mestre; forneceu-lhe uma base quase filosófica, introduzindo uma espécie de platonismo; o que, em última análise, explica seu êxito; Scholem, ibid., p.257-8.

291. Sobre Sabbatai Zwi e o sabbatianismo, ver G. Scholem, *Major Trends*, p.286-324; idem, "Redemption through sin" (in *The Messianic Idea in Judaism*, p.78-141; o artigo foi publicado primeiramente em hebraico, em 1937); idem, "The crypto-jewish sect of the Donmeh (Sabbatianism) in Turkey" (ibid., p.142-66), e sobretudo sua *magnum opus*, traduzida do hebraico por R.J. Zwi Werblowsky, *Sabbatai Sevi, the Mystical Messiah* (Princeton, 1973; trad. rev. e melhorada da ed. original publicada em Tel-Aviv, 1957). Ver também Yosef Hayim Yerushalmi, *From Spanish Court to Italian Ghetto* (Nova York, 1971; reimpr., Seattle e Londres, 1981), p.313-49. Os documentos teológicos e históricos, em sua grande maioria, foram destruídos. Mas as formas moderadas do sabbatianismo, nas quais coexistiam a fé ortodoxa e a crença herética, sobreviveram por muito tempo; Scholem, *Major Trends*, p.299s.

292. Sobre o hassidismo, ver G. Scholem, *Major Trends*, p.325-50 (cf. bibliografias registradas nas p.436-8, 445-6); idem, "The neutralization of the messianic element in early Hassidism" (in *The Messianism*, p.176-202); Martin Buber, *Die chassidischen Bücher* (Hellerau, 1928; numerosas reimpressões); idem, *Jewish Mysticism and the Legend of Baal Shem* (Londres, 1931); idem, *Deutung des Chassidismus* (Berlim, 1935); idem, *Hassidism* (Nova York, 1948); idem, *The Origin and Meaning of Hassidism* (M. Friedman, (org.), Nova York, 1960); Arnold Mandel, *La voie du Hassidisme* (Paris, 1963); Elie Wiesel, *Célébration hassidique* (Paris, 1972); *Les récits hassidiques*, tradução de A. Guerne (Paris, 1961).

Sobre R. Shneur Zalman de Ladi e o *Habad*, ver Scholem, *Major Trends*, p.340s.; Guy Casaril, *Rabbi Simeon bar Yochai*, p.166s. Sobre o *Habad*, ver também Dov Baer de Lubavitch, *Lettre aux hassidim sur l'extase* (trad. ingl., introdução e notas de Louis Jacobs, trad. franc. Georges Levitte, Paris, 1975).

293. Sobre o bogomilismo, ver a rica bibliografia de Dimitri Obolensky, *The Bogomils. A Study in Balkan Neo-Manicheism* (Cambridge, 1948), p.290-304, completando-a com as obras mencionadas em nosso "Le diable et le bon Dieu" (*De Zalmoxis à Gengis-Khan*, 1970, p.80-130), p.94, nota 26; cf. também Arno Borst, *Les Cathares* (trad. franc., Payot, 1974, p.55s.; útil sobretudo pelas indicações bibliográficas). Depois da monografia de Obolensky, a melhor exposição de conjunto continua sendo o trabalho de Steven Runciman, *Le manichéisme médiéval* (Payot, 1949; o texto inglês foi publicado em Cambridge, em 1947), p.61-85.

As fontes mais importantes são: Cosmas o Padre, *Le traité contre les bogomiles*, tradução e comentários H. Ch. Puech e A. Vaillant (Paris, 1945), e a *Panóplia dogmática* de Eutimo Zigabeno (in Migne, *Patrologia Graeca*, v.CXXX). Ver a análise desses dois textos in Runciman, p.69s.

O livro de Jordan Ivanov, *Bogomilski Knigi i legendy* (Sófia, 1925), foi traduzido por Monette Ribeyrol, *Livres et légendes bogomiles* (Paris, 1976; p.381-90, bibliografia recente registrada por D. Angelov).

Entre as contribuições recentes sobre a história da heresia e as sobrevivências do bogomilismo na península Balcânica e na Romênia, ver: Robert Browning, *Byzantium and Bulgaria. A comparative study across the early medieval frontier* (Londres, Berkeley e Los Angeles, 1975), p.163s.; Razvan Theodorescu, *Bizant, Balcani, Occident la inceputurile culturii medievale românesti, secolele X-XIV* (Bucareste, 1974), p.341s.

Sobre os *Apócrifos* e sua reinterpretação bogomila, ver: E. Turdeanu, "Apocryphes bogomiles et apocryphes pseudo-bogomiles", *RHR*, 138, 1950, p.22-52; 176-218. Sobre a história da circulação do apócrifo *O madeiro da cruz*, ver: N. Cartojan, *Cartile populare in literatura românească* (2ª ed., Bucareste, 1974), I, p.155s.; Esther Casier Quinn, *The Quest of Seth for the Oil of Life* (Chicago, 1962), p.49s. Sobre a *Interrogatio Iohannis*, ver Edina Bozóky, *Le livre secret des cathares,* Interrogatio Iohannis, *Apocryphe d'origine bogomile* (Paris, 1980).

294. Sobre os cátaros, ver as apresentações gerais de Steven Runciman, *Le manichéisme médiéval*, p.106-52, e de Arno Borst, *Les cathares*, esp. p.79-196 (com uma bibliografia riquíssima). Cf. também H. Ch. Puech, "Catharisme médiéval et bogomilisme" (in *Oriente ed Occidente nel Medio Evo*, Roma, 1957, p.56-84; reed. in *Sur le manichéisme et autres essais*, Paris, 1979, p.395-427).

Os textos cátaros, pouco numerosos, foram editados e traduzidos por A. Dondaine (*Le "Liber de duobus principiis" suivi d'un fragment de rituel cathare*, Roma, 1932), C. Thouzallier (*Un traité cathare inédit du début du XIIIe siècle*, Louvain, 1961; *Une somme anticathare*, Louvain, 1964) e René Nelli (*Écritures cathares*, Paris, 1968). Ver também *Le livre secret des cathares: Interrogatio Iohannis, Apocryphe d'origine bogomile*, organização, tradução e comentários de Edina Bozóky (Paris, 1980).

Sobre a cruzada contra os albigenses, ver P. Belperron, *La croisade contre les albigeois et l'union de Languedoc à la France* (Paris, 1943; 2ª ed., 1948).

Sobre a Inquisição, ver J. Guiraud, *Histoire de l'Inquisition au Moyen Âge*. I: *Cathares et Vaudois*. II: *L'Inquisition au XIIIe siècle en France, en Espagne et en Italie* (Paris, 1935, 1938). A bibliografia recente foi registrada por H. Grundmann in Jacques Le Goff (org.), *Hérésies et sociétés dans l'Europe pré-industrielle* (Paris-Haia, 1968), p.425-31.

Para o contexto histórico, ver Friedrich Heer, *The Medieval World* (Londres-Nova York, 1962), p.197s.

295. Para a valorização religiosa da pobreza, ver Jeffrey B. Russel, *Religious Dissent in the Middle Age* (Nova York, 1971), p.41s.

A melhor biografia de são Francisco é a de Omer Englebert, *Vie de saint François* (Paris, 1947; copiosa bibliografia nas p.396-426). O essencial é apresentado por Ivan Gobry, *Saint François et l'esprit franciscain* (Paris, 1957; contém igualmente uma seleção dos escritos de são Francisco, p.119-52). Ver ainda *Brother Francis: An Anthology of Writings by and about St. Francis of Assisi*, Lawrence Cunningham (org., Nova York, 1972), e sobretudo *François d'Assise: Écrits* (texto latino e trad., "Sources chrétiennes", 285, Paris, 1981).

Sobre a ordem dos Irmãos Menores, ver: John Moorman, *A History of the Franciscan Order* (Oxford, 1968); Cagetan Esser, O.F.M., *Origins of the Franciscan Order* (Chicago, 1970); Malcolm D. Lambert, *Franciscan Poverty: The Doctrine of the Absolute Poverty of Christ and the Apostles in the Franciscan Order, 1210-1323* (Londres, 1961); *S. Francesco nella ricerca storica degli ultimi ottanta anni* (Convegni del Centro di Studi sulla spiritualità medioevale, 9, Todi, 1971).

296. A única edição completa das obras de são Boaventura é a publicada pelos padres franciscanos de Quaracchi em nove volumes in-fólio. As traduções francesas são registradas por J.G. Bougerol, *Saint Bonaventure et la sagesse chrétienne* (Paris, 1963), p.180-2.

Entre as monografias consagradas ao pensamento de são Boaventura, citemos: Étienne Gilson, *La philosophie de saint Bonaventure* (2ª ed., 1943); J.G. Bougerol, *Introduction à l'étude de saint Bonaventure* (1961); John Quinn, *The Historical Constitution of Saint Bonaventure's Philosophy* (Toronto, 1973); Ewert H. Cousins, *Bonaventure and the Coincidence of Opposites* (Chicago, 1978).

Sobre o simbolismo da escada e a ascensão mística, ver dom Anselme Stolz, *Théologie de la mystique* (2ª ed., Chèvetogne, 1947), p.117-45; Alexander Altmann, *Studies in Religious Philosophy and Mysticism* (Ithaca, 1949), p.41-72; cf. as bibliografias registradas em *Le chamanisme* (2ª ed.), p.378-81.

297. As edições das obras de Alberto Magno, de são Tomás de Aquino e dos outros escolásticos estão registradas em *La philosophie au Moyen Âge* (Paris, 1947), de Étienne Gilson. Encontra-se na mesma obra uma bibliografia crítica essencial sobre os autores discutidos. Ver também É. Gilson, *Le thomisme* (2ª ed., Paris, 1952); F. Copleston, *Aquinas* (Harmondsworth, 1955; p.265, relação das traduções inglesas das obras de são Tomás); M.D. Chenu, *Introduction à l'étude de saint Thomas d'Aquin* (Montreal, 1950); idem, *La théologie comme science au XIIIe siècle* (Paris, 1957); idem, *Toward Understanding Saint Thomas* (Chicago, 1964).

Para uma interpretação diferente da escolástica, ver Steven Ozment, *The Age of Reform, 1250-1550: An Intellectual and Religious History of Late Medieval and Reformation Europe* (New Haven, 1980; sobre Tomás de Aquino, p.9s., 60s.; sobre Ockham, p.35s. etc.). Ozment apresenta também a literatura crítica mais recente.

Sobre Duns Scot, ver Effren Bettoni, *Duns Scotus: The Basic Principles of His Philosophy* (Washington, 1961).

Sobre Ockham, ver Gordon Leff, *William of Ockham: The Metamorphosis of Scholastic Discourse* (Manchester, 1975); idem, *The Dissolution of Medieval Outlook: An Essay on Intellectual and Spiritual Change in the Fourteen Century* (Nova York, 1976).

Acerca da escolástica, ver também: F. Van Steenberghen, *Aristotle in the West: The Origins of Latin Aristotelianism* (Louvain, 1955); idem, *The Philosophical Movement in the Thirteenth Century* (Edinburgo, 1955); Gordon Leff, *Mediaeval Thought: St. Augustine to Ockham* (Baltimore, 1962).

Uma visão sintética in H.A. Oberman, *The Harvest of Medieval Theology* (Cambridge, Mass., 1963).

298. Na edição crítica das obras de Mestre Eckhart: *Die deutschen Werke* (v.I-IV, Stuttgart, 1938s.), o leitor poderá encontrar uma breve história das diversas edições que antecederam esse empreendimento da *Deutsche Forschungsgemeinschaft*, no artigo "A note on Eckhart's works", in Edmund Colledge e Bernard McGinn, *Meister Eckhart: The Essencial Sermons, Commentaries, Treatises and Defense* (Nova York, 1981), p.62s. As traduções em várias línguas europeias realizadas antes da edição crítica devem ser compulsadas com cautela; está nesse caso, por exemplo, a efetuada por C. de B. Evans, *Meister Eckhart* (I-II, Londres, 1924, 1931). Entre as traduções inglesas, as mais úteis são: Armand Maurer, *Master Eckhart: Parisian Questions and Prologues* (Toronto, 1974); Reiner Schurmann, *Meister Eckhart; Mystic and Philosopher* (Bloomington, 1978; contém a tradução de oito sermões alemães e um importante estudo do pensamento de Eckhart); e sobretudo as traduções de Edmund Colledge e Bernard McGinn. A melhor tradução alemã foi feita por Josef Quint, *Deutsche Predigten und Traktate* (Munique,

1955; reproduz também os textos originais, in *Mittelhochdeutsch*). Existem duas traduções francesas da obra alemã: Paul Petit, *Oeuvres de Maître Eckhart. Sermons-Traités* (Paris, 1942) e J. Molitor e F. Aubier, *Traités et sermons* (Paris, 1942). Ver ainda as traduções de Jeanne Ancelet-Hustache, *Maître Eckhart et la mystique rhénane* (Paris, 1956), p.77-119.

Da rica bibliografia crítica merecem menção: Vladimir Lossky, *Théologie négative et connaissance de Dieu chez Maître Eckhart* (Paris, 1960; obra importante); C.F. Kelley, *Meister Eckhart on Divine Knowledge* (New Haven e Londres, 1977); Bernard Welte, *Meister Eckhart. Gedanken zu seinen Gedanken* (Freiburg, 1979; uma nova interpretação); M. de Gandillac, "La 'dialectique' de Maître Eckhart" (in *La Mystique rhénane*. Colóquio de Estrasburgo, 1961, Paris, 1961), p.59-94. Ver também a bibliografia registrada por Colledge e McGinn, op.cit., p.349-53.

A melhor exposição de conjunto sobre a mística medieval é *La spiritualité du Moyen Âge* (Paris, 1961), de J. Leclercq, F. Vandenbroucke e L. Bouyer. Ver também *L'Attesa dell'età nuova nella spiritualità della fine del Medio Evo* (Convegni del Centro di Studi sulla spiritualità medioevale, 3, Todi, 1963).

299. Sobre os movimentos religiosos heréticos (ou acusados de heresia) na Idade Média, ver M.D. Lambert, *Medieval Heresy. Popular Movements from Bogomils to Hus* (Londres, 1977); Jacques Le Goff (org.), *Hérésies et sociétés dans l'Europe pré-industrielle, XIe-XVIIe siècles* (Colóquio de Royaumont, Paris, 1968); *Movimenti religiosi popolari ed eresie del medioevo* (*X Congresso Internazionale di Scienze Storiche, Relazioni*, III, Roma, 1955); Gordon Leff, *Heresy in the Later Middle Ages*, I-II (Manchester-Nova York, 1967).

Uma análise, com farta documentação, de algumas atitudes ascéticas radicais no século XI, sobretudo em Pedro Damiano e Anselmo de Cantuária, foi realizada por Robert Bultot, *La doctrine du mépris du monde. Le XIe siècle*, I-II (Louvain-Paris, 1963-64).

Sobre as beguinas e os begardos, ver: E.W. McDonnell, *The Beguines and Begards in Mediaeval Culture* (New Brunswick, 1954; rica documentação); Gordon Leff, *Heresy in the Later Middle Ages*, I, p.195s.; Ozment, *The Age of Reform*, p.91s.

Acerca de Mechtilde de Magdeburgo, ver: Lucy Menzies, *The Revelations of Mechtilde of Magdebourg* (Londres, 1953). Sobre a beguina flamenga Hadewich, ver: *The Complete Works* (trad. e introdução, madre Columbia Harr, O.S.B., Nova York, 1980).

Sobre o movimento do Livre Espírito, ver: G. Leff, op.cit., I, p.310-407; Robert E. Lerner, *The Heresy of the Free Spirit in the Later Middle Ages* (Berkeley, 1972); H. Grundmann, *Religiöse Bewegungen im Mittelalter* (2ª ed., Darmstadt, 1961), p.355-436.

Sobre *Le Miroir des simples âmes* de Marguerite Poret e a literatura do pseudo-Eckhart, ver textos analisados por Lerner, op.cit., p.200s.

300. A propósito da crise eclesiástica no século XIV, ver as análises e o estado da questão nas obras de Steven Ozment, *The Age of Reform: 1250-1550*, p.135-81, e de Francis Oakley, *The Western Church in the Late Middle Ages* (Ithaca e Londres, 1979), p.25-80, 131-74.

Sobre os flagelantes, ver Gordon Leff, *Heresy in the Later Middle Ages*, II, p.485-93 (rica documentação).

Sobre a obsessão da morte na Idade Média, ver: T.S.R. Boase, *Death in the Middle Ages* (Nova York, 1972; excelente iconografia); E. Dubruck, *The Theme of Death in French Poetry of the Middle Ages and the Renaissance* (Haia, 1964); F. Oakley, op.cit., p.116s. Cf.

Il dolore e la morte nella spiritualità dei secoli XII-XIII (Convegni del Centro di Studi della Spiritualità Medioevale, 5, Todi, 1967).

Sobre as danças macabras, ver: J.M. Clark, *The Dance of Death in the Middle Ages and the Renaissance* (1950); Jurgis Baltrusaitis, *Le Moyen Âge fantastique* (Paris, 1955), p.235s. (rica bibliografia, p.258s., esp. a nota 15); Norman Cohn, *The Pursuit of the Millenium* (ed. rev., Londres, 1970), p.130s.

Sobre a história da doutrina do Purgatório, consultar a obra definitiva de Jacques Le Goff, *La naissance du Purgatoire* (Paris, 1982), esp. p.177s., 236s., 357s., 383s.

As traduções francesas de Tauler e Suso são catalogadas por Jeanne Ancelet-Hustache, *Maître Eckhart et la mystique rhénane*, p.190-1.

Para as traduções das obras mais importantes de Ruysbroeck, utilizamos Eric Colledge, *The Spiritual Espousals* (Londres, 1952) e C.A. Wynschenck e Evelyn Underhill, *John of Ruysbroeck: The Adornement of the Spiritual Marriage; The Sparkling Stone; The Book of Supreme Truth* (Londres, 1951); ver também Kay C. Petry (org.), *Late Medieval Mysticism* (Filadélfia, 1957), p.285s.

Muito provavelmente, Gerson atacou Ruysbroeck tomando por base uma tradução latina bastante errônea de seus escritos redigidos em flamengo. Ver André Combes, *Essai sur la critique de Ruysbroeck par Gerson*, 3 v. (Paris, 1945-59).

Sobre G. Groote e a *devotio moderna*, ver a obra muito documentada de R.R. Post, *The Modern Devotion: Confrontation with Reformation and Humanism* (Leiden, 1968).

301. Ver edição crítica das obras de Nicolau de Cusa – *Nicolai de Cusa Opera Omnia* – aos cuidados da Academia de Letras de Heidelberg (Leipzig, 1932s.).

Dentre as traduções francesas convém citar: *Oeuvres choisies* (Paris, 1942), de M. de Gandillac; *De la Docte Ignorance* (Paris, 1930), de L. Moulinier; *Traité de la vision de Dieu* (Louvain, 1925), de E. Vansteenberghe. Para uma apresentação geral, ver: E. Vansteenberghe, *Le cardinal de Cues* (Paris, 1920); P. Rotta, *Il cardinale Nicola da Cusa* (Milão, 1928).

A melhor monografia continua sendo *La philosophie de Nicolas de Cues* (Paris, 1941), de M. de Gandillac. Ver também: Ernst Cassirer, *The Individual and the Cosmos in the Renaissance Philosophy* (Nova York, 1963; o original alemão foi publicado em 1927 in *Studien der Bibliothek Marburg*, X, Leipzig-Berlim), caps. I e II (p.7-72); Paul E. Sigmund, *Nicholas of Cusa and Mediaeval Political Thought* (Cambridge, Mass., 1963); E. Hoffmann, *Das Universum des Nicolaus von Cues* (Heidelberg, 1930); idem, *Die Vorgeschichte der cusanischen* Coincidentia oppositorum (introdução à tradução do tratado *De Beryllo*, Leipzig, 1938); G. Saitta, *Nicola da Cusa e l'umanesimo italiano* (Bolonha, 1957); Jaroslav Pelikan, "Negative theology and positive religion: a study of Nicholas Cusanus *De pace fidei*" (*Prudentia*, número especial, 1981: *The Via Negativa*, p.61-77).

Sobre a teologia de Jan Hus, ver M. Spinka, *John Hus at the Council of Constance* (Nova York, 1966).

Sobre a história do conflito entre o *sacerdotium* e *regnum* e as etapas da teologia política de origem e estrutura real, ver Ernst H. Kantorowitz, *The King's Two Bodies: A Study of Mediaeval Political Theology* (Princeton, 1957), p.193s.

302. Para uma introdução rápida, ver Olivier Clément, *L'essor du christianisme oriental* (Paris, 1964); idem, *Byzance et le christianisme* (Paris, 1964). Cf. também S. Runciman, *The Eastern Schism* (Oxford, 1955); P. Sherrard, *The Greek East and the Latin West* (Nova

York, 1959); e, sobretudo, D. Obolensky, *The Bizantine Commonwealth, Eastern Europe, 500-1453* (Nova York, 1971) e A. Toynbee, *Constantine Porphyrogenitus and his World* (Londres, 1973).

Uma exposição clara e perspicaz foi feita por Jaroslav Pelikan, *The Spirit of Eastern Christendom, 600-1700* (Chicago, 1974), p.146-98 (p.308-10, bibliografia crítica). Ver também Francis Dvornik, *The Photian Schism: History and Legend* (Cambridge, 1948); idem, *Byzantium and the Roman Primacy* (Nova York, 1966); idem, *Byzantine Mission among the Slavs: SS. Constantine-Cyril and Methodius* (New Brunswig, 1970).

As relações entre as duas Igrejas – e as duas culturas – foram admiravelmente analisadas por Deno John Geanakoplos, *Byzantine East and Latin West* (Nova York, 1966); idem, *Interaction of the "Sibling" Byzantine and Western Cultures in the Middle Ages and Italian Renaissance* (New Haven e Londres, 1976; esp. p.3-94).

303. Citemos, em primeiro lugar, alguns trabalhos sobre a teologia oriental: V. Lossky, *Essai sur la théologie mystique de l'Église d'Orient* (2ª ed., Paris, 1960); idem, *A l'image et à la ressemblance de Dieu* (Paris, 1967); M. Lot-Borodine, *La déification de l'homme* (Paris, 1970); J. Meyendorff, *Le Christ dans la théologie byzantine* (Paris, 1969); L. Ouspensky, *Essai sur la théologie de l'icône dans l'Église orthodoxe* (Paris, 1960).

Sobre Simeão, ver: *Siméon le nouveau théologien, chapitres théologiques, gnostiques et pratiques*, tradução francesa de J. Darrouzès (Sources Chrétiennes, v.51, Paris, 1951). Cf. também Hermegild Maria Biedermann, *Das Menschenbild bei Symeon dem Jüngerem dem Theologen* (Würzburg, 1949).

Acerca da "prece do coração", cf. Jean Gouillard, *Petite Philocalie de la Prière du Coeur* (Paris, 1953; nova ed., 1968).

Sobre João Clímaco, ver *John Climacus, the Ladder of Divine Ascent* (trad. ingl. Colm Luibheid e Norman Russell, Nova York, 1982; com uma extensa e erudita introdução de Kallistos Ware).

Sobre o hesicasmo, ver: Irénée Hausherr, *La méthode d'oraison hésychaste* (Roma, 1927, Orientalia Christiana, IX, 2); idem, "L'Hésychasme, étude de spiritualité" (*Orientalia Christiana Periodica*, v.22, 1956, p.5-40, 247-85).

Jean Meyendorff muito contribuiu para a redescoberta de Gregório Palamas. Convém citar sobretudo sua edição e tradução francesa das *Triades pour la défense des saints hésychastes* (Louvain, 1959); *Introduction à l'étude de Grégoire Palamas* (Paris, 1959; contém a exposição completa da obra de Palamas publicada e inédita, p.331-400); *Saint Grégoire Palamas et la mystique orthodoxe* (Paris, 1959). Ver também Leonidas C. Coutos, *The Concept of Theosis in Saint Gregory Palamas. With Critical Text of the "Contra Akindynum"*, I-II (Los Angeles, 1963); Jaroslav Pelikan, *The Spirit of Eastern Christendom* (Chicago, 1974, p.261s.).; Vladimir Lossky, "La théologie de la Lumière chez Grégoire Palamas de Thessalonique" (*Dieu Vivant*, I, p.93-118).

Para uma apresentação comparativa da experiência da luz mística, ver M. Eliade, *Méphistophélès et l'Androgyne* (Paris, 1962; nova ed., 1981), p.17-94.

Um resumo claro e rápido sobre Nicolas Cabasilas foi feito por Olivier Clément, *Byzance et le christianisme oriental* (Paris, 1964), p.50-73.

304. Em sua obra *La religion populaire au Moyen Âge. Problèmes de méthode et d'histoire* (Montreal-Paris, 1975), Raoul Manselli dá ênfase especial à "osmose que realizou uma relação de troca entre duas civilizações" (p.20), o "paganismo" e o cristianismo.

A homologação das mitologias regionais na "história santa" cristã não constitui uma "sucessão", como a interpretou Paul Saintyves em seu livro *Les saints successeurs des dieux* (Paris, 1907). Ver as observações de E. Vacandart, *Études de critique et d'histoire religieuse*, III série, Paris, 1912, p.59-212: "Origines du culte des saints. Les saints sont-ils successeurs des dieux?"

É inútil lembrar a sobrevivência, sob formas mais ou menos cristianizadas, de alguns complexos mítico-simbólicos muito difundidos no mundo; por exemplo, a árvore cósmica, a ponte, a escada, o Inferno e o Paraíso etc. Basta-nos mencionar a persistência do velhíssimo argumento elaborado em torno da ponte escatológica (cf. *Le chamanisme*, 2ª ed., p.375s.), durante a Idade Média (cf. Peter Dinzelbacher, *Die Jenseitsbrücke im Mittelalter*, Viena, 1973) e até os nossos dias (cf. Luigi M. Lombardi Satriani e Mariano Meligrana, *Il Ponte di San Giacomo. L'ideologia della morte nella società contadina del Sud*, Milão, 1982, p.121s.).

Deixamos de lado as cerimônias e os costumes ligados ao campo da feira e à praça pública da cidade, como, por exemplo, a Festa dos Loucos, realizada no dia do ano-novo, quando fiéis, fantasiados e com os rostos cobertos de máscara, entravam na catedral, conduzidos por um bispo dos Loucos, e entregavam-se a toda sorte de liberdades. Na Normandia os diáconos jogavam dados e cartas sobre o altar, enquanto comiam salsichas. Ver também as análises de Mikhail Bakhtine, *L'oeuvre de François Rabelais et la culture populaire au Moyen Âge et sous la Renaissance* (trad. franc., Paris, 1970).

Sobre as sobrevivências pagãs na Grécia, ver: J.C. Lawson, *Modern Greek Folklore and Ancient Greek Religion* (Cambridge, 1910; reed., Nova York, 1964); Georges Dumézil, *Le problème des centaures* (Paris, 1929), p.155-93; C.A. Romaios, *Cultes populaires de Thrace: les anasténaria; la cérémonie du lundi pur* (Atenas, 1949). Para Paul Friedrich, o estudo de certos grupos da Grécia rural é suscetível de esclarecer as estruturas da sociedade homérica, e o culto da Virgem Maria pode ajudar-nos a compreender melhor Deméter; cf. *The Meaning of Aphrodite* (Chicago, 1978), p. 55. Cf. também C. Poghirc, "Homère et la ballade populaire roumaine", Actes du IIIe Congrès International du Sud-Est européen (Bucareste, 1974); Leopold Schmidt, *Gestaltheiligkeit im bäuerlichen Arbeitsmythos. Studien zu den Ernteschnittzgeräten und ihre Stellung im europäischen Volksglauben und Volksbrauch* (Viena, 1952); M. Eliade, "History of religion and 'popular' cultures", *HR*, v.20, 1980, p.1-26, esp. p.5s.

Existe uma considerável literatura sobre as *colinde* (ver nossa "History of religions", p.11, nota 29). Lembremos apenas as obras citadas no texto: Al. Rossetti, *Colindele religioase la Români* (Bucareste, 1920); P. Caraman, "Substratul mitologic al sarbatorilor de iarna la Români si Slavi", *Arhiva*, 38 (Iai, 1931), p.358-447; Ovidiu Bîrlea, "Colindatul in Transilvania", *Anuarul Muzeului Etnografic al Transilvaniei pe anii 1965-67* (Cluj, 1969), p.247-304; Monica Bratulescu, *Colinda Româneasca* (Bucareste, 1981); idem, "Ceata feminina – încercare de reconstituire a unei institutii traditionale românesti", *Revista de Etnografie si Folclor*, v.23 (Bucareste, 1978), p.37-60; Petru Caraman, "Descolindatul in sudestul Europei" (Parte I), *Anuarul de Folclor*, II (Cluj-Napoca, 1981), p.57-94.

Sobre as estruturas iniciatórias ainda identificáveis na organização e na instrução das *colindători*, ver Traian Herseni, *Forme stravechi de cultura populara româneasca* (Cluj-Napoca, 1977), p.160s.

305. Ver. M. Eliade, "Notes on the *Calusari*", in *The Gaster Festschrift: Journal of the Ancient Near Eastern Society of Columbia University*, 5, 1973, p.115-22; idem, "History of religions and 'popular' cultures", p.17s.

As mais importantes fontes documentárias sobre a organização dos *calusari* encontram-se in *Tudor Pamfile, Sarbatorile de vara la Români* (Bucareste, 1910), p.54-75; Thedor T. Burada, *Istoria teatrului in Moldova*, 2 v. (Jassy, 1905), I, p.62-70. Novos materiais são apresentados por Mihai Pop, "Consideratii etnografice si medicale asupra *calusului* oltenesc", in *Despre medicina populara romaneasca*, Bucareste, 1970, p.213-322; Gheorghe Vrabie, *Folclorul* (Bucareste, 1970), p.511-31; Horia Barbu Oprisan, *Calusari* (Bucareste, 1960), e sobretudo Gayle Kligman, *Calus* (Chicago, 1981). Cf. também R. Vuia, "Originea jocului de calusari", *Dacoromania*, II (Cluj, 1922), p.215-54; Eliade, "Notes", p.120s.

Sobre a iniciação no *Männerbund*, ver Eliade, *Initiation, rites, sociétés secrètes* (= *Naissances mystiques*), p.185s. e as bibliografias registradas ibid., notas 6-11.

306. Da imensa bibliografia sobre a feitiçaria europeia convém citar: H.R. Trevor-Roper, *The European Witch-Craze of the Sixteenth and Seventeenth Centuries* (Nova York, 1969; retoma os caps.I-IV de *The Crisis of the Seventeenth Century: Religion, the Reformation and Social Change*, 1968); Alan Macfarlane, *Witchcraft in Tudor and Stuart England* (Nova York, 1970); Jefferey Burton Russell, *Witchcraft in the Middle Ages* (Ithaca, N.Y., 1972; com rica bibliografia, p.350-77); Keith Thomas, *Religion and the Decline of Magic* (Nova York, 1971); Norman Cohen, *Europe's Inner Demons* (Nova York, 1975, trad. franc., *Démonolâtrie et sorcellerie au Moyen Âge*, Paris, 1982); F.E. Lorint e J. Bernabé, *La sorcellerie paysanne* (Bruxelas, 1977); Robert Mandrou, *Possession et sorcellerie au XVIII*[e] *siècle. Textes inédits* (Paris, 1979).

Extratos das fontes in: E. William Monter, *European Witchcraft* (Nova York, 1969); *Barbara Rosen, Witchcraft* (Londres, 1970); Max Marwick (org.), *Witchcraft and Society* (Baltimore, 1970), e sobretudo Alan C. Kors e Edward Peters, *Witchcraft in Europe - 1100-1700. A Documentary History* (Filadélfia, 1972). Cf. H.C. Erik Midelfort, *Witch Hunting in Southwestern Germany, 1562-1684. The Social and Intellectual Foundations* (Stanford, 1972; esp. p.30s., 193s. Essa obra tem o mérito de explicar as diferenças entre a "caça às feiticeiras" dos católicos e dos protestantes).

Ver também as obras redigidas na perspectiva da história da medicina: Gregory Zilbourg, *The Medieval Man and the Witch in the Renaissance* (Baltimore, 1935); Thomas R. Forbes, *The Midwife and the Witch* (Nova York, 1966).

Cf. E.W. Monter, "The historiography of European witchcraft: progress and prospects", *Journal of Interdisciplinary History*, 2, 1972, p.435-51; M. Eliade, "Some observations on European witchcraft", *HR*, 14, 1975, p.149-72 (= *Occultisme, sorcellerie et modes culturelles*, trad. franc. Jean Malaquais, Paris, 1978, p.93-124); Richard A. Horsley, "Further reflections on witchcraft and European folk religion", *HR*, 19, 1979, p.71-95.

Sobre os *benandanti*, a melhor fonte ainda é a obra de Carlo Ginzburg, *I benandanti: ricerche sulla stregoneria e sui culti agrari tra Cinquecento e Seicento* (Turim, 1966).

Uma rica bibliografia sobre as crenças e os ritos relativos às membranas fetais está consignada in Thomas R. Forbes, "The social history of the Caul", *Yale Journal of Biology and Medicine*, 25, 1953, p.495-508.

Sobre os *Wilde Heer*, ver Victor Waschnitius, *Perht, Holda und verwandte Gestalten: Ein Beitrag zur deutschen Religionsgeschichte* (Viena, 1914), esp. p.173s.; Otto Höfler, *Kultische Geheimbünde der Germanen*, I, p.68s.; idem, *Verwandlungskulte*, p.78s.; Waldemar Liungmann, *Traditionswanderungen: Euphrat-Rhein*, *Folklore Fellows Communication*, 118 (Helsinque, 1937), p.596s.; E. Bernheimer, *Wild Men in the Middle Ages* (Cambridge, Mass., 1952), p.79s., 132; C. Ginzburg, *I benandanti*, p.48s.

Sobre a etimologia de *zina* (< Diana) e *zinatec* (< lat. *dianaticus*), ver a bibliografia crítica in Alejandro Cioranescu, *Diccionario etimologico rumano* (Universidad de la Laguna; 1961), p.915; Al. Rosetti, *Istoria limbii române* (Bucareste, 1968), p.367, 395.

Sobre *zine* e *iele*, ver, *inter alia*, I. Aurel Candrea, *Folclorul românesc comparat* (Bucareste, 1944), p.156s.; I. Muslea e O. Bîrlea, *Tipologia folclorului*, p.206s.

307. Do apreciável número de biografias de Martinho Lutero e obras sobre sua época, destaquemos algumas contribuições recentes: R.H. Bainton, *Here I Stand* (Nova York e Nashville, 1950); Erik Erikson, *Yaung Man Luther* (1958; interpretação brilhante mas controvertida; ver a crítica in Ozment, *The Age of Reform*, p.223-31). E.G. Schwiebert, *Luther and his Times; The Reformation from a New Perspective* (St. Louis, 1950); R.H. Fife, *The Revolt of Martin Luther* (Nova York, 1957); Richard Stauffer, *La Réforme, 1517-1564* (Paris, 1970); J. Pelikan, *Luther the Expositor* (St. Louis, 1959); H.G. Haile, *Luther. An Experiment in Biography* (Nova York, 1980; preciosos sobretudo pelos últimos anos de Lutero).

Sobre a história das indulgências, ver J.E. Campbell, *Indulgences* (Ottawa, 1953); P.F. Palmer (org.), *Sacraments and Forgiveness* (Westminster, 1960).

Ver também Artur Rühl, *Der Einfluss der Mystik auf Denken und Entwicklung des jungen Luthers* (Oberhessen, 1960); J. Pelikan (org.), *Interpretors of Luther: Essays in Honor of Wilhelm Pauck* (Filadélfia, 1968); Steven Ozment, *Homo Spiritualis. A Comparative Study of the Anthropology of Johannes Tauler, Jean Gerson and Martin Luther in the Context of their Theological Thought* (Leiden, 1968); F.E. Cranz, *An Essay on the Development of Luther's Thought on Justice, Law and Society* (Cambridge, Mass., 1959); S. Ozment (org.), *The Reformation in Medieval Perspective* (Chicago, 1971). Ver também a bibliografia registrada no §308.

308. Utilizamos a mais recente tradução das obras de Martinho Lutero, publicada sob a direção de J. Pelikan e H.T. Lehman, *Works*, 58 v. (Saint Louis, 1955s.); ver esp. v.25 (*Lições sobre a Epístola aos romanos*), o v.38 (*Palavra e sacramento*), os v.42-3 (*Escritos devocionais*). Consultamos também *Reformation Writings*, traduzidos e comentados por Bertram Lee Woolf (Londres, 1959). Ver também: *The Theologia Germanica of Martin Luther*, tradução e comentários de Bengt Hoffman (Nova York, 1980).

Entre as exposições recentes da teologia de Martinho Lutero, convém mencionar John Dillenberger, *God Hidden and Revealed: the Interpretation of Luther's* Deus absconditus *and its Significance for Religious Thought* (Filadélfia, 1953); R. Prentor, *Spiritus Creator* (Filadélfia, 1953); Bengt Hägglund, *Theologie und Philosophie bei Luther und in der occamistischen Tradition* (Lund, 1955); B.A. Gerrish, *Grace and Reason: A Study in the Theology of Luther* (Oxford, 1962; importante); H.A. Oberman (org.), *Luther and the Dawn of the Modern Era* (Leiden, 1974).

A biografia de J. Huizinga, *Erasmus of Rotterdam* (trad. ingl., 1924), ainda é atualíssima. O livro de Roland H. Bainton, *Erasmus of Christendom* (Nova York, 1969), é valioso sobretudo pelos numerosos fragmentos de cartas e obras menos conhecidas de Erasmo (excelente bibliografia, p.285-99). Ver também John C. Olin (org.), *Erasmus. Christian Humanism and the Reformation. Selected Writings* (Nova York, 1965).

Sobre a obra e o pensamento de Erasmo, ver: Louis Bouyer, *Autour d'Erasme* (Paris, 1955); Peter G. Bietenholz, *History and Biography in the Work of Erasmus* (Genebra, 1966); Ernst Wilhelm Kohls, *Die Theologie des Erasmus*, I-II (Basileia, 1966); Jean-Claude Margolin, *Erasme par lui-même* (Paris, 1965); Margaret M. Phillips, *Erasmus and the Northern Renaissance* (Londres, 1949); A. Renaudet, *Erasme et l'Italie* (Genebra, 1954). Ver também Rochard L. De Molen [org.], *Essays on the Works of Erasmus* (New Haven-Londres, 1978), sobretudo De Molen (org.), "Opera omnia desiderii Erasmi" (p.1-50), e "*De libero arbitrio* (1524): Erasmus on piety, theology and the lutheran dogma" (p.187-209), de B.A. Gerrish.

Existem numerosas edições e traduções do *De libero arbitrio* e do *De servo arbitrio*. Utilizamos a mais moderna e a mais completa: *Luther and Erasmus: Free Will and Salvation*, traduzida e comentada por E. Gordon Rupp e Philip S. Watson (Filadélfia, 1969).

309. Sobre a vida e o pensamento de Zwingli, ver sobretudo Fritz Büsser, *Huldrych Zwingli: Reformation als prophetischen Auftrag* (Zurique, 1973); G.H. Potter, *Zwingli* (Cambridge, 1976); W.H. Neuser, *Die reformatorische Wende bei Zwingli* (Neukirchen-Vluyn, 1976). Uma excelente seleção dos escritos de Zwingli e Bullinger foi realizada por G.W. Bromiley, *Zwingli and Bullinger: Selected Translations with Introduction and Notes* (Filadélfia, 1953).

Sobre os anabatistas e outros movimentos da "Reforma radical", ver sobretudo G. H. Williams, *The Radical Reformation* (Filadélfia, 1962; cf. ibid., p.118-80, a história dos primeiros anabatistas na Suíça, na Alemanha meridional e na Áustria); ver também G.H. Williams e A. Mergal (orgs.), *Spiritual and Anabaptists Writers* (Filadélfia, 1957); G. Hershberger [org.], *The Recovery of the Anabaptist Vision* (Scottdale, Pa., 1957).

Uma das melhores introduções ao pensamento e à obra de Calvino é a de A.M. Schmidt, *Jean Calvin et la tradition calvinienne* (Paris, 1956). A primeira biografia, aquela redigida por seu contemporâneo Théodore de Bèze, *La vie de Calvin* (trad. ingl., Filadélfia, 1836), constitui a principal fonte de todas as biografias posteriores. Ver sobretudo Alexandre Ganoczi, *Le jeune Calvin: genèse et évolution de sa vocation réformatrice* (Wiesbaden, 1966).

Utilizamos o texto da primeira edição francesa (1541) das *Institutions de la religion chrestienne*, A. Lefranc, J. Pannier e H. Chatelain (org.), Paris, 1911s., reedição, 1978; e a tradução comentada da última edição latina (1559), por John T. McNeill e F.L. Battles, *Institutes of the Christian Religion*, 2 v. (Filadélfia, 1960); essa obra tem o mérito de levar em consideração todas as edições – latinas e francesas – das *Institutions*.

Sobre a teologia de Calvino, ver: John T. McNeill, *The History and Character of Calvinism* (Nova York, 1957); Quirinus Breen, *John Calvin: A Study in French Humanism* (2ª ed., Grand Rapids, 1968); E.W. Monter, *Calvin's Geneva* (Nova York, 1967); Rudolf Pfister, *Kirchengeschichte der Schweiz*, v.II (Zurique, 1974); Émile G. Léonard, *Histoire générale du protestantisme*, I-II (Paris, 1961).

Sobre Servet, ver: Roland H. Bainton, *Hunted Heretic: The Life and Death of Michael Servetus, 1511-1553* (Boston, 1960).

Sobre o conflito com os anabatistas, ver Willem Balke, *Calvin and the Anabaptist Radicals* (trad. William J. Heynen, Ferdman Publishing Company, Grand Rapids, 1981).

Sobre a Reforma católica, ver: Léon Cristiani, *L'Église à l'époque du concile de Trente* (Paris, 1948); Hubert Jedin, *Geschichte des Konzils von Trent*, I-II (Freiburg i.B., 1949-1957, trad. ingl., St. Louis, 1957-1962); Hermann Tüchler, C.A. Bouman e Jacques Le Brun, *Réforme et Contre-Réforme* (Paris, 1968); Marvin R. O'Connell, *The Counter Reformation 1559-1610* (Nova York, 1974).

Sobre Inácio de Loiola, ver Alain Guillermou, *Saint Ignace de Loyola et la Compagnie de Jésus* (Paris, 1960: introdução clara e viva, com excelente iconografia; cf. ibid., p.187, a bibliografia dos textos de Inácio de Loiola traduzidos em francês). Ver também Henry Dwight Sedgwick, *Ignatius Loyola. An Attempt of an Impartial Biography* (Nova York, 1923: obra de um não especialista, mas bem-informado); Alexandre Brou, S.J., *Ignatius Methods of Prayer* (Milwaukee, 1947; útil sobretudo pelo grande número de textos citados e comentados, que situam os *Exercícios* na história da espiritualidade cristã); James Broderick, S.J., *The Origin of the Jesuits* (Londres-Nova York, 1940; a biografia de Santo Inácio inserida na história da Ordem).

310. Sobre o cristianismo dos humanistas italianos, ver: Charles Trinkaus, *"In Our Image and Likeness", Humanity and Divinity in Italian Humanist Thought*, 2 v. (Chicago, 1970; obra indispensável, preciosa também pelos textos reproduzidos, p.325-457, 778-885). Ver também: Gioacchino Paparelli, *Feritas, humanitas, divinitas: le componenti dell'Umanesimo* (Messina e Florença, 1960); Paul Oskar Kristeller, *Renaissance Thought: The Classic, Scholastic and Humanistic Strains* (Nova York, 1961); Wallace K. Ferguson (org.), *Renaissance Studies* (Nova York, 1963); John W. O'Malley, *Giles of Viterbo on Church and Reform. A Study in Renaissance Thought* (Leiden, 1968); Franco Gaeta, *Lorenzo Valla: filologia e storia nell'Umanesimo italiano* (Nápoles, 1955).

Para as interpretações da religião, ver Carlo Angeleri, *Il problema religioso del Rinascimento. Storia della critica e bibliografia* (Florença, 1952). Ver também: Giovanni di Napoli, *Studi sul Rinascimento* (Nápoles, 1973), p.1-84.

Sobre Marsílio Ficino, ver sobretudo P.O. Kristeller, *Il pensiero filosofico di Marsilio Ficino* (Florença, 1953; tradução ampliada do original inglês publicado em 1943); Giuseppe Saitta, *Marsilio Ficino e la filosofia dell'Umanesimo* (3ª ed. ampl., Bolonha, 1954); E. Garin, *L'Umanesimo italiano* (2ª ed., Bari, 1958); Raymond Marcel, *Marsile Ficin* (Paris, 1958).

Sobre Pico della Mirandola, ver: Eugenio Garin, *Giovanni Pico della Mirandola* (Florença, 1937); Engelbert Monnerjahn, *Giovanni Pico della Mirandola. Ein Beitrag zur philosophischen Theologie des italienischen Humanismus* (Wiesbaden, 1960), Giovanni di Napoli, *G. Pico della Mirandola e la problematica dottrinale del suo tempo* (Roma, 1963).

Sobre o hermetismo do Renascimento, ver sobretudo Frances Yates, *Giordano Bruno and the Hermetic Tradition* (Londres-Chicago, 1964). Sobre a *prisca theologia*, ver D.P. Walker, *The Ancient Theology* (Londres, 1972). Sobre a magia na época do Renascimento, ver D.P. Walker, *Spiritual and Demonic Magic, from Ficino to Campanella* (Londres, 1958; nova ed., Notre Dame e Londres, 1975); Edgar Wind, *Pagan Mysteries in the Renaissance* (ed. ampl., Londres, 1967; esp. p.1-16, 218-35); Ioan P. Culiano, *Eros et Magie*.

Sobre o esoterismo, ver: E. Garin, "Note sull'ermetismo del Rinascimento", in E. Castelli (org.), *Testi umanistici dell'Ermetismo* (Roma, 1955), p.8-19; E. Castelli (org.), *Umanesimo e esoterismo* (Pádua, 1969; sobretudo os estudos de Maurice de Gandillac, Cesare Vasoli e François Secret). Ver também J. Dagens, "Hermétisme et cabale en France de Lefèvre d'Étaples à Bossuet", *Revue de Littérature Comparée*, jan-mar 1961, p.3s.

Sobre os cabalistas cristãos, ver F. Secret, *Les kabbalistes chrétiens de la Renaissance* (Paris, 1964) e os estudos reunidos em *Kabbalistes chrétiens* (Cahiers de l'Hermétisme, V, Paris, 1979).

Sobre a homologia macro-microcosmo, ver: Leonard Barkan, *Nature's Work of Art: The Human Body as Image of the World* (New Haven, 1977); Alex Wayman, "The human body as microcosm in India, Greek cosmology and Sixteenth Century Europe", *HR*, 32, 1982, p.172-90; Allen G. Debus, *Man and Nature in the Renaissance* (Cambridge, 1978), p.26s.

311. Para uma breve apresentação da alquimia e suas relações com as mitologias metalúrgicas, ver nosso *Forgerons et alchimistes* (2ª ed. ampl., Paris, 1977). Cf. também R.P. Multhauf, *The Origins of Chemistry* (Londres, 1966); Allen G. Debus, "The significance of the history of early chemistry" (*Cahiers d'Histoire Mondiale*, IX, n.II, 1965, p.37-58); John Read, *Through Alchemy to Chemistry* (Nova York, 1956).

Sobre a alquimia medieval, ver literatura citada in *Forgerons et alchimistes*, p.75-6. Sobre a alquimia na época do Renascimento e da Reforma, ver bibliografia registrada ibid., p.176-7. Cf. sobretudo Walter Pagel, *Paracelsus: An Introduction to Philosophical Medicine in the Era of the Renaissance* (Basileia e Nova York, 1958; trad. franc., 1963); Allen G. Debus, *The English Paracelsians* (Londres, 1965); idem, *The Chemical Dream of the Renaissance* (Cambridge, 1968); idem, "The chemical philosophers: chemical medicine from Paracelsus to Van Helmond" (*History of Science*, II, 1974, p.235-59); idem, *Man and Nature in the Renaissance* (Cambridge, 1978); Peter French, *John Dee, The World of an Elizabetan Magus* (Londres, 1972); R.J.W. Evans, *Rudolf II and his World* (Oxford, 1973).

Para a revaloração da alquimia na época de Newton, ver: Betty I. Teeter Dobbs, *The Foundations of Newton's Alchemy* (Cambridge, 1975); Frances Yates, *The Rosicrucian Enlightment* (Londres, 1972); Richard S. Westfall, "Newton and the hermetic tradition", in *Science, Medicine and Society in the Renaissance, Essays to honor Walter Pagel* (Nova York, 1972), v.II, p.183-98; Richard S. Westfall, *Force in Newton's Physics* (Londres e Nova York, 1971).

Sobre J.V. Andreae, ver J.W. Montgomery, *Cross and Crucible. Johann Valentin Andreae (1586-1654), Phoenix of the Theologians*, I-II (Haia, 1973).

A *Fama fraternitatis* foi reproduzida na obra de Frances Yates, *The Rosicrucian Enlightment*, p.238-51. Bernard Gorceix publicou na *Bible des Rose-Croix* (Paris, 1970), traduções francesas da *Fama*, da *Confessio fraternitatis R.C.* (1615) e das *Noces chimiques* de Christian Rosenkreuz.

Jean-Jacques Mathé elaborou uma bibliografia crítica das obras publicadas em francês de 1954 a 1977, in *Alchimie, Cahiers de l'Hermétisme* (Paris, 1978), p.191-221. Ver na mesma obra coletiva as contribuições de Antoine Faivre e de Bernard Husson.

312. Sobre a história e a civilização do Tibete, ver: R.A. Stein, *La civilisation tibétaine* (Paris, 1962); G. Tucci, *Tibet, Land of Snow* (Londres, 1967); D. Snellgrove e H. Richardson, *A Cultural History of Tibet* (Nova York, 1968).

Entre as obras gerais sobre a religião, convém citar: Ch. Bell, *The Religion of Tibet* (Oxford, 1931; datada, mas ainda útil pelas informações inéditas do autor); R.B. Ekvall, *Religious Observances in Tibet: Patterns and Functions* (Chicago, 1964; apresenta as observações do autor no Tibete ocidental); H. Hoffmann, *Die Religionen Tibets* (Freiburg im Breisgau, 1956; trad. ingl.: *The Religions of Tibet*, Londres, 1961); Marcelle Lalou, *Les religions du Tibet* (Paris, 1957); G. Tucci e W. Heissig, *Die Religionen Tibets und der Mongolei* (Stuttgart, 1970; trad. franc.: *Les religions du Tibet et de Mongolie*, Payot, Paris, 1973), p.13-336 (a mais completa exposição sobre as religiões tibetanas em seu todo). Excelentes apresentações gerais por R.A. Stein, *La civilisation tibétaine*, p.134-210; Anne-Marie Blondeau, "Religions du Tibet", in Henri-Charles Puech (org.), *Histoire des Religions*, v.III (1976), p.233-329.

A pré-história ainda é muito malconhecida; cf. P. Aufschneiter, "Prehistoric regions discovered in inhabited Tibet", *East and West*, 7, 1956, p.74-88. Alguns monumentos megalíticos foram reconstituídos e tentou-se decifrar os vestígios de uma cultura megalítica em certas construções e costumes; cf. A.W. Macdonald, "Une note sur les mégalithes tibétains", *JA*, 1963, p.63-76; S. Hummel, "Die Steinreihen des tibetischen Megalithikums und die Ge-sar-sage", *Anthropos*, 60, 1965, p.933-88 (com referências aos trabalhos anteriores do autor sobre esse problema).

Sobre a religião tradicional, ver: A. Macdonald, "Une lecture des Pelliot tibétains 1286, 1287, 1038, 1047 e 1290. Essai sur la formation et l'emploi des mythes politiques dans la religion royale de Sron-bcan rgam-po", in *Etudes tibétaines dédiées à la mémoire de Marcelle Lalou* (Paris, 1971, p.190-391), análise pertinente dos manuscritos de Tuen-huang, que renova a interpretação das tradições pré-budistas (os resultados são sucintamente apresentados por A.M. Blondeau, op.cit., p.236-45); R.A. Stein, "Du récit au rituel dans les manuscrits tibétains de Touen-houang", in *Études tibétaines... Marcelle Lalou*, p.479-547; idem, *Civil. tibétaine*, p.159-93. F.W. Thomas, *Ancient Folk-literature from North-Eastern Tibet* (Berlim, 1957; contém a edição e a tradução de alguns manuais de adivinhação e seus mitos de origem, encontrados em Tuen-huang). Ainda se desconhece a razão pela qual um número considerável de manuscritos foi escondido na gruta murada de Tuen-huang (província de Kan-su), entre os séculos VII e X.

Sobre os deuses Phyva, ver A. Macdonald, "Une lecture des Pelliot tibétains...", p.291s.; sobre a "boa religião de *gcug*", ibid., p.341s.; sobre os ciclos temporais, p.364s.

Alguns fragmentos dos mitos cosmogônicos foram traduzidos por A. Macdonald, em: *L'Origine du monde* (Sources Orientales, I, Paris, 1959), p.422s.; ver também os primórdios dos mitos de origem, publicados e traduzidos por E. Haarh, *The Yar-lun Dynasty* (Copenhague, 1969), p.134s. O mito que explica a origem do mundo a partir de um ovo reflete provavelmente uma tradição *bon* influenciada pela Índia; cf. Stern, *Civil. tibétaine*, p.162.

Os mitos sobre a origem dos primeiros reis são apresentados e discutidos por Haarh, *The Yar-lun Dynasty*, p.126s. e passim; A. Macdonald, "Une lecture...", p.202s.; J. Russell Kirkland "The Spirit of the Mountain: myth and state in pre-buddhist Tibet", *HR*, 21, 1982, p.257-71.

O mito da descida dos primeiros reis do Céu e sua ascensão ao morrer já é atestado entre os sumérios; ver §17 e a bibliografia citada no v.I, p.364. Sobre a luminosidade dos deuses babilônicos, cf. a bibliografia, v.I, p.366-7. Os túmulos dos reis tibetanos foram identificados por Tucci, *The Tombs of the Tibetan Kings* (Roma, 1950); eles tinham sido violados desde a queda da monarquia. Graças às escavações recentes, começa-se a ter uma ideia das concepções funerárias e dos sacrifícios efetuados junto aos túmulos dos reis. A inumação era geralmente praticada, já que se acreditava na ressurreição dos corpos: as almas dos mortos esperavam o acontecimento em duas regiões diferentes, uma espécie de "paraíso" e de "inferno"; cf. A. Macdonald, op.cit., p.365s.; R. Stein, *Civil. tibétaine*, p.167s.; A.M. Blondeau, p.243-5.

Sobre a corda *mu* dos primeiros reis míticos, ver G. Tucci, *Les religions du Tibet*, p.286s., 301s. (a sacralidade do rei); E. Haarh, op.cit., p.28s., 177s.; Eliade, *Méphistophélès et l'Androgyne* (1962), p.207-10.

Sobre o importantíssimo papel dos soberanos na religião tradicional, ver A. Macdonald, op.cit., p.376s. e passim.

313. Sobre a homologia cosmo-habitação-corpo humano, ver M. Eliade, "Centre du monde, temple, maison", in *Le symbolisme cosmique des monuments religieux* (Roma, 1957), p.57-82; idem, "Briser le toit de la maison: symbolisme architectonique et physiologie subtile", *Studies in Mysticism and Religion, presented to Gershom G. Scholem* (Jerusalém, 1967), p.131-9; R.A. Stein, "Architecture et pensée religieuse en Extrême-Orient", *Arts Asiatiques*, 4, 1957, p.163-86; idem, "L'habitat, le monde et le corps humain en Extrême-Orient et en Haute-Asie", *JA*, 1957, p.37-74.

O caráter guerreiro das montanhas santas é ilustrado pelas festas que lhes são consagradas: competições diversas, danças de dois grupos de guerreiros que cantam alternadamente etc.; cf. Stein, *Civ. tib.*, p.176.

O "deus guerreiro" e o "deus do homem", que residem nos ombros, "reintegram o homem ao seu grupo no espaço e no tempo; no espaço, porque são idênticos aos que governam o local habitado, casa ou região; no tempo, porque presidem aos destinos da linhagem, dos ancestrais até os descendentes. Para o próprio homem, que é o ponto de encontro desses elos, esses deuses garantem-lhes, quando tudo corre bem, a vitalidade, a energia, a longevidade e o êxito"; Stein, *Civ. tib.*, p.187.

Sobre a pluralidade das almas, cf. Stein, *Civ. tib.*, p.189s. Sobre as competições rituais, cf. Stein, *Recherches sur l'épopée et le barde au Tibet* (Paris, 1959), p.437s.; idem, *Civ. tib.*, p.131s. Sobre as influências iranianas, cf. *Recherches*, p.296.

Analisamos o complexo mítico-religioso dos antagonismos e competições no estudo "Remarques sur le dualisme religieux" (1967), republicado in *La nostalgie des origines* (1971), p.231-311; cf. sobretudo p.284s. (mitos e rituais indonésios).

314. Sobre o *bon*, ver G. Tucci, *Les religions du Tibet*, p.271s.; Helmut Hoffmann, *Quellen zur Geschichte der tibetischen Bon-Religion* (Wiesbaden, 1950; o autor utiliza sobretudo as fontes budistas); Marcelle Lalou, "Tibétain ancien *bod/bon*", *JA*, 246, 1958, p.157-268; D.L. Snellgrove, *The Nine Ways of Bon* (Londres, 1967); S.G. Karmay, *The Treasury of Good Sayings: a Tibetan History of Bon* (Londres, 1972); P. Kvaerne, "Bonpo studies. The A-Khnid system of meditation", *Kailash*, I, 1973, p.19-50, 248-332; idem, "The canon of the tibetan *bonpos*", *IIJ*, 16, 1974, p.18-56, 96-144.

Sobre as analogias entre certas práticas *bon* e o xamanismo, ver M. Eliade, *Le chamanisme et les techniques archaïques de l'extase* (2ª ed., 1968), p.337s. Cf. também H. Hoffmann, *Symbolik der tibetischen Religionen und des Schamanismus* (Stuttgart, 1967), p.67-141.

Sobre os funerais *bon-po*, ver M. Lalou, "Rituel *bon-po* des funérailles royales", *JA*, 249, 1952, p.339-62; idem, "Le chemin des morts dans les croyances de Haute Asie", *RHR*, 135, 1949, p.42-8; R.A. Stein, "Du récit au rituel dans les manuscrits tibétains de Touen-houang", in *Études tibétaines dédiées...*, p.479-547 (o papel dos mitos de origem recitados em rituais funerários).

Sobre as relações entre espírito, luz e *semen virile*, ver Eliade, *Occultisme, sorcellerie et modes culturelles* (1978), p.125-66.

315. Sobre a história do budismo no Tibete, ver: H. Hoffmann, *The Religions of Tibet*, p.28-83, 111-80; G. Tucci, *Les religions du Tibet*, p.29-54; P. Demiéville, *Le concile de Lhasa* (1952; a controvérsia entre os representantes do budismo indiano e do budismo chinês); D.S. Ruegg, "Sur les rapports entre le bouddhisme et le 'substrat religieux' indien et tibétain", *JA*, 1964, p.77-95.

Sobre Atisa, ver A. Chattopadhyaya, *Atisa and Tibet* (Calcutá, 1967); sobre Padmasambhava, G. Ch. Toussaint, *Le dict de Padma* (1933); A.M. Blondeau, "Le Lha-'dre bka'-than", in *Études tibétaines dédiées à la mémoire de Marcelle Lalou*, p.29-126 (tradução de um texto escondido e redescoberto, relativo à submissão dos deuses e demônios por Padmasambhava); sobre Naropa, ver H. Guenther, *The Life and Teachings of Naropa* (Oxford, 1963); sobre Marpa, J. Bacot, *La vie de Marpa le "traducteur"*, (1937); sobre Milarepa, ver adiante, §317.

Sobre Tsong-Kha-pa, ver: E. Obermiller, "Con-kha-pa le Pandit", *Mélanges chinois et bouddhiques*, 3, 1934-35, p.319-38; R. Kaschewsky, *Das Leben das lamaistischen Heilige Tsongkhapa* (Wiesbaden, 1971). Ver também C. Schulemann, *Die Geschichte der Dalai-Lamas* (Heidelberg, 1911).

316. Sobre as doutrinas e práticas do lamaísmo, ver R. Stein, *La civilisation tibétaine*, p.135-57; Tucci, *Les religions du Tibet*, p.55-210; R. Bleichsteiner, *Die Gelbe Kirche* (1936, trad. franc. *L'Église jaune*, 1937); H.V. Guenther, *Gam-po-pa, The Jewel Ornament of Liberation* (Londres, 1959); *Buddhist Philosophy in Theory and Practice* (Londres, 1972); F. Lessing e A. Wayman, *Mkhas grub rje's Fundamentais of Buddhist Tantras* (Haia, 1968, texto tibetano e tradução anotada); Eva M. Dargyay, *The Rise of Esoteric Buddhism in Tibet* (Delhi, 1977).

Convém consultar também as obras de G. Tucci, *Indo-Tibetica*, 7 v. (Roma, 1932-41); *Tibetan Painted Scrolls*, 2 v. (Roma, 1949); *The Theory and Practice of the Mandala* (Londres, 1961). Sobre alguns aspectos "populares" do lamaísmo, ver R. Nebesky-Wojkovitz, *Oracles and Demons of Tibet* (Haia, 1956); Stephan Beyer, *The Cult of Tārā. Magic and Ritual in Tibet* (Berkeley-Los Angeles, 1973).

Sobre a iconografia, ver: W.E. Clark, *Two Lamaistic Pantheons* (Nova York, 1937); A.K. Gordon, *The Iconography of Tibetan Lamaism* (Tóquio, 1959). Sobre a iconografia dos "mágicos" (*siddhas*), ver T. Schmidt, *The Eighty-Five Siddhas* (Estocolmo, 1958).

Sobre o *gcod*, ver: R. Bleichsteiner, *L'Église jaune*, p.194s.; Alexandra David-Neel, *Mystiques et magiciens du Tibet* (Paris, 1929), p.126s.; Eliade, *Le chamanisme*, p.384s.

Sobre o xamanismo no Tibete e entre os Mo-so, ver *Le chamanisme*, p.384s., 390s.

317. Sobre a morfologia e os significados da luz, ver Eliade, "Expériences de la lumière mystique" (1957; reproduzido in *Méphistophélès et l'Androgyne*, p.17-94); "Esprit, lumière, semence" (1971; reproduzido in *Occultisme, sorcellerie et modes culturelles*, p.125-66).

Sobre o simbolismo da alma-luz que penetra e deixa o corpo humano sob a forma de flecha ou raio, ver Eliade, "Briser le toit de la maison" e os dois estudos de R.A. Stein, "Architecture et pensée religieuse"; idem, "L'Habitat, le monde et le corps humain" (bibliografia, §313).

Os textos de Candrakirti e Ts'on Kapa foram traduzidos por G. Tucci, "Some glosses upon Guhyasamaja", in *Mélanges chinois et bouddhiques*, 3, 1934-35, p.339-53. Ver Alex Wayman, *Yoga: of the Guhyasamajatantra* (Délhi-Benares, 1977).

O *Bardo Thödol* foi traduzido por Lama Kazi Dawa-Samdup e W.Y. Evans-Wentz, *The Tibetan Book of the Dead* (Oxford, 1927; várias reedições; versão francesa, 1958) e por Giuseppe Tucci, *Il libro tibetano dei morti* (Milão, 1949). Ver também D.M. Back, *Eine buddhistische Jenseitreise, Das sogenannte "Totenbuch der Tibeter" aus philologischer Sicht* (Wiesbaden, 1979); Dawa-Samdup e Evans-Wentz, *Tibetan Yoga and Secret Doctrines* (Oxford, 1935), p.223s.

318. O sistema tântrico *Kalacakra* foi introduzido no Tibete no primeiro quartel do século XI. Ele apresenta, entre outras inovações, uma interpretação astrológica dos ciclos temporais. O calendário tibetano começa com o ano 1026, data da adoção oficial do *Kalacakra*. As doutrinas e a história desta última expressão do Mahayanâ estão ainda pouco estudadas. Ver: George Roerich, "Studies in the *Kalacakra*", *Journal of Urusvati Himalayan Research Institute of Roerich Museum*, 2, 1931, p.11-22; H. Hoffmann, "Kalacakra studies, I: manichaeism, christianity and islam in the *Kalacakra Tantra*", *Central Asiatic Journal*, 13, 1969, p.52-75; idem, *The Religions of Tibet*, p.126s.

Segundo as tradições tibetanas, o *Kalacakra* foi elaborado e conservado numa região misteriosa, o Shambala, situado ao norte do Tibete; os estudiosos localizaram-no quer perto de Khotan (Laufer, Pelliot), quer na Bactriana (Sarat Chandra Das), quer na Ásia central. A história da controvérsia geográfica, bem como as diversas interpretações simbólicas do Shambala, figura no livro de Edwin Bernbaum, *The Way to Sbambala. A Search for the Mythical Kingdom beyond the Himalayas* (Nova York, 1980; cf. as indicações bibliográficas, p.269-87).

Entre as traduções parciais de Milarepa, as mais corretas são: Berthold Laufer, *Milaraspa. Tibetische Texte in Auswahl übertragen* (Hagen i.W. e Darmstadt, 1922); H. Hoffmann, *Mi-la ras-pa. Sieben Legenden* (Munique-Planegg, 1950); sir Humphrey Clarke, *The Message of Milarepa* (Londres, 1958). Cf. também a nova tradução de Lobsang P. Lhalungpa, *The Life of Milarepa* (Nova York, 1977).

A primeira tradução completa é a de Garma C.C. Chang, *The Hundred Thousands Songs of Milarepa*, 2 v. (Nova York, 1962). Ver também a rigorosa recensão de D. Snellgrove, *Asia Major*, 10, 1963, p.302-10; cf. também de Jong, *IIJ*, 10, 1967, p.204-12, que se esforça por "salientar o lado bom do trabalho" (p.205); ibid., p.211-2, a lista completa das traduções.

Sobre a iconografia, ver T. Schmidt, *The Cotton-clad Mila: The Tibetan Poet-Saint's Life in Picture* (Estocolmo, 1958).

Sobre a epopeia de Gesar, ver Alexandra David-Neel, *La vie surhumaine de Guésar de Ling* (Paris, 1931; apresentação geral da epopeia e tradução parcial); R.A. Stein, *L'épopée tibétaine de Gesar dans sa version lamaïque de Ling* (1956); idem, "Peintures tibétaines de la vie de Gesar", *Arts Asiatiques*, 5, 1958, p.243-71; idem, *Recherches sur l'épopée et le barde au Tibet* (1959; obra definitiva); idem, "Une source ancienne pour l'histoire de l'épopée tibétaine", *JA*, 1963, p.77-105; M. Hermanns, *Der National-Epos der Tibeter: Gling König Gesar* (Regensburg, 1965; monografia erudita e prolixa de quase mil páginas, que deve ser consultada com prudência).

Índice remissivo

1ª EDIÇÃO [2011] 7 reimpressões

ESTA OBRA FOI COMPOSTA POR LETRA E IMAGEM EM MINION E META PRO
E IMPRESSA EM OFSETE PELA GRÁFICA PAYM SOBRE PAPEL ALTA ALVURA
DA SUZANO S.A. PARA A EDITORA SCHWARCZ EM MARÇO DE 2025

FSC
www.fsc.org
MISTO
Papel produzido
a partir de
fontes responsáveis
FSC® C133282

A marca FSC® é a garantia de que a madeira utilizada na fabricação do papel deste livro provém de florestas que foram gerenciadas de maneira ambientalmente correta, socialmente justa e economicamente viável, além de outras fontes de origem controlada.